北京市社会科学理论著作出版基金重点资助项目

吴晗全集

第9卷

杂文集外集

吴晗 著　　常君实 编

中国人民大学出版社
· 北京 ·

1964 年 5 月 1 日，中共中央总书记邓小平和贺龙元帅、中共中央办公厅主任杨尚昆、吴晗等在景山公园与儿童一起观看文艺节目，欢庆“五一”劳动节。

1964 年 8 月 7 日，北京五十万群众游行庆祝越南人民抗击美国侵略取得的胜利，各人民团体负责人参加了游行，走在最前面的是：左一为乐松生，左二为余心清，左四为梁思成，左五为吴晗。

1965 年 3 月，吴晗在埃及金字塔前留影。

1965 年 3 月，吴晗与郭沫若率代表团赴埃及访问讲学时在埃及金字塔前合影。右一为吴晗，左一为郭沫若。

1965年3月，吴晗访问埃及时，在开罗的一次座谈会上。右一为史学家白寿彝，右二为吴晗。

“文化大革命”前的吴晗

吴晗夫人袁震被迫害致死后，1969 年 3 月 18 日，吴晗的女儿吴小彦、儿子吴彰合影纪念这个悲哀的日子。

吴晗在“文化大革命”中惨遭迫害。

目　录

过去种种

“过去种种，譬如昨日死，未来种种，譬如今日生。”这几句话，过去曾被若干千万意志薄弱的人加以盲目的赞美与阿颂，作为文过饰非的口头禅。

过去永远在继续着，“明天”的事在今天说是“未来”，在“后天”说又成了“过去”。“过去”永远有未来的“过去”追踪着，因此“过去”便永远是“过去”，而“未来”也即是未来的“过去”。过去与未来永远不能肯定它的时间性，因此，一切的罪恶，无耻，懒惰，卑劣……都假此以行。

要堂堂地做一个人，所关怀的决不是昨日死的过去，也决不是今日生的未来，人是现在所存生的动物，所需要的只是“现在”。

时光倒流，半年前的过去，也即是半年前的“现在”，为提醒“现在”应如何堂堂地做一个人，不能不回顾一下“半年前的现在”。

似乎我的记忆力特别不成，依稀仿佛中似乎在很辽远的过去，也许是1931年9月18日吧！日本兵有过占据辽宁这么一回事，接着据说中国的专杀同胞不作别用的革命军阀也有无抵抗放弃三省这么一回事，后来据说日本在天津、上海也曾实施剿匪权或保侨权，用大炮机关枪轰射中国的横竖是多余的老百姓，这些这些，虽然记得不很清楚，大概总有过这么一回事吧！

内中有一件事在我的顽钝不灵的脑壳中记得特别牢，也许这一串光荣的史迹曾永远使得人民追忆。

所谓清华大学学生自治会是整个儿清华同学爱国的表现，也是中国民族复兴的征兆，因为有教育的青年是一个民族的最富生命力的奋斗者。

既然要爱国，便不能不表现一下，否则你肚子里爱国，谁能证明你不是汉奸？证明爱国的方式是什么？用下列的方式可以表现出来：

全校军队化＋三星期军事训练＋顺承王府请愿＋开会＋游行＋贴标语＋喊口号＋南下请愿＝爱国

于是中国不亡，大人都知道清华的学生很爱国。接着“过去种种，譬如昨日死”，大家仍旧穿起皮袍大氅，抱起参考书预备大考是正经。反正这一套公式现成，未来如有什么可以表现之处。不妨照旧搬出来摆弄一下。

在这一串公式中，值得我们留恋追怀的是下列几件事：

“时势造英雄，英雄造时势。”不是日本人这么一搅，平平凡凡的哥儿公子们哪能有社会上露脸的机会。清华得各校风气之先，首先便由抗日会诸位爱国男儿的决议，施行军事训练三星期，在大会上依样葫芦地被通过，于是做军装，捆绑腿，荷假枪，操开步走，吃饭睡觉吹军号，出门须向抗日会请假，因为抗日，一切的标语都无委屈地用国货（注：按三星期后仍用有光纸），军气激昂；人人俱有不与倭贼俱生之概。猗欤盛哉？学生如此爱国而日本不亡，是无天理。

不料人心不同，到底还有一部分同学不愿爱国，军事训练的人数少似一天，于是抗日会异想天开，出煌煌训谕警告，将来要把这些卖国者的芳名刊刻流传，永为鉴戒。

在校爱国，事固可行，不过总不若进城爱国之为愈也。于是决议于某日全校一同徒步入城向张学良请愿，所以舍车而步的原因，大概有鉴于妙峰山进香者之皆徒步瞻礼，以为不徒步或者不能感动此威风八面之副司令也。结果全体跑了五个钟头，满面尘土，在副司令部门前围坐，晒了一个钟头太阳，到底因为心不诚，未曾沐浴斋戒，三步一叩，所以张上将军只好不见，仍旧踩开大步兴高采烈而回，盖因愿虽未请而国则已爱也。

不过，在北方的旧都北平，虽已表现爱国，在南方却未曾露脸，大是遗憾之事。所以又决议全体南下请愿，这一次高明得多了，鉴于上次覆辙，决议：好在有的是国家的火车，用不着自己掏腰包，于是一窝蜂又都到了南京去爱国。

南下请愿的结果因当时及后来均未公开公布，文献无征不便妄加悬测，不过据回来的人说，在中央党部曾面聆主席训谕，结果无条件的满意，在军官学校也曾大吃其面包牛肉，结果自然也是满意。至于绝食，那不过是一句装门面、表诚心、显时髦的空语，谁又那么傻，假使你真饿死了谁能来替你呼冤。

于是应有尽有的公式都表演完了，最后在三星期军事训练结束的时候，大家喊着“将来在战场上相见”的口号而作鸟兽散。

过了一个月，两个月……到现在，中间的大事有天津的屈服，济南的放火，北平的日兵示威，上海的焚消三友实业社，日军提出哀的美敦书，炮轰闸北，摧残一切文化机关，飞机轰炸狮子林，屠杀闸北的中国民众，继续的大批增援攻沪……在东北方面，马占山孤军苦战之后荣膺日本黑龙江省省长，日人建立大同国……一些容易忘记，譬如昨天死的事。

在清华，除了被风吹雨打侥幸不曾剥落的中国纸标语写着的：“愿以一腔热血报国”、“马革裹尸”、“上前线冲锋去”以外，在过去数月中，除了上课、睡觉、吃饭时的照例的军号声以外，“依旧，依旧!”

在上海，据载复旦义勇军八百名冲锋战死者一百余人，受伤者二百余人。

过去种种，譬如昨日死，未来的呢？照旧来一套吧！

西生

（原载《清华周刊》第37卷第2期，1932年3月5日）

论教授

一

“卑之无甚高论”，我们用不着花太多功夫，去引经据典阐明“教授”二字的定义。光就字面说，“教”是把所学得的，所经验得的，所发明得的事物告诉给另一个人。“授”是把上述的事物，用种种的方法，譬如谈话、通信、著作……传达给另一个人，使他能够以最少的时间，学得过去数千万年在人类进化经程中的若干阶段，以奋斗、刻苦、不折不挠的精神，以继续的形态所遗下的为生存所必需的知识与经验。“教”似乎是偏重在教者方面，他假如未学，拿什么东西来教！“授”似乎偏重在方法方面，他假如不懂方法，他又怎么能教！老鸡教小鸡找小虫吃，免得挨饿，这是“教”，它又现身设法，东爬爬，西抓抓，找出所要的事物，这是“授”。简言之，“教”是学识，“授”是方法。

所谓“教授”，从前咱们中国管着叫先生，“先生”是一个含有比较意义的名词，意思是他比我们先生在世上，经验学识都比我们多、好，够得上指教我们。

光说中国吧，几千年前有一位孔老先生，他老人家一辈子以教人为事，东奔西走，却仍“谆谆善诱，诲人不倦”。他自己既肯用功，年纪又大，知道的东西比一般人都多，在当时真是一位天字第一号的好教授。可是他假如生在现代，他也要来清华教书，大讲其“尊王正名”之论，结果就非轰出大门不可，为什么？因为现在是二十世纪！

两千多年前又有一位董仲舒先生，在当时也很配当一位大教授，因为他的学问好，见解新，著述多，并且也极用功。可是假如北大要请他当教授，同样地他要“被鸣鼓而攻之”。为什么？因为他没有科学思想！

把以上总结的说：所谓教授的含义至少要有学识，有方法，有时代思想，有科学精神。

并且老鸡的本身与行为是小鸡的模拟的标准典型，所以除了以上的条件以外，教授所必备的附带条件是：一要有好品行，二要耐烦。

二

《汉书》有九品人表，品定往古人物的好歹，我们也不妨照样来一下，谈一谈现代教授的分析。

教授也有国货与洋货的分别，前者是地道土货而后者则是搬到外洋去镀一下洋金子回来的，我们现在先谈洋货。

洋货也有高下之别，德国的自行车就比日本的强。也有专门不专门之别，美国的汽车业就独执全世界的牛耳。也有用之得当与不得当的分别，罗盘针、火药在中世纪的西欧是洋货，他们拿去航行、制枪炮，在我们中国，直到现在还是作看坟、做爆竹之用。

有一宗洋货，回国后利用西洋的科学方法，把中国往古几千年来永远算不清的烂账弄得头头是道，并且也有真知灼见，在世界学术界中占有地位，有发明，有贡献，有求知的刻苦精神，有虚心的学者风度，这一宗算是赚了一点钱，我们叫他是罗盘针教授。

另有一宗机器买卖，花的钱虽不少，买的倒还有用。价钱虽太贵，产生出的货品倒也不少，因步就班，虽无大成就，却也不落下乘，比之罗盘针虽够不上，第二把交椅倒也非他莫属，这一宗的长处是在有科学的训练和方法，缺处是纯属洋货，对于本国似嫌稍隔膜一点，我们叫他作发动机教授。

又有一宗留声机的交易，这一宗洋货的长处是照模照样把什么莎士比亚、萧伯纳、杜威一些名角儿所唱的曲白，带回来一丝不走地开了一下，多一句加不上，少一句不敢。这一宗货长处是在省得我们跑腿，坏处是在不管时代，也许他把三十年前所学得的洋戏——现在已不时兴了的，还是公告说“在华第一次公演”。这一宗我们叫他为留声机教授。

次之，有一宗日本货交易，外面好看，其实不中用，在它本国，永远销不掉，只好挤到中国来骗钱，骗钱倒也罢了，却又故增声价，一毛钱的货非一元不卖，论东西是东偷西凑，不成片段，论应用是旧而又旧，万不上算，论货色又万比不上留声机的准确，漫天要价，就地还钱，却又不肯认低，你不要他就用飞机大炮坦克毒瓦斯逼你买他的货，再一倔强，索性把东三省也抢过去，还要在上海大闹一阵，逼哑子，吃黄连，这一宗货我们叫他作日本货教授。

再还有一宗要不得的货，鸦片、海洛因，在外国是治病用的，一到中国便作成黑丸、红丸、金丹、白面。这一宗教授在外洋也不知道他进的是什么旅馆，逛公园，学跳舞，混了几年镀了金，回来求得一封八行，便摇摇摆摆当其教授，其实既不能授，又无从教起，只好糊糊涂涂，做一日和尚撞一日钟，侥幸轰不走，“教授我自为之”。这一宗货我们叫他鸦片教授。

另有一票货，目的不在生财。这宗货的制造自头彻尾纯是道地洋货，连一丝一毫的中国气都找不出来。开口“你们中国”闭口“伦敦巴黎”。回国的动机不是负有使命，替他们贵国活动，便是耶稣救主，作麻醉的宣传，这宗货无以名之，名之曰洋货教授。

以上所分析的是属货物的本身价值方面。以下再就卖出的情形分析一下：

有一类教授，一生从事政治活动，得志时扶摇直上，薄南面王而不为。到一不得意，还是跑回娘家，胡乱帮忙着烧茶煮饭，算不是白吃，免得兄嫂们背后说话。等到一有主顾，立刻重施脂粉，别抱琵琶，以政治生活为主业，以教授生活为副业，这一类我们叫他为政客教授。

又有一类似政客之形而无其实，这一多半是在社会上多混了几年，挣得名望与地位，于是只要有钱，东也去唱几出，西也唱几出，整天仆仆风尘，自然唱不出好戏。这一类的情形很和北平的名戏子相合，我们叫他作戏子教授。

再有一行行业，学的手艺是打铁，不料忽然世界大战，闹了铁荒，顿时失业，于是机器匠也干，挑水夫也干，当看护也干，甚至天桥说大鼓书，算命测字走方郎中也干，只要有饭吃，何愁学不上，结果生活问题是解决了，病人却接连不断地被他送终，这一行我们叫他万能教授。

最后，有一项教授值得提起的是虎皮教授。这一类货色稍钝，在外洋并未加工赶造，反而偷工减料。回国后侥幸机缘，滥竽充数，明知自己质地差，却不得不驴蒙虎皮，装模作样，见学生如见鬼，学生见他如见阎王，平居既怕学生质疑问难，在讲堂上只好约法三章，有胆敢问难者杀无赦，有不到者杀无赦，有胆敢酣睡者杀无赦。

记得某清人的笔记中有这样一段的故事：

> 年羹尧为子延师，某老名士应召以往。初到馆，循俗致宴极欢，宴后导之入书馆，初入门即见中堂悬二巨联，淋漓墨迹犹未干。聊云：
>
> 不敬先生天诛地灭
>
> 误人子弟男盗女娼

愿天下一切事，均作如是观。

关于洋货的分析已完 ，土货的以后再谈。

西生

一九三二，二，二七，晚十二时灯下

（原载《清华周刊》第 37 卷第 12 期）

关于图书馆

谁都知道，现代图书馆的使命不只是在收藏大量的图书，保存名贵的典籍，更不只是仅仅盖几座壮观的建筑物，或技术上的应有设置，便足了事。它的更大的责任是用科学的方法，编储一切图书，使学者能够用最少的时间，满足他所探讨的事物。简言之，图书馆的最大使命是在节省学者的时间和精力，使他能够做更多的事。

中国书，尤其是卷册繁多的丛书、类书、史书、地志、诗文总集……在一部书中包含着几十百种的不同专书，和性质各别的论著，在永远落后的现代中国，我们固然不敢梦想有最便于检阅的专门索引能使我们满意。但是，假如图书馆能够花一点小工夫，把每一种卷册多的书，在书套背上标明内容——书名，著者，卷册——譬如《四部丛刊》吧，在书背上写明这册是：《淮南子》，汉刘安，卷七之九，或《江西通志》标明这一套是卷○○—卷○○，包含的是职官志或艺文志卷几之卷几，这总不能算是过分的要求。可是在我们所常引为自豪，为全国所属目的图书馆的中文编列，假如你不曾花过二十年的工夫，去专治目录之学，我们可以保险，你一定要花至少一小时的冤枉时间，去逐套逐本地翻阅，譬如说你要找收在武英殿丛书中的张丘建《算经》的时候。这是时间经济！这是节省精力！

次之，图书馆的设立是为谋学者的便利，给予以浏览及借读之机会。在清华图书馆的规例中，我们不知道是用什么标准规定每人只许借三册书？假使是按照书的储藏量和本校的人数分配的，就算在校的师生是一千人，是不是清华图书馆仅有三千册书？假使不，图书馆的藏书目的是不是光在插架的充实？每人借三册书，假使是中文书的时候，假使你的目的是在求得某种专门材料供你写作的时候，这部书便不得不凌迟处罪，五马分家，假使借的是大部书，那你只能借得它的目录的一部分，连本文都没福气拜读。假如你同时要参考多种典籍的时候，那可对不起，请你借一本〇〇目录的第一册，〇〇目录的第几册和被腰斩杀头刖足的一册什么书去，回房去研究目录学去吧！同时，在另一面说，据说有若干位教授，把图书馆中他所要的书索性搬一部分回去，插在玻璃架子中作时髦的陈设，我们不知道为什么清华的教授和同学间天分的悬殊竟到这样地步，一个能读几十百本书，一个只能读三本！这是读书便利！这是时间经济。

算了吧，不谈别的，光就借书的情形说，假如你所借的书恰好不幸是图书馆所没有的，那决不是图书馆的错，反之，你明知这书图书馆藏有，并且那一大本厚而无当的目录和那几堆零零落落的卡片也证明你的推断不错的时候，你花了工夫找号数，写借书片，在鹄候书从书库送出，可是结果管理员哭丧着脸出来说没有，问他什么缘故，他说："不知道!"你再等着，请他再找一下，于是他就东张西望，在两个阅览室中乌乱一下，跑回来仍是说没有，你再请他找一找书袋片，结果又证明并未有人借过。于是书是始终借不到，乌乱的成绩是"不知道"，然而你却至少呆站了三十分钟，学了一个"不知道"的乖，倒也值得。这是管理方法！这是读书便利！

最后有一个值得我们注意的大问题，这问题是清华的图书馆政策与中西书籍的购置经费的分配。本来，在这年头儿，兵荒马乱，旁的学校差不多都陷于开课无期，甚或辗转于炮火之下，弦歌绝响的环境中，我们侥幸得天独厚，似乎不应再有什么奢望，不过，清华向以环境安定、经费充裕著称，并且学校当局过去曾屡次宣称将"努力于图书仪器之发展与充实"。我们就题论事，似乎也算不得是"吹毛求疵"。

据说清华的图书设备费占全校支出的百分之二十，我们估计这笔经费至少有十几万元。一个学校图书馆能够有这么一笔大款的经常购置费，在国内确是一桩值得自豪的事，不幸"事与愿违"，所谓这一笔大款项的购置费只是各系的图书费，各系又有所他们的系图书室，这笔费用分赃式的意义分配，丁是丁，卯是卯，大家自管自，事实上直接归图书馆支配的又不过占总数的十分之一二。

我们不愿意多批评这种制度是否得当，是否是南京政府式的重床叠屋的什么委员会的变相。我们只要看事实，到底这种制度是否毫无困难地可以施用。

事实所告诉我们的，举一个例来说吧。某主任曾告诉我："去年曾有几份全份的《申报》、《大公报》等报纸要求学校收买。据说这是属于历史方面的事物，应由某系单独购置，结果某系经费不够不能买，要求其他各系合买，其他各系因为不相干予以拒绝，这几份可宝的现代史料终于失之交臂。"

所谓历史的文件记载和什么经济、社会、政治……有无关系，或研究上述种种而无须这些记载作凭藉，这是另一问题。不过据类此的事实加以批评，使我们怀疑，到底所谓我们的图书馆是寄托在什么基础之上？

其次，使我们感觉惊异的是过去的中文书籍，在半年中几乎没有什么显著的增加。不用说和北平图书馆比，就是较东邻之年以三万元增购中籍者比亦将望尘却步。这原因据说是因为购置费按系分配的缘故，事实上需要买中文书的只有中国文学系和历史系。内中历史系近来因致全力于收买档案，中国文学系又不常买书，论经费说中文书的购置费至多占全部图书费的十分之一，在事实上琉璃厂一班书贾近来已和清华无缘，另寻暴发户去了。至于西文书，据说近来金价飞涨，所以也添不了好多书。

于此，我们要提出一点小意见，事实胜于雄辩，近年来若干无价瑰宝的古本孤刻，均已不胫而走外洋。在国内，现时且有若干高等华人和类似文化机关的组合，专为西洋各大学、图书馆、博物馆及私人作掮客、在北平、杭州、上海、南京各地的旧书铺，差不多每天可以看见日本、法、德、美、英国的收藏家、游历家的光顾。近来旧刻书的行市较之五六年已增数倍，即蒙是辈大腹客之赐。所可惜的是旧刻本的数量有限，极泽而渔，虽然在出口货的数量中也许会增出一两位数字，可是，五年十年后国内的学者假如要作精深的研究，便不得不跋涉重洋，到巴黎、华盛顿去“整理国故！保存国粹了”。过去的敦煌藏书，就是一个最好的教训。

当然，在政治上轨道的国家，用不着担心有人掠夺他的遗产。可是在中国，政府不能替我们保存，社会不能替我们保存，去年聊城杨氏的藏书，虽然经过地方官吏和各处文化机关的努力，终于因为空口说白话，闹了一年还是不免散佚，其中名贵的古刊流出国外者又不知凡几。国内各处旧家藏书之类此情形者又不知凡几，过去清华曾努力保存了一批杭州杨氏丰华堂的藏书，这是一件值得国人感谢的事。但以清华在国内的地位和因国耻所造成的使命讲，清华决不应故步自封，应该更加努力地尽可能地为我们的民族保存过去数千年所奋斗获得的智慧的总成绩。我们要负担起来——政府和社会所放弃的责任，这是一种义务，凡是能尽力的都应尽的义务。

况且，过去的典籍的数量是绝对的有限的，假使学校能够每年提出十万元来，至多五年后已经完成了它的神圣的义务。此后便可致全力于发展其他方面了。我们虽然不能竞业有为发扬祖先所遗留的成绩，至少也应该作个守成的子孙，牢牢地保存住他们所遗留给我们的珍贵遗产。

我们所盼望于图书馆当局的是：

（一）（1）以尽可能的速度给卷册较多的中文书以书背的标题。

（2）编制属于丛书性质的子目片（人名、书名）及分类片。

（二）（1）增加每人借阅的数量，最好西文书以册为单位，中文书以函为单位。（因为论函借，遗失的可能性较少。）

（2）教授借书予以数量及时间的限制。

（3）清理现所藏书，其已遗失者即应将卡片除去或补置。

我们所盼望于学校当局的是：

（1）废除分赃式的系购书制，应该成立一个图书馆购书委员会，以图书馆长为主席，各系主任为当然委员。购书分配权属之图书馆，但各系可以指定应购书籍由图书馆购置。

(2) 基于时间及事实上的不容迟疑，学校应该迅速设法指定专款为保存国内古刊之用。其刊物之性质及价值，应由图书馆延请专家鉴定去取。如此计划在事实为不可能，至少现有之图书费中应划半为购置中籍之用。

西生

(原载《清华周刊》第37卷)

中学历史教育

在四千本的大学入学试验中国史试卷中——这些试卷的答者都是中学会考及格的——费了一点事，抄出一部分错误的答案，归纳一下，借这缘由来谈一谈中学历史教育，虽然我对于这一题目完全是一个门外汉。

题目一共是二十五个，印好了叫考生填空格。时代是周代到最近，差不多每一朝代都有一个题目。

四千本卷子中大约及格以上的总有四分之一，也许还更多一些。从正面看，成绩不算坏。可是我们假如肯把眼界放远一些，把考试这两字撇开，从反面看去，不禁为中学的历史教育前途悲观！

题目全部是极简易的常识测验，是每一个人都应当知道的事。例如第二十三题："九一八事变发生于民国几年？西历几年？"假如中国人不是一个健忘的民族的时候，至少这一答案我们希望能全部答出。结果是答对的还不到半数！

第二十四题："廿四史试举八种"，全对的也不到半数。有人说是：《金瓶梅》、《西游记》、《红楼梦》、《水浒传》……有人说是：《儒林外史》、《新民主》、《列国志》、《清朝演义》、《西厢》、《琵琶》……更有人说是《前出师表》、《后出师表》、《游侠列传》……多数答的是：《春秋》、《礼记》、《乐史》、《中庸》、《资治通鉴》、《论语》、《大学》、《孟子》；和：《前汉史》、《后汉史》、《晋史》、《隋史》、《赵史》、《唐史》、《汉书》……

时代的观念最闹不清楚，司马光有百分之七十以上的答案说他是汉朝人，洪承畴反之，只有几十本卷子肯定他是明清间人。第十三题成绩最坏，考生大部分没有弄清楚朝代的顺序，错得最厉害最多。有一部分人以为西汉为东汉所灭，北宋为唐所灭，或南宋所灭。

另一部分以为西汉为唐所灭，金为明所灭。第三题答者分三派，一派以为周厉王宣王间之时期称春秋，一派则以为是战国时期，一派是投机派，有人以为是极盛时期，也有人以为是极衰时期。唐代流行中国之外族宗教有百分之八十以上的人举喇嘛教出来。明代外患有匈奴，外戚，党锢，八王之乱，东林党，南洋入寇，五胡乱华，十字军东征，洪水，旱，中法之役，犬戎之乱，八国联军，王莽，黄兴，王安石变法，太平天国，苗，狄，……。明末流寇有五胡，安乐山，赵匡胤，柳宗元，捻匪，倭寇，林清，陈友谅，……。唐流寇有女娲，柳宗元，……。最滑稽的是竟有人把汤尔和先生算作明末最初来中国之天主教传教士！

有一部分答案错误的原因是慌张中没有看清题目。例如第四题一看有三国两字，便给填上魏蜀吴，结果闹了这样的笑话：

春秋战国间晋国裂为魏蜀吴三国。

一看见五刑两字便给填上“鞭，笞，徒，流，斩”。却忘记了问的是成周五刑。这一类卷子约占全数十分之六七。

也有根本莫名其妙，信笔乱填的，例如把战国七雄分配给南北朝，东周建都东京，西周西京，北宋北京，南宋南京。唐代天子在外藩称节度使，藩镇，幸（朕）门生，镇守使，外夷，侍，诸侯，唐明皇，驻跸，蛮夷。五代时（玄奘，石达开，王安石，宋，辽，戚继光，汤若望……）以燕云十六州割与（俄，英，法，匈奴，宋，晋，齐……）。唐代六部为（1. 工木金土草石，2. 尚书，户，内务，外务，考试，御史。3. 天子，公侯，伯，子，男……）元代四阶级是士，倡妓，乞丐，贵族或有眉人，有色人，有目人，无目人。王安石变法项目是耕田，保牛，肥耕，工读。晋代五胡是梁唐晋汉周和宫商角徵羽。

有一部分的答者可信其为各科常识答问一类书所误，例如明末流寇张献宗，北京、上海、汉口、广州的卷子一样地是张献宗。

最可注意的是别字问题，劓，剕，辟，朕，羯，氐，羌，袄，隋，窦，倭，大多数不能写。以致满纸的矮寇、妖教在作怪。有人用注音字母代替，有人用罗马拼音，有人以幸代朕，下加小注声明是同音字，有人作义务翻译，不能写宫刑，就写“割小便”！

四千本卷子中没有一本是全对的，反之零分的也只有一本。从这次考试的结果来看，很可悲观的是能具有本国通俗历史常识的高中毕业生寥寥可数，谈不上百分数。这些人而且是四万万人中的优秀分子！

历史假如是仅仅叫人熟记姓名、年代，那诚然是太无聊，不幸我们现在还找不到一部不专记姓名、年代的好书。不幸不但找不到，而且三十年前的中学历史教本，现在还把它升级为大学丛书。退一步说，现有的一些中学课本虽然都不好，假如肯细心看，到底也还可以得到一点事物，不幸都嫌太多，不如看百科常识问答来得快。虽然是二十世纪，虽然已经在名义上废了八股文，但是一般新式举人和新式投机者仍然是迷恋着“策府统宗”、“大题文府”一类东西的残骸！

这是谁的过错？

政府在提倡理工教育，社会名流在提倡理工教育，不错，我们深信现在提倡理工教育是必要的。但是，同时我们也要请问，没有本国历史常识，甚至忘记了十六世纪的倭寇和最近的“九一八事变”的知识分子，是不是我们这老大民族所需要的？我们要请问一个不但不明世界大势，连本国过去史实都不清楚的人，他能替国家和社会做什么事？

我们不希望每一个学生将来都是史学家，我们希望每一个学生将来都是社会上的健全公民。但在中学或大学时期应当给他们以充分的关于国家和民族的常识。

我没有在中学教过书。却曾受过中学教育。一直到现在为止，据我所知道的，中学一切历史课本大底都从夏曾佑的中学历史课本系统下来，那是十九世纪的书。教科书的编制和发行都由书贾一手包办，在买卖制度下，书贾拿出少数的金钱，雇用了能拿得起毛笔的任何人，用两三个月的短时间，东抄西凑成功一部书。这一类书经过官样的注册手续，便成为中学生课堂用书。

教师也不一定是对历史有兴趣，教国文钟点不够，再来一班本国史凑数，念教科书，抄黑版，教学生背人名、地名、年代，记分数，这是他们的工作。

学生一方面苦于人名、地名、年代的难记，枯燥乏味，教师也不能给他们以帮助。课外又没有补充读物可以使他们对历史发生兴趣，直接看二十四史和其他史料，能力和时间又都不够，结果自然不能不敷衍塞责，照例上堂应到。到考试时自然不能不借重于各科常识问答一类书了。

从小学到初中、高中、大学，都有本国史一门课。先是薄薄的一本，满跳着人名、地名；再是薄薄的两册，又是人名、地名；再是厚厚的两册，加上了一些故事，相杀相斫的戏文，仍是人名、地名。小学念历史的目的是在进初中，初中要进高中，高中要进大学，念历史的目的是在进学校。进学校要考人名、地名，所以只要记得人名、地名，念一念百科常识问答就够了。

这四千本卷子中的失败者，是连各科常识问答都没有念熟的学生。

我不主张学时髦要提倡什么什么，我要求主持教育的人注意下列几件事：

第一是注意课本的编订。由政府延请专家担任撰述。坊间教科书一律禁止发行。

第二是养成学生的历史兴趣，认定这是每一公民应有的常识。

第三是教员须任专门人材，勿以治不相干学问者充数。即使是专治历史，也不能让一个治西洋史或美国史、秦汉史的人来教通史。

第四是应当多预备课外读物，例如历史小说（要请专家写，坊间已有的荒陋不能用）和单题小册子，这种小册子不妨题目小而包括多，用简练有趣的文笔，叙述精确的史事。

吴晗

一九三四，八，一五

（原载《独立评论》第一一五号，1934年）

苦旱的故乡

去年，我们家乡的稻子只粜二元八毛钱一担，这是平均的价格。地主们是看涨的，所以许多大谷仓甚至到现在尚原封不动。而若干急于要钱使的贫农却以低于二元八毛的价钱在秋收后不久就把口粮挑向市场了。借钱更是万分困难，出每月加二的利息而且用田地房舍做抵押，要想高利贷者们动一动眉毛都办不到，他们宁愿把现金埋进猪栏或床底下去。田地的买卖是绝无仅有的事了，因为谁愿意把可以收得长年二分子钱以上的白花花洋钱去买进照价格计算只有长年一分尚不到的利息的田地呢，虽然田地的价格就在最近三年来已暴跌了三分之一。市镇上生意算最兴隆的是当铺，但听说去年他们也赔累了不少。因为虽则他们把利率订高到可惊的程度，但农民们把冬衣棉被之类一当到现钱，就永不打算取赎了，而去年冬季据说是若干年来最冷的一年呢。就这样子农家认为奢侈品的猪肉每担从二十四元跌到十八元而十五元而十二元了，嗜好品的义乌老酒每罐由一块五毛而八毛了。这种可悲的情形被在农村的每个角落里听到的一句口头禅表示出来："铜钱势紧呀!"年关，我家一爿合股的京货铺子因周转不灵而倒了账了，我所认得的两个农民也在除夕夜把脖子用绳索挂在梁上荡秋千玩。这里面有一个是我的亲戚。

去年没有自杀或逃亡的农人们到今年的播种季，依然很高兴地买几毛钱猪肉宰一只老母鸡邀请学堂里的先生和邻居去喝他们的种田酒了。开始是几十天连绵的阴雨，农民们大多在家里闲坐着，或玩着印有一丈青和黑旋风李逵的纸牌，大部分年青人则每天照例和妻子吵架一次。而在这期间，田畈上却坏了许多秧禾，尤其是"红谷"、"七十日"等等早稻。

我们村子里最多的手艺人是簑衣匠和弹棉匠。这不到百户人家的小村庄每年照例在新年过了后“出门”的这类手工业者竟达七十人以上，他们散布在金华、浦江、永康一带的乡下地方做工，直到播种季才相率归来。这是在农闲期我们乡下农民之最重要的副业。但是今年情形全变了，平常每日的工资是弹棉匠一角八分，簑衣匠二角的，现在减低到前者一角二分，后者一角四分。而且普遍的都没有工作做，大半不到一个月就回家了，虽然今年开始就有那么多的雨水，农家如何需要修补和添制簑衣箬帽。于是本来依靠这注进款做这上半年用度的小农佃户家，开始就面对着饥饿的恐慌。

稻秧总算将就地插下了，回家的路上依然是拖泥带水的，仰头看看天，似乎也没有放晴的预兆。这样子又继续下了若干日子的牛毛雨。稻子一点精神也没有，往常这辰光是会长出许多新秆子来的，代替这，今年的娘稻叶上发现许多灰点子，稻是病了，是“茅草禾”① 了！农民们都紧皱眉头互相告诉。

接着降临的是霉雨季，人们对于今年的秋收开始惶惑了。但是老天真作怪，整个霉雨季竟没有雨！我的母亲会在这时给我们尝味霉雨期晒成的新豆酱，她也引为奇事，因为平常是非伏天不能晒的。于是农夫们的面容就随着天气而晴朗。稻子的病全痊愈了，而且加速度地发荣滋长，各种害虫也日就减少，满田畈的禾都随着微风在温和的阳光下得意地摇摆着，农人们的心中充塞着喜悦，甚至招呼他们的在家中织草鞋的妻子到田场去赏鉴他们的得意成绩，这是一个真实的预感体收的喜悦哟！

是出霉而进入伏天的时候了，人们指点着土壁上贴着的年图。于是农民间就把那被看做农民日历和种田经典的年图上面所记载的字句作话题。什么今年是“四龙治水”，地母经上也说“桑虫本度全无穫，雨水调和大有收”哟！难不成龙都睡着了？去年“一龙治水”都有那等好的收成呢。转眼就是伏天了，就是那晴酷酷地晒着白热太阳的伏天了！从清朝一直活到现在尚未饿死的老农都在脑海中重映出甲寅年（民国三年）那次大旱灾，而苦苦地思索“那年究竟是

---

① 稻病的名称，这种病稻的形状像茅草一样。

几龙治水”？

接着天气是晴，晴，晴！天是越蓝越高，地是越晒越干，好像气爽的秋天。在阴历五月十六下过一阵雨，但时间很短促，接着又是晴，晴，晴！

五月十八，二十日，跟着是二十二，二十三，天空不见一丝云影。十六日下过雨，地尚潮湿，那天晚上我们在院子里坐着寻凉，屋檐上搁着一轮满月，我的母亲说，“明月照湿地”，明天准会下雨，我不相信，她和我打赌，她失败了。于是每晚甚至深夜，都从各地传来桔槔的喧声。

黄狗躺在走廊上吐出舌头喘急地呼吸着，农夫站在水车上红头赤脸努力地挣扎着，看看天，瞧瞧田，焦燥痛咬渠们的心头。

是五月的末了，禾稻正怀着胎，是“造肚晒”① 呀！

头上是火热的太阳，整个村坊全静悄悄地，连鸡狗吠都很少听到，我顶着大箬帽去“视察”我家那晒得最凶的枣园四斗田，沿路跟农人打着招呼，倾听渠们对天气的预测，我走上枣园山背，水车的隆隆声中夹着“知了”的尖锐的鸣声，老是知，知，知，单调而冗长地，渠们在“叫晴”② 呀！暗影罩住我的心头。

四斗田种的是一种叫“细叶青”的迟稻，稀稀疏疏地，土是龟裂着寸宽的口子，稻叶呈黄绿色而紧卷着，使我联想起那用黄标纸卷就的“水烟煤子”，我黯然了，和我家水田联畈的是二伯父家的红谷田，在田径上柱着锄头用空洞的眼光凝视着的我的堂兄，被我的足声惊醒了。“我的稻都晒折了腰呢，活像一个无望的断了脊骨的老人，你看穗上有一半的谷秕！”手上拉着一握禾穗，他用凄凉音调叙说着，“你家的如果在最近几天内得了雨还会转嫩回来，因为这尚只是一根‘稻草’③ 哟。”满个田野零落地点缀着水车的遮阳，利用蓝

---

① “造肚晒”是我们乡下一句土话，意思是禾稻的穗正在稻秆里面被形成时，如果缺少水分的供给，稻穗就长不出来，结果要颗粒无收。

② 我的故乡的农人往往用“知了”的鸣声来预测天气的变化。渠的鸣声是“知，知，知了知。知，知，知了知”，那是“呼雨”。反之，鸣声是单调的“知，知，知，知”，则称“叫晴”。

③ 稻禾在未“造肚”以前，叫做稻草。

色或白色的粗布被单做的，很像大湖里面航船的风帆。但我视若无睹，只带着一颗沉重的心回家了。

在无望中，村子里的老年人和绅士们决定请出“龙王亭”来祈雨了。这个木雕的龙王香火据说已经有百年以上的历史，也在一个旱年，是我们的曾祖辈伴着道士到距二百里外的箬阳龙潭去恭请了来的，请的方法是由道士画符念咒，打鼓吹角，大众则畏敬地向水跪着，不久潭水就会滚沸起来，浮上一些东西，也许是泥鳅、乌龟或鱼，而我们曾祖辈得到的却是一块木头，于是用龙袱把它捞起，盛在龙瓶中，由一个壮汉捧着飞奔，要昼夜不停地往村坊里跑，于是黑云就随着龙瓶移动，到了境界，就大雨沾足了。而这块附着龙神的木头以后就被村人雕成形像，保留着做我们村子的千年香火了。那是以前的事，现在不行了，如果到箬阳请来的是龟龙、鳅龙，则只消送回到金华地界的送龙潭去就完了，若请的是木龙，那箬阳人一定要一个去请龙的人作当，就是金钱作当都不行，为的他们恐怕水龙一被接去，就不送回。而木龙不被送回，则箬阳准要有绝大的风灾。龙王亭抬到野外了，每天由道士用鼓角“谮龙”三次。据说道士口中所念念有词的是赞美龙王大德的话，而吹角打鼓则是用以惊醒睡着的龙的。这样继续了五天，老天依然铁青着脸，不见有丝毫动静。于是其他的神佛都倒霉了，无论关帝、二郎神或土地爷爷都一概抬到野外去享受阳光浴！照农人们对于此事的解释是如此：神佛要是晒得难受起来，才会知道凡人所遭遇的痛苦，那么他们就不会吝惜雨水了。

在祈雨的时候，乡村或市镇都一律要茹素禁屠的，如果谁要是违犯了这禁律，就有被其邻人或族长捆绑着逼跪在龙神前曝太阳的危险。底下就要叙述一个因此引起民变的故事。

在义乌境内最繁荣的佛堂镇的市民禁屠祈雨了，商会也决议除新鲜鱼肉一概不准宰卖外，连虾皮、盐鱼也在禁止之列。当时该地年青的公安局长某，不知为了破除迷信或者旁的缘故，竟命令一家由一个标致的寡妇开设的肉铺继续营业，于是引起所谓公愤了。先以呈文解释，继由仕绅劝告，但这位强硬的局长先生毫不为动，于是全镇罢市了，而许多农民则把请出来的求雨的关圣神像抬进公安局的大门。若干警察虽事先已有防范，但一看见这一千多来势不善的农人就都携枪逃避，至于那位局长先生自然早已溜之大吉了。结果农民们宣言非要局长亲身向关圣叩头赎罪，誓不回家。在县城里坐镇的那位贤明的县长闻讯，星夜跑到佛堂，未暇休息，就到公安局的正厅上，威仪整肃地向关圣神像来一套三跪九叩首，于是农夫们满意了，再则宣布将该局长撤职查办，于是商民们开市了，而一场大风波就此烟消云散。

太阳像火烧一般热，农民们的心像油煎一般痛，下雨是没有指望了。池塘里面的水减少得很快，于是到处都发生抢水的风潮。先是只缺一注水就会成熟的农田的所有主，偷偷地抬了水车去。但池塘残余的蓄水是不够有份的各个农田分配的，于是各个农夫闻讯也都把水车配搭整齐，一声“呜拉”，水车的嘈音就整天价响，人们都在水车上飞奔。汗从头顶流到脚底，但谁有功夫去揩抹一下呢。这真是一个真实的生存竞争哟，即使你不是诗人，看到也会感动得泪下的。

抢水之胜利与否，不但靠器具的精良，而主要的是由人力之多寡来决定。抢水者通常是不支工资的，全是由农夫们相互间的感情而自动地来帮忙。工作是分班的，为的让水车不停止地运用。那时候主人从店里买来几罐老酒，主妇自制了一大篮的甜面饼。车水的人就在闲着的时候大嚼大喝一顿。往往醉了就和邻近农田的车水人争闹打架。据我所知，因此酿成命案的不下十次。他们不是抢水，简直是在抢血和肉呀!

看看秋收已经绝望，农夫——尤其是青年们——的心由焦燥变成激动了，他们面对着饥饿，面对着死亡，而若干地主和高利贷者则原封不动地堆积着成千成万的粮食想居奇谋利，他们要图自救!于是禅定寺、长春庵、紫真殿、关帝庙、文昌阁等等公共场所，许多农民都以寻凉为名在晚上团聚着。而金华的塘下镇（杭江路的一个小车站所在地）又传来一个农民“吃大户”的消息。整个乡村的平静的空气都振动了，谣言到处传播着，市集上那些每天都来打探米谷的行情涨落的富人们，近来都销声匿迹了。

从曾经参加那种集会的农民的口中，表达出他们的主张和希望，他们聚会的目的是如何进行“吃大户”。他们一，不杀人放火，二，不奸淫劫掠，他们唯一的希望是要工做，要饭吃！照我看，那纯粹只是一种农民自发的经济斗争而已。但是乡绅们却肯定猜说那集团里面一定有青红帮①或共产党从中鼓动。

农夫在这期间自然无工可做了，因为所有的池塘都已枯竭。跟着这，许多乡村的手工业者也都感到失业的严重的威胁。各行的手艺匠都仿着农民的样子在镇里集会着，协议结果，工资普遍地减低了。有如下表：

职业	成衣匠	木匠	石匠	泥水匠
原来的工资	一角八分	二角五分	四角	二角五分
减低后的工资	一角二分	二角	三角四分	二角
减低的百分数	33%	20%	15%	20%

工资虽平均减低了五分之一，但在经济状况万分恶劣的农村中依然无工可做。于是农民的饥饿群中又添进一大批的手工人。这样，我们乡下百分之七十以上的人们都要遭遇到这种悲惨的破产了。而我也就在这种家庭经济破产的危机下，被逼离开这凄惨然而可爱的故乡。

吴辰仲

一九三四，八，二十六

（原载《独立评论》第一一七号，1934年）

① 那是义乌在最近产生的一种流氓组织。

怎样把科学知识输入民间

五年前我在乡下一个小学里做过教员，除数学和理化外，卫生一科也归我担任。我在中学念书时，曾读过《生理卫生》和《生物学》等课目；平日对于浅近的医学常识颇喜涉猎，也颇感兴趣，所以当时敢毅然把“卫生”包揽下来。自度既曾读过若干原理书，虽够不上说是专门，用来教教一无所知的小学生，课本的内容又并不艰深，再在暇时多多准备些，固然不能“游刃有余”，也总可勉强充数了。抱着这种信念，我居然就走上讲坛，向那些天真的小学生宣示着科学的福音。

我授课时极喜学生发问，即使当时给问窘了，回家埋头翻书索解，好在下次完满答复他们时，心境也很愉快。记得有一天讲到“淋巴腺”，我详尽地阐述了这种腺体的性质和功能后，一位年纪较大的学生站起来说：“先生固然讲得很完善，但我们依然不明白淋巴腺究竟是什么东西！并不是我们怀疑先生的说明，不过我们总觉得不很满足！”当时我又说明一遍，第二次把参考书带到教室里去，再说明一遍；我知道的只是书本上那一套，在乡下自然没有可以利用的科学设备证明给他们看，所以尽管他们的脸上还是流露着狐疑的神气，在我，已算“仁至义尽”，再也不能了。于是这淋巴腺也者也就这等在学生心中混沌过去。

有一个星期日，我和几位住校的学生嘻哈地整理校园。一位姓王的建议把花台旁那些不顺眼的大块顽石清除出去，我就赞同着和他们动手抬着搬出校外。究竟书生不中用，工作尚未完成，我的右手拇指就被石块压伤了。过了一晚，拇指就很厉害的紫肿起来，痛楚得连粉笔条也不能拿了。乡下没有医院，我又是素不信任那些叫卖“狗皮膏药”的江湖医生的。末了还亏一位同事的指示，叫我去请邻村一个曾在省城某医院做过护士现在回家开设小药铺的某君来诊治。

某君来了，颇不经心地看了我那肿得怪难看的拇指后，就说："不妨事，隔几天保证就可治好。"我问他说："紫肿得这等厉害，恐怕里面充满了脓血了吧？"他笑着说："没有的事，里面全蕴着一泡水！"这时满屋子聚着看热闹的学生们都张大了好奇的眼睛看着我那表面完整的紫拇指，又看着那位护士的俏皮的嘴角。同事们也都怀疑地打着哈哈。某君就对我说："你不相信吗？这拇指的微血管组织给压坏了，你知道淋巴腺是和血管一样密布全身的，它有修理破坏了的组织的功能，这时就渗透到受伤的地方来发挥它的效力了；淋巴液是无色透明的液体，所以那紫涨表皮里面自然只蓄着一泡像水样的质体了。"他把视线投到学生的脸上："你们细想想，当你们的皮肤偶尔因抓痒或磨擦而破碎时，在紫血未流出来之先，不是常有一种无色透明的液体在创口上渗出吗？那就是淋巴液，用来修补创口的；要是受伤程度不厉害，这液体也就足够力量治好这创口了。你们千万要记得：不要把这渗出的液体揩去，这是自然的最好的药剂呢！"他又朝着我接下去调笑地说："亏你是医生教员，难道不懂这个！？"边说边打开了携来的包袱，拿出一柄精致洁净的小解剖刀来，在我的拇指表面上轻轻一划。天呀，创口上果真流出一丝清水！这一举动，不但我赧颜荷荷，所有在场的同事都惊异的满意，连这久未解决的淋巴腺悬案也就在诸位学生面前完善地交代过去了。你们看看我那样认真地作了好几点钟的"纸上谈兵"竟不及他那样轻松地用小刀一割！

从此以后，我对这位护士发生了很浓厚的兴趣；我们就成了时常往来的朋友。某次我去访问他的小药铺时，提出下列的疑问："这小药铺卖的全是西药，我们乡下人素来听见西药这名词就头痛的；从前还有省城的洋医生把中国病人的精血用针管吸去贩到外国卖的谣言；何以现在你的小药铺不但有人过问，而且营业很发达呢？"他说明缘故时，讲了一个颇有趣味的事实。

"我这小药铺已经经营了快满三年了；开始几个月虽然不至有'门可罗雀'的景况，但除了卖出些化妆用品及疥疮药和金鸡纳霜之外，旁的生意简直清淡得使人气闷也使人冒火。我在医院里做了四年看护士，普通的医学常识自然多少懂一点，初回家时，本抱着雄心打算开辟出一个科学的医学场面，为桑梓服务。谁知道几个月过去，竟没有一个人曾来问津；而且我尚未动手诊治过一位病人，若干地方上的中医已经造谣言攻击我或作种种恶意的宣传，颇有‘满城风雨’的景象了。我在失望中拼命想法拯救自己，我知道要使我的事业有成果，最重要的是在取得人们对于科学的信心。而要取得人们的信心，又非藉助于宣传工作不可。于是我就把全部精神用在讲述科学的伟大和真确上，不料你虽口若悬河，他们总不相信你！你说伤寒是微菌在作祟，代替这，他们把中医的阴阳寒热风湿的怪论来辩护自己！你说疟疾也是微生虫侵入人体作恶的结果，他们却用符咒治疟的实例来反攻你！总之，你是读书人，你不是他们那群中的人，你说的是你自己的话，而不是他们的话！我这样子每天向他们说几车的话，固然不是毫无效验——那就是说，偶尔也有几位邻居的青年人好奇地肯让我免费地治疗他们的外科上的小毛病——但是要他们相信我的科学理论却真比登天还难！末了，我得到一个机会，治愈了王村一位患‘黄胖病’的人。我开始捉住了这个实证，摇撼了他们的迷信，说服了他们的疑心。我的事业初步成功了！事情的始末是这样的：我有一次照常的在一家小茶馆和许多熟悉的农人聊天，话题偶然牵涉到‘黄胖病’上去，因为凑巧有好几位农人是患着这病或曾患这病的，另则因此种病症在南方种水田的乡间是最惹厌而普遍的。”

“我开始对他们说明‘黄胖病’的病原，病状和疗法，讲得很诚恳也颇动听；但他们听见我说这病的原因是一种‘钩虫’寄生在十二指肠吮吸滋养料的缘故，他们都哄然地咧开嘴笑了。他们把我的话当做故事听，而故事中最出外意表的地方自然也是最可笑的处所。”

“我正被笑窘了的时候，凑巧那位给我治愈的王村的‘黄胖病’人挑了一重担米进来喝茶。在座的农人和那位王君大半是田邻舍，平素都认得的。在他们看看一个不久以前尚是黄胖鬼，现在居然面红肌壮并且挑得动百斤重担而表示惊讶的时候，我想到一个绝妙的说教法：唯有农人最为农人所信任，我请农人给农人听！”

“我向王君问：‘请你每天留心检视大便，可曾照办没有？’他愉快地回答：‘先生真是神仙一样的未卜先知！拉出的粪块挪向亮处仔细看，里面果然有那东西！果然像先生说的那样细小的，头上有一颗黑点的，尾巴白白的！刚吃了先生的药那几天内，粪块里那种虫很多，很容易看出，后来就慢慢稀少了，我的恶病也就慢慢好起了。先前我还疑心先生的话：人肠子里哪来的有许多虫!？现在我相信了！先生真高明，洋学堂里出身的究竟与众不同。傅村张老先生医道那等高明，去年我求他诊治时，他只说我得病的原因是力乏时大雨天光着头走，中了水气的缘故。我当时也信服他的话，现在想起来，我们凡是种田人，一年里面哪一天不在野外干得精疲力乏？哪一年不碰到几十次倾盆大雨？谁难道会在晴天白日里带着雨伞箬帽到田场里去？可见张先生虽通，这话却不通。你先生上次那番话才真叫人衷心信服！’”

“王君这番话的影响真大得可惊，在座倾听着的农人们的嘴巴不再咧开了，滚热的绿茶让他在板桌上冷去，旱烟管也不往嘴送，让它自然地熄却，每个人都严肃起来了。屋子里静悄悄的，可以听见水壶滚沸的低音，他们那些简单则而固执的心已完全被王君的说话占据了。我那时感到无伦的胜利的愉快。”

“我勉强忍住笑声问：诸位应该相信我的话是可靠的了吧！全场默然。我再逼上去：诸位还没有彻底了解？试想想除了种田人，谁听见过读书人、生意人和手艺人里面有害‘黄胖病’的？这是什么道理？这是因为唯有种田人才会和粪尿接触，才会有传染的机会！钩虫的幼虫是和病人的粪块同时附带排泄出来，你们在施肥时都裸着手脚，钩虫的幼虫就乘机钻进皮肤，混进血管，顺着血液的循环，一步步地达到食道，进了胃脏，再到了胃囊下面的十二指肠里面，这地方是虫生活最适宜的处所，它们就住下来了。它们既守住这个紧要关口，于是你们吃下的滋养料就大半被抢去了，你们素日吃的竟不能添养精神气血，怪不得凡是‘黄胖病’人没有一个不是面黄肌瘦，混身无力了！诸位这可明白没有？我看看他们的脸，眉峰锁着，嘴巴半张着，大睁着眼睛凝神注意听着。”

“我又逼紧着问：诸位中有好几个害过‘黄胖病’，请问：在病状未成之先，是否全曾被‘肥癣’叮咬过？发痒得恨不把那块皮肤抓碎了？那就是钩虫侵入人体的现象！请仔细回忆一下，我的话可对？”

“在座的农人们都面面相睹，惊异得说不出一句话来。好久，那位姓王的高兴地喊：对！我清楚记得，我在前年四月里就被‘肥癣’叮过！老三也被叮过，后来真的‘黄胖’了，阿土也……于是大家七嘴八舌都来证明王君的话：唯恐话声使我听不清楚，争先高声喊嚷着，形成人类所能发出的最高的嘈音。”

“农民们居然信仰科学，高声为科学辩护！我胜利了，科学胜利了！”

这位护士兴奋地说着，脸上洋溢着快乐的表情：“从那次茶馆里的谈话成功后，接连就有许多‘黄胖病’人来请我诊治；慢慢地，旁的病症也有人来过问了。尤其使我高兴的是我的科学讲话开始得到若干热心的听众：他们像听故事般的听得有趣味，但不再把我的话当做故事看待了。他们在暇时竟会呼朋引类自动地要求我讲；这种成功我先前哪里梦想得到！我哪得不格外高兴，格外努力！现在，你看看我的小铺子和小诊所每天都有顾客，而且去年一年中我就挣了五百元的赢余。你知道：我们乡下种牛豆向来沿用‘吹苗法’，稍不顺利，就会出毛病，现在我创用‘种苗法’，已经推行了好几个村坊。我所以能够得到这等好成绩，用的也是和上述同样的方法：我取得农家主妇的信仰！”

吴辰仲

（原载《独立评论》第一四三号，1934年）

天津《益世报・史学》发刊词

颜习斋说："立言但论是非，不论异同，是，则一二人之见不可易也。非，则虽千万人所同，不随声也。岂惟千万人，即百千年同迷之局，我辈亦当以先觉觉后，竟不必附和雷同也。"但论是非，不论异同，这是我们的态度，也是我们办这刊物的立场。

我们不轻视过去旧史家的努力，假如不经过他们一番披沙拣金的工作，我们的研究便无所凭藉，虽然他们所拣的容许有很多的石子土块在。我们也尊重现代一般新史家的理论和方法，他们的著作，在我们看，同样地都有参考价值。我们不愿依恋过去枯朽的骸骨，也不肯盲目地穿上流行的各种争奇夸异的新装。我们的目标只是求真。

在另一方面，零烂的，陈旧的，一向不被人们所重视的正史以外的若干记载，我们也同样地加以注意，这里面往往含有令人惊异的新史料。反是，在被装进象牙之塔里去的史籍，往往有极可珍惜的史实被掩置在一副古典的面具之下，或被化装成另一事物，或被曲解为另一意义，我们也要作一番极审慎的搜剔工夫，给还以原来的位置和面目。

蚂蚁积粮，一丝一粒都不放过；蜜蜂酿蜜，分工合作才能成功。中国史上的问题太多了，我们愿意从大处着眼，小处下手，就各人的兴趣和所学，就每一问题作广博深湛的检讨。帝王英雄的传记时代已经过去了，理想中的新史当是属于社会的，民众的。我们企图从这一新方向努力推进，点点滴滴地，盼望能在十年二十年内有一点小成绩，同时也希望能因为我们的努力，引起史学界的注意，来和我们合作。

（原载天津《益世报・史学》，1935年4月30日）

天津《益世报·史学》周年致辞

本刊于去年四月创刊，到今天，已经一周了。

本刊是由史学研究会主持的。我们在发刊词上，曾表白同人的态度，是但论是非，不论异同。我们的目的，只在求真，而非盲目地依从他人。我们感到中国史上的问题太多了，我们应该从大处着眼，小处下手，就各人的兴趣和所学，向每一问题作广博深湛的检讨。我们认为帝王英雄的传记时代已经过去了，理想中的新史乃是社会的，民众的。我们企图从这一方向努力推进，点点滴滴地，盼望在十年二十年内有一点小成绩，同时也希望能因为我们的努力，引起史学界的注意，来和我们合作。这是我们一年前的信念与希望。一年后的今天，我们对于上述的信念，是其信弥坚；对于上述的希望，也认为有多少地方是已经达到了，我们深幸我们的努力不会虚掷，我们的耕耘，已有所收获！

至于一年来编辑方面，我们除了特约外，对于投稿是热烈地欢迎的。本刊过去二十五期中，共发表了四十篇论文，其中会员稿特约稿为三十三篇，外稿为七篇，外稿约占全数五分之一。而这七篇外稿，我们却是从六十多篇的投稿中选择出来的。这点编者是非常地抱歉的。每当编者把一封封的原稿退回的时候，心里就感到难言的苦闷，因为我们感到我们辜负了许多对本刊热诚合作的人的愿望！关于这一点，编者今天谨竭诚地向我们的投稿者尽一言：第一，本刊对于来稿的取舍，并非以编者个人的好恶为标准，每一篇来稿都须经过本会出版委员会同人的评阅然后决定其取舍，我们的态度是郑重的，我们自问是对得着本刊的读者，同时也对得着本刊的投稿者。第二，本刊对于来稿的标准，虽然我们不能有一个绝对的准则，但我们却有两个重要的权衡，便是审查来稿“题材的选择”与“立论的态度”。一个明辨精深的作者，可以使人从他所写作的题材与态度中知其学识的素养，与他对于某一问题认识的程度。但是，我们所见的稿件，却往往不能符合我们的条件。我们一年来接到的稿件，大多数可以称为“纲要式的论文”。这些论文，往往选择一个大题目以三五千字草草完卷。试举一两个例来说吧，如我们所见的《两汉面面观》和《秦汉以后中国政制的变革》两篇文章，其题材都非几十万字的大著不能写得详尽，而著者只以三五千字了之，这种论文，刚和本刊的“大处着眼，小处下手”的主张相反。同样，在态度方面，许多著者都不免于偏见，或人云亦云无甚见解，这也和本刊求真的目的相反。所以本刊对于这类文章，只好退还。此外，译稿方面我们也有一些意见，一年来所收的稿件中译稿占一半左右，还接到许多问我们要不要译稿的信件。这些译稿，多译自日文。我们不是说译稿无用，本刊也不是绝对不登译稿，有价值的译稿我们还有时破例的登载，如钱稻孙先生译白鸟库吉博士著的《隋书传存流语考释》一文，便是一例。但本刊目前的任务，究竟是研究中国历史问题的，本刊同人认为中国历史中国人必须自己担负起研究的责任，外人的著作，我们不妨去参考，但却不能以转贩外人的著作便以为尽了治史的任务，至少在本刊上不愿意开这个风气。而况外人的著作，未必都是有介绍于一般读者的必要。所以我们对于许多译稿都未登载，便是基于这个理由。

最后，让我们来向许多给我们鼓励的读者表示谢意。这些读者，都是编者陌生的人，有的还是异国的人。他们有的寄邮票来向我们定购《史学》，有的问我们除在报章上附刊之外有无其他定期刊物，有的希望我们在南方再来一个副刊，还有的希望我们出版丛书。关于前者的希望，是我们今年三月在南京《中央日报》创办《史学周刊》的动机，关于后者的希望，是我们现在进行中的计划。这些鼓励与提议，都使我们感到非常的光荣与感激，因为我们深幸已引起读者的注意，并且来和我们合作，我们在努力途中，并非寂寞。今后我们唯有向前迈进，以无负本刊创刊的初愿与读者的鼓励而已！

编者

（原载天津《益世报》副刊《史学》第二十二期，1936年4月14日）

记本社社友张荫麟先生

荫麟于民国三十一年十月二十四日病殁于贵州遵义浙江大学。致死的病症是慢性肾脏炎。距生于清光绪三十一年十一月，享年仅三十七岁。

荫麟字素痴，广东东莞人。少颖悟不凡，入清华学堂为一年生时，即被梁任公先生所赏识，期为邃到之器，一九二九年卒业赴美国斯丹福大学治哲学。一九三三年返国任国立清华大学历史学系及哲学系教授，一九三五年复受教育部委托主编高中、初中及小学本国史教科书。卢沟桥事起后，间关南下，任教于浙江天目山之浙江大学。未几即返东莞原籍。西南联合大学在昆明开学，又来昆明执教。前年应遵义浙江大学之聘，赴黔讲学。此荫麟一生出处之大概也。

荫麟早年在清华就学时代，即以文名，举凡中西文学、历史、哲学，皆有所探索，以流丽生动之文笔，长篇短札，刊布于《大公报》文学副刊、《时代思潮》、《学衡》、《燕京学报》、《清华学报》诸刊物，才名动一时。自美返国后，乃一意于治史。尝谓国史为其一生志业，年来治哲学治社会，无非为此种工作之预备，从哲学冀厚起超之博观，与方法之自觉，从社会学冀明人事之理法。其方法则从长编入手，居尝以为宋李焘《续资治通鉴长编》，网罗群书，精心断制，不苟且，不遍徇，为千秋绝业。其创编高中国史也，先析四千年史事为数十目，权衡轻重，博征时贤之见，目凡数易。既定然后属笔，汉以前自主之，唐以后则以属余。其他则以分委友朋之专于其业者，如鸦片战争以后社会之变化则属诸千家驹先生，中日战争则属诸王芸生先生。各就所学，勒为长编，既具然后笔削贯通，去其重复抵牾，益以精神血魄，不尚考证，不加脚注，不引原文，尽量减少人名地名，以通俗明白之文笔述而出之，使读者一览终卷。期此书杀青后，使有井水处人，人人皆熟于国史。经构二年，长编约成其半而战事起，荫麟只身南下，未携只字。余来昆明，虑平稿丧失，因属钞胥胆录长编之已刊布者，荫麟至便以授之，则大喜，因补撰第十章改制与易代及自序，勒为《国史大纲》第一辑，即今坊间刊行本是也。自序述其笔削之标准有四：一新异性的标准(Standard of Novelty)，史事之有“内容的特殊性”，可显出全社会的变化所经诸阶段，和每一阶段之新异的面貌和新异的精神者。二实效的标准（Standard of Practical Efect)，史事之直接牵涉和间接影响于人众之苦乐者。三文化价值之标准（Standard of Cultural Values)，即真与美之价值，文化价值愈高者愈重要。四现状渊源的标准（Standard of Genetic Relation with Present Situation)，追溯史事和现状之“发声学的关系”(Geneti Relation)。而不取过去史家所津津乐道之“训诲功用的标准”（Standard of Didactic Utility）以为近代学术分工，述通史固不必着重在鉴戒或模范，以其均可分属于其他学门也，经以此四标准笔削后，复贯通以四范畴，以驭“动的历史的繁杂”（Changing Historical Maniford)，一因果的范畴，二发展的范畴。此二范畴并行不悖。发展的范畴又包括三个小范畴：一空间的发展（Feleological Development)，二演化的发展（Evolutional Development)，三矛盾的发展（Diaclectical Development)。兼用此四范畴，期于将历史中认识上的“偶然”尽量减少，此历史家之任务也。又以为过去吾人所受之历史教育，小学有一套国史，自三皇五帝至宋元明清，初中又有一套，亦是自三皇五帝起至宋元明清，高中再有一套，至大学又是相同的一套，譬如四枚镜子，虽小大不同，而所显出却是依旧不变，原人原地原事。此无异浪费青年之精力与时间，迫使重温可厌倦之一套相同的杂凑的事实。兼之人名地名数量奇多，使人疲于记忆。欲矫此弊，必须根本改变各阶段课本之内容，一小学国史以人以经，选出国史上之大人物，自孔子至孙中山，用述故事之体裁，烘托以每一期应知之大事。二初中国史以事为经，分两编：一民族篇，述中华民族之形成，生民之伟绩。二社会篇，述社会政治经济军事，一切典章制度之演进。事为首尾，互相沟通。三高中国史以时代为次综述人地事，融会而贯通之。然大要皆以可读（Readable）为主。此荫麟治通史之方法论及其历史哲学之大概也。

荫麟喜蓄书，顾无力不能多致，留美时节衣缩食，以所余供其弟妹之教养。在清华执教时，始以所余尽购旧籍初盈箧，继联架，终则致架上桌上四周皆书无隙地，致不容人出入。所蓄书以宋人文集为最多，凡数百种。又于厂肆冷摊搜集辛亥革命史料凡百数十种，期赓续访寻，十年后辑为长编，撰《民国开国史》。一九三七年春与余偕游陕豫，余偶于开封相国寺小摊得同治中兴史料一种，世间传本颇少，荫麟一见必欲余割爱，允以四部丛刊本明清人文集十种相易。余勉应之，乃大喜捆抱以去。返校后往索文集，则仅出数种，余竟匿勿肯出也。不数月而战事起，清华园中日夜闻炮火声，则又惘惘抚摩所度书，蹀蹀终宵，不忍舍去。终则语余以此终长物，能保存者恣取之，力能负为度。荫麟离手后其夫人为运载入城，迄今犹寄存于厂甸之某书肆中。又喜清谈，在清华时，其读书室与余邻，愿不尝往治事，往往终日箕踞余桌上，手纸烟，喷烟满室中，娓娓谈不厌。见案头余所写文，便为提笔改削，手小剪，粘补不惮烦，既竣即持去以实其所主编之《史地周刊》，虽拒之斥之亦不顾也。又喜深思，往往稠人广座中，忽竟有所属，便如入定，客有就与谈者，所答非所问，终不得要领。性孤僻，不惯人事应酬，即旧同学亦有时觌面若不相识，然所交多当代硕儒鸿学。心有所不可，辄昌言无忌惮，或形诸文字，坐是或遭人诟诘，勿顾也。平居读书著作辄子夜不休。晚年乃一意治宋史，所著已刊者凡六七篇，皆精装，要言不烦，其趋向盖一变矣。此荫麟性情兴趣之一斑也。

荫麟自奉至薄，自美返国，有衣二袭，一冬一春，结褵时未尝制新衣。不嗜酒而喜吸烟，以价廉为准，初不辨善恶也。来昆后寓余家数月，在护国路桥头买百寿纸烟数百包，包值洋三分，日或尽数十枝。健啖，食肉能尽半斤。尝自诩留美曾学烹调，在平时一日过余家，属购二子鸡，自入庖治之，粟六汗出，既成乃无滋味，大笑而罢。婚后之次日，余过其新居，则方蹲坐门前隙地，抟土作小山，栽友朋所馈花，语余以“花圈”，花作花山，大妙。余诘其语误，则断断以为花圈花篮虽不同，其为花则一也。又尝谑余设君不幸早逝，则身后遗文之编印与文志传之撰著不敢辞劳，余亦反唇报之。今乃不意其皆成语谶，余果执笔为记其生平也。悲夫！

荫麟早年患心脏病，登高辄心悸。其死乃以肾脏病。吴宓先生尝云其治学似梁任公，以皆粤人，皆治文学哲学历史，皆青年名震一时，皆妙于文笔也。呜呼！使荫麟而得年青出于蓝，其成就岂可限量！天不整斯文，未尽其才其学，赍志以殁，痛哉！

余与荫麟交甫十年，就所知含泪记之，至其思想，其在学术上之贡献，当俟其遗著整理后，另为文述之，此不能详也。

十一月五日于昆明

（原载《人文科学学报》第一卷第二期，1942年12月）

读《两年半乡村工作》

两年半的乡村工作，一本七十页的小书，作者寸树声先生，前西北联合大学教授。

一个晚上，蒙作者心意，送我这本小书，室内温度只有四十度，时间已经十一点钟，一口气把它读完，胸中感觉温暖，在朦胧中看出了前途的光明。

树声先生是云南腾冲和顺乡人，离开了家乡二十年，怀着青年人的热情，虽然他的头发已经秃了，放弃都市生活，一腔高兴，带着怀旧的幽绪，被故乡的父老子弟所迎接，回到了家乡。

这本书所记的是从民国二十九年一月到三十一年五月九日，两年半乡村工作的实录。书分五章，一、还乡，二、教育之部，三、社会之部，四、沦陷的前夕，五、结论。

和顺乡是腾冲县里文化水准较高，财富比较平均的一个乡村，九百余户的住家，百年以来，每一家平均至少有二人以上在缅甸经商，长期的商业上的储蓄，使他们建筑了整齐的住宅，全乡没有一所草房，发达了他们的文化，远出国外经商的青年子弟募了一笔基金，组织了一个和顺崇新会，促进地方教育文化事业，办学校，出报纸。尤其重要的是这乡住民的祖先，都是1381年远征云南的三江两湖陕甘四川的战士。

作者回乡以后，第一件工作是就任新创的益群中学的校长，因为距离省会远，交通不便，这一乡每年约七十名的小学毕业生能到腾冲中学升学的不过四五人，到昆明升学的二十年来只有二三人。益华中学的创立不止是普遍提高乡村青年的知识水准，解决了他们就学的困难，并且还有作为社会事业发展的中心的伟大任务，根据这了解，作者提出，学校与社会打成一片，教育与生产打成一片的严格训练的主张，尽量减低学生家长的负担，学费按照家庭经济状况缴纳，最高年纳七十五元，最低仅二十五元，住校生食米用具由学校用廉价供给，其他学校应有的苛捐杂税，如卫生费、体育费、特别费之类，一概废除。在课程方面为适应地方需要，特设缅甸文一科，开国内学校先例，历行月考制度，培养学生自尊心，一切劳作包括清洁卫生、除草种菜、挑土浚池，甚至全乡道路的大扫除，也完全由学生担任，着短裤，穿草鞋，挑粪箕，劳作学习合一，智识实践合一，并且更进一步，组织学生消防队，学生农村生产运动队，积极参加救火、冬耕、植树、保护森林、禁渔种种活动，把学校和社会合一。

接着作者又兼任本乡的小学校长和图书馆长，乡公所文化股主任，小学、中学和图书馆都在同一地址，小学又是供给中学学生的来源，两校学生又都是图书馆的主要阅览者，把这三个，机构，文化，不但是合理而且是必要的两年半工作的事实证明，是全乡学龄儿童百分之九十九进了学校，连三十岁以下的最后一批的女文盲也被肃清了。

第二件工作是社会事业的推动，在农村委员会的名义之下，有水利、小春、森林三股，具体的工作是在秋收后强制各农家从事冬耕，禁止家畜在田野里放牧，疏淘小河，修理沟渠，开挖河道，保证鱼类之繁殖，保证森林和有计划的植林。在学校方面的作为得了人民的信赖以后，农林委员会的工作得到人民的支持，在极短的期间，收到出乎意外的成绩。

由于这地方的人口稀少，商业资本的活动，土司地方和邻县保山两大农业区域之存在，使居民的祖先放弃了从中原带来的冬耕技能，秋收以后，田亩都成公共家畜牧放场，然而，本地的食粮生产额只够三个月的消费，滇缅路通车以后，保山的输出量减少，腾冲粮食价格受了显著的影响，必需想法说服农民，使之尽量利用地力，增加生产，问题的解决：第一是保证农产物，发动全体学生为名誉巡察员，严格防范家畜的放牧和偷窃，第二是示范工作，由学生在公有山上共同栽种了三亩小麦。第三是鼓励办法，成绩优良的由农农委会给以奖金。第一次的耕作面积总数三百亩，收入最高的达国币三千元以上的纯益，到第二年和顺乡的冬耕便达到预定目标十分之九的成绩了，两年的经验把□种□期、肥料种类、利用土地的性质和受奖农民的收获量，对照着作成比较表，印发［下缺一行］。

接着是水利工作的进行，当地的大盔江由于人为的怠□□的曲折，和失于疏浚，夏秋间暴雨，河水泛滥，损失稻作，有时还会溃决河岸，闹成水灾。农委会在得了人民的信赖以后，召集人民会议，决定由田主负担经费，佃农负担劳力，经过了三个多月的劳作，完成了第一步的疏浚工作，同时挖掘的新河道也顺利完成了。说也奇怪，三十年夏季河水暴涨到十几年未有的程度，全乡田亩变成一面镜子，似乎是上天特意来试验这部分工作的有效与否似的，果然，往时要六七天才落下的水位，这次，不到三天工夫，连最低下的田亩，也露出秧苗来了，农民跳着高兴，我们的校长，也乐到跳下河去，作一次蛙式游泳，显露出他那和年龄不相趁的青春活力。

接着，为着定工资，规定每一劳动日的工资为两升米，为着保护鱼类，增加产量，由农委会严禁歼灭性的捕捉，发动学生巡察，为着燃料的需要和风景的培养，严禁烧山，发动大规模的植林运动，这些工作，一样样在合理的计划之下展开了。

三十一年五月九日，敌人侵入腾冲，树声先生被迫挥泪别家园，离开了他两年半来所全副精神从事的工作。

前两天，作者得到龙陵失陷的噩耗，“我当时真尝到了自己所立足的地球，突然陷落了一样的滋味！学校和一切都完了，被敌人从北平赶出来的我，又要被他们赶出离别了二十一年的故乡了！我理解这地方的各种条件，我惭愧我自己两年半的工作，和它在非常时的力量，前人曾说过，有文事者必有武备，这教训是怎样的真切，但对于我们是怎样的无力学习的！”

八日作者对学生上最后一课，他说：“时局的情形，你们都已知道了，我们以为不能来到腾冲的敌人，已经只离我们三四十里了！我只恨我们没有自卫的力量，恨我不能保护你们，领导你们！学校从今天起只有停课，将来总有一天又能开学上课，但是那时在这里上课讲授的人是不是我，是不是你们就不知道了！……平时对你们所说的话不要忘记，你们要在艰苦的环境里磨炼你们的精神，在斗争里发展你们的力量……我相信每一个黄帝的子孙，是不会当顺民，不甘心做奴隶的！……”校长哭了，学生也哭了。

作者于腾冲沦陷后一年在重庆写成此书，他在写此书时热诚祈望能在克复以后继续他未完成的工作。

现在腾冲已从被侮蔑的两年时间，从被毁灭的废墟，解放了，光复了，我们以同样的热诚，祈望树声先生回到原来的岗位，并且希望他在同一的讲台上，对学生说："我回来了!"对人民说："我回来了!"

星星之火，可以燎原，和顺乡的火炬，将会给全国全民族以光明的启示。

最后，我愿意提出的一点，还是一个不相关的一点，虽然只有四十多岁，却秃了头发的寸树声先生，他的文字正和他所理想的境界一样美丽，用花比喻吧，是陶令爱的菊花，优雅，闲淡，神适！

（原载《民主周刊》第一卷第五期，1945年1月13日）

论军队国家化

军队国家化是全国人民的要求，经过几年来的奔走呼号，已经从民间走进国民政府大礼堂，成为政治协商会议议题之一，各党都有提案，虽然办法尽管有出入，原则是被一致肯定了，即使国民党政府，也不能不承认军队国家化是天经地义。

从民间到庙堂，固然又一次证明人民的力量和成就，值得欢欣，值得鼓舞。但是，必须警戒，必须严肃地注意，正如过去历史上的新兴文学和艺术一样，产生于民间，发扬于人民中，然而，一进入庙堂，便起了质变，面目虽是，内容全非，买椟还珠的故事，值得我们回味。

我们得明明白白清清楚楚指出军队国家化的原来意义，不许有质变，到不许以军队国家化之名行党化私人化之实。这名词从人民中来，还是得回到人民中去。

首先得说明军队国家化的军队，是指什么军队。

第一，这军队必须是人民的军队，为人民服务的军队，尽保国卫民之责任军队。而不是反人民的屠杀人民迫害人民，从地下钻出来，从山上走下来，怯于外战，日蹙国土百里的军队。

根据这原则，前一种军队应该国家化，后一种军队则应该淘汰，遣散归田。根据这原则，抗日有功的军队应该国家化，成为捍卫国家的主力，无功的甚至丧师辱国的不应该国家化，应该完全遣散，使之就业。

由原则得出两个结论，第一，伪军先遣军之类，必须完全遣散，已经改头换面的，例如青岛保安队之类准此。第二，国民党和共产党军以及各地方军的国家化，不能以既成事实，如人数，配备来决定比例，而应公平地建立国军的合理标准，如体力、高度、体重、作战技术、政治意识、战功等等来决定，合格者留，不合格者去。

其次得说明军队国家化的国家，是指什么国家。

国家化的对立名词是党化，是私人化，是地方化。国家这一名词的具体内容是人民的政府，军队国家化的真实意义是军队属于人民自己的政府，不能属于党的政府，更不能属于私人的政府，或属于地方性的政府。

因之，一党专政的政府不可能使军队国家化，一人独裁的政府，和地方性的政府也不可能使军队国家化。质言之，具有这样特性的政府要实行军队国家化，只是使军队一党化，和私人化，更加地方化。

以此，实行军队国家化的先决条件是政治民主化。也只有民主的政府才能负起军队国家化的任务，民主政府的构成的先决条件是废止一党专政。

人民的要求是立刻成立联合政府，因为在现阶段，联合政府是最符合人民利益的政府。

从上面的原则，得到的结论是只有联合政府才能实行军队国家化。

军队和国家的定义既明，然后才能如何化？到什么程度？

先谈如何化？

第一，军和党分开，不止是各政党党部退出军队，不止是废除士兵集体入党的规定，而且要严格做到官兵一律脱离党籍，务使任何政党不能控制或操纵军队，任何军官士兵，不受任何政党的影响。前两点的规定是永久性的，后一点有时间性。必须民主政治基础巩固，政党政争进入常轨以后，才可以撤消这限制。

第二，军和政分开。现役军人绝对不许兼任中央及地方长官。军政部长或国防部长以法律规定由文官充任。彻底扫除军人割据和军人干政，军人主政的坏风气。

第三，军队置于人民直接监督和指挥之下。军队数量和军费由普遍产生之国民大会决定。国民大会闭会期间，宣战媾和动员复员之权属于由国民大会及省议会所选出之上下两院。

再次，谈化到什么程度。

第一，要化到军队是人民自己的军队，尽爱护人民保卫人民的责任。方法是提高士兵知识水准，施以民主教育。提高士兵生活水准，保障合理待遇。军官必须受专门教育，升迁一依法定程序。

第二，要化到军民不分，军民合一。方法是实行征兵制，常备兵数量减少到全民总数的千分之一，即五十万人，缩短兵役年龄，人人都有服兵役的义务，人人都有养兵的义务，在这情形下，不但“军人第一”的新观念不再存在，“好男不当兵”的旧观念也可彻底消灭。军费也可减削到岁出的最少部分，人民负担减轻，建设生产事业可以大量促进，国富增加，自然国力也强大了。

从以上的说明，可以明白军队国家化是全体人民的要求，也是全体人民的任务。决不可能单由国共两党来解决，也不可能单由国共两党和善意的盟友所组成的三人委员会来解决。更不可能由一党专政的国民政府片面提出整编中共军队所能解决。

我们再也经受不起，容忍不了任何形式的内战了。彻底消灭内战的途径，真正建立民主政治的途径是军队国家化。军队国家化的初步是军队脱离政党，军队脱离政治，这是当前必须立刻做到的事情。我们认为共产党的军队应该整编，国民党的军队尤其应该整编。整编的原则在目前必须由政治协商会议缜密讨论，研究尽善尽美的办法，交由三人委员会执行，才能达到初步解决的目的。

名词要紧，内容尤其要紧，差以毫厘，谬以千里，真闹到买椟还珠，人民是不会答应的。

（原载《民主周刊》（北平版）第 3 期，1946 年）

人民怎样渡过这内战的难关？*

一、今天的内战是一个什么性质的战争？

就形式说是国民党和共产党两党的军队在进行内战，就性质说是反民主的力量和民主力量的战争，是既得利益集团和被剥削者被侮辱者被屠杀者的战争，也就是四大家族集团和广大人民的战争。

二、谁是谁非，由何方发动？

明白得很，打开地图看，内战在什么区域进行，就可以解答这个问题；明白得很，是谁撕毁了政协五项协议，是谁破坏了停战协定，是谁在召开一党御用的国民大会，是谁在制造伪宪法，也就解答了是非问题，由谁发动的问题，还有，马歇尔的离华声明不是也曾明白答复了这个问题吗？

三、有无和平前途？

当然有和平前途。不过，要有一个前提，即马歇尔所指的顽固分子或反动分子彻底清除之后，美国片面支持的错误政策改正之后，国民党的进步开明分子在党内得到民主之后，全国人民一致起来为自己的生存权利而斗争之后。只有在这些条件之下，才能有真正的巩固的永远的和平前途。

四、和平的关键与途径在哪里？

第一在于全中国人民的自觉，奋起，团结，行动。只有人民的力量才是缔造和平的唯一力量。第二遵循政协原则，取消伪国民大会所制定的宪法。第三依据去年一月的停战协定切实执行。第四在

---

* 1949年2月，北平《民主半月刊》举办了一次笔谈会，题目是：《人民是怎样渡过这内战的难关？》，得到张奚若、吴晗、马彦祥、楚易、宜堂、木耳、如宁等人的响应。他们纷纷写稿提出各自的意见，这里选录的是吴晗的意见。——编者注

上述基础上成立联合政府，还军于联合政府，还政于联合政府，并依据民主原则举行普选，召集真正的国民大会。

五、对于国际共同干涉的看法？

中国的事情应由中国人民自己解决，这是天经地义。反之，任何国际干涉造成的改革都非中国人民之福。不得已而思其次，也只有依据前年十二月莫斯科三外长的声明，在尊重中国人民的愿望和国家的主权的基础上，消除中国内战所根据的外援，以及一切正式非正式的有形无形的支持，从而帮助中国人民进行选举，成立真能代表人民利益的联合政府。只有这样，才能为中国人民所同意。

六、人民怎样渡过这重难关？

消极地忍受只会加增和延长人民的苦难。

内战所毁灭的不只是人民的财富，而是人民的生命以及子孙的前途。

人民所被加上的苦难，要由人民自己来解脱。

渡过难关的唯一办法是积极的争取，只要四万万五千万人一致团结起来，要民主，非民主不可，这一股力量是不可抗拒的，是一定成功的。

（原载《民主半月刊》第4期，1946年3月）

对国民党政府进一言

最近一周国内政局暗流之明朗化，到蒋主席在参政会席上致词而达到顶点，马歇尔将军不幸而言中，他在整军方案签订时的忧虑，被事实逐一证明了。

其实，从双十会谈以来，人民的心情沉重紧张，注视每一事态的发展，二十年的桎梏，八年来血的洗炼，明白了政府当局的诺言的意义，也深切了解白纸上黑字的作用，民主非恩赐可得，和平更不能向希特勒的子孙乞取，忍耐固然是美德，但有止境，让步是相互的，否则便是出卖。跟着四项诺言，停战协定，五项协议，整军方案而来的，是沧白堂案，校场口案，捣毁《新华日报》、《民主报》案，大渡口惨杀工人案，和各地的内战，东北的进军，御制的反苏游行，北平的执行部捣乱和最近中共人员的被非法搜查逮捕，一方面在说尽好话，一方面在做尽坏事！

配合着石头木棍机枪大炮美式装备的多方面活动，国民党二中全会之后，继以国民党参政会，用“党的民主”和“党的民意”的叫嚣漫骂方式，完成了摧毁政协决议的路人皆知的阴谋。

正面反面文的武的都着着表演完了，图穷而匕首见。

马歇尔将军的忧虑，中国人民的忧虑，外惭清议，内愧人民！

面对着僵持不下的困局，黎明前的黑暗，新的危机在展开，更大的人民力量在蕴蓄，一失足成千古恨，中国的前途真的将决定在未来三周之内，一边是民主和平的康庄大道，一边是兵连祸结的黑暗深渊！

放下屠刀，立地成佛，解铃还是系铃人，不能不再对国民党进一言。

就全国人民所属望的最基本的原则说，当前危机之唯一解决方案，为各方面严格切实遵行政治协商会议五项协议，停战协定和整军方案，国民党政府尤应立刻兑现四项诺言，示国人以大信。

就个别问题的处理而说，关于宪草，政协会所协议的制宪原则是不能动摇的，国民大会应以由政协修改的宪章草案为唯一之依据，理由很明白，所谓五五宪草只是国民党一党的宪草，不能为人民所接受，建国大纲也只是国民党一党的纲领，而且过了二十多年，已失时效，不能符合当前人民的利益。相反，政协关于宪法草案问题的协议，是综合各党派的意见，完全实现了人民的愿望，彻底摧毁独裁制度和精神，建立民主的代议制度，实现了中山先生地方自治的均权理想，也补救了中山先生五院平列的错误。（中山先生原说是试行五院制，从试行两字研究，可见中山先生也并没有把这制度当作不可改变的最后决定。）不只符合中山先生所毕生致力的民主精义，也完全适合当前的形势和要求。

关于从训政到宪政时期过渡时期的国家根本大法，当然唯一合法的依据是政协的关于政府组织的协议，与和平建国纲领，试看两项协议的序言，不是明明写着：

> 中国国民党在国民大会未举行以前，为准备实施宪政起见，修改国民政府组织法，以充实国民政府委员会。
>
> 国民政府关于抗日战争业已结束，和平建设应即开始，受邀与各党派代表与社会贤达，举行政治协商会议，共商国是，以期迅速结束训政，开始宪政，特制定本纲领，以为宪政实施前施政之准绳。

一则曰在国民大会未举行之前，为准备实施宪政起见。国民大会是制宪的，宪法未制定公布之前的时期不是过渡时期是什么？一则曰宪政实施前施政之准绳，说明这纲领是过渡期间的施政纲领。这两项序言明白规定这关于政府组织的协议是过渡时期唯一的政府组织法，和平建国纲领是依据上述组织法而改组的过渡时期政府唯一的施政纲领，不是极明白极肯定极具体的吗？协议何曾提到国民党的训政时期约法一句一字？而且，明白规定了迅速结束训政，当然也就否定了国民党的一党所依据的训政时期约法，同一时期不能并行有两种相反的国家大法，享有公平的而有效的代表权的各党派代表所参加的新政府，绝不可能仍是依据一党专政的不合时代的旧约法。这是尽人应知的常识，不烦辞费。

而且，就国民党政府所坚持的在宪法尚未颁行之前，根本有效的训政时期约法到底是一个什么东西呢？简单说来，第一，这东西只八章八十九条，除了第七章政府组织以外，国民党政府从来不曾实行过一个字。第二，这一套东西于民国二十年五月十二日由国民党一党包办的国民会议所制定，国民党以外的人民和党派从来也不曾参加和承认。第三，这套东西是一党独裁享政的法理根据，第三章训政纲领第三十条："训政时期由中国国民党全国代表大会代表国民大会行使中央统治权。中国国民党全国代表大会闭会时，其职权由中国国民党中央执行委员会行使之。"国民党政府之所以坚持这一套古董在宪政实施前仍为国家根本大法的道理就在这里。根据这个法，政府不管如何改组，仍然是一党专政一党独裁的政府，政府不管如何改组，国民党的中央执行委员会，仍然是间接代表国民大会行使中央统治权的最高政权机构。

明白得很，训政时期约法是和政协协议完全抵触的，一个独裁，一个民主。

那么，事实摆在眼前，从来也不曾有人提出过拿什么东西来代替约法，因为约法只是一纸废纸，干脆废止就了事。相反，在过渡时期，由各党派依平等合法原则共同参加的国民政府，其组织法应依照政治协商会议关于政府组织的制订。不如此，各党派就无理由无必要参加、负责，假如各党派这样做，就是自绝于人民，自毁前途。假如国民党政府违反政协协议，不依据协议修改要点修改国府组织法，妄想仍根据连他们自己也不遵守的约法，保存旧组织，而以不参加政府的责任诿之各党派，假如国民党政府这样做，也是自绝于人民，自毁前途。一切后果，应由国民党政府负责。

最后，我还应该指出，政协会的五项协议由五方面共同参加，召集的是国民党政府，五方面之一是国民党代表。协议的成立是用全体起立通过的方式，主席并曾信誓旦旦保证其忠实执行。

解铃还是系铃人，我不能不对国民党政府进一言，转危为安，从独裁到民主，由战争到和平，尊重人民的愿望，保存国民党和国民党领袖的信誉，唯一的契机是切实遵行政治协商会议五项协议，停战协定和整军方案，尤应立刻兑现四项诺言，示国民以大信。

收起建国大纲吧！收起训政时期约法吧！这些文件的意义已经被记录在历史上了，最好的安放处是历史博物馆的档案库。

一九四六年四月九日

（原载《民主周刊》第三卷第六期，1946 年 4 月 17 日）

从昆明惨案到南通惨案
——“五四”在学联会的演讲

双十会谈以后隔不了多少日子发生昆明惨案；政协开会，蒋主席宣布四项诺言，成立五项协议以后，隔不了多少日子，发生南通惨案。在这两个空前的惨案中间，各地有计划有组织地产生了多多少少的血案，例如校场口血案，打毁新华日报案，大渡口枪杀工人案，上海欢迎马歇尔血案，青岛费筱芝案，北平捣毁执行部案，北平中山公园血案，说不尽，数不完，总之，是打，是杀，打谁呢？打人民，杀谁呢？杀人民，为什么要打人民杀人民呢？因为人民要民主要和平。

要民主要和平的人民被打被杀，当然，打人民杀人民的人是既不要民主更不要和平的了。这两种力量的对立，就是民主对独裁，和平对内战。进步对落后，团结对分裂，光明对黑暗，两个阵线，两种哲学，两种力量之争，今天中国的局面，就是这样一个局面，人民和反人民的力量对立的局面。

从昆明惨案到南通惨案一连串的血的史实，是最好的说明。

昆明惨案的主题是反内战，要和平，南通惨案的主题也还是反内战，要和平，昆明惨案的牺牲者是学生是青年，南通惨案的牺牲者也还是学生是青年。昆明惨案发生后，消息被封锁，学生死的和活的被诬蔑为共产党，南通惨案发生后消息也被封锁，学生青年死的和活的也被诬为共产党，甚至汉奸。所不同的是昆明惨案是在光天化日之下干的，用手榴弹，用石头，用木棍；南通惨案是在深更半夜干的，用土匪绑票的办法，用活埋的办法，用暗杀的办法，挖鼻挖眼睛捆上铁丝，把尸首丢进大江，不但杀人，而且连杀人的痕迹都想掩灭掉了。

两件惨案有值得注意的警句，昆明，关将军说，你们有在墙内开会的自由，我就有在墙外开枪的自由，进一步就是闯进学校丢手榴弹的自由。南通呢？当人民向执行小组美方代表请愿时，有党官说，家丑不可外扬，于是在美国人走了以后，来一连串的绑票暗杀，造成更多的家丑，手在制造家丑，嘴上却说家丑不可外扬。

在蒋主席宣布四项诺言之后，在政府公布提审法之后，兑现了什么没有呢，兑现了的是更多的特务，更多的残杀，更多的流血，更多的屠杀，从明杀到暗杀青年的血案。

要民主要和平的青年学生，所得到的答复是手榴弹，活埋，挖鼻挖眼睛和投江灭迹。

昆明惨案的凶首办了没有呢？办了，办的办法是升官。南通惨案的凶手会不会办呢？我想也会办的，办的办法也一定的会是升官，因为他们有功党国。两个惨案的主题解决了没有呢？内战停了没有呢？和平到手了没有呢？内战停了，有一个文字上的停战协定。然而被顽固分子玷污了破坏了。和平呢？在接收，在别的题目之下，东北九省，河南、山东、山西各地更大规模的内战。

总之，从双十会谈以来的一切人民力量的成就，四项诺言，停战协定，政协五项协议，整军方案，凡是符合于人民利益的，凡是可以解决当前危机的，奠定民主和平团结建设的基础的方案，一概完全被少数“顽固分子”所破坏了，所玷污了。

从昆明惨案到南通惨案的现实教训是：

第一，这个政府是专门屠杀青年，屠杀人民的，和人民利益对立的，我们不要这个。我们要有一个为人民属于人民，人民自己的政府。

第二，昆明，南通，各地青年，各地人民的血，他们用生命换来的停战协定被破坏了，他们死不瞑目，继续努力，贯彻他们所争取的目标，用人民自己的力量，制止内战，争取和平，是每一青年每一人民的神圣而庄严的任务。

第三，为了保障青年求学的安全，思想的自由，甚至行动和生命的安全，光是制止内战还不够，青年的任务还应该是实现，建议和巩固民主的制度，实现孙中山先生的伟大理想，不折不扣的民主共和国。

这是一个生和死的斗争，假如我们不愿意再有类似昆明、南通的惨案，我们应该立定决心，你们去了还有我们。今天是青年节，我以为青年节的唯一的口号是："你们去了，还有我们！"

（原载《民主周刊》第3卷第9期，1946年5月12日）

说“帷幄上奏权”

据说，日本明治维新的时候，伊藤博文到欧洲学习新政，找到一位好老师铁血宰相俾斯麦，俾斯麦不吝下教，教日本可以有一个宪法，不过要做到：（一）天皇为海陆军大元帅（那时代还没有空军）；（二）军部（陆海军大臣，参谋总长，教育总监）对天皇负责，不随内阁之进退而进退。由此，日本成为一个君主立宪的国家；军部诸首长只是天皇的幕僚，萨阀长阀名去实存，虽然在奉还版籍，亦即“统一”或“军队国家化”之美名下，依然还是幕府时代那一套，一个掌陆军，一个掌海军，捧着半文不值的所谓“天皇”，继续其军阀专政，继续其封建统治。死死地压住日本人民，在“八纮一宇”的幻梦中，从事向外侵略。直到今天，扶桑三岛被占领为止。

日本军部直接对天皇负责，这就叫做“帷幄上奏权”。有了这个权，什么政党政治都搞不成，例如议会里占多数的政党要组阁，军部不同意，或不肯推荐海陆相，这个内阁就组不成，或者内阁要恋栈，军部不干，也只好倒台。尤其重要的是军部可以不得内阁同意，自由行动。几十年来的日本政治史，其实是一部封建军阀蛮干史。

由此看来，所谓日本的维新，所谓奉还版籍（还土地给天皇，中国话叫统一），奉还大政（还政权给天皇，中国话叫军令政令的统一），所谓立宪（万世一系的天皇独裁制），说穿了，只是把旧军阀萨阀长阀穿上一大套新衣裳，使之合法化现代化，以之敷衍外国人，以之蒙蔽舆论及国内人民，以不变应万变，而已，而已。

日本的老师是德国，希特勒的老师是黑衣宰相。“心有灵犀一点通”，有了这个渊源，就建立了现代的法西斯蒂的轴心组织，也就造成纽伦堡和东京的战犯审判。

（原载《唯民周刊》1卷11期，1946年6月15日）

中苏邦交与国共问题*

当前，除开战争的失利以外，大家认为最重要的事情，第一是中苏邦交，第二是国共问题。

苏联，这个创造了战争的奇迹，用血用肉换得胜利的盟国主力，在战后必然成为工业化的最大的陆权国家。

从战事发生以来的八年，诚恳而有效地帮助我们的只有美国，美国是我们最珍贵的友人，虽然基于种种条件的限制，不能给我们以大量物资的援助，然而，条件愈是受限制，这种友情和正义就愈值得我们感激。

强大和主持正义的友邦，无论在战时或是战后，都是我们必需要有的。以美国这样强大、距东方这样遥远，尚且要用一切方法争取苏联的友谊，我们和苏联是邻国，为什么反而不应该和苏联缔结最密切的国交，发生最敦睦的友谊呢？

---

* 1945年10月10日，昆明各界人士针对抗战胜利后国内外仍复杂的动荡不安的形势举行了一次有着重要意义的“双十节”纪念大会。闻一多、楚图南、吴晗、李公朴、罗隆基四人在大会上作了演讲，大会并发表了纪念大会宣言，会后，大会主持者将闻一多等四人的演讲和大会宣言等汇编成一本专辑，取书名《人民的呼声》，现将这本专辑目录开列如下：

《人民的呼声》目录：

为什么刊印这本小册子？

大会宣言（昆明各界“双十节”纪念大会宣言）

演讲纪录

组织民众与保卫大西南	闻一多讲
言论自由与身体自由	楚图南讲
中苏邦交与国共问题	吴　晗讲
改善士兵生活	李公朴讲
改革政治的方案	罗隆基讲

本文即选自该专辑。——编者注

我们应该和我们的邻人做世界上最好的朋友，理由很简单：

第一，就邻国的关系说，中苏国界，犬牙交错，长达一万五千里，苏联的后门也就是我们的大门。中苏两国的繁荣和发展，应将友谊之加强而获得保证。即就是国防和安全面说，将来的世界和平，必须争取苏联的友谊，才能肯定。

第二，就历史的关系说，二十几年来苏联一向对我们抱有好感。1917 年苏联政府成立以后，以援助弱小民族为国策，1919 年即宣称愿意放弃在我国之一切特权，经过长期的商洽，于 1923 年 4 月签订协定，主要的项目就是交还租界，取消领事裁判权（比英国早二十年），放弃庚子赔款，作为我国教育经费，并申明凡前帝俄时代和我国订立的有碍我国主权之条约，一概无效。最近，1937 年 8 月又和我国订立互不侵犯协定，在初期的抗战中，更切实地给我们以飞机武器的援助。这种友谊是在中苏邦交史上值得大书特书的。

第三，就目前的利害说，消灭日本的任务固然有英美的海空军在活动，不过空军是需要基地的，最理想的最有效的最接近日本本土的空军基地是海参崴。其次是西伯利亚。德国最近就要被解决了，如能利用苏联的空军基地，更理想的是苏联参加对日作战（这并非不可能的。1904 年的日俄战争的屈辱，俄国人是不会忘记的，日本要从北上侵略苏联的野心，苏联也是很明白的），不但可以彻底摧毁日本，而且可以把战争的时间缩短，牺牲的数量减小，胜利的时间提前。这关键固然决定于世界的全盘战绩，不过，假如我们能够获得我们邻人的宝贵的友谊，苏联参战的可能性一定更大。

第四，就战后的建国工作说，苏联已经是世界上数得着的大工业国，土地广，人口多，物资富，而且又有长期的建设经验，比之我们事业落后，足够当我们的老师。假如我们能够同时有美国、苏联两个有经验又有技术组织训练的朋友帮忙，我们一定可以突飞猛进，不必浪费光阴，大踏步前进，建设我们的新中国。

几年来，我们不懂得为什么我们对苏联那么冷淡，我们的大使也毫无消息，不知道究竟在干什么？我们派遣过访英团、访美团，为什么不派访苏团呢？我们派学生到英国、美国，甚至到土耳其、印度留学，为什么不派遣学生到苏联留学呢？假如现在苏联对我们有隔膜的地方，都是我们的错处，我们愿意补救这个错处。我们不妨追溯过去的友情，重新开头，缔结最坚固的友谊。

我们要加强中苏两国的邦交，用一切可能的方法，争取我们邻人的友谊。

其次，就国共问题而论，中苏是邻国，尚且可以做好朋友，国民党和共产党都是中国人，是一家人，更容易说话了。过去这两兄弟打架，打了多少年，已经不能得到国民的原谅，如今大敌当前，土地失了二十多省，人口沦陷了三万万，西南半壁江山已经岌岌可危，两党还是陈兵百万，互相对垒，这叫做鹬蚌相争，渔翁得利，替敌人造机会，替敌人削减我们的国力。这在人民看来，是不可原谅的，是非常痛心的。古人说：为亲者所痛，为仇者所快，正是这个情形。我们人民的要求很简单，全国的枪口都对准日本，只有抗日的部队，才是人民所信赖所爱护的部队。

至于现在两党所争执的问题，国民党所提出的是革命的统一，这是全国人民所切望的。共产党所提出的是政治的民主，这也是全国人民所迫切要求的。这两个问题是全国人民所要求所支持的目标，而且并不冲突，只要有诚意，争执是容易解决的。

我们人民的看法是国民党早有还政于民的诺言，要实践孙中山先生的遗教，符合全国人民的愿望，加强友邦的联系，也的确非如此做不可。那么，国民党不必再等待了，即刻可以实践诺言，履行遗教，退为在野政党，交出军队，保持批评政府措施的权利。共产党也交出地方政权，交出军队，成为纯粹政党。新政府应该由无党派和各党各派有才能、负有声望之人士为人民所信托，愿意为人民忠诚服务者，联合组成，实行真正的民主，实行真正的宪政，一切军队属于国家，永远脱离政党的操纵和指挥。这新民主的联合国防政府，应该对人民代表会议负责。人民会议的代表，由人民直接选出，不分性别、种族、教育程度等。它握有预算、弹劾、罢免、宣战、媾和等大权。主权直接在民，国事取决于人民的公意。这办法不但可以扫清当前的一切弊端，而且两党所争执的问题也彻底解决了，因为在新政府之下，民主政治实现了，革命也统一了，抗日战争的胜利也决定了，因为不但全民族从此可以完全参加抗战，而且在西北对峙的一百万精兵，可以完全担负扫出日寇的任务了。

连带的，苏联、美国，都会因新政府的实行民主、积极抗战而加强友谊，加强援助。

是谁在辱国？谁在殃民？

一、人民是有记性的

人民不但眼睛雪亮，记性也很好。

到今天为止，似乎还没有能发明一种方法，叫人民失去记性。尽管有太多的条例，管制、统制报章杂志。尽管有太多的军警特务，用暴力禁止、查封、打毁报章杂志。尽管有太多的御用通讯社和黑色报纸，曲解，欺骗，造谣，妄图以一手掩盖全国人民的眼睛。也尽管有太多的集中营、训练班，妄想以拘囚凌虐，甚至屠杀，和模型制造来窒杀人民的声音，来塑就一群编制正统工具。也尽管用打手，用杀手来镇压，来取消人民的要求民主的行动。然而，也还终于没有方法来消灭人民的记性。

而且，即使有吧，有太少数的人们乐于健忘吧，也决不可能让大多数的人民健忘，让所有的人民健忘。

执政者永远假定人民有健忘症，而且更可悲的是他们还假定全体人民都患健忘症，然而，人民呢？抱歉得很，非但从没有害过这病症，恰恰相反，记性好得很，人民记得有一个双十协定，也记得有一个所谓四项诺言，人民记得停战协定，更记得著名的在蒋主席主持之下，连主席也表示庆幸的政治协商会议五项决议，还有一个整军方案。此外，人民当然记得昆明“一二·一”惨案，重庆“二一〇”血案，和上海欢迎马歇尔案，青岛费筱生等案，北平中山公园血案，成都李实育案，和最近的“六二三”游行和下关暴行。

人民的记性，给予执政者以太大的痛苦和难堪。而执政者在给予诺言或签字在每一符合于人民意愿的文件后的措施，又再度刺激了人民的记性。每一暴行每一血案惨案的发生，无异于在自己的光脸上，施以无情猛掴，左一嘴巴，右一嘴巴，一掴一条痕，到今天，打得看不出脸的轮廓了，只看见一条条的手指印。这一晌，自己打嘴巴还不算，进一步在挨朋友的嘴巴。左右开弓，把国际颜面也打尽了，法西斯的幽灵在窃笑，全国人民在痛心，愤恨！

左一个嘴巴，中国被踢出和会邀请国，摘下五强的帽子。

右一个嘴巴，联合国善后救济总署下令从九日中午起停止以救济物资运华。

前一个嘴巴，辱国，后一个嘴巴，殃民。

是谁在辱国？是谁在殃民？

二、只剩四强了

记得德国投降时的情形吧！

记得日本投降时的全国狂欢吧！

记得旧金山会议时，我国曾经被给面子，作为五强之一，作为五个邀请国之一，而且轮流担任主席吧！

记得这些事情发生时，事前，事后和发展中，我们这些执政者的表示，演辞，训辞和各种文件以及那时候的若干御用报纸的社论吧！

这些，执政者也许都已健忘了，不过我们小民，倒都还一条条一桩桩一件件都记得，而且记得非常清楚。

因为八年苦战，出儿子，出谷子，出粟子，流汗，流血，牺牲了田园、职业，束紧了裤带，甚至贡献了生命，全体人民支持了这战争，扭转了这战争，也赢得了这战争，一切胜利属于人民，一切光荣属于人民。

人民自己争取了胜利，解放了一百年来受苦受难的中国，当然，人民会记得世界人民，世界上民主国家所给予中国人民的光荣。

说是我们忝列五强之一吧，忝字在政府说最恰当不过，贪民之功，贪友之功，非忝而何！放在人民身上，实在不合式。人民明白，我们的政府决不是世界上的第一政府，也许刚和第一等相反，而我们的人民，却真不愧为世界上第一等国家的人民。

然而，人民争取了胜利，政府却摘取了独占了胜利的果实。举一个象征的典例吧，胜利勋章的获得者尽是官，文官，武官，党官，大官，小官，男官，女官，半官，完完全全和人民不相干。

人民明白了胜利勋章的意义，唯一可以自慰的是中国人民在八年苦战中替国家争取了世界一等国的地位。

然而，到今天，连这仅足使人民自慰的国际地位也被执政者全盘抛出了，抛在全面内战的赌注中。

于今，只剩四强了。

事情经过如此：

英、美、法、苏四外长在巴黎开四强外长会议，决定在本月二十九日在巴黎卢森堡宫召开二十一国和平会议。本月四日在讨论邀请国问题时，苏联外长莫洛托夫反对中国列为邀请国之一，英、美也并未坚持，但建议为了顾全中国政府的面子，请柬中不必提出根据七月四日外长决议这一点。经过折衷，决定由法国电邀各盟国参加二十一国和平会议，其请柬内容如下："法国政府兹以四国外长会议名义，亦根据一九四六年七月四日外长会议之决议特电邀贵国政府派员参加一九四六年七月二十九日在卢森堡宫举行之和平会议，以草拟对意大利、罗马尼亚、保加利亚、匈牙利及芬兰之和平条约。"

这和会出席的国家将有四邀请国英、美、法、苏，十七被邀请国澳、比、白俄罗斯、巴西、加、中、捷、阿比西尼亚、希、印、荷、纽、挪、波、南非、乌克兰、南斯拉夫，及五前敌国意、罗、保、匈、芬。

这样，在国际舞台上，中国被一脚踢出来了。

据七月十二日《文汇报》消息，中央社南京十一日电：今晨法大使梅里霭赴外交部谒见王部长，面递法国外长通知书，其内容声明，系以外长会议名义，召集巴黎和平会议，故此次会议之召集须以五国外长全体会议之名义召集，王外长允于转报政府后答复。

又中央社巴黎十日专电，法外部本日通知我国钱泰大使，九日四外长会议议决和会主席由中、英、美、苏、法五国外长轮流担任。

这两条消息是矛盾的，冲突的，不可解的。因为第一，路透社和中央社的巴黎九日电都未提到四强外长会议有新的决定，改列中国为邀请国之一。四外长会议不可能无端变成五外长会议。第二，中国既非邀请国，如何会成为和会主席之一？

唯一的可能是中国政府在被打了一嘴巴之下，生恐太失面子。下不了台，又由英、美把打得火辣辣的脸皮抚摸一下，邀请国当不成，给一个主席吧，敷衍一小点面子。果真如此，中国政府在这和会中是被请的客，而又作主席，弄成亦客亦主，半客半主，非客非主，倒是别开国际生面的一桩怪事。

在挨了这一巨灵之掌以后，打在政府脸上，痛在人民心里。我们人民，平心静气的想一想，为什么会挨这一手呢？

想了又想，道理在这里了。

第一，和会请柬上明说和会的任务是草拟对意大利、罗马尼亚、保加利亚、匈牙利，及芬兰之和平条约。

这在中欧北欧的五个轴心国家，和处在远东的中国几乎可说是风马牛不相及的。中国虽然是盟国之一，可是第一，中国并未出兵参加对欧洲轴心国的战争，也未尽过其他摧毁欧洲轴心国的义务。第二，中国对这五个战败国，除意大利还勉强说得上有一点瓜葛之外，其他四国是完全说不上有什么关联的。那么，中国既然和这五国无关，并且也和欧洲的政局无关，中国政府实在没有什么了不得的理由，作这个专门处理五轴心国和约和会的邀请国。

第二，欧洲的政局明白地摆在那里，一边是英、美集团，一边是苏联集团。这两个集团的冲突表现在过去太多的纠纷中。假如中国政府过去能够完全站在中间和超然的地位，苏联一定不会来最近这一手，落得大家好看。无如在历次国际会议中，中国的代表永远做英、美的尾巴，而且深以能作这样的尾巴为业。处处事事站在英、美的立场，来反对苏联，引起苏联的不快，这样的例子太多了，不必列举。如此这般，苏联又何必不知趣，替英、美加尾巴，替自己拉敌人！说穿了，请你作客人都够面子了，更谈不到作主人。

第三，最最重要的是这一点，记得过去杜鲁门的声明吧，记得过去莫斯科三外长会议的声明吧！记得在斯退丁纽斯时代的对中国的声明吧！尤其是贝尔纳斯的话，他着重地指出，中国如继续内战、混乱，必将失去国际和平会议中应有的地位。这句话如今果真在运用了。我们今天在内战，在扩大内战，在全面内战，是世界上唯一未复员的国家，也是世界上唯一有可耻的内战的国家。

一个在内战的国家而出席另一谋取和平的国际会议，这对照未免太强烈了吧，这讽刺未免太深刻了吧！

我们多想想，好好地想一想，我们觉得关于邀请国问题，苏联还算忠厚，英、美对我们爱莫能助，该责备的是我们自己。

第一，既然甘心作英、美的尾巴，自然该受别人的指责。要明白自己甘心放弃独立自主的外交，人家也就不会当你是独立自立的政府。

第二，内战国家未参与和平，与其说是光荣，毋宁是耻辱。不过，无论如何，五强的名义终于被勾消了。国际地位是从此低落了。人民的光荣是被凌践被侮蔑了。

要挽回这个无可挽回的损害，其道无他，一要堂皇地独立自主，要公正地亲仁善邻，天助自助者，只有自尊自重，才能为别人所尊所重。二要立刻停止内战，全面停止内战，永远停止内战。走上和平建设的道路。也只有和平的国家才能有脸进入和平会议的议场，作和平会议的主席。

问题够明白了吧！

是谁在辱国？

三、善后救济“本”署

联合国善后救济总署正和美国胡佛先生的粮食救济政事一样，

是有其特定的政治使命的，胡佛先生以其大腹贾的姿态悲天悯人的外貌，在第一次欧战结束后，用施放粮食来阻止欧洲的革命，在这次世界大战结束后，老调重弹企图用粮食来塞饱全世界在饥饿的人民，来换取他们的脑子。

也和美国政府的金元外交一样，对法贷款以法政府能否减低共产党的作用为条件，对被贷款又何尝不是如此，再说开一点，对中国，为中国人民所最不欢迎的片面五万万之美金贷款，其作用又何尝不是如此！

联合国善后救济总署在中国的使命，由于中国的官僚统制，腐烂的，卑污的，不择手段的，无能的，愚蠢的官僚所误用了，被救济的是行政院善后救济总署本署，被救济的是行总各地的分署高级官员，被救济的是大腹便便的商人，被救济的是应该有充分的力量来救济别人的人们。这一些人们大体上满脑肥肠，怕共产党怕得要命，唯恐有一天真要实行民主，得到和平，他们的禄位，发财的机会会受影响的人。而且，也正是在不断制造中国饥荒、混乱的人。相反的，真该救济的灾民、准灾民，他们是从不肯予以应有的适当的救济的。官僚在制造饥荒，在造成混乱，在趁机发饥荒财，发混乱财，甚至发内战财，而恰巧是他们，在执行救济的责任，这是一个笑柄，一桩丑史，丢尽国家颜面，丧尽民族人格，不可宽恕不能再坏的坏事。

香饵是拿来钓鱼的，贪婪的渔翁把香饵都吃到自己肚子里去了。中国的灾荒、苦难，因之而日增日重，和死亡搏斗的人民是不大会考虑思想问题的，联总救济中国的物资的结果得到了相反的作用。

联总的政治使命完全失败了。于是在上海的联总三百职员发出了吼声，他们严正地指出："中国政府为达到其政治目的或其他目的起见，会不断误用联总物资，故联总自应移此项供应物资转配世界各处亟需救济之人民。联总配与中国之供应物资已被利用为政治武器，联总供应之目的，已完全被忽视。结果形成无数贵重供应物之无形消耗，腐坏或被窃，嗷嗷待哺之饥民，依然挨饿。亟需救济之人民依然一无所获。联总配与中国之救济物资，其能获准运入中共控制区者不足总数百分之二。由于中国政府未能拨发款项与行总，致使若干区域内之救济工作与救济计划遭遇严重之影响。……”

这控诉是完全有事实，无数的事实和数字作根据的。立刻得到应有的反响，于是联合国善后救济总署署长拉加地亚宣布行动了，决定于本月九日中午起，除业已起运或在运华途中之主要食粮如米、麦、玉蜀黍、奶粉及豆类而外，联总所有运华物资，停上运华。

这是公开的正式的又一嘴巴。打在政府脸上，痛在人民心里，政府丢脸，人民遭殃！

在中国方面的反响是，（一）承认行总有出卖粮食旧衣情事，这说明行总是美国的粮食旧衣推销员，我们建议行总救济本署的官员在业务结束以后可以改行开粮食店和拍卖行，较为适合他们的身份。（二）缺乏卸货开支等费用，只好不卸货，听其在仓库中霉烂，被盗窃。（三）火车铁轨卡车木材药品等物品须交给政府，说明在政府心目中中共控制区并无铁路，并无公路，也不需要建筑，更无需医药，听其自生自灭。（四）码头拥挤，港口拥塞，交通破坏，这更是太过天真的遁辞。果真如此，也只是以说明这个政府的无能，不能为人民服务而已。

而且，我们要指出另外的两点，上海的贫民有多少人，灾民有多少人，曾有多少人受过救济？得过何种救济？上海附近区域，例如沪宁路区，沪杭路区的，广大贫民、灾民，到今天为止，又曾有多少人受过救济？得过何种救济？假如没有，为什么不？假如有困难，为什么上海市区内中国贫民、灾民以外的外国籍人士，他们都已得到了联总的充足的应有的救济！假如交通不便或被破坏，我们要问沪宁、沪杭两路是否不能通车？假如是仓库不够，港口拥塞，为什么不尽先发放给贫民、灾民，囤出空位来接受新来的物资？假如上海和上海为中心的这个圈子的人民不合救济标准，那么，广西的，河南的，湖南、湖北的那些辽阔地区的灾民，尤其是河南、湖南的灾民，已经在饿死的边缘了，配不配受救济？为什么不？是为交通破坏吗？长江水运的船舶到哪里去了？日本的船只到哪里去了？外国商船租借来干什么？有的是船，有的是救济物资，问题只是所有船舶征作军用，拿来运军，运军械，运军粮，匀不出吨位来运救济物资，如此而已，如此而已！

第二，政治目的是显然的。据联总的报告，运到中共控制区的物资，不足总数百分之二，据中共的报告，只有千分之五，也许还有百分之一点五尚在来华途中。中共控制区的人民占全国人民至少三分之一，可是得到的救济物资是如此可怜的一个数目，占六十五万吨中的三千三百吨，这不是用作政治目的是什么！在联总职员提出抗议以后，行总慌慌张张放马后炮，也在中共区烟台和菏泽成立分署办事处了，这是自有行总救济本署以来所设立的第一个中共区分署了，而且蒋主席也居然关切起人民来了，本月六日也通令各机关尽力协助行总业务，原令还特别指出“所有该项善后救济物资之分配及散放，概不因灾民之种族，宗教，及政治派别而有歧异之待遇”云云。这种事后补苴的空头话，和行总的设施真是一个模子铸的。

而且，就人民所身受，中国政府对善后救济物资的分配，除了救济本署人员以外，也只救济和政府有关的人，和本署有关的人，而且专以政治派别为歧遇的标准。而且，除了政治派别以外，还有政治关系，质言之，是和政治无因缘的人得不到救济。

要举例吗？可以写一本甚至几本书，举最重要的一个说吧，广东分署是“本署”救济工作中的杰作，不但白面粉变土面粉，而且还会变成没有，不但会变成没有，而且失掉四千包米，会找出四千二百包上面印有联总字样的救济米。多出二百包，我们建议广东分署这些杰出的官员，可以组织一个旅行世界的魔术团，倒可以替这个政府争一点体面。

而且，在各地的洋货店中，粮食店中，西药店中，什么店中，你都可以毫不费力找出联总救济中国灾民的物资，而这些铺子新闻记者还可一五一十告诉你他的主人或委托人是谁。

人民不能不痛心地说出，“误用”两个字是误用的，因为第一散放的标准不只限于政治派别，而且限于政治关系，不只是救济本署，而且是只救济本政府的某一部分特定的人。假如真是误用，专救济非共区的人民，那么，至少是非共区的人民是得救了，因为他们每人可以多得三分之一。然而，事实上，不但没有多得，连应分配到的也被误用了。正确一点说，误用两个字应该说是专用，专用于救济官僚和商人。人民之挨饿如故，困难如故，不但如故，而且在更挨饿，更困难，因为内战的枪声到处响了，人民还得被征购，征实，被拉兵，被拉夫，被敲诈，被剥削，被屠杀！

中国人民迫切需要救济，需要复兴，更需要和平。

而所得到的呢，是救济物资被“专用”，还得出儿子，出谷子，出票子去参加内战。

丧失了国格，害死了人民。嘴巴打在政府脸上，痛在人民心里。政府丢人，人民遭殃！

够明白了吧！

谁在殃民！

四、停战第一

结论也是明白不过的。

要争取国际地位，首先要有独立自主的外交。要有独立自主的外交，必须要立刻走上和平建设的道路。要走上和平建设的道路，只有立刻停战，全面的停战，永久的停战。

要联总继续供给物资，必需泯除政治的派别，而且首先要泯除政治关系，分清本府和本署的官员是官，不是贫民，更不是灾民，是应该救济该救济的人，而不是专救自己的。要做到这一点，必须打倒官僚政治，先从本署本府打倒起，照后推及整个本府治下的官僚机构。次之，救济事业应该由人民来主持，如嫌选代表费事，也不防交给政治协商会议来办，至少有各党派互相监察，至少比一党包办的官僚分赃要好一点，清白一点。然而，还有一个前提，还得立刻停战，全面停战，永久停战。否则，一面救灾，一面造灾，抗敌的灾有人救，内战的灾是不会有人救，而且也不好意思求人救的。

千言万语归结成一句话，停战第一。

这不只符合于中国人民的利益，也是符合于美国政府和美国人民的利益的。

（原载《文萃》第39期，1946年7月18日）

死，不是结束，而是开始！

我们的朋友，同志之一，李公朴先生在昆明被特务狙击殒命了！

公朴才四十六岁，生龙活虎般的民主斗士，死这个字对于他太不能联系，没有人会想到李公朴会死，然而晴空霹雳似的传来噩耗，公朴死了，被狙击，凶手所用的武器是一种无声的多管的最新式的秘密武器。

公朴这几年在昆明过的是一种什么生活，朋友们全知道。他勤劳，刻苦，潇洒的风度，安详的口吻，掩盖过他的贫困。这次由重庆回昆明，原是打算安顿一下家眷，整理一下他一两年来的著作，再转香港到上海，用全力来办社会大学和韬奋图书馆的，然而，没有走成。原因是贫困，安顿不了家，也筹不到个人的路费。

他死在被统一以后被接收以后的昆明！

七君子之狱，他坐牢，没有死。

校场口血案他挨打，打破了脑袋，没有死。

学院坡被暗杀，他死了！

他为了团结，抗战坐牢。

他为了团结，和平，民主挨打。

他为了团结，和平，民主而死。

这是他的一生。

他为民主而生，也为民主而死。

生为民主斗士，死为民主之神。

公朴永生了，他不但不曾死，而且活在全中国甚至全世界民主斗士的心坎中。

死不是结束，而是开始！

（原载《文萃》39期，1946年7月18日）

哭一多父子*

一多，我想不到你会死，我虽然离开了昆明，却无时无刻不在担心你的安全。

一多，可是我决想不到你会父子同命，连立鹤，才在大学一年级的一个十八岁的青年，也惨遭五枪，比你迟死一天！

我想不到，无论如何想不到！

父亲是忠臣，忠于人民，忠于国家，儿子是孝子，孝于人民，孝于忠臣的父亲，父忠子孝，表现了民族的正气。一多，我忍着眼泪，我要告诉我所遇见的每一个人，民主同盟有这样的盟员，这样的领导人，中国民主的前途是被保证了的；我也会狠着心，自己对自己说，我有这样的朋友，这样的同志，这样的学生，作我未死以前的准绳，前进的明灯，我是被保证了的，永不会走错路！

几年来的情形，历历如在目前。

我记得清清楚楚，当你还住在昆华中学的时候，为了一件必要的事，我带了几个学生去看你。

当你作新诗人的时候，我知道你，并不尊敬你。当你埋头研究诗经楚辞的时代，我明白你，并不接近你。可是，当这一晚上谈了三四个钟头以后，我们的思想和工作都结合在一起了，我不但了解你，接近你，而且尊敬你。

此后的三年中，我和你分享着忧患，贫困，紧张，忙乱，痛苦的日子。

我记得你洪亮的声音，激昂的神情，飘拂的长髯，炯炯的目光。

---

* 本文解放前收入《人民英烈》，解放后收入《投枪集》，因闻立鹤受重伤未死，故改题作《哭一多》，文字也作了改动，《哭一多》一文见本全集第七卷。我们这里收录的是初发表时的字。——编者注

在每一次群众大会中，在每一次演讲会中，座谈会中，我也记得你每一次所说的话。

像一头愤怒的狮子，去年，在云南大学广场的一次集会中，正当开始的时候，天不作美，在下雨了，参加的男女青年在移动，在找一个荫蔽，会场在动乱了。你，掀髯作狮子吼，“这是天洗兵！不怯懦的人上来，走近来，勇敢的人走拢来！”在你的召唤之下，群众稳住了，大家都红着脸走近讲台，冒着雨，开成了这个会。

我也记得你，在为四烈士下葬的那一天，你在薄暮的微晖中致词，你说：“我们一定为死者报仇，要追捕凶手，追到天涯海角，今生追不到，下一代追！”

不管是阴是晴，是冷天是热天，认为该作的事，你毫不迟疑，献出了全部的时间和精力。

宣言、通电的润色人一定是你，在深宵，在清晨，你在执笔沉吟，推敲一个字，每一句、每一段。朋友们安慰你的过度辛劳，你还在微笑着说：“谁叫我是国文教员呢？”

从你搬进西仓坡联大教职员宿舍以后，我们恰好是对门，两个窗户也正对着，你的宾客，你在工作的情形，一抬头便可望到。

学生一批一批的进出，诗人，作家，木刻家，戏剧工作者，还有我们民盟的朋友，从清晨到深夜，川流不息地在走动。

你有一只破烂藤椅是毓棠去英国时送的，一个整齐一点的方桌，是我向学校借来转借给你的。你的书桌是三块长木板，像裁缝桌子，还有两把乡下搬来的描金黑漆方椅子，坐上去倒很结实，不会怪叫。此外，还有两张小板凳，两口破箱子。吃饭时一家人刚好一桌，孩子们站着吃。

终年穿一件阴丹士林长衫，布鞋，破袜子。最近半新不旧的一件灰色布夹袍是赵三姊送的，你喜欢得合不拢嘴，大热天还在穿着。有一次同走过云南大学前面，公共汽车经过，我们两个人都溅了一身泥点，为了这件事，你还不快了半天。

你喜欢喝茶，我为你预备一点好茶叶，三天两晚在我的小书房中边喝边谈，有时到深夜。你也喜欢喝咖啡，要加多糖，还有，菜要口味重一点，你说，在蒙自那一年，包伙吃饭，盐太少了，简直受不了，现在要补一点回去。

成天的奔走，成天的工作，看书的时间没有，连看报都得在深夜上床的时候看，为了这，你的太太和你吵了不少次架。

去年年底吧，你告诉我，要替《中原》写一篇长文章，我说我也在准备，相约在三个月之内写完。可是，一个月一个月过去了，你没有开笔，我也没有一个字。

有一天，是傍晚吧，在我住房的前面，两个小杌子，两杯茶，两支烟，谈了许多事之后，你喟然说，太空虚了，成天吐出去，却没有新的东西补充。要好好念书了。天可怜一年两年后，民主实现，政治走上轨道吧，只要有这一天，我们立刻回书房，好好读十年二十年书，才对得起自己，对得起所受的教育。

为了这，你加紧了工作，忘寝废食地工作，希望尽量提早和平民主日子的到来，好重回书房，作新知识的学生。

可是，你死了，你没有看见和平，更没有看见民主的影子，赍志长逝了，永远再不能回到书房了。

你喜欢田间，喜欢玛雅可夫斯基，郭沫若先生赴苏过昆的一天，邵鲁诺夫先生问你想带什么书，你希望有一套玛雅可夫斯基全集。我昨天看到郭先生，他说书早已带来了，无法寄，今天，是永远投递不到了。

你为了生活，学刻图章，成天在刻，通夜在刻，刻得右手中指起了个老大疙瘩，刻得手发抖，写字都不方便，为了一升两升米，为了明天的菜钱。你常说你是手工业者。

饶是这样，还有一些朋友在责备你，不该干这行手艺。天啊，你在哭，我也替你哭，吃饱的人是无法了解饿肚的人呀。

立鹤，你的长子，我的学生。

去年，你刚念完联大附中二年级，暑假你居然去进了联大。你父亲喜欢，母亲高兴，为了奖励你，连仅有的一支美国水笔，一个可敬的美国朋友送的，也给了你，作为奖品。

在进入大学以后不久，你立刻成为青年民主战士的一员。

在“一二·一”运动的时候，你受了伤，腿被打肿了，母亲劝你休息，你说：“妈妈，我是闻一多的儿子呢，闻一多的儿子是不能休息的！”

立鹤，你才十八岁，多灾多难的中国，居然在杀戮青年！

立鹤，你为民主殉了身，为了你的父亲殉了身。我替你相信，你是求仁得仁的。有这样的父亲，才有你这样的儿子。

安眠吧，一多，我的朋友，立鹤，我的学生。

我们会跟着你们走的，你们已经替中国人民铺好了道路，用你们的血。

（原载上海《周报》46期，1946年7月18日）

哭亡友闻一多先生

一

是诗人，是学者，是民主斗士的闻一多先生被法西斯暴徒有计划的预谋的狙击殒命了，地点在云南省城，昆明，云南全省警备司令部的所在地，云南省政府的所在地，军队、宪兵、警察挤满了的小小昆明城。选择好的狙击场所是昆明府甬道十四号门前，是中国民主同盟云南省支部的所在地，同盟机关刊《民主周刊》的编辑部，向北走十几步是文林街的清华大学办事处和西南联合大学，向南转弯向西十几步是联大教职员宿舍，一多先生的家。再向下走，是军分校旧址，现在的警备司令总部。顺着文林街往东走几分钟就是云南大学。日子是李公朴先生被暗杀以后的第五天，时间是下午五时卅分，光天化日之下。用的武器当然不是本国制造的，行凶暴徒二人，在连发多少排枪弹以后，从容逸去。同殉难的是他的长子，十八岁的青年大学生闻立鹤。

杀一个诗人，一个学者，一个著名的大学教授，为千万青年和人民所景仰所爱护的民主斗士和他的儿子，在都市中，在民主同盟的省支部门前，在大学区，这是一个什么世界！什么国家！什么政府！

四项诺言哪里去了？政协的五项协议哪里去了？提审法在什么地方？（退一万步说，即使承认一多主张民主有罪吧！）李公朴先生和闻一多先生父子的死，清清楚楚明明白白告诉全中国以及全世界人民，是谁食言而肥？是谁破坏了政协决议？是谁在知法犯法？

从说谎政治到打手政治，到暗杀政治，从无耻到无赖到丧尽天良，倒行逆施，法西斯暴徒在自掘坟墓，一多父子的血祭奠了民主的大纛。

死，本来寻常得很，多少农民被驱上战场作炮灰，多少人民在草根树皮和救济物资的误用下饿死，困死。而且，一多自己也早明白他的命运。其实，何止一多，任何民主斗士都明白他自己可能的命运。他不为黑名单退缩，不为四烈士之死退缩，李公朴先生之死，他更不退缩，在得到恶意的恫吓，友谊的劝告之后，他说，我早已准备这一天!

死，在一多先生父子，一个死忠，忠于人民，忠于民主。一个死孝，孝于人民，孝于民主。求仁得仁，只要人民得救，民主实现，他们是会瞑目安眠的。

他们是为人民为民主而死的，万千人民明白这个，法西斯暴徒所得到的代价是更深的愤怒和憎怨，痛心疾首。是几万几十万几百万的闻一多和闻立鹤，献身于民主运动。

二

一多生平有三变，永远在进步，永远在追求真理。

到美国留学时代，学画学文学，回国后以新诗人出现于文坛。代表作是《死水》。

中年转变方向，研究诗经，研究楚辞，搞甲骨文、金石文，成为古代文学研究的权威，更进一步，研究古民俗学，谈龙，谈图腾，谈图案画，写了许多专门论文，代表作是关于诗经和楚辞的研究的两部大著作，尚未杀青付印。

晚年，不写诗了，也不能，不许可做研究工作，把全时间全生命献给民主运动，成为中国民主同盟领导人之一，代表作是几年来昆明的民主运动高潮。

富于感情，容易冲动，三年前罗努生先生还说笑话，说一多第四变会变到哪条路，一多的答复是再不会变了，因为已经走上追求真理的路。

路是走出来了。可是他在没有走上这条路之前，对政治是一丝一毫也不感兴趣的，成天埋头在书斋中，在故纸堆，是道道地地象牙塔里的人物。

终于有一天，这位诗人，学者，教授，被赶出象牙之塔了，正如他自己所说，被撵到十字街头。

到了十字街头之后，他走上了为人民服务，领导人民争取和平民主的大路。

而且，对研究工作，还是不能忘情，他在日夜祈求联合政府实现的一天，民主政治得到保证的一天，立刻退回书房，重温旧学。说实话，一多是厌恶政治的，不适合于政治工作的，然而，现实的环境强迫他非放下书本不可，非参加政治活动不可。为人民，也为了自己。

他是痛苦的，忧郁的，在含着眼泪，抛弃心爱的工作，去参加他所最不感兴趣的工作。

他在加倍地努力，要尽量缩短人民受苦受难的时间，要尽量提早自己回到研究室的时间。

从白天忙到晚，用嘴、用笔、用两条腿，在工作，在战斗。

加倍的努力，加倍的工作，为了这，缩短了他的生命历程，还带上他所钟爱的长子。

三

一多夫人高孝贞女士，典型的妻子和母亲。身体不很好，经常害病。十几年前受过大惊吓，到如今，一有什么大响声或意外的变化，就受不住，一躺几十天。

大儿子闻立鹤，青年民主斗士，“一二・一”那天，和法西斯暴徒战斗受了伤，一拐一拐走回家，妈妈妹妹劝他休息，他说：“妈妈，我是闻一多的儿子，闻一多的儿子是不能休息的。”

二儿子立雕，三子立鹏，四女闻名，五女闻翀，均幼。

几年来一多家庭的窘况，我是深切体会的。他住在乡下史家营的时候，一家八口（连老女佣）光包饭就得要全部月薪的两倍，时常有一顿没一顿，时常是一大锅清水白菜加白饭。敌机绝迹以后，搬进城，兼了昆华中学的国文教员，每月有一担米，一点钱，加上刻图章，勉强可以维持。去年夏天，昆中新校长到处放空气，说某人要辞职，一多知趣，只好真的辞职。幸亏学校新盖了宿舍，抽中了签，住在我紧对面。米没有了，得买，菜钱，靠刻图章，石章一字一千，牙章二千，刻一天吃一天。一天没有生意，就得借贷。

到了真没有办法的日子，太太和老佣工去摆地摊，卖旧衣旧鞋。有一天，我问闻太太，卖了多少，她苦笑一声说："三十多件破衬衫，卖了三千多元，反正够明天一天了。"

刻图章刻得食指长茧，右手发抖，往往在夜阑时，我在写文章，抬头一看，对面窗子中一个操劳过度的中年人，也正在用劲刻象牙。

一多原名多，一字是他同班光旦先生替他加的，罗努生先生、曾叔伟先生都是他的同班生。

一多比我大十岁。为了特种原因，我叫他多公，多九公，这两个新名字，两三年来一般朋友都很已熟悉了。

"身后萧然"四个字是不能形容一多身后的惨况的。他这一家根本在饥饿线下，说不上萧然。

一多就这样的死了。

我还清楚地记得，三年来同苦乐、同忧患的情形，也记得在离开昆明前一天的情形，孩子们围住他："吴伯伯走了，我们怎么办！"都哭了。也记得第二天清晨他们全家到大门口送别的情形。

我愿意代表全国人民，全世界人民，对一多夫人和孩子们说，有办法的。一定有办法，而且非有办法不可。

这几天来，我哭了公朴，接着又哭一多父子。我是向来不肯哭的，然而，我哭了，两天来都在哭。

我相信，全国人民也在哭。

（原载上海《民主周刊》40期，1946年7月18日，后收入《人民英烈》一书）

闻一多先生之死

——人生自古谁无死，留取丹心照汗青

一

五天内暗杀了两个著名的民主斗士，李公朴和闻一多。

死，在公朴和一多，早已是意料中事，许许多多的迹象和事实，归纳起来成为预感。

民主斗士是不会被死所吓倒的，以身殉民主的公朴和一多，依然挺起胸膛前进，不，不但不畏缩不退却，在民主前进的号角之下，他们站在第一线。

在他们的鲜血号召之下，全国人民都冲锋了，抢着到前线！

二

在昆明，两三年来，经常有黑名单的传说。每一次新名单的消息透露时，一多总是名列前茅。

三年前，还一度传说一多被解聘了，校内校外，省内省外，引起广大的反响和关切。大概，正是因为这样吧，不能不有所顾忌，一多还能安心教学下去。

之后，是前年冬天吧，双十庆祝会后，护国纪念大游行后，民心激奋，民气昂扬，爱一多的人，增加以千计，以万计。恨一多的人也跟着增加了，恨的程度也愈深了。

特种人物给一多一个外号“闻疯子”。

在一个著名贵族化的中学的特种会议上，传出消息，他们要给罗隆基先生、一多先生和另外几个人以“膺惩”。

一多得了友谊的关照之后，还是坦然，白天晚上照常出门，照常工作。

他常说，没有爱，也就不会有恨。被人民所爱的必然会被反人民的人所深恶痛绝。反过来也是一样，只有能恨的才能爱，没有恨没有爱的人只能叫行尸走肉，不配叫作“人”!

他明白，正因为被广大的人们所爱，所以被少数人们所恨。

传说一天比一天多。

有一次，一多告诉我一个笑话，他自己笑得喘不过气来。

说是散会后，和同事中某一要人同路走，边走边谈。要人告诉一多，学生公开骂他是特务，坏蛋，他在发愁会挨打。

一多说，你们的人也在恐吓说要干掉我呀。

要人说，那么，今天我们俩是安全的。

另一次，在这文化区担任重要工作的另一要人向人诉苦。

诉什么苦呢？为了开会，他们作纪念周，除了几个长和职员以外拉不到学生，一间小教室还是那么空洞洞的。

他们的演讲会，什么会，除了自己人以外一般学生那是望望然去之的，冷落得凄惨。

还有，他们挂着一块长牌子的门口，经常有人在利用作厕所。

他说，在别的地方，有人说他们如何如何，在这地方，他们是被压迫得喘不过气来。

一多听了这故事，发出一连串的长笑。

三

去年夏天，一多新添了一个绰号，闻一多夫。罗隆基先生叫作罗隆斯基。

被戴上红帽子了！

昆明市上特别被关照的几种小刊物，《光明周刊》、《正论》、《民主与时代》，经常对一多实行人身攻击。

有一篇文章劝一多学屈原，跳昆明湖。

有一篇文章挖苦一多，以博得听众掌声为满足。

还有，说他在使卢布。

甚至下流到说他之所以愤慨，是由于家庭生活的不满，种种侮蔑，中伤，一多成为特种人物的箭垛了。

“一二・一”事件以后，近日楼有两种壁报出现。前一种是学联的，一出来立刻得到广大市民的爱护，天黑了，还有人拿着手电筒在读。有人急了，照样来一套，同一名义，同一形式，内容可是恰好针对的。这一种壁报经常以一多作对象，谩骂到不像“人”的话。主要的说他是中共的特派员，说他有钱，等等。

今年五四，学联在云大举行纪念会。云大围墙上贴满了中国民主自由大同盟的壁报。有两条是用红墨水写的，前一条说民主同盟云南省支部组织了暗杀公司，董事长闻一多夫。紧接着一条是王慧生不怕暗杀。王慧生是中国民主自由大同盟的主席，经常得到官厅爱宠的一个新党，每一次行动，开会咧，游行咧，都有宪警军保护，事前事后都由官报替他们发消息登广告的一个党。

来了惯用的一套手法，我要做什么，先宣传说你要做什么。

跟着昆明市上发现了一个疯女人，逢人说她是民主得道的，有一套大道理。成天访李公朴，访闻一多，访潘光旦，说些不伦不类的话，后面经常有人尾随保护。

在一多父子遇难的当天，疯女人又去缠过一多，还写了一封信，大意是说，多字是两个夕字，你父子俩命在旦夕了。

十九日，这疯女人又到云南大学，说她是共产党，还解释什么是共产党呢？共产党就是一个女人可以有很多丈夫。疯女人进云大的时候，校门外茶馆有几个人在装着看报，眼睛不住朝云大瞄。

云大校长熊庆来，据说还请疯女人吃两碗面。

此外，近日楼“他们”的壁报上，旧话重提，说闻一多夫组织暗杀公司。

又来了，先一次是信号，这一次是口令了。

四

一多决定在七月十日以前离开昆明。上一个月二十号把第二第三两个孩子先打发到重庆，他呢，带余下的家人候班机起飞，经重庆，回北平。

一班一班的班机都把他一家挤下。

七月十一日，这是一个有特殊意义的日子，这一天早上，国立西南联合大学最后一批学生搭车离开昆明。

联大学生上午走完，公朴先生当天晚上被暗杀。

公朴一死，一多不能走了，要办完公朴的事才能走。

他愤怒，他悲痛，他抗议，他呼号，他在奔走。

市面上风声鹤唳，说第二号是闻一多。

在恸哭公朴的时候，好心肠的朋友劝一多隐避些，犯不着让敌人快意。他说，我早准备这一天。

七月十五日下午一时学联在云大举行公朴先生生平事迹报告会，曼筠女士一上讲台，泣不成声，台下听众全哭了，曼筠女士再也说不出话，原定出席的讲演人临时因事没有来，一多先生被拉上讲台。这一次他讲得很温和，声调也很低，只是在结束时，说了这样一段话，他愤慨地说："如此卑鄙，如此无耻，我真想象不出这些人是不是'人'！在场的特务请站出来，让我们看看是什么一副嘴脸。"

出了云大以后，他出席府甬道十四号民盟云南支部的记者招待会。说得极简单，四点钟便散会了。

五时卅分离开支部，父子俩一人拿一份晚报，一面看，一面走。

大儿子立鹤这些日子每天陪伴他父亲在外面奔走。

府甬道十四号一转弯是西仓坡的西南联大教职员宿舍。说步数吧，距离不会过八十步。

往南走，一转弯向西，是西仓，云南省田粮管理处的米仓。这条短短的巷，只有五个门，从翠湖上坡第一个门是西仓坡四号，清华大学办事处，对面是五号。再过府甬道缺口是西仓，仓隔壁是联大宿舍。对面是培文中学。联大宿舍和培文中学的门都是新开的没有门牌，过联大宿舍有一条钱局街。这小巷平素往来人很少，据一多家的老女佣赵妈说，三点钟时她出过门，没见过一个人，比往常更冷清。

一多父子刚到西仓门前，突然从仓门里窜出四条彪形大汉，一边一个，喝声站住。一多父子站住了，还没出口，一枪就打穿一多脑袋，倒下去了。

父亲一倒下，儿子立刻伏在父亲身上连声喊，“你们不要打他，打我吧!”还是开枪的那个“人”，一连三枪，一枪中左肺，一枪中右肺，一枪中肚子，三枪六窟窿，子弹从儿子的肺穿过，打入父亲的肚子，立鹤还是挣扎着爬起来要跑，又是几枪，一枪中右腿，几枪中左腿，腿骨断了。

一多倒下的时候，开枪的“人”说：“哼！看你还出风头不!”

立鹤第二次倒下的时候，有人说：“好，留下这种，将来好替他爸爸报仇?”

放完了枪，四人扬长转向钱局街而去。

进行屠杀的时候，府甬道十四号和联大宿舍里的人都听得清清楚楚，枪声有似连珠鞭炮。

一听见连珠枪声，一多夫人明白了，连跑带跌冲了出来，看见父子俩身贴身倒在地上，淌着一大摊鲜血。

没有担架，两架洋车送父子俩进云大医院。其实一多在中第一枪时已经绝命了。

第三天，立鹤清醒过来，向人问他父亲，知道已经死了，连声哭叫：“唉！是我不好，我没有保护得他好!”

一多夫人原来体弱，有心脏病，受了这打击，也进医院了。匆匆忙忙，十八日在云大举行火葬，到的人很少。

五

一多在准备离昆以前，做了两件事。

其一，民主同盟云南省支部在巡津街商务酒店公开招待各界，第一天招待各界首长，第二天招待工商文化界，第三天在冠生园招待新闻记者，报告民主同盟的组织，立场，对当前时局的看法。尤其着重的是呼吁立刻全面的永久的停止内战，用和平的政治的方式来解决一切问题。

第一天开会就出了岔子。会还未散，有一个未被邀请的“人”抢了签名簿跑了。一多、公朴立刻追，追到巡津街口，这人跳下水，泅过对岸，警察把他按着，从此就无下文。

其实，这本签名簿是预备发表的。

其二，是发起争取和平联合会，签名的有七千多人。

公朴的死，为了民主，为了和平。

一多的死，为了民主，为了和平！

一句话，是为了人民！

（选自李闻二烈士纪念委员会编印：《人民英烈》，1946年）

论战史的编纂

整整打了八年苦仗，落了一个惨胜，这一战争无论就时间上说，从 1937 年算起，首尾有九年，从 1931 年算起首尾有十五年，或是就地域上说，未被波及的只有新疆、西藏。而且从 1941 年起还发展为全球性的世界大战。就性质上说，这是有史以来关系最复杂，牵涉方面最多，损失最惨重，意义最严肃悲壮的一次对外战争，从敌人奴役下争取解放的一次神圣战争。

对外战争之前有相持十年的内战，对外战争时期还夹有时息时起此伏彼起的内战。对外战争结束之后，还立刻继以全面性的比对外战争规模更大的内战，比对外战争更踊跃更勇敢的内战。

而且，在对外战争被迫引起之前，还有过一长时期的不抵抗政策，不血刃而失东北四省。还有过一时期的安内攘外政策，兄弟阋于墙而外安其侮。在抗战前期有震动一世的焦土政策，后期则有转进政策，通前后两期又有所谓鸵鸟政策，蜻蜓政策。

就国际关系而论，以 1941 年为界，前此的与国只有苏联，一切物资、战斗及技术人员唯苏联是赖，因之这一时期中苏关系也最好。英、美对中日战争守中立，英国替日本封锁滇缅路，美国则供给日本以废铁和汽油。德苏战争起，苏联无力南顾，英、美对日宣战，代替苏联援助中国的是美国，中苏疏而中美愈亲。到战争惨胜后，反苏依美成为鲜明的对照。

几千万人牺牲了鲜血和性命，几万万人在贡献所有的一切，从票子到谷子以至儿子。惨胜以后的抚偿是“五子”，人民献出金子、票子、房子、车子和子女。政府官员和军队来接收，更大规模的内战在进行。另一面呢？政府官员无一不发财，发国难财，发复员财，财富和土地更集中在少数人之手，贫者不但连“立锥土地”没有，就连生存的权利也被接收过去了。

灾荒遍十七省，灾民三千四百万人。

虽然如此，对外战争的阶段总不能不说是已经结束了，纵然有少数人还在幻想制造下一次对外战争。

中国人民用汗用血支持了这一次战争，在民族解放的意义上说，一切的光荣胜利属于人民。

中国人民也在战争的血泊中，磨炼了自己，觉醒了自己，坚强了自己，在政治解放的意义上，中国人民已经能够辨别是和非，好与不好，真与假，真理和欺骗，光明与黑暗。能够在敌人刺刀之下争取了自由，也必然能够在少数人虐政之下争得了自由。

一部中日战争史，也就是中国人民解放史，中国民主运动史。从任何立场，任何观点说，中日战史的编纂是必要的，是刻不容缓的，因为这本书不止是具有伟大的历史意义，而且还有更严肃的政治意义，更悠久的教育意义。

中日战争的结束，是惨胜的。两个字政府和人民各得其一，胜的是政府，惨的是人民。人民争取了胜利，而胜利的果实则属于政府，人民惨了。然而，惨透了的人民已经在创造新的历史。

※　　※　　※

战史的编纂是人民自己的事情，任何集团编纂的战史，只是某某集团的战史，任何政党的战史也只是某某政党的战史，一个集团一个政党的战史，必然有所偏，有所蔽，偏、蔽的战史决不是信史，决不是人民所需要的战史，决不是人民自己的战史。反之，只有由人民自己编纂，用集体方法，以人民为主体，忠实地严肃地写出十五年来人民的意见，人民的好恶，人民的贡献，人民的牺牲，人民的成就的战史，才是无偏无蔽的人民战史。

有了这样一部战史，才能昭示世界和下一世代，十五年来谁在出钱，谁不肯出钱，谁在受苦难，谁在骄奢淫佚，谁在浴血抗战，谁在苟安后方，高唱不抵抗主义，可以明白哪一些人是战争的支持者，出粮食，出人力，以至出汗出血，流离转徙葬身原野。哪一些人在走私，囤积，投机，存款于外国，贪污，营私，舞弊，以至日蹙国千里。谁要和平民主，谁在发动摩擦，以至内战，陷国家民族于百劫不复的苦境。

有了这样一部战史，用事实告诉今天和未来的选民，在运用选举权时，有了自己的选择。

有了这样一部战史，才能彻底消灭内战。铁的史实昭示人民以选择，不但可以做到“乱臣贼子”惧，而且还可以在人民的选择之下，肃清了排除了“乱臣贼子”。武力解决不了的问题，只有用过去的史实来解决，国事取决于人民的公论，内战才可永不再起，永不能起。

人民战史的编纂，是刻不容缓的工作。这工作应该由人民自己的史家来肩荷。每一个人民史家都是编纂人，每一个人民都是审阅人，校订人。

这本书的内容将充满了泪与血，将充满了愤怒与抗议，也必然充满了希望与光明。

五月二十二日于重庆

（原载《中国学术》第一期，1946 年 8 月）

我看时局*

我看时局，不悲观，也更不乐观。

打固然是打开了，并且已经从偷偷摸摸衍变到明目张胆了，两方面都在动用全力施展看家本领，争取决定性的胜利。烽烟从苏北蔓延到热河到东北。

打的是国共两党，中国的两个政党，参加打的人是中国人民，战场是在中国土地上。

无论战争的结局如何，可以肯定的一点是再打下去，中国人民更受罪，中国更残破，在国际上更失面子，中华民族复兴的大业更要延滞多少年！

是中华民族的儿女谁能对这危局不悲观？

但是，不必悲观，悲观解决不了问题，代替悲观的应该是觉醒。

人民已觉醒了，至少已开始觉醒了！

人民已经明白了这战争，毫无意义的内战是不义的，不智的，开始退出内战，开始对内战怠工了。

人民离开战争，内战是无法再打下去的。

乐观，谈不上。

乐观的唯一事实根据是五人会议的召开。

谈当然是好事情，可是一面在大打，一面在小谈，却并不是好事情。

---

* 1946年9月，吴晗在“我们对于当前时局的意见”座谈会上，做了《我看时局》的发言，发表于1946年9月20日《民主周刊》（华北版）第10期。除了吴晗这篇发言稿外，同期还发表了刘清扬的《时局严重》、静远的《放下屠刀立地成佛》、马彦祥的《中国要和平独立》、费青的《首先必须言论自由》四篇发言稿和中国民主同盟中央委员会的《中国民主同盟对当前时局意见》时评一篇。——编者注

而且，参加的只是国共两党，照逻辑的说法，两党的打，绝对不能解决问题，那么，两党的谈，也不会，也不可能解决问题。

有人说，不怕，还有第三者，美国大使或特使在场，有这位和事佬，总不会搞僵。

可是这几个月来，这位和事佬似乎已经失去中立身份，一面倒的结果，已经收回了中国人民对他的信心了。

而且，过去已经谈得够多了，也有了很多成绩，把白纸上黑字照着做就是。旧的假如不算数，那么，即使有新的什么协定之类，也只是替历史博物馆多添一种文件而已。

而且，这位调人还欠中国人民一笔债，莫斯科三外长会议的声明是怎么说的，照做了没有？杜鲁门总统的话算不算数，照做了没有呢？

对这样性质的会议，乐观太天真了。

而且，据报载，这个会议只谈共产党如何参加政府的问题。

过去，只谈军事不谈政治，现在呢？侧过来，暂且专谈政治，不谈军事了（似是不谈原则，只谈技术问题了）。

那么朝三暮四，换成暮四朝三，还不是一样！

看起来结局还是拖，谈不拢，各人请示，调人打圆场；又不拢，又请示，如此而已。

反过来说，三人也罢，五人也罢，只是国共两党的谈，解决不了今天的问题。

解决问题的唯一方案只有重开政协。

再进一步说：谈也罢，打也罢，都不能解决问题，中国问题的真正关键在美国，只有美国政府改变过去作风，彻底实践莫斯科三外长会议声明和杜鲁门总统宣言，才是导引中国走上和平团结民主进步的唯一道路。

（原载《民主周刊》（华北版）第10期，1946年9月20日）

论民主政治
——十月四日在燕京大学的演讲

民主的时间性、空间性和阶级性

民主政治这一名词据说有很多种定义，列举各种定义和说明它们的长短，是专家学者的事情。今天所要说的是这名词有时间性，有空间性，前一时代和后一时代，这一区域和另一区域，尽管名词一样，内容却尽可以不同。前一时代所需要所标榜或者另一区域所实行所标榜的，不一定适合于我们这时代这区域。甚至同一地区同一时代同一个人种所喊的民主，内容也可以完全相反，特别是在今天的中国，这情形特别显著，也可以说这内容相反的同一名词的对立，是今日中国祸害——内战的根源。

举例说，罗斯福总统所提倡的四大自由，就比之林肯时代，华盛顿、杰菲逊时代的说法，意义上，内容上，更丰富，更重要，比之法国大革命时代所提倡，所喊出的平等博爱自由也更向前迈进了一大段，比之英国旧大宪章时代是进步得太多了。

就空间而论，举例说，欧美一些国家人民所已经享受的正是我们今天所争取的，如思想言论身体出版旅行等自由，如选举权，如议会政治。都是今天中国人民所用全力争取的。当然，欧美等国家所实行的民主政治，也还有许多不够好的地方，欧美等国家的历史发展，社会衍进和我们的并不完全一致，他们所已有的是我们所要争取的，他们所欠缺的却不一定是我们也得依样画葫芦，非欠缺不可。

而且，这名词不但有时间性，有空间性，还有阶级性，在过去历史上，大家都知道，在贵族专政时代，小市民兴起，起来要求政权，就小市民和贵族政权的斗争说，是争取民主。可是这种争取到的民主只是工商资本家的民主，劳工和广大的农民并不能享受民主生活，到近代，工农抬头了，又向资本家争取政权，要求民主，这发展在有的地方已经成功了，但是绝大部分的世界却还在继续争取中。

就今天的中国而说，我们所要实行的民主，第一要适合于这个时代，不是历史上或十八九世纪的，也不是什么未来派的，二十一二世纪的，而是二十世纪，所谓人民世纪的民主政治，主要的根据是罗斯福的四大自由，俗言也就是政治的经济的民主。第二是要适合于这个区域，这是一个以农业为主要生产手段，工业刚在萌芽的国度。第三要适合于全体人民，不论它的种族，智识程度，和家产多少以及性别之类。绝对不是为了少数特殊集团，或少数官僚，买办资本家。

以下我准备以一个研究历史的人的立场，谈谈中国历史上的民主，其实这个说法根本有问题，中国历史上从来没有过民主，假如像有些人那样一定说有，而且很多，很时髦，那也属于我上面所说的时间性，过去那一些完全和今天我们所需要的不合。这些人所以要这样说，我即使客气一点，不说它们别有用心，至少也是糊涂，不忠实于历史。

其次要以人民的立场，具体指出我们所需要的民主政治的内容。

中国老早就有了民主吗？

从历史说：

第一，有人以为孟子时代所说的“民为贵，君为轻，社稷次之”是民本主义，或什么主义，就是说中国很早，比外国还早，已经有了民主思想，于此，我们得认清时代，得认清阶级性，看孟子所说的“民”是什么？

据我们的了解，似乎孟子所说的民并没有包括人民大众，像今天所说的“人民”，相反的所指的是一个特定的阶级，即工商贵族，战国时代工商业兴起了，这一批新兴的资本家不满于旧的封建贵族的剥削和专政，利用土地吞并和经济垄断的力量来要求政权，然而在本质上，这些人并不比旧封建贵族高明或开明多少，不过是新剥削者代替了旧剥削者而已。在这潮流中，孟子适应时代，成为这批新贵新富的代言人。假如能说这是民主，那么，也就难怪今天还有人在替一批官僚资本家歌功颂德了。

同样的所谓“平章百姓”的百姓，也和今天所说“百姓”、“老百姓”的内容完全不同。古代的百姓指的是有特权的贵族，而今天呢，一个大兵走进老百姓家，可以为所欲为，是在大兵底下的一个最广大的劳苦阶层。

“平章百姓”的意思是让这些贵族也得到点好处，免得和寡头贵族为难。

第二，有人以为历史上有“议”的制度，清朝的五大臣会议，明朝内阁六部九卿会议，上推到两汉的集议，不但是丞相御史大夫，连博士儒生郎中待诏都可以参加，著例如汉宣帝的弃朱崖，以及盐铁之议，在集议时容许有反对的意义发表，而且有很多次数，政府当局还不能不放弃他们自己的主张来遵从下级小官的公正有理的建议。于是，有些人以为我们的议会制度也比外国早，比外国好，虽然形式上不固定，可是确实有民主精神，我们真是老牌的民主国家。

于此，我们得问问，议员是代表他的选民，为选民争取福利的。至少不应该站在政府的立场，为政府说话。质言之，议员是代表人民的。那么，在中国历史上，无论哪一时代的集议，有哪一个人是代表人民的？从丞相御史大夫到儒生博士，从五大臣到九卿科道，全是官，全是道道地地靠政府养活的官僚，充其量也只能说是官僚会议，为官僚本身利益而举行的会议，纵然讲盐铁不能不提到人民，讲战争不能不提到人民，可是主要的立足点还是为了政府的，为了官僚的利益。拿今天的话说，是道道地地御用的什么什么会议，这又和民主政治哪有一丝一毫相干呢?

第三，有人以为过去中国有三省制度，中书出令，门下封驳，尚书奉行，君主的诏令容许中书舍人和门下省驳回，而且君主的命令必须经由门下省发出才算合法，否则，便是墨敕斜封，是手谕手令，是违法的，是非法的。就拿这比附之于现代内阁制度，议会制度。君主或总统下令由内阁总理副署一样，以为这是民主政治。

其实，三省制度只是一个松弛的官僚行政机构，其目的是防止君主的过失，维持君主的永久治权，和民主政治一丝一毫也搭不上。

有人说，这时代政府大官大部分是平民出身的，是平民政治啊，也就是民主政治啊，这就更胡说了。唐宋以来诚然有很多大官是平民出身的，可以举出几百几千个例子，可是，要明白，原来的平民，一做了官，就成为官僚了，成为君主私人的奴仆了，他们所关心的是君主和他自身的利益，所做的是替君主搜括、剥削和镇压人民，以及研究如何使人民能够长期忍受剥削而无法起来反抗，如此而已，如此而已。

把官僚政治曲解为平民政治是对历史的不忠实。假如一定说是的话，今天政府中的大官，并无贵族，大概也都是平民出身的，至多也不过是到外国镀过金，喝过洋风气的博士硕士之流，你也能说这是平民政治，民主政治吗?

例子太多，不能列举，总之，就我们的看法，中国历史上、现实上，从来也不曾有过民主政治，甚至民主政治的影子。

现阶段民主政治的基本内容

民主政治不是靠历史遗传的，更不是靠恩赐得来的，而是要人民拿自己的力量来争取。

我们今天所要争取的民主政治，它的内容，就个人说是生活态度方式，也就是生存的一切，没有它活不了，至少活不好。就政府说，我们要一条链子来拴住它，要它前就前，要它后就后，就国家说，我们要自己来管理国家的事情，不劳少数人操心，简言之，我们要作国家的主人。

分解的说，第一是政治的民主，我们要有完全无缺的一切自由，从思想言论出版集会旅行居住演剧通讯以及最基本的人身自由。

我们要有选举权、被选举权，没有这权，不纳税、不当兵。而且选举权不应有财产种族文化水准及性别的限制。而且不但有选举权，还得有罢免权、创制权、复决权。罢免权和选举权是相对的，我们选出了这个人、这个政府，这个人、这个政府搞得不好，随时可以撤回，可以用合法的程序罢免他，推翻它。这就是我上面所说的链子，没有这条链子是不行的，疯狗无链会到处咬人，咬主人。

质言之，人民自己来组织政府，也随时可以掉换，推翻这个政府。政府之能继续与否，取决于它的政绩，为人民服务的政绩，而绝对不能取决于枪杆，以及美式配备。

第二是经济的民主，没有经济的民主，政治的民主是会落空的，这两样东西正如自行车的两个轮胎，互相保证，缺一不可。

经济的民主，简言之，耕者有其田，工者有其器，普及的教育和每一公民最合理生活的保证。

消极方面是彻底消除官僚资本，买办资本，建立以人民为主体的经济体系，取之于民的条件是用之于民。这也就是国家资本和官僚资本的区别。

具体地说，人民自己没有公共会场，就无法开会，没有印刷机构就无法传达出人民的呼声，工厂不属于人民，工人就永远被剥削，土地不属于人民，人民就只好子子孙孙永远受田主的气。

经济上不民主，政治的民主就完全落空了。

除此以外，我们还要有——

第三，教育的民主，学校里假如还是党团控制一切，还是训导长掌握学生的命运，教科书还是由某些人一手包办，教员的聘任，学生的取录和不取录还是要用思想的大帽子，这种教育是反常的，倒退的，不应该存在的。

第四是军队的民主，有人说只有军队里不能讲民主，闹民主军队就得垮，这话是不对的。反之，只有民主的军队，每一军人，每一军官都明白他的责任，对人民的责任，自然会有好纪律。像一般的打骂制度、体罚制度、拉夫制度、吃空额让士兵冻饿的制度，都是反民主的。

第五是法律的民主，这一点很重要，过去的法律是反民主的，例如明清律中有八议，议亲议宾议功之类（尤其是议宾，即外国使臣）。法律只适用于平民，不适用于特权阶级。更不适用于外国人。今天，我们有许多种法典，可是也只是为的对付平民百姓，亲贵功宾还是例外。这是不应该的。反之，只有把全体中华民国人民不管有枪无枪有钱无钱有官无官都放在同一的而且唯一的为人民所批准的法律之下，这才是民主国家，才是民主政治。

第六是外交的民主，过去我们是弱国，弱国无外交，我们的外交人员上不了台盘，即使上了，也说不得话。今天呢？我们也居然出席各种国际会议，有时候居然被赏脸作起主席来了。可是依然无外交，原因大家明白得很，不必多说。

不但如此，一个独立自主的国家，而有另一个国家的正规军队在驻扎，在第一种第二种任务完成以后，还有第三种任务，说是维持中国的和平，试想一国的和平要靠另一国家的军队来维持，这叫做什么国家，什么外交！

而且，这过去为我们打击敌人的军队，在今天到处杀人、抢劫、强奸妇女，种种恶行不能不想起九年以前另一种军队，另一个国家的情形。

第七是民族的民主，中国国内存在有很多小宗族，如苗族罗族蒙古人之类，从过去到今天始终都在大汉族主义控制之下，因之造成许多不幸纠纷和冲突，这也是反民主的。今天，应该尊重各小民族的自尊地位，从各方面去帮助他们，使真能达到自主自治的地步，这才符合于孙先生的民族主义，才符合于这世纪的民主政治。

第八是党派的民主，按照民主原则，任何党派不能享有其他党派所不能享有之特权。各党派在人民之前一律平等，根据原则，今天应该做到的是各党派交军于人民，各党派退出国库，自筹党费，退出军队，退出学校，退出各公立机构，如铁路局工厂之类。

第九是社会的民主，过去在官僚封建专制之下，有多少职业卑微的人是不能享受公民权的，例如抬轿的、理发的、江浙的船户、山西的乐户等等，在今天，各地方还有这种情形，这也是不应有的现象。

第十是家庭的民主，民主是生活方式，准此而说，反民主的生活方式也是不应该存在的，例如云南、广东一带的丫头制度，人身买卖，广东有些地方的姨太太制度，都是时代的渣滓。还有家长对子弟的体罚制度也非彻底废止不可。

现阶段民主政治的内容就是如此。

（原载《民主周刊》（华北版）第12期，1946年10月16日）

是谁绞死了民主？

继《周报》之后，《民主周刊》又被绞死了！

司马昭之心，路人皆知，远在三四个月以前，《周报》在扣留劫收，拦路打劫，查检，种种无理压迫之下，《民主周刊》的编者和广大的读者群，就已明白这是要绞杀《民主周刊》的前奏曲，果然，在《周报》被迫休刊后的今天，《民主周刊》就遭遇到和《周报》同样的厄运，不能不被迫休刊了。

《民主周刊》被绞杀，民主被绞杀了！

我们对此无话可说，“语言道断”这一旧说法，用在这场合，也适用在意义更广大的另一场合。

除了悲愤，还有什么？

除了震怒，还有什么？

无声的中国被造成了！

然而，无论在历史上，无论从现实的局势中，都证明了制造无声者的结局。

中国的周厉王、秦始皇、袁世凯，外国的希特勒、戈培尔、墨沙里尼，不都是最好的例证吗？

是谁要使人民无声，谁就被时代所冲刷，历史所鄙弃。

纽伦堡十一名战犯的尸骨未寒，绞刑架正在等候他们的伙伴。

《民主周刊》可以被绞杀，民主是永不会，而且也不可能被绞杀的。

相反，被绞杀的恰恰是纽伦堡十一名战犯的亲爱同志。

于此，《民主周刊》的被绞杀，只是又一次暴露吸血者的嘴脸，又一次暴露卐字号的衣钵，又一次向全国全世界不打自招，证明了谁是绞杀民主的凶手而已。

于此，我愿以读者群之一的资格来告慰，致唁于为人民辛勤奋斗，实践中山先生“唤醒民众”任务的编者：

为了《民主周刊》的被迫休刊，打破了幻想者的梦。

为了《民主周刊》的被迫休刊，坚定游离者的心。

人民到了“语言道断”的时候，认清了友与敌，决定了自己的道路。

你们将得到安慰，因为你们所撒下的种子发芽了。

你们将得到喜悦，因为新的中国，绝对相反于无声的中国在诞生了。

在将要到来的这个新社会，新国家里，你们将享有一切的自由，包括新《民主周刊》的再生。

我如此坚信，我也相信你们也如此坚信。

那么，《民主周刊》的被迫休刊，也只是暂时而已。

休息一下吧！蕴蓄一下吧！准备第二阶段的努力！

十月二十一日

（原载《民主周刊》第二卷第三、四期合刊，1946年10月31日）

校庆献辞

去年校庆，在昆明，我曾在《民主周刊》上写过一篇联大精神。

今年校庆，在北平，此时此地，隔了一年，情况完全不同了，我也愿意说几句话，当作献辞。

去年校庆，是在昆明西南联合大学解体前最后一次校庆。而今年校庆，则是三校分立后纪念联大的第一次校庆。

去年校庆，在“一二·一”前整一个月，而今年校庆则在“一二·一”周年纪念前一个月。

想想这一年，我们经过了多少沧桑，经过了多少忧患。

想想这一年，我们这个国家，经过了多少次战争，国际地位低落了多少？人民死亡残废的又有多少？

这一年我们走了万里路。

这一年我们从终年是春的昆明到初寒盛暑的北平。

历尽艰苦，我们回家了。

此时此地，而能大家团聚来庆祝我们自己的联大，想了要哭，再想想要笑，含着眼泪的笑。

联大是值得纪念的，因为它是自由的摇篮，每一个人都能享受充分的自由，作自己应该作的事。

联大是值得纪念的，因为它是民主的堡垒，在几年来的中国民主运动史上，联大同人尽了所能尽的一份力量。

联大是值得纪念的，因为它是战争的产儿，在抗战中出生，成长，受考验，代表了中国人民的抗战精神。

联大是值得纪念的，因为它也代表了中国人民的合作精神，团结精神，九年来由三个不同的学校，来自各地的师生，不论从地域上，从学术上，从工作上都代表中国光明的一代。始终团结，始终合作，今后谁能说："中国人是一盘散沙？"

联大是值得纪念的，经过敌人的轰炸，经过极度的穷困，更经过"一二·一"的洗炼，做到了孟子所说"富贵不能淫，威武不能屈，贫贱不能移"至大至刚的浩然之气。

联大是值得纪念的，在昆明，在我们的脑海中，有"一二·一"烈士的陵墓和闻一多先生的衣冠冢。

联大是值得纪念的，因为它所代表的是集体，它不是某一人某一集团的联大，而是全体联大师生的联大。

在联大解体后的今天，三校师生还集合来纪念联大校庆，就这事本身而论，充分证明了联大之值得纪念。

联大分为三校了，它原来继承了三校的优良传统，综合而贯通者经过九年的磨炼，现在分开了，过去的联大只有一个，而今天则是三个。说实话，岂止这有形的三个而已，遍中国只要有联大同人服务的场所，就有一个联大在。

联大永生了。

在这个我们自己的好日子，我的献辞是：

发扬联大精神，再接再厉，努力到明年校庆时，我们要做到不含眼泪的笑，痛快的笑，尽情的笑。

以此慰亡者，以此勉后生，以此祝校庆。

十月二十三日

（原载《西南联合大学九周年校庆纪念特刊》，1946年11月1日）

关于抗议美军暴行的谈话*

“这次美军罪犯的审判，不管其宣判如何，根本就侵犯了中国的主权。如果我们是独立的国家，则在中国领土上发生的事当然应由中国法庭处理。”

“我认为抗暴会不应该只着重于抗议沈女士之被奸，因为自从美军驻华以来，类似于沈女士之暴行案者不知道有若干？所以抗议所有美军在华之暴行案件，是抗暴会应有的责任。至于这次美军罪犯的审判，不管其宣判为何，根本就侵犯了中国的主权，如果我们是独立国家，则在中国领土上发生的事，应由中国法庭处理。或曰我国与美军订有条约，然而吾人必看此条约是否需要？盖美军驻华任务早已完成，美军早该撤退，故此条约早应与美军之任务同时而消失。”

“关于学联抗暴会的组织，是合理的，而且必要的。目前它的工作也许不够，我认为应当加强工作，不能因为法律程序手续□了便了之，因为我们必定认清这不仅是一个单纯的法律问题，而是政治问题，它根本是美国的对华政策的问题。我们更应该唤起全中国人民来反对：如像最近政府与美国所定的中美航海条约、中美航空协定，简直把领海领空全部出卖，美国却把中国当成独占的市场，我

---

* 本文据《北京档案史料》（1997 年第一期）张守常先生的同名文章移录。文前原有张先生的两段说明文字，叙述了吴晗此次谈话的背景等相关资料。吴晗是就 1946 年年底驻华美军强奸北京大学女学生事件发表的上述谈话。该谈话载于 1947 年 2 月 1 日油印出版的《抗暴快报》。该报《青年导师的访问》一栏，即载有吴晗教授的上述谈话。——编者注

们都应加以反对。又如传说中的一亿借款，乃片面的支持一方，助长内战的。这些，我们学生联合会都应该坚决反对，俾促使美国对华政策之改易。”

（原载《北京档案史料》第一期，1997年）

解决时局的关键

一、纸片和弹片

这一旬是声明旬，先之以中共周恩来先生的函蒋主席声明，继之以政府正式的宣告解决时局的两项意见，接着是马歇尔特使和司徒雷登大使的第二次联合声明，据今天报载，明天，这个一年一度的双十节，国民政府主席国民党总裁蒋中正先生也要广播他的主张，十天内一连有四个针对时局发表肯定性的主张的正式声明，真可说是声明旬了，内战中的对手，共产党和国民党的领袖都提出他们的主张宣告全国全世界，作为调人的两位和事老人，也凑热闹，宣布调处的经过。

配合着报纸上的热闹，在苏北、在鲁南、在平汉路、在东北、在河北、在绥远、在察哈尔，一片喊杀声。全国各地一片征兵声。在北平的人民，更别有一般滋味，成天成夜在头顶上飞过的一片轰炸机声，还有，米涨了价、面涨了价、百货都涨了价，一片的涨价声！

谈是不谈了，在文字的声明上来争取舆论。打可是毫不含糊的真打了，似乎要在十一月十二日片面的一党的所谓国民大会召开之前，用重炮和飞机造成一个既成局面，作为无条件停战的法理的事实的基础。

二、越说越远

十天内三个声明的内容，照时间排列，最早的是本月一日中共代表团致蒋主席函，要点是政府如不停止对张家口及其周围一切军事行动，则不能不认为宣告全面破裂，并已最后放弃政治解决的方针。同时另有内容相同一的备忘录送致马帅。

第二个是本月二日下午四时三刻政府所公布之对时局主张要点：(一）改组政府：政府之同意国民政府委员名额内为中共八名、民盟四名，共十二名。中共则要求中共十名、民盟四名共十四名。兹政府折衷让步，中共八名，民盟四名，无党派中名额一名，由中共推荐，政府同意共十三名，同时中共应即提出其府委及国大代表名单，由五人小组协定后，须得政协综合小组协议。（二）实施整军：先行迅速规定中共十八个师之驻地，并遵照规定期限，进入驻地，此项决议应由三人会议正式协定后，交由军调处执行部监督施行。发表的方式也是双管齐下，一面对记者发表全文，一面把主张要旨函告马司两使。

这两个针对而又恰不针对的声明，结语却都相同，就是说如不能照办则因此所造成的一切严重后果应由对方负责。

所谓针对，第二个声明是第一个的答复，而第一个声明又是这一旬前政府方面提议召开五人和三人小组会议的答复。所谓不针对，中共要求政府停攻张家口，而政府声明则并未提及此点，经记者发问后，中宣部长彭学沛答复，只要中共实行政府声明中之两点，可全面停战，当然包括张家口及其周围地区在内。

两个声明，文字语气都相当严重，纸上之战已到了最后关头，非僵不可了，于是出现了第三个声明。也就是作为调人的马司两使对于双方的总答复。

马司声明的主要内容，第一部分节述双方的声明要旨。第二部分叙述马司于接到双方文告后，与委员长连续举行数次讨论，结果委员长同意，由渠下令中止向张家口推进，为期十天，在此十天内，五人小组与三人小组将举行会议，以便考虑十月二日委员长所提出之二项建议。

第三部分为中共之答复，内容为（一）休战应无期限，政府表现诚意，应将军队撤至原来阵地。（二）同意召开三人及五人会议，但讨论范围不应仅限于备忘录之两项。

在马司声明中可以看出：第一，经过马司奔走政府已经同意再下十天的停战令，范围限于张家口，答复了中共一日声明的要求。第二，政府贯彻二日声明的主题，以五人会解决府委和国大代表问题，也就是所谓政治解决。以三人会片面解决中共军整编和驻军问题，也就是所谓军队国家化。这两个会的期限于对张家口停战的十天。相对的中共方面不同意有时间性的停战，而且要求政府撤军到原驻地。并且主张两个会的讨论主题不应有所限制。

综合三个声明的主题来看，真是越说越远。

不过，总算三方面都把牌摊在桌子上了。

三、关键在这里

双方争执的关键，就第三者的我们来看，关键还是在政治，政治一解决，军事也就解决了。

过去一年谈判的经验是病急乱报医，越急越乱，越乱越急，先是从政治入手，再谈军事，谈不拢，再来一套，先谈军事，再谈政治，又不拢，于是再试试看，同时谈，非正式的谈政治，正式的谈军事，还是不拢。

这次双方声明中都同意由五人会谈政治是合理的，不对的是，第一，既然谈，什么又是非正式？第二，既然谈国内政治，为什么要由一个外国大使来当主席！第三，既然谈，便得什么都谈，为什么要限制？第四，既然谈，为什么限于国共两方，为什么不让其他方面参加？

而且，有现成的政协综合小组在那里，又为什么要另起炉灶，搞什么非正式五人小组呢？

假如能够重开政协，以政协综合小组来解决所提出的一切问题，研究如何切实执行政协的协议，我们相信这是解决时局的第一步的唯一办法。

其次，目前双方的症结，说穿了就是否决权问题。所谓否决权也就是国府委员名额问题。府委名额据我们的记忆和了解在政协开会期间，政府是曾经同意中共和民盟共同保有十四名府委名额的，因为在四十名府委中，国民党以第一大党的地位保有二十名，是半数，三分之一的名额即十四名恰够构成否决权的名额，即中共十名民盟四名，恰恰少一名不得，一名无用，这十四名假如得不到大多数的支持，绝对不能提议通过什么议案，反之，只要这十四名完全一致，却可以否决任何反政协的议案，可以保证政协协议的切实执行。假如这一点不能办到，中共和民盟的参加政府便全无意义，既不能违背自己的主张随声应手附和，也不能坚持自己的立场，发生反对的否决作用，无真成为伴食，成为清客篾片了。而且，更可能造成滑稽的局面，在大数通过的法令之下，会演自己下令讨伐自己，自己下令解散自己政党的活剧。

在二日的政府声明中，和我们的记忆相反，政府所同意之中共民盟府委名额为十二名，即中共八名，民盟四名，十二名在四十名中远低于三分之一，无论如何不能构成否决权，这办法就中共说，就民盟说都已表示绝对不能同意。

就政府的折衷让步而论，政府同意由中共就无党派名额推荐一名，共为十三名，也恰巧低于四十名的三分之一，中共和民盟也是绝对不会同意的。

关键在这里了！

最合理的办法是政府履行诺言，尊重政协规定，中共和民盟的府委名额至少为十四名。其次，政府已经说出让步这字眼，即使算让步吧？何不再让半步，由民盟再就无党派中推荐一人，和中共共为十四名呢？当然，照政协规定，无党派府委应由三方面同意，假如照这办法，无党派府委由中共民盟各自推荐一名，则无党派府委自应增加两名，以符原数。而且这全部无党派府委应由三方面同意推选。或者，这样也行，办法是在府委总数中减去两名，共为三十八名，在三十八名中中共、民盟占有十三名，不是也够构成否决权了吗？

一名之差，决定了中国今日的命运，我们想一个有五十年历史有二十年当政地位的第一大党的国民党，应该有这胸襟，有这魄力，有这度量，来挽救危局，奠定国是。

否决权解决了，少数党在联合政府中有了发言权，有了负担国事决定国策的地位，有了切实执行政协协议的保证，在这举国一致的政府之下，裁军也罢，大家都裁，公平的裁，整军也罢，大家来整，公平的整，共同负责，共同监督执行，还会有什么防区问题？还会有什么地方政权问题？还会有什么内战？

我们认为这一点是扭转时局的关键。

解决时局的方案再简单也没有了。第一是全面的永远的停战。第二是重开政协，改组政府，依据政协开会时的同意，赋予中共和民盟以构成否决权的十四名府委名额。

政府能够这样做我们敢相信比之任何美式配备都更能赢取全国人民的信心和支持。比之任何救济物资，都更能赢取全国人民的感戴和怀念。

十月九日

（原载《民主周刊》（北平版）第12期，1946年）

论解决时局的基础方案

一

政协第三方面代表伴同中共代表团首席代表周恩来先生居然飞回南京了。在战局政局僵持到硬化的情况中不能不说是一个让人民松一口气的好消息。

据报纸所发表的，第三方面斡旋的基础方案，其内容约分四次：(一）无条件停战。(二）应就地停战。(三）由政协各方代表合组军事视察团，监督停战之执行。(四）改组政府商决后，各党派无党派应一致参加，政府决定召开国大后，各党派无党派应一致参加国大。至于政府中共所提八项及两项办法，第三方面人士认为都是片面要求，难作谈判基础。

同时，周恩来先生也表示："只要根据政协决议，一切可以遵守。"

在第二、第三方面代表到达南京的同一天，蒋主席突飞台湾巡视，宣布此后商谈由孙科主持。

截至执笔时为止的消息，大体如上所述。

看情形政局战局又要回到今年一月间的情况了，政协可能重开，白纸上的黑字可能写得更多，协定协议之类将继续公布，欢宴洽谈之类的文字也将成为报纸上的大字标题，头条新闻了。

想想今年正月间的情形看看此时此刻的情形，我们有说不出的感喟有说不完的痛心，九个月的时间白白糟蹋了，这九个月太珍贵了，做得好做得塌实尽够让浴血忍饿了九年的人民伸一伸腰，补一补元气，东糊西补，这一个破烂门庭总可搞得像一点样。然而，今天是怎样的一个局面啊！不必说刺激的话，每一个人民本身所领受的已经够刺激了！是谁秉国成？是谁在破坏政协协议？使至于此！

我们要提醒各位各方为人民所属目的代表们，你们在举杯互祝的时候，请想想那不是什么醇酒灵液，而是人民的鲜血，你们在朵颐大嚼的时候，那不是什么山珍海味，而是人民的骨肉，人民厌恶战争，痛恨战争，人民渴望和平，热爱和平，在和平与战争的契机中，该如何不放松这机会，尽可能抓住这机会，扭转局面，化干戈为玉帛，登生灵于衽席！

我们尤其要提醒战争的主角，武力不能决定政治，决定政治的是人民的公意。历史和现实的教训，都指明了武力统一者的结局。今天的中国确是到了人心厌乱的时候了，内战一日不停，人民的苦痛就一天不能解除，岂但不能解除而已，简直是日深日重！今天的人民是饥者易为食，渴者易为饮，谁能保证全面的和平，谁就被选择被爱护，反之，其果是不堪设想的，为了珍惜自己党的历史，今天应该回头是岸了吧！

二

我们同意第三方面基础方案，这方案的主题是合于停战第一，和平第一的原则的。

细谈这方案，可以看出确实站在第三者的立场，不偏不倚，折衷第一和第二方面的要求要点，画龙点睛，融会贯通而草拟的。

何以见得？试就蒋主席所提的八点而论，项目虽多，主要的是最后的第八点，就是要共产党在下停止冲突令之同时，应宣布参加国民大会，并提出其代表之名单。也就是以前的七点是下停止军事冲突令之前提。中共提出名单参加国民大会则为停战令的代价。就政府的观点而论，还政于民已经喊了十多年，国民大会的召集也已经要了快十次，这一次好容易会场不成问题了，好容易十年前非法圈出的旧代表勉强算数了，而且更重要的是总统的选举，这会如开不成，一党捧出的总统总不够光彩，在历史上也不会比袁世凯、曹锟香多少。因之，这会非开不可，而且非各党各派都来参加不可。当然，依政协协议这次大会的职权限于制宪而非行宪，选举总统还得再等六个月，不过，行宪的前提还是制宪，没有一致通过的宪法，总统又根据什么产生呢？

这会能如意开成，完成了还政于民的诺言，制定了总统的选举法和职权，当然是划时代的一件大事，政府的坚持是有他的苦心的。

于此，第三方面的基础方案第四项把这一点包括进去了，不止共产党，连各党派和无党派的参加都包括进去了。

其次是改组国府，就蒋主席的八点说："由司徒博士为中心之非正式五人会议应即召开，以协议改组国府。"这一点我们认为已有政协综合小组，尽可由综合小组协议，不必另起炉灶，搞什么非正式五人小组，因此，在方案第四次只提改组政府商决后，各党派应一致参加。而不提由非正式五人小组协议的话。意思很明白，非正式五人小组限于美国共三方，而改组后的国府却绝不是美国共三方，而是国共各党派无党派四方面的。以有关四方面的政治问题单由四方面中之两方面协议，还插进一个友邦和事老，天下不伦不类之事孰过于此！而且，放着现成合法的包括四方面的综合小组，不用开而要先由非正式五人小组谈好，再交综合小组协议。闲着炉灶而饿肚子等新炉灶，末后还是新旧两灶合烧一锅饭，重床叠屋，自找麻烦，天下莫名其妙的事孰过于此！

方案第四项包括改组政府，在各方面共同商决后，保证各方面参加，一方面顾到政府的要求，一方面也可以做得顺理成章不致失体统，闹笑话，恰乎是经过深思长虑的。

于是政府所最着重的两点有了眉目了。

以外的三条是停战问题。

共产党历次要求的重心是停战和遵守政协议本月十七日中共中央委员会所发表的时局发明，斩钉截铁地声明他们没有旁的要求，只要求承认停战政协而协定的神圣效力。

如上所述，改组政府和召开国大应遵循政协议，由召开政协综合小组协议后执行。这一点是符合于共产党所提的原则的。

方案的第一、二、三项则为停战令的内容和技术问题。

第一次无条件停战，这一项原来是中共所历次提出的，也是各党派代表人民所历次提出的。到了政府军攻下淮阴、承德、张家口以后，政府方面有了既成事实，也提出无条件停战来了。而中共方面则要求根据一月十三日国共美三方所共同签署的停战令，即承认恢复一月十三日国共双方军事位置为一切军事商谈的准则。这中间显然有极大的距离，所谓无条件停战的内容到底是根据一月十三日的庄严停战令呢？还是迁就新现实而"无条件"呢？同一无条件停战而国共双方的解释不同，内容不同，马歇尔将军的困难在此，今后第三方面的困难恐亦在此。

事实上内战非停不可，这一点不但人民在坚持，代表人民在坚持，代表人民的第三方面在坚持，即国共双方的高瞻远瞩的政治家，亦必共同有此认识。然而，在法理上，在事实上又隔有极大的距离，如何折衷调停，使双方都过得去，这在表面上是军事问题，实质上则是政治问题，换言之，军事上吃亏的政治上应该有所补足，反之军事上占便宜的政治上便应该有所让步。光就军事而谈军事，是不会谈出结论来的。

我们还是愿献一得之见，立刻停战，永远停战，当然这停战是全面停战。而且是无条件停战。无条件停战的意义应该是切实的完全的执行政协协议，无丝毫的保留，也不能有丝毫的曲解。

只要能保证做到这一点，军事区域军队数量以及一城一地的争执都不应该存在了。

这是双方都可以走的路。走自己签过字和起立赞成的路。

因之，停战和政协是有其必然的联系性的，停战是保证政协的重开和协议的执行，政协的重开和协议的执行即实现民主，又是保证停战的最有效方案，二者缺一不可。

再重言之，必实现民主才能永绝战源，而实现民主又非立刻停战不可。

方案第二次“应就地停战”。就地停战的解释应该是全面停战，凡是有军事冲突的地方，不管是关内关外，塞北江南，大规模或小接触，都该立刻停止，双方军队陈驻原驻地，不能前进一步。这一项的提出显然是针对过去几次的失着，关内停关外不停，关外停而关内又不停而起发的。和平固然不可分割，战争又何能有此地打别地不打之怪剧。譬如医生治梅毒，说是只治这一方寸，别地方不管让他腐烂，世界上怕没有这样的医生，也不会有这样能够容忍的病人。

第三项组织军事视察团。这一点在一月间政协开会时，我们也曾提出过，由人民代表来监督停战，如今是旧话重提了。原因当然是因为由马歇尔元帅所主持的军事调处执行部的失败。这意见的提出就任何方面说都不能有反对的理由，成问题的是为什么调处部的使命会失败？假如调处的第三方面，真能不偏不倚，超然于两党利益之外，不采取片面支持的政策，调处的成就我们相信会和今天不同。同样假定国共双方能够完全尊重第三方面的意见，不以兵争而以政争，在民主的工作上来竞赛，我们相信，其结局也会和今天大有不同。

在这问题上，应该注意的，应该谈个周密计划的有以下几点：

第一，既然有了政协的军事视察团，则原来的军事调处执行部的工作似乎又重复了。美国政府和马歇尔元帅应该宣布使命失败，把全部美军撤离中国，中国的事情由中国人民自己来解决。今后如有片面支持或援助情事，中国人民应视为干涉中国内政，负破坏中美邦交的责任。

第二，过去已经有过最严的停战令，有过友邦参加的调处执行小组，然而战争不但没有停止，反而扩大了，延长了。调处成帮腔，执行无事做，症结全在只做表面文章，头痛医头，脚痛医脚，只在军事上求皮毛的冻结，而不在政治求根本的解决。此其一。内战的对手虽然只是国共双方，可是土地资源人力财力却是全体人民的，两党打仗，两党一相情愿自己谈而完全漠视人民，有关人民本身生死存亡的大事而不容许人民作主，甚至过问，此其二。

第三，调处部的失败，是三方面都不能一致，各有各的立场，而且这机构也缺乏执行的权力，甚至连道德上法律上的判别都谈不上。政协的军事视察团如何组织固是问题，主要的还在这个机构不止应享道德上法律上的判决权，而且应该有充分无缺的执行权。经过这机构的裁决任何方面不能违反。否则，也不过又一次劳民伤财而已，又一次在军事纠纷地点的各种宴会而已。

因之，视察团应以全民为后盾，应以国共双方以外的人士为主体，国共双方代表只负陈述报告及约束自方之权，至于裁决执行则应属于国共以外的第三方面；其次在视察团组织的同时，应先改组国防部，除以非军人非国共双方的人士充任部长以外，其余各职司都应按民主原则由四方面人士合理的分任。前方视察的结果由后方民主的国防部执行，只有这样，才能保证视察团的任务完成。

时不我与，民不堪战，愿各方面的代表谨慎地勇敢地负责地完成任务，勿负人民的期望。

十月二十三日

（原载《民主周刊》（北平版）第13期，1946年）

说儿皇帝

乞外援以诛锄异己，借外兵来残杀人民，历史上的例子真太多了，最著名的无过于五代的儿皇帝石敬瑭。

石敬瑭作为儿皇帝的代价是割让燕云十六州给契丹，契丹主派军队来立他为中国皇帝，结为父子。契丹军一到，土地人民归晋，子女玉帛归契丹。从此儿皇帝对他爸爸年年进贡，岁岁来朝，好不亲热。

当然，在父子君臣的伦理关系下，反契丹就是反祖国，反政府，是大逆不道的。

反之，和契丹关系搞得好，例如有长乐老冯道，加官晋爵，福寿康宁，好不威风。

当时虽然没有吉普车或十轮大卡车，契丹有的是塞北骏马，随便踏死蹈死几打人，算不得刺激的事，至于奸淫，那是亲善啊！掳掠，也讲明在条件中。

其实，何止一个石敬瑭，有名的唐高祖李渊还不是如此。他在晋阳起义前，就派代表到突厥，称臣纳贡，借了突厥兵来打内战。还有，他的肖子肖孙，唐肃宗不也是借外兵平乱吗？回纥兵的作风连正史上都记得清清楚楚，岂止奸淫掳掠而已，连政府机关都得大大地委屈一下，首都的监狱关了犯法的回纥，老实不客气，劫牢放狱，光禄寺招待不周到，大闹一场。还有，唐朝末年的沙陀兵，大逞威风打黄巢，不也是克绳祖武吗？

突厥、回纥、沙陀军所过之处，人民的心理，我们是可以深切体会到的。

不止此也，杀抗敌的岳飞，重用亲睦邦交的秦桧，那个宋高宗赵构，不也是儿皇帝吗？为了继续他的独裁，不惜媚外，为了阻止他正统的哥哥钦宗回来正位，不惜出卖主权，甘为仇敌的臣妾。在那时候，不也是杀抗敌分子，关抗敌分子吗？不也是在敦睦邦交，反金的等于反祖国反政府吗？

只是可惜，还没有发明无声手枪而已。

然而，监狱还是有的，特务也大大地活动，贬、谪、流放，一大套经常挂在嘴上，做在手上。

如此说来，谁说今不如古！

而且，在历史上，人民不能忍受，而抗议、而呼吁的时候，政府不也是在说"是我们请进来的，经过我们同意的"吗？此之谓今古同符。

呜呼，贻厥孙谋。

呜呼，克绳祖武。

（原载《燕京新闻》第13卷第1期，1946年11月18日）

种子撒下去了

——为纪念“一二·一”作

一

西南联合大学的图书馆作了“一二·一”四烈士的灵堂，在挂满贴满墙壁的代表各人民阶层的哀挽文字中，最使我注意，一直到今天，还时时想到的，是一幅乌丝白地的小中堂，写的是《圣经》上耶稣的话，种子撒下去了！

是的，种子是撒下去了！

从“一二·一”这一天，到罢课委员会宣布复课这一天为止，昆明城内，城外，甚至几十里外的人民，从早到晚，川流不息到灵堂来，向四烈士致哀致敬，他（她）们默默地向遗像鞠躬，默默地抄写哀挽文字，他（她）们不熟悉死者中任何一个，甚至一些人是不识字的，但是，都明白，这四个年青人为什么死？死在谁的手上？

血铺平了年龄、性别、职业，甚至识字和不识字的界限。

在昆明以外，尽管有人有特殊的机构在歪曲、在造谣，墨写的谎话，终于盖不住血的事实，纸也还是包不住火，“一二·一”惨案的真相传遍了全国，引起了普遍的一致的哀悼，愤怒、抗议，在用文字用行动来支持。

反内战的浪潮成为全国性的运动了，有人着了慌，举世瞩目的政治协商会议在四烈士以身殉民主后第四十天开幕。它的成就是庄严的四项诺言，国共双方同时发布的停战令和整军方案。全体政协代表起立通过的政协五项协议。

二

今天是四烈士的周年祭：

整整一年了！

在这一年中发生了太多的事情。

首先要告诉死者的是你们的战友李公朴先生，你们所敬爱的教授闻一多先生，踏着你们的血迹，为民主而死了。

其次是四项诺言已成历史名词，停战令撕毁了，整军方案撕毁了，政协五项协议不但全盘被破坏，而且，连政协的基础，也连根铲掉了！

还有，所谓国民大会在开会，一部分政协的代表也参加了。

还有，中美商约订结了，代替日本的“工业日本，农业中国”的老调的是“工业美国，农业中国”，还搽了互惠平等的脂粉。

而且，这一年的大炮声，飞机声，和斫杀声，比你们所听见的声音更响了，更多了，地方也更大了。

你们的血白流了！

不，决不！

种子撒下去了！

一百倍一千倍一万倍的收获，收在仓里，记在账上了。

一个两个倒下去了，可是继起的却以千计，以万计。

民主的力量经过洗炼，在强大，在发展。

三

“五四”、“一二·九”、“一二·一”这三个日子是青年人的日子，也是中华民国史上最辉煌最有意义的日子。

“五四”的目标是民主与科学，到今天，我们还没有民主的影子，也没有科学的基础。

“一二·九”的目标是团结、抗战、民族解放，到今天，代替前者的是分裂内战，代替太阳旗帝国主义的是星条旗帝国主义。

“一二·一”的目标是和平、团结、民主。到今天，我们已从和平的幻梦中觉醒，团结已经过时，民主有人才专利，而且被囤积了。

是的，这是三个伟大的日子，是属于青年的日子。

但是，这三个日子的使命并未完成。

如何纪念这三个日子，特别是继承前两个日子的传统的惨痛的“一二·一”？

记住，纪念的意义决不是消极的哀悼，而是积极的继续。

种子撒下去了，耕耘，施肥，收获，是该后死者的工作吧！

而且，青年人决不孤单，还有你们的父兄，甚至祖父，在你们的背后，甚至在前面。

（原载《燕京新闻》第13卷第3期，1946年12月2日）

附录一：“一二·一”运动始末记

闻一多

自从民国三十三年双十节昆明各界举行纪念大会，发表国是宣言，提出积极的政治主张。这里的学生，配合着文化界、妇女界、职业界的青年，便开始团结起来，展开热烈的民主运动，不断地喊出全国人民最迫切的要求，各大中学师生关于民主政治无数次的讲演，讨论和各种文艺活动的集会，各界人士许多次对国是的宣言，以及三十三年护国，三十四年“五四”纪念的两次大游行，这些活动，和其他后方各大城市的沉默恰形成一个鲜明的对照。但在这沉默中，谁知道他们对昆明，尤其昆明的学生，怀抱着多少欣羡，寄托着多少期望！

三十四年八月，日本还没投降，全国欢欣鼓舞，以为八年来重重的苦难，从此结束。但是不出两月，在十月三日，云南省政府突然的改组，驻军发生冲突，使无辜的市民饱受惊扰，而且遭遇到并不比一次敌机的空袭更少的死亡。昆明市民的喘息未定，接着全国各地便展开了大规模的内战，人人怀着一颗沉重的心，瞪视着这民族自杀的现象。昆明，被人家欣羡和期望的昆明，怎么办呢？是的，暴风雨是要来的，昆明再不能等了，于是十一月二十五日晚，国立西南联合大学、国立云南大学、私立中法大学，和云南省立英语专科学校等四校学生自治会，在西南联大新校舍草坪上，召开了反对内战，呼吁和平的座谈会，到会者五千余人。似乎反动者也不肯迟疑，在教授们的讲演声中，全场四周企图威胁到会群众和扰乱会场秩序的机关枪、冲锋枪、小钢炮一齐响了，散会之后，交通又被断绝，数千人在深夜的寒风中踯躅着，抖擞着。昆明愤怒了。

翌日，全市各校学生，在市民普遍的同情与支持之下，相率罢课，表示抗议。并要求查办包围学校开枪的军队。当局对学生们这些要求的答复是什么呢？除种种造谣和企图破坏学校团结的所谓“反罢课委员会”的卑劣阴谋外，便是十一月三十日特务们的棍子、石头、手枪、刺刀，对全市学生罢课联合委员会宣传队的沿街追打。然而这只是他们进攻的序幕。十二月一日，从上午九时到下午四时，大批特务和身着制服、佩带符号的军人，携带武器，分批闯入云南大学、中法大学、联大工学院、师范学院、联大附中等五处，捣毁校具，劫掠财物，殴打师生。同时在联大新校舍门前，暴徒们于攻打校门之际，投掷手榴弹一枚，结果南菁中学教员于再先生中弹重伤，当晚十时二十分在云大医院逝世。同时在联大师范学院，正当铁棍、石头飞舞之中，大批学生已经负伤倒地，又飞来三颗手榴弹，中弹重伤联大学生李鲁连君，仅只奄奄一息了，又在送往医院的途中，被暴徒拦住，惨遭毒打，遂至登时气绝。奋勇救护受伤同学的联大学生潘琰小姐已经胸部被手榴弹炸伤，手指被弹片削掉，倒地后，胸部又被猛戳三刀，便于当日下午五时半在云大医院的病榻上，喊着“同学们团结呀！”与世长辞了。昆华工校学生张华昌君，闻变赶来救援联大同学，头部被弹片炸破，左耳满盛着血浆，血红的鲜血上浮着白色的脑浆，这个仅止十七岁的生命，绵延到当日下午五时在甘美医院也结束了。此外联大学生缪祥烈君，左腿骨炸断，后求医治无效，只好割去，变成残废。总计各校学生重伤者十一人，轻伤者十四人，联大教授也有多人痛遭殴辱。各处暴徒从肇事逞凶时起，到"任务"完成后，高呼口号，扬长过市时止，始终未受到任何军警的干涉。

这就是昆明学生的民主运动，和它的最高潮"一二·一"惨案的概略。

"一二·一"是中华民国建国以来最黑暗的一天，也就在这一天，死难的四烈士的血给中华民族打开了一条生路。从这一天起，在整整一个月中，作为四烈士灵堂的联大图书馆，几乎每日都挤满了成千成万、扶老携幼的致敬的市民，有的甚至从近郊几十里外赶来朝拜烈士的遗骸。从这天起，全国各地，乃至海外，通过物质的或精神的种种不同的形式，不断地寄来了人间最深厚的同情和最崇高的敬礼。在这些日子里，昆明成了全国民主运动的心脏，从这里吸收着也输送着愤怒的热血的狂潮。从此全国的反内战、争民主的运动，更加热烈地展开，终于在南北各地一连串的血案当中，促成了停止内战、协商团结的新局面。

愿四烈士的血是给新中国历史写下了最新的一页，愿它已经给民主的中国奠定了永久的基石！如果愿望不能立即实现的话，那么，就让未死的战士们踏着四烈士的血迹，再继续前进，并且不惜汇成更巨大的血流，直至在它面前，每一个糊涂的人都清醒起来，每一个怯懦的人都勇敢起来，每一个疲乏的人都振作起来，而每一个反动者战栗地倒下去！

四烈士的血不会是白流的。

附录二："一二·一"惨案实录

十一月二十五日昆明学生为了反对内战，呼吁和平，召开时事晚会，不料被驻军以机枪、小钢炮射击威胁。昆明全市大中学校学生忍无可忍，乃于二十六日起相继罢课，以反对内战，争取人民基本自由。不料当局竟变本加厉，采取种种不法手段，拘捕、殴打学生，谋以暴力阻止学生爱国运动，十一月三十日下午在南屏街、福照街、武成路等处，毒打学生，开枪射击，为暴行之开始，于次日遂已正式爆发“一二·一”惨案。

十二月一日上午十一点钟的时候，云大方面，有武装的杂色军人带着木棍、扁担冲入校内，把门口张贴的壁报标语撕去，打烂了岗警棚和桌椅等物，并且追打同学，当时就有多人受伤，又高呼“冲上去!”但因为石级太高及同学防守严密便呼啸而去。这时联大方面得到了消息，局委会立刻通知同学作紧急戒备，不一会，在联大门口就发现了有两三个撕布的兵士，肆意寻衅，随即有佩带“军官总队”符号的军人百余人和一些穿黄军服的特种人物又到场，扬言要看壁报，不听劝阻，闯进校内，立即以木棍石块背面，可知俱为蓄意行事，决非“误会”殴打同学与校警，当经同学劝阻，并将闯进校内之十余人推出校外，紧闭校门而校外兵士即纷纷以石块瓦片向校内掷入后，经校外同学报告，该队兵士由队长以口令指挥猛冲校门三次。虽经校内同学竭力抵挡，但校门被毁，随即冲进士兵三人，以木棍殴打同学，幸联大同学群起反攻，始将三人逐出校外，捕获一人（名崔俊杰，符号述字第一〇二五号，自称属于军政部军官总队），终于守住校门。此时联大同学在内高呼“中国人不打中国人”。当时男女同学上梯向墙外解释，而墙外砖瓦投掷更急，上梯同学均被迫退下，但是该队士兵竟投掷手榴弹。南菁中学教师于再上前劝阻，被炸伤头部，送院后于晚间逝世。经数次攻门不果，该军队由队长出面交涉，而联大同学出外解释时竟遭毒打，当场受伤同学十人（刘迷、魏立中、张君平、向大甘、罗纪行、张福元、吴达志、陈堪、何惠泉、黄其道等十同学），同时由南区上来劝阻之袁复礼教授亦遭殴击，经数次折冲，联大同学坚持“中国人不打中国人”的主张。该队兵士乃悻悻而去。

在十二时左右，有四五十人着便衣、着军服，由三青团云南支团部秘书兼宣传股长周坤率领，强行闯入龙翔街联大师范学院，至饭厅前院中开枪，并投掷手榴弹一枚，幸未伤人，师院同学猝不及防，推翻礼堂窗户退入隔壁工校，与工校同学联合，由窗户反攻，将特务与武装兵士等逐出大门，不料彼等又将门打破，即从门隙中投进手榴弹两枚，当有同学中弹多人倒地，其余同学即退守二门，打手们闯入大门后即以木棍打受伤同学，已被炸伤之联大同学李鲁连被木棍猛击，女同学潘琰被石块猛击，同学前去救护时，潘琰尚微弱喊“同学们，团结啊!”昆工十七岁的同学荀极中头部重伤。特务等见重伤倒地同学多人，血流满地，遂扬长而去。事后记者闻警往访时，见大门内树下有血迹一大摊，并有行凶木棍一根，上染鲜红血迹，二门内一进门即有殷红血液两大摊，破碎纸张木棍到处均是，院中许多女同学在掩面哭泣，空气异常沉痛，校门内市民群集，到处是“这是什么世界”之声。

师院受伤同学随即由联大同学及云大医学院闻警赶来之男女同学，以帆布床扛抬至云大医院求治，将受伤同学安置后，同学退出医院，又为方自联大退出之大队兵士包围，抢夺钢笔、表及学生证，并施毒打，当场即有联大同学高金堂身受重伤，又女护士马静成上前劝阻亦遭毒击。

十二时左右又有便衣暴徒五六十人，闯入钱局街联大附中，任意捣毁，又下午二时许，有着灰色制服兵士及化装特务队六七十人，由一穿西服者指挥，攻击拓东路联大工学院宿舍。因大门关闭不能冲入，乃捣毁以西会馆，将标语撕去，大写“打倒共产党走狗”等无耻诬蔑标语，复闯入工院教职员宿舍任意捣毁。教员马大猷先生出外阻止，亦遭毒打。宿舍内什物被捣毁，抢劫无遗。

同时南英中学亦于二时许有士兵二百人左右意围闯入，经劝阻后方悻悻而去。

下午三时许，记者等赴云大医院探询先至女同学潘琰病室，潘同学胸部中一弹片腹部伤三处，手指已被弹片削去，卧行军床上面色惨白，哼声不绝，已不能回答我们的慰问，为她摄影后转入旁室昆工同学荀极中病室，荀同学的弹片穿入脑中，面部血肉模糊。医生手上拿着一支盛有淡红液体的玻管，说是他的脑浆、血液已混在一起，业已无救。经照料他的同学苦苦泣求，乃转送甘美医院，卒于下午五时，在甘美医院逝世。昆工同学因奋勇援救联大师院同学惨遭牺牲，对于此种崇高情谊，已无言谢。李鲁连已于抬院途中伤重去世，记者往探，脸上蒙着一方小手帕，揭起来一看，满脸血浆已经紫结，脸侧向左，右耳盛满血液，红色上浮着白色脑浆，弹片就从此穿入，眼睛还睁着，他还没有瞑目啊！高金堂同学是抬伤者，而在医院门外被殴的，重伤留院，院里护士马静成小姐，因为路见不平，上前劝解也被石块打破了头，我们向她致无限敬意，于再先生系南菁教师，已于当晚逝世。

李鲁连同学的遗体，于五时后暮色苍茫中经同学抬回校内，女同学潘琰于五时半在云大医院不治而逝，遗体亦经抬回。潘、李两同学遗体置于联大图书馆阅览室中，淡淡的灯光，显得那么凄清，同学们围在他们身旁悲痛欲绝，几位女同学悲声哭泣，死者睁大了眼睛躺在帆布床上。往日他们在这里读书，现在他们毫无气息地躺在这里，这里是静默的，可是哭声传遍在学校，眼泪已在每个人的眼上，愤火燃烧在每个人的心里。

这是会留在每一个人心上的“十二月一日”——这是我们永不会忘记的“一二·一”惨案。

我们要指出这是一个在当局指挥下的有计划的屠杀。以几个武装现役军人，大批便衣特务同时在闹市中行凶杀人，毫无忌惮，这难道还是“偶然”的“误会”吗？不，这是有计划的屠杀，是党政军负责人主谋的，所以联大当局已决定提出公诉，控告杀人罪犯李宗黄、关麟徵。全昆明市学生一致要求、严惩这两个杀人祸首，昆明学生并决定坚持罢课，坚持我们反对内战争取人民基本自由的要求。

昆明学生罢课联合会

一二·九

（原载《民主周刊》（北平版）第11期）

附录三：血的控诉！

我们不仅要哀悼，我们誓死为争取民主自由奋斗到底，我们要复仇！为千千万万无辜的，被法西斯匪徒残害的人们复仇！我们将踏着死者的血迹前进，绝不后退一步……

他们是为什么死的？

忍住泪水，带着悲愤的心，我请你告诉我们，此刻面对这四位殉国烈士的灵柩，我们要问，我们要想，他们是为什么死的？他们是为什么死的？

他们死在特务们的刺刀下，死在特务们的手榴弹下，更重要的，是死在一个有计划的阴谋之下，这一个阴谋，是企图以枪炮来阻止学生、反对呼吁和平的主张，这一个阴谋企图以刺刀、木棍、手榴弹来屠杀学生，阻止学生为反内战争自由而起的罢课运动，就是在这个阴谋之下，他们被杀害了，由他们被杀害的这个事实，可以看出当前人民为了争取自己的利益而反对内战呼吁和平，是犯罪的，人民为了要求自由，要求身体安全的保障，也是犯罪的。一句话说来，连人民要求活下去，也变成犯罪了。

在大江南北，在华北，在白山黑水之间，他们已经在大规模地屠杀中国人民了！他们勾结了外国人，利用人民的血汗换来租借法案，要挟戟平"内乱"了！他们在进行一个毁灭全中国，甚至全世界的战争，他们企图以武力维持独裁的统治，使中国永远贫弱，使人民永远穷困，他们所屠杀的都是我们的亲兄弟亲姊妹，他们要绞杀的是全国人民的自由幸福，我们父母不能见国家永远是贫穷，我们不能见自己的人民被大批屠杀，因此，我们开会，我们要反对内战，反对毁灭国家前途的战争，反对屠杀人民的罪行。我们要争取做人的权利，要争取好好地活下去的权利，每一个真心爱国的人都会赞成我们，并且帮助我们的，只有将全中国的命运放在绞架上的绞刑，我们才会反对！他们以逮捕、殴打、枪击、刀刺，来迫害我们的同学，他们以下流的手段，嘱使特务流氓，甚至武装军人，在光天化日之下，在堂堂的省府所在地，捣毁了中法，打进了云大，攻击了联大师院联大新舍、联大工院、联大附中，他们打毁了学校中的校具设备，以刺刀以手榴弹，对付和平的学生，使四位同学因而牺牲，二十几位师生因而受伤。

同胞们，同学们，在四位殉难同学的灵前，在四位为反对内战而倒下去的战士的身边，我们应该认清了他们是为谁而牺牲的？是什么人杀了他们的？我们的面前是一条荆棘重重的困难的道路，然而我们已有了开路者，他们跨出了第一步，倒下了，可是却给了我们更多的勇气和信心，要我们踏着未干的血迹，接下他们未完的工作，继续做下去，一直到有一天，我们不再看到有屠杀自己人民的内战，我们都能安安静静地死在床上，我们都能自由自在地呼吸着，过着幸福繁荣的生活！

昆明中等以上学校学生罢课联合委员会

四位殉难烈士传

李鲁连

李鲁连君，原籍浙江，但生在青岛。六岁进小学，翌年回到金华，八岁往萧山，在那里初小毕业。抗战以后，他到了湖南的醴陵，继续升入高小；只念了一年半的光景，由于父亲的病，他不得不去衡阳侍奉，因而辍学了半年，二十八年才离衡阳来昆考进南菁中学，但他是以父亲的动止而动止的。才静下六个月，因为父亲作了滇缅路人事科科长，他又跟着到绿丰到镇南，在镇南只耽搁半年，还不及初中毕业，他又去了西昌，十五岁的时候，以同等学力考取西康省立西昌高中，在那里读了三学期，又取道重庆到衡阳附近的冷水滩，念高中二年级上学期。去年湘北会战，长沙陷落，敌人大举南下，他经过广西逃到独山，接着敌人侵入黔边，他又奔波到安顺进黔江中学，在那里结束了他中学的教育。今年考取联大师院，他才十八岁。

鲁连是个天真活泼的孩子，脑袋挺大，声宏气足，眉毛浓，眼珠圆，动转起来，仿佛会说话似的。他的一生都在不安之中，他的手脚嘴巴也从没有一刻安静。他好动，健谈，爱笑，笑起来一串儿，老远都听得见。这一切都证明他的精力之充沛，倘非折于虐杀，他的前途的灿烂，真是不可限量的。

在西昌，“五四”时讲演比赛里他曾荣膺首名，他又写得一笔好字，得过醴陵书法比赛的冠军。但最可贵的是他的一股子傻劲，在死前的那晚，他还在师院的紧急会议上说过些傻话，惹得满场大笑。

他学的是数理化，对国事不大发表意见。对于任何一党也都不偏爱，但他对国事却极其关怀。他常常念着他的家，那个家里除了双亲之外，还有两个弟弟，一个妹妹。

荀极中

荀极中君，原名张华昌，因进昆华工校，改用今名。他是云南曲靖人，家庭小康，今年才十七岁。他是一个身体极健康、好运动又爱好写作的孩子，工校里很受师长的赞许，对各种运动和球戏均是好手。早晨你常可以看到他洗冷水澡。一般情形，中学里好玩的孩子功课往往就差，但是他却不然，文章写得好，书法好，功课也不差，再加上他的热情及见义勇为的个性，以及和气待人的态度，在同学之间处得很融洽，也很受人器重。

他父亲对他的死自然感到莫大的悲痛，但他们对他的死却有着很清楚的认识。他的哥哥德昌现肄业于长城中学，“一二·一”那天正在街头宣传时，听到弟弟不幸的消息，马上赶到他的尸旁，发誓要为他复仇，要同那般特务拼命。除了父母哥哥，荀极中君还有一个小弟弟。

潘　琰

二十九年前的深秋——重九，潘琰诞生在江北一个有名的城市里——徐州。

童年时代，她的堂兄弟姊妹们，都有上学念书的机会，只有她留在家里，做着小仆人的工作。她羡慕读书，热望求学，她每见她的兄弟姊妹们去上学时，她的小心灵便拼命地跳动。于是她设法请堂兄弟们教她偷偷地念书写字，无分晨昏地在灶门前，油灯下，月光里，偷偷地用功。这样，约有四五年光景，她读完了《四书》和《诗经》，能够记流水账。

十七岁了，青春的活力转动着她旺盛的生命。七八年来，她读了不少的新旧文艺作品，一面内心充满了憧憬，在一个暮春的晚上，她偷跑了，可是事情做得不机密，让家庭很快地便知道了，结果被父亲分头派人把她追回。幸得一般亲友向她父亲解释：因为她渴望念书而不可得，所以才逃跑。父亲还算开明，愿意成全她的志向，这才使她进了徐州立达中学。

这是多么不容易呵！从一个顽固的封建大家庭中争到了读书的权利。她的解放，使她从驯如羔羊的闺女，一变而为天真活泼的野鹿，从抑压沉郁的奴隶，一变而为狂热有生机的青年，她的生命在这时候是真正的开始了。未在初中毕业，就跳进省立女师。但只念完一学期，“七七”事变的炮声就响了。她开始了真正的学习，并且了解了人生，选定了她应走的道路。

她是个热心而埋头苦干的大孩子，无论作什么事，她乐于吃亏，而不愿将事情弄得不好。她热心公众事务。即使在病中也不忘工作。自十一月二十六日罢课开始，她一直不停做着，奔走着。

日本投降之际，她兴奋得发狂。她的老母曾经来信说：“八年了，八年也望出头了，是你回家的时日了……”当时她默默无言，死命地咬着唇，但是谁又想到，只能用自己的骨灰呈献给折磨了一生的母亲呢！

于　再

能够结识这样善良、豪侠、狂热的青年，在我一生可算是最庆幸的事。

三个月前，正是荷花盛开的季节，在南菁中学我第一次遇见了他：小个子，但是很结实，仪容庄严却很和善，不大喜欢说话，但说起来很扼要，有力。

后来，我们常在一起谈笑，看书，玩纸牌。就这样，我结识了这位纯真、蕴藏着无限博爱的温情的友人。

他常常哭，但是都为了朋友，从来不曾为自己哭过一次。有一天晚上，他在一家烟馆里找到他的一位堕落的朋友，回来后曾经哭了一整夜。

但是他并不懦弱，而是狂爱着人群，在他刚断了气之后，他的四姑丈曾经把下面的故事告诉我：

他的家在上海，是一个很富有的家庭。但是他父亲却是一个放荡无度的绅士。同时，整个家庭都呈现着暮气沉沉的样子。“七七”事变后他逃出了家庭的锁链，靠着变卖他唯一的财产——一辆单车所得的钱，一直从上海跑到重庆。在途中，他做了许多抗战工作，援救了无数孤弱的难童。到重庆后，他从过军，做过渡江轮船的卖票员。他从来不愿意再从家里收到一文钱。不但如此，他还常常将自己的衣服变卖作朋友们远行的川资。

半年前，他从印度随军回来，他爸爸曾经来信催这位唯一的儿子回去料理产业；但是他拒绝了，他还劝他爸爸不要在产业上斤斤计量。

他是浙江杭县人，现年二十四岁。曾在重庆育才乡村学院教育专修科毕业。最近，在南菁中学当地理教员。

“血债必须用血来偿还！”——鲁迅

（原载《民主周刊》（北平版），1946年）

附录四：陪都各界追悼昆明死难师生文锦

十二月九日陪都各界在中正路长安寺举行昆明死难师生追悼大会，公祭三日，各界及各党派参加者甚多，并有许多社团及个人前往献祭。民主同盟由梁漱溟主祭，第三党由章伯钧主祭，救国会由沈钧儒主祭，国社党由蒋匀田主祭，文化界和戏剧界都由郭沫若主祭。

陪都各界追悼昆明死难师生哀辞

中华民国三十四年十二月九日，陪都各界人士谨于重庆长安寺内，为昆明“一二·一”惨案死难诸烈士设灵而遥祭，悲愤填膺，欲哭无泪，生命不恤，何有于文？爰共呼号曰：抗战八年，民生凋丧，幸犹胜利，勉跻五强，努力建设，犹嫌汲长；忽尔暴慢，兄弟阋墙，举国鼎沸，人心惶惶，反对内战，谁曰不当？乃有佞人，别具肝肠，屠民以逞，强压是倡。仝月一日，在彼南疆，甘为祸首，血染序庠，诬我学友，为匪为狂，大张挞伐，榴弹机枪。忝为军人，辱没戎行，忝为政长，败乱纪纲，此而可忍，生民何障？此而不罚，国家将亡！四大自由，原则煌煌，人民世纪，安容虎狼？公等前驱，为民榜样，誓步后尘，戢彼披猖。蠢尔威武，直等蚊虻，拯溺救火，何畏死伤，全民奋起，共树典常。魂其有灵，来格来襄！

郭沫若先生《进步赞》

水龙进步成了机关枪，板刀进步成了手榴弹，宋哲元在暗叹，希特勒在喜欢。

北平留渝同学挽联

忆当初“一二·九”运动，为了要求抗日，我们无辜，惨被大刀水龙打，虽然事隔十年，伤痕犹在，抚今思昔不胜悲；

恨如今“一二·一”惨案，由于反对内战，君等何罪，竟遭机枪炸弹屠，但是名留千古，浩气长存，继往开来已尽责。

张澜、梁漱溟、张东荪挽联

为反内战而牺牲，真成痛史；

试思中国之命运，能勿忧心。

黄炎培挽联

学生在学校里座谈，暴徒在群众中掷弹，是谁指使那个凶手？

最高学府何等尊严，青年生命何等宝贵，请你扪着自己良心！

电力公司一百八十工友挽联

好家伙，对付学生，枪弹炸弹，双管齐下。
狗特务，奉行圣旨，姜凯田凯，异曲同工。

再生社挽联

凶手审凶手，凶手自问自答；无耻！
同胞哭同胞，同胞流血流泪；伤心！

沈钧儒题诗献给死者和生者

血洒昆明市，心伤反战年。座谈讵有罪，飞祸竟从天。
魑魅食人日，鸱枭毁室篇。防川终必溃，决胜在民权。

曹靖华、阳翰笙挽联

言行并未开生面，宰割依然旧葫芦。

史良挽联

统治者害治，青年遭殃孰能忍？
立法的毁法，民权扫地真堪伤！

郑初民挽联

争民主，反内战，纵特务干扰，管他怎的！
水龙头，手榴弹，早司空见惯，吓不了人。

章乃器挽联

反对内战，人民天职，有何理由，置之于死，残暴专横，一至于此，国家之羞，当局之耻；

精灵感召，全民奋起，亿兆同心，内战必止，和平以奠，民主以致，独立中华，名垂青史。

附录五：陪都各界反对内战联合会公祭昆明死难师生祭文

维中华民国卅四年十二月十日，陪都各界反对内战联合会全体理监事谨以香花鲜果致奠于昆明反对内战死难四烈士于再、潘琰、李鲁连、荀极中先生之灵前而告之曰：汉奸国贼，贪官污吏，当杀者不杀，爱国青年，革命志士，无辜而致死，是者为非，非者为是，既指鹿以为马，复朝三而暮四。强权即是公理，武力便成政治。军人跋扈，特务放肆；彼苍天者，人间何世！幸赖我昆明师生，树民主堡垒，作民主斗士，流纯洁之热血，写成中华光荣灿烂之新历史，其事绩与日月争光辉，其正气与天地相终始。逝者可以无憾，生者夫复何辞？今者幽冥相隔，愿与诸君相约于重庆长安寺，“开枪自由”之祸首必严加惩罚，自相残杀之内战必力求制止。实现中国之真民主，铲除中国之法西斯，发挥诸君之精神，定成诸君之遗志。死者必竟之功，存者必为之事。魂兮有灵，当和诸君虽死而未死。皇天后土，实鉴斯誓。尚飨。

（原载《民主周刊》（北平版）第 11 期，1946 年）

附录六：昆明七大杂志向当局抗议

昆明《人民周报》、《大路周报》、《文艺新报》、《民主周刊》、《昆明新报》、《时代评论》、《妇女旬刊》等七大杂志为“一二·一”惨案向当局提出严重抗议：一、要求国民政府立即彻查并公开严惩肇事祸首及主使者。二、要求立即下令公开撤消十一月二十四日昆明党政军当局禁止人民集会游行的非法决议。三、要求切实保证会后绝不再发生屠杀人民及限制人民自由的任何非法悖理事件。

（原载《民主周刊》（北平版）第 11 期，1946 年）

《论"一二·一"运动》序

当然，我是乐于有先读这本小书的机会，乐于能为它尽一点校读的义务，更乐于自动为它说几句话。虽然，是带着沉重而激昂的心情来读它。

正如作者一样，对于这运动，我是目击者。二十五日晚的晚会，我坐在主席台旁面，我在听讲演。我也在听机关枪声，小钢炮声，步枪声和讲演声竞赛。我目击几千青年大无畏精神的表现，我也目击自称老百姓的特务的丑态。十二月一日的屠杀，我是"耳击"者，我听到捣毁器物声，殴打挣扎声，小学生惊极号哭声，也听见一次、两次、三次、四次的轰然手榴弹爆炸声。我亲眼看到屠杀后捣毁后的实况，亲眼看到死者和伤者的血，亲眼看到死者入殓，亲眼看到受重伤者的痛苦，和锯掉的腿，我每天到灵堂巡礼，细读新增的挽联，每一个字，每一句话都是公正的判决书，也注意观察来吊祭的乡夫村妇，在沉重的氛围中，我看见他们和她们的泪，默默吞声，分担人民的哀痛和愤怒。我也曾在街头，在巷尾，目击青年的动作，有组织有训练的宣传，我保存了每一份宣传品，每一种有关运动的史料，当然，也包括有专以造谣诬蔑为业务的中央社史料在内。而且，我还有特殊机会，领略书中所指出的说教者和其他种种人物的面貌，以至教条。就法律说，我有充分的资格，作这一光辉运动的证人，证明这一运动的正确性、纯洁性，证明武装干涉以至惨案的责任。就历史范畴说，我也有这权威凭藉第一手资料，记载分析以至论赞这一划时代的承先启后的新中国历史的第一页。

我有资格，也有权力，向读者推荐这本小书。尤其重要的，是我感觉有这义务。

就过去所受的二十年的历史科学训练，我愿意指出，《论一二·

一运动》的作者冷静地理智地叙述并分析了这运动的历程和成果，在历史上所尽的任务，作为新中国历史第一页的意义，值得学习，值得发扬的优点，应该纠正，应该扬弃的弱点。他指出这是民主与反民主的斗争，光明和黑暗的斗争，人民和法西斯残余的斗争，他指出运动的目标，有大小而无轻重，小目标服从于大目标，只有无数的小胜利才能累积为大胜利，批判了畸轻畸重各执一端之说。同时明白指出罢课的结束，只是争取大目标的新开始，新阶段的开始，反之，决不是运动的“结束”，反内战，要求和平、民主、团结，实现联合政府的历史任务，还需要更广大的更深入的更艰苦的灵活的有高度组织的斗争，才能实现。

是的，“一二·一”运动本身就是现实的教育，牺牲了的战士，“他们的血绝不会是白流的，别的东西，可以埋没，战士的血是埋没不了的。糊涂的人看见这些血，会清醒起来，懦怯的人看见这些血，会勇敢起来，疲乏的人看见这些血，会振作起来。”这一个月以至今后的无穷岁月，它将给予无数千万的青年以判断，辨别的智慧，是非的尺度，民主和反民主的标识，生长和毁灭的征候，和这一切的选择，来决定自身和子孙的命运。

这一本小书公允地明白地总结了实践的经验。尽了文字上的教育任务，也尽了文字上的历史任务。

最后，我套用《庄子·胠箧篇》的词句来说几句话：

人民“为之宪法以制之，则并与宪法而窃之。为之议会以限之，则并与议会而圈定之，为之舆论以导之，则并与舆论而统制之，为之民意以督之，则并与民意而制造之，争民主者诛，反民主者为诸侯，诸侯之门而仁义存焉”。

戳穿了这些把戏，明白了这些把戏，硬是要不折不扣合乎人民要求的民主，才是真民主。侯门的仁义，口头以至文字的许诺，过去已经太多，“一二·一”惨案是侯门仁义的最后一次的天秤。

政治协商会议开幕之日

（原载昆明《民主周刊》增刊）

以新的精神纪念“一二·九”*

“一二·九”是“五四”以后继续的唯一有力的民主运动。它为了当时国内形势的紧张，非促成两党合作不足以御外侮终于发动了八年长期的抗战。虽和平民主的目的终未达到，可是消极方面为去年的“一二·一”反内战和平民主运动撒下了一颗种子。“五四”、“一二·九”、“一二·一”这是中国争取和平民主运动的一连串血的事实，精神是一贯的。吴先生认为纪念“一二·九”并不是开纪念会就算了事，今日的环境已经不是喊口号游行的时候了。青年人应该一方面多做有力的实际的民主运动，使之推进到广大的民众。

---

* 此文1946年刊载于《燕京新闻》，其中吴晗关于“一二·九”运动发表的相关意见，对相关研究者亦是难得的资料。故这里选刊了吴晗的发言。下一篇文章《违反政协决议　增加国内纷争》情况与此类似，不再单独注释。——编者注

文前原有《燕京新闻》编辑按语，现移录如下：

为纪念“一二·九”十一周年，我们找了五位教育界的人对这个学生运动发表意见，他们是：燕大文学院院长梅贻宝，清华教授吴晗，燕大美籍教授夏仁德，燕大社会系教授雷洁琼女士，及燕大代理法学院院长赵承信。

违反政协决议　增加国内纷争

燕大教职员讨论会三日晚八时特请清华大学教授吴晗先生于该校临湖轩客厅内讲述关于此次国民大会之各项有关问题，由雷洁琼女士主席。吴氏首谓此次国大是以制宪为目的，代表人数总额为二千零五十人，其中新增加者计七百十名，包括政府方面三百三十人，共产党一百九十人，民主同盟一百二十人，青年党一百人，无党无派七十人。所有代表中，站在国民党方面者占绝大多数，约一千四五百人，故大会几为一党所控制，完全违反政协决议。据吴氏个人意见：此次国大之召开，对今后两党之争，根本无和缓作用，而相反的，势将增加纠纷，盖今后国共之间已无第三方面存在。有人估计于必要时，可能由青年党、社会贤达及民盟中一部分组成新的第三方面，出任调解，然相信亦必无成绩。故民盟约于本月底或下月初将在上海召开全会，决定立场，并拟由人民中产生一新的基础来调解两党之争。关于民社党与民主同盟间之关系，吴氏谓，民社党乃民主同盟中之一分子，应接受民盟之最后决定，与民盟采取同一立场，否则民盟将令民社党退出同盟。吴先生又谓，此次国大召开后，两调人马歇尔及司徒离开南京，即表示对此次会议有所不满及失望。

吴氏谈话于九时一刻结束，旋即由各教职员发问，吴先生均一一回答。关于民社党之参加国大，吴氏认为可信者不外乎四大原因：一、张君劢先生受感情上的刺激，二、张君劢先生受少壮派包围，三、国民党政治攻势的影响，四、张群与张君劢为世交，张群的回来，促成民社党立即参加。

（原载《燕京新闻》，1946 年 12 月 9 日）

论马歇尔离华声明

马歇尔特使本月七日经由美国国务院发表的离华声明，有两种译文，《大公报》所载的是中央社的，《益世报》则据北平美国新闻处的译文。拿这两种译文比较，显然可以看出中央社的译文有若干场所是站在党的立场，一党政府的立场，为尊者讳，“子为父隐”的。后一种虽然文笔比较朴素，因为立场不同，可说是比较近真。

熟读这两种译文之后，我认为比这一文件更具有历史意义的事实，是撰述这一文件者的离开中国。质言之，我们认为马歇尔特使本人和他所代表的对中国人民有害的力量，是造成今日中国混乱内战分裂的最主要因素。

当然，马歇尔特使自己也深切了解到这一点，他说“在国民政府（实际上亦即国民党）方面，最有势力之反动集团，对于余促成联合政府之一切努力，无不加以反对，此种反对，往往以政治或党的行动为掩护，但国民党即是政府，故其行动虽非直接然具有毁灭之影响，彼等公然坦白宣称，中共之合作实为不可想象之事，惟有武力政策方可解决问题，此一反动集团包括军事及政治各领袖”。接着，他用巧妙而含糊的口气，指出这一反动集团的工作，“去年二三月间显然受人鼓动之群众暴动（其中有若干次发生之地点，离余从事谈判之地仅数武之隔）”，如沧白堂事件，校场口事件，捣毁《新华日报》、《民主报》事件，以及参政会和二中全会的破坏政协行动一大串，都是这一国民党也即是国民政府反动集团的拿手好戏。这样，不是马歇尔特使已经很确切地指出，破坏政协，反对联合政府，主张武力解决中共，造成并扩大内战的罪魁祸首不是别人，而恰恰是美国政府所承认所片面支持的国民党，也即是国民政府的反动集团。

接着，马歇尔特使以无保留的口吻指出，第一，“国民党中之不妥协人士，意欲保持其自身对于中国之封建式的控制，显无执行政协决议之诚意。”第二，“余必须声明在去岁二月间，共产党并无此种不妥协之表示。”那么，也就够明白了，一方面国民党亦即国民政府反动集团不肯执行政协决议，连续在去年二三月间鼓动群众暴动和以政治（参政会）或党（二中全会）的行动来推翻、抵销政协原则，一方面共产党从此以后，也就是从去年二月以后，一变其和国民党即国民政府的妥协而为不妥协，不是一清二楚，谁应负破坏政协协议的责任，谁应负内战的责任，谁应负这一年来分崩离析民不聊生的责任？

而且，更重要的是谁在支持国民党亦即国民政府的反动集团，马歇尔特使自己肯定地提出了答复：“政府中之反动派，显然以为不论其行动如何，必能获得其美国之帮助。”（中央社译文为：“政府中之反动派，显系依靠美国之巨量援助，而未顾及其本身之行为。”）是的，谁在巨量援助政府中之反动派呢？谁替政府中之反动派空运海运军队、武器、给养到东北，到华北从事内战？谁替政府中之反动派派美国军队守卫铁路、煤矿、城市？谁替政府中之反动派训练、组织参谋班，炮兵学校，步兵学校，海军，和其他用于内战的军事力量？而且，更重要的是谁在给好战分子执行武力统一政策的政府中反动派以军事物资和财政的援助？日本投降的一年中，二百多条军舰的让与，租借物资的继续运华，八万万五千万美金的南太平剩余军用物资的转让，这些事实不正是支持政府中之反动派吗？而且，在美国援助国民政府中之反动派总数四十万万美金中，在对日战争八年悠久的岁月中，只占六亿三千一百万美元，而在最近这一年，政府中之反动派所得到的却等于过去八年所得之总和七倍。而且，美国在对日战争结束后训练装备了国民党五十九个师，在对日战争期间，却只训练装备了二十个师。这些情形都是马歇尔特使派驻中国一年间的成就，也就是马歇尔特使对于中国“和平”的贡献。那么，是谁在支持、鼓动中国政府中之反动派呢？明白得很，就是马歇尔特使本人和他所代表的对中国人民有害的力量。

彰明较著的事实，由之可以得到必然的结论，就是美国政府帮助中国走上和平民主道路的唯一方案，是立刻停止和收回过去对中国政府中之反动派的片面支持，只有这样做，才符合于前年十一月莫斯科三外长会议的声明，也只有这样做，才符合于中国人民的愿望和美国人民的利益。但是，马歇尔特使的声明中强调了这个结论没有呢？没有。甚至避免提到这个结论。

相反的，马歇尔特使指出：第一，“一年前政治协商会议所获致之协议，系自由而且远大之宪章，此次宪章遂为中国奠定一和平复兴基础。”第二，“事实上国民大会业已制订一项民主之宪法，其中主要部分均与去年一月各党派政治协商会议之原则相符合。”第三，“政府及小党派之自由分子，在蒋委员长领导之下，如能顺利行动，可经由良好之政府，而达到团结之目标。”第四，“中国政府不久即将实行重要之改组，而一九四七年圣诞节前将可完成选举，然后实行宪法。”关于第三项马歇尔特使并且指出具体方案：“在宪法实施之前，第一步将为改组国府委员会与政府之行政部门，实行改组之方法，以及自由分子与非国民党党员之代表席数，将有重大之关系。吾人并希望在此过渡时期内，其他集团仍有机会得以参加政府，共同负担中国前途之责任。”

马歇尔特使这个解决中国问题的结论，以他个人过去和今后荣升美国国务卿的地位，以及由于一年来片面支持所换取的最高发言权而论，在中国政府中之反动派是具有特定的重大的意义的。对中国人民说，是完全违反常识违反逻辑，是增加困难不幸，是违反和平民主实现的有害有毒的故意歪曲的谬论。

当然，我们承认，而且到今天我们还在坚持政协路线，拥护政协原则。假如马歇尔特使一年来的行动不是如上文所指出的那样，而以公正的立场，不一面倒，一只手签字在和平文件上，另一只手下令运军火和军事物资以及训练装备运输从事内战的军队，严厉指斥政府中的反动派，如同这次声明中所做的那样，政协协议是不会被破坏的，政协协议是可以成为奠定中国和平复兴基础的宪章的。

但是，马歇尔特使一年来的作为，恰恰使政府中的反动派完全地从根地破坏了废弃了政协协议，发展了扩大了中国的全面内战。

于是在内战烽火中，事实上一党召开而且是一党包办的“国民”大会，在马歇尔特使的注视下，制订了一项不但是反政协的也是反民主的独裁宪法，其中主要部分均与去年一月各党派政治协商会议之原则不符合。

马歇尔特使在南京官邸中，应该充分明白对于这样一个“国民”大会，这样一个“民主”宪法，除官报党报以外的民间舆论，是如何愤恨和厌弃。也应该充分明白一般人民对于这样一个“国民”大会，这样一个“民主”宪法，除受豢养的和被收买的以外，是如何的冷淡和憎恶！

然而，马歇尔特使居然敢于偷梁换柱，偷天换日，把政协协议和“国民”大会扭在一起，把政协宪章原则和所谓一党“宪法”扭在一起，到底是欺中国人乎？还是欺美国人乎？还是自己骗自己，作为凯旋回朝的地步乎？

而且，马歇尔特使还指定蒋委员长来领导政府及小党派之自由分子，经由良好之政府，达到团结目标。我们不能不请问马歇尔特使：在阁下声明中所指的国民党即国民政府中的反动派，或反动集团，或不妥协分子是在谁的领导之下的？他们的行为应该由谁负责？假如这一个人不应该负责，那么负责者必然是阁下本人，因为正如阁下所指出，这一集团是“显然以为不论其行动如何，必能获得其美国之帮助的”。假如这一个人应该负责，那么正足证明其领导能力，和领导方向的无力和错误。于此马歇尔特使不能不说是犯了逻辑上的错误，自己否定了自己了。

至于改组政府问题，我们要提醒赞同政协协议的马歇尔特使，政协协议的精神虽然已完全被炮火所摧毁，政协的集会基础虽然已经被少数被收买者所破坏，然而，政协协议的文字还完整得很，请马歇尔特使一条条一句句一字字细找，可以发见国民政府一年来的一切作为，从发动全面内战到下“国大”召集令到开“国民大会”以至制定御用宪法，是完全违反政协破坏政协的。马歇尔特使明知其反政协反民主的性质，反而加以称誉，加以支持，并且从而得结论，替挂羊头卖狗肉的“民主”贩子挂上一块美记商标，混淆是非，颠倒黑白，作为被抗议被指斥，宣告使命失败离开中国的藉口。于此，我们要正告马歇尔特使，除开被收买的原来不值半文钱的小党派以外，中国的民主党派民主人士没有人会丧心病狂，自绝于国人，来参加这样民主的政府，你的结论是不会而且也不可能实现的。

（原载《民主》半月刊第 2 期，1947 年）

对《清华周刊》的意见*

《清华周刊》最好多谈学生本身问题，有关时事的，要站在学生立场忠实的报道，不要涉及任何党派才好！

（原载《清华周刊》复刊号第一期，1947年2月9日）

---

* 抗日战争胜利后，战争时内迁的清华大学复员回到北平（内迁后，清华大学与北京大学、南开大学先在长沙组成临时大学，迁昆明后改称“国立西南联合大学”）。1946年，清华大学将抗战前创办的校刊《清华周刊》杂志恢复出版，为了进一步办好这份刊物，《清华周刊》杂志社邀请清华大学多位教授就如何办好《清华周刊》提出意见，这里只选录吴晗的意见。——编者注

谈物价问题*

远因不用提，近因有四个：

一、米粮的问题。十年前北平吃的就是京西稻米和西贡仰光运来的米。现在南方米不能来，京西米本来就不够。加上二百万的军队集中在华北，河北省就要负担军粮三万包。后勤总部大收军米，仍然不够，只有抢购。最近在无锡一买就是八千包，弄得米源的无锡，米价反比上海高，演成倒流现象。

二、宋子文时代，他手下还有三个法宝，一是黄金政策，二是贴放政策，三是敌伪产业。张嘉璈上台，这三样都没有了。只有印钞票。但现在作战部队，不能没有美金，只有用物资去换美钞，张嘉璈看到丝不行，茶也不行，品质太低，外国不要，瓷器又没有出品，只有大豆，英、美都需要，因而限制了大豆内销，上海需要大豆量得到配给很少，豆油因此大涨，别的油类也因之而涨。这两样造成了民食的缺乏。

三、棉纱问题，战前国内只能供百分之九十，现在产棉区在战区，而战区以外的产棉因品质低不适用。还靠外棉，但外棉进口很难，再加上中纺操纵，因此，棉纱也涨，衣又成了问题。

四、黄金美钞的涨价。美钞由三三五〇涨到一二〇〇〇，黑市到了三二〇〇〇。黄金，前四天已经到了一百六十八万。二者都涨了十倍，黄金债券，除四行两局和少数美商外，并没有人买。有人估计，五百元关金券，已经发到二三十万亿以上。万元大钞，也已

---

* 抗战胜利后，包括当时的北平在内的国统区，经济萧条，物价飞涨，老百姓的生活受到严重的影响，物价问题成了老百姓关注的问题，1947 年 5 月，《清华周刊》复刊号第 12 期特辟一专栏，邀请清华大学多位教授以书面形式谈谈对物价问题的一些情况和意见，这里只选录吴晗的意见。——编者注

开始发行。

总之，内战不停，经济根本没办法，换谁上台，也是一样。现在已经到了焦头烂额、山穷水尽的局面。

（原载《清华周刊》复刊号第12期，1947年5月11日）

莫斯科会议与中国

一、历史的记录

莫斯科四外长会议已经开幕了。

这一会议，不管中国政府愿意不愿意，反对也好，抗议也好，进行示威也好，还是决定要讨论中国问题，尽管用外交的词令说在会外讨论，其实，会外也还是在莫斯科，参加讨论主角还是苏、美、英、法四外长，讨论主题还是中国，最多的分别是不在讨论德奥和约的那个房间或那个建筑物，而是在另一个房间或另一个建筑物而已。

看看这几天以至这一向政府当局正式的声明、抗议、呼吁，以及各地“人民团体”奉令响应的函电，以及在禁止集会游行严格执行后不久的“游行”，事先还公布集合地点和路线以及以十万计的预计人数，以及莫洛托夫的建议消息和中国“人民团体”抗议宣言的见于同一天的报纸，情势不能说不严重。

站在国民的立场，对于这样严重的大事，是应该研究一下关于这一问题的历史记录的。

历史上写着这次的会议是继承一九四五年十二月十六日到二十六日三外长会议而举行的。本来只有苏、英、美三外长，法国是后来才决定被邀参加的。三外长之所以要在莫斯科举行会议，是依据同年克里米亚会议的决定。会议的任务是继承盟国的最高领袖会议，研讨解决各项重要的国防问题，藉以保证世界永久的和平与安全。所谓重要的国防问题，在公开发表的联合公报中提到的有：（一）关于意大利、罗马尼亚、保加利亚、匈牙利及芬兰准备和平条约。(二)远东委员会和盟国管制日本委员会。(三)关于朝鲜。(四)关于中国。(五)关于原子能。

会议公报有关中国部分的全文如下：

> 三外长关于中国现在曾交换意见，他们共同商定关于在国民政府领导下有一团结及民主的中国之必要，并必须广泛吸收国内一切民主分子到国民政府的一切机构中。关于停止中国内部战争，亦达到共同意见，他们忠实于不干涉中国内政的政策。莫洛托夫与贝尔纳斯关于在中国的苏联军队、美国军队进行了几次谈话，莫洛托夫声称：苏军已完成解除满洲日军武装，并自该地撤退日军任务。但根据中国政府的请求，苏军因而延迟至二月二日前撤退。贝尔纳斯称：美军根据中国政府的请求驻在华北，美军的必要责任，是执行日本投降条件，即解除日军武装及撤退日军的责任，他声称，这些任务一旦完成，或在中国政府没有美军援助能够执行这些任务时，美军即撤离中国。两国外长之间对于苏军与美军在完成其义务及责任时，在最短期间撤离中国的愿望意见完全一致。

这个文件指出：第一，中国应该是团结的民主的中国。第二，达到这个目标的办法是组织包含一切民主分子到政府一切机构中的联合政府。第三，中国应该停止内战。第四，不干涉中国内政。第五，苏、美两国在最短期内撤退在中国的军队。

我们要注意这个会议并没有中国政府代表参加，这个声明发表以后，中国政府不但没有否认，抗议，认为是干涉中国内政，而且还曾经表示欢迎。

假如我们不太健忘，翻翻报纸，大概还可以看出这个声明在中国的反响。也获得广大的爱国和平民主人士的支持的。

二、美国的对华政策声明

和莫斯科三外长会议声明有相同意义的还有美国的对华政策声

明。其中之一是国务卿贝尔纳斯在参议院外委会上的声明。他说："美国在中国的目标是发展一个强盛的团结的及民主的中国。"

他指出为了达到这个长远的目标，要中国各种意见不同的分子，以真正愿妥协的精神来达到初步的解决。而且，他"相信中国政府基础必须扩大，以容纳那些在中国没有任何发言权的组织健全的各大党派的代表"。而且，美国国务卿还指出："问题的解决，我们的影响是一个因素。在这种范围内成功与否，就要靠我们在变动的条件下这种影响的能力而定。其方法应当是鼓励中央政府、共产党及其他党派大家让步。"

在这文件里，美国政府把解决中国问题引为己任且明白承认"我们的影响"。

其中之二是杜鲁门总统的声明。声明的第一段指出："美国政府坚信一个强盛的团结的和民主的中国，对联合国组织的成功及世界和平最关重要。不论目前与将来，一个陷于无组织状态与分裂的中国，或因外患使然，如日人所为者，或为强烈内争所招致者，仍是对世界安定与和平一个破坏性的影响。""世界上任何地方和平破裂，即将威胁到整个世界的和平，因此，美国及一切联合国家所最迫切关心者，厥为中国人民切勿忽视以和平谈判的方法迅速调整他们内部分歧之机会。"

接着他以外交辞令提出两点"希望"，第一，中国国民政府和共产党应协商停止敌对行动，亦即停战。第二，召开党派会议。

再后就比较直率地强调："美国深知目前中国国民政府是一党政府……美国政府竭力主张中国国内各主要政治党派的代表举行一全国会议，从而商定办法使他们在中国国民政府内有公平和有效的代表。"而且肯定地要国民政府修改一党训权制度。

最后索性指出："美政府感到中国对其他联合国家有一明确的责任，即消除其领土内之武装冲突，因为这是对世界稳定与和平之威胁，这个责任国民政府与中国一切政治与军事集团均应分担。"

这声明较之前一个是更明白更严重的。从反面说，也就是告诉中国，假如这个存在的武装冲突不消除的话，中国政府和共产党同样的要负一个国际的责任，破坏世界稳定和平的责任。

据我们的记忆，这两个文件都曾发表在报纸上，不止是讨论而已，而且还有具体的明确的方案。发表以后，政府当局不但没有否认，抗议，认为是干涉中国内政。而且还曾经表示欢迎。

跟着就是去年一月的政治协商会议，和美国特使马歇尔元帅一年来的调解工作。

三、现在

现在，第二次莫斯科四外长会议又开幕了。

和上次一样，这次也没有中国代表参加。

和上次一样，除其他的重要国际问题而外，也要讨论中国问题。

然而，和上次不一样的是这次中国政府事先正式经由外交途径声明这个会议不能讨论中国问题，"不论在何种方式之下，中国政府均不能同意将中国内政问题列于外长会议之议程"。在开幕后苏外长莫洛托夫提出中国问题的议程以后，报纸上立刻充满了雪片似的人民团体的抗议声和"合法"的群众游行。

从以上的历史记录和现在对照，显然可以比较出这两个同性质、同地点而不同时间的会议，对于中国政府当局和"人民"团体是有不同的意义的。

从表面看，历史记录是已知的，现在和未来的还不能说"已知"。

从这个独立自主自尊的国家体面立场来说，假如已知的确是干涉，当然应该反对，应该抗议。无论一国或两国，也无论哪一国。

就以上的历史记录而说，假如现在的抗议是"对"的，前年的欢迎当然错了。反过来，前年欢迎是对的，那就是那时候政府当局承认了中国问题可以讨论，可以没有中国代表参加而讨论，而且还可以发表声明，那么，现在的情形就无法使我们明白了。

再说，现在所知道的只是和上次一样，会议中要讨论中国问题，当然没有法子预知讨论的结论，更无法预卜声明的内容，假如也有声明的话。但是，反对抗议都预支了。而上次呢，对已知的白纸黑字呢，刚好相反。这也使我们无法明白。

再拿三外长声明和美国政府的两个声明比较，虽然词句不同，意义上内容上都是一致的，不但前年底对三外长声明没有反对，没有抗议，对美国也没有啊，而且如上文所说，这十五个月来的中国政协的召开和美国单独调处，正是遵照美国两个声明的内容的，也就是依据三外长声明的内容的，政协失败了，单独调处失败了，“我们的影响”成为扩大和延长中国内战的“因素”，照逻辑的历史的发展说，三外长必然要把这十五个月的中国情形提出讨论，弄出一个交代，有头有尾。假定这一次的讨论是绝对不能同意的，那就得连过去的一起清算，连第一次三外长声明和美国两个声明一同“不能同意”才是办法。没有花哪里来的果，没有根又哪里来的枝叶呢？

而且，就这次报纸上的电讯而说，明明是结论，讨论和干涉是有区别的，反对讨论和反对干涉是两件事。就形式而论，反对三国讨论而又欢迎美国一国单独干涉，又何以自圆其说呢？

这些问题想来想去实在无法使人明白。

四、如何是好？

看情形莫斯科会议在会外讨论中国问题是已经定局了，如何是好？

我反对干涉，反对任何一国或数国的干涉，单独的也好，共同的也好，一概反对。

但是，讨论却无法反对，因为正式或非正式的讨论，不管外交官或平民，任何力量都不可能禁止。这是常识。

问题是在我们自己。

我们要自己检讨一下，今天的中国是否已经成为团结的民主的中国，是否已经得到和平？假如没有，我们是否如杜鲁门总统所说，“一个陷于无组织状态与分裂的中国，是对世界安定与和平一个破坏性的影响？”假如是的，世界和平不可分，我们要对世界负这破坏和平的责任，这种情况继续下去，是否真要招引国际的干涉甚至惩罚？

我们也要问，假如去年的政协协议完全实现，停战令彻底执行，中国问题早已由中国人自己解决清楚，我们已团结，我们有民主，用不用得着别人讨论？会不会遭受别人干涉？

答案每一个人都有，我们相信不会有太大差别。

我们以为只有立刻停战，永久停战，实现和平，才能免于国际的干涉。

我们以为只有成立公平有效由民主党派人士所组成的联合政府，才能达到团结民主的新中国的建立，成为世界和平的一个础石。

三月十五日

（原载《燕京新闻》第十三卷第十八期，1947年3月24日）

新五四运动

在中国，连节日也有官民之分，“五四”是青年自己所定的节日，是文艺界自己所定的节日，为了这个日子划分旧的和新的，被压制的和解放的日子，正式喊出要求民主与科学的日子。官方不喜欢，另把青年节定一个日子，把文艺节定在一个日子。但是，人民不要它。在官定的节日里，除了照例的“圣训”和陈词滥调的宣言以外，就只能用点名制度，强迫一些小学生来点缀，收买一些落水文人来捧场，冷冷清清，凄凄戚戚！反之，到了“五四”这一天，尽管压力高，封得紧，锁得紧，全国青年，全国文艺界，还是喜爱这日子，用最大的热忱和努力来纪念。尽管在不蔽风雨茅草房里，在露天的广场上，青年人、中年人、老年人，用语言、用文字、用诗歌、用戏剧，喊出了写出了自己的声音。

这是一个最好的例证，钢铁样的例证，证明了官意和民意，证明了人民的要求和力量。

人民的要求是解放，是民主，是科学。

五四运动是解放运动，从“五四”到 1927 年，天地君亲师的牌位绝迹于都市了，女人的头发被革掉，小脚被革掉，男女婚姻从奴隶买卖到自己作主，离婚被认为合法，宋儒“饿死事小，失节事大”一套杀人理论被清算了。文言代替以白话文，孔孟的学说，传统的宝座被新兴的社会科学和自然科学所代替，马克思恩格斯的学说盛极一时。科学和民主成为青年人一致追求的目标。

接着是 1927 年以后的二十年。

在这二十年中，一股反动逆流泛滥于大部分地区，反“五四”精神的措施日新月异。各种各样的图书杂志报章检查条例，构成了天罗地网；德式意式以至日本式的特种组织和特种人物控制、监视着每一个角落；学校也渗进了党团，辟邪说、一思想、“正”人心；告密有功，民主有罪；通讯被检查了，报纸完全官化党化了。私人牢骚会成失去自由的罪状，居住旅行的安全毫无保障，大清查半夜里的突击，北平、青岛、广州，各地一次逮捕的人数以数千计，提审状成为具文，无处可提；集中营作为知识青年的收容所，打风杀风，遍于全国。照这情形，再发展下去，一定会发展到“偶语者诛”、“腹诽者族”，集古今中外反动力量的大成，陷国家民族于万劫不复的境界。

青年人，不，不止青年人，而是全中国有是非观念、有正义感、有血气、有骨格，不为分一块骨头而出卖党格，不为府委部长而牺牲灵魂、拍卖人格的人民，算是从旧教下解放出来，又被新式法西斯一网打尽，关进天罗地网去了！

二十年来的道路，背道而驰，南辕北辙，离民主和科学愈来愈远了。

北平，是五四运动的发祥地，北平的学校是五四运动的摇篮，我们在纪念属于我们自己的日子的时候，我们应该大声喊出：我们要发动一个新五四运动，我们要完成五四未完的业绩，要实现民主和科学！但是，首先的重要的是人权的保障！

新五四运动是人权保障运动。

只有人权得到确切的保障，才能实现民主和科学。

（原载《燕京新闻》第十三卷第二十三期，1947年4月28日）

《闻一多的道路》序*

一多先生以身殉民主之后的第九个月，他的学生史靖写了这本书，标题作《闻一多的道路》。

作者不但是传主的学生，而且还是同乡，还沾有一点亲戚关系。一多先生住在昆明西仓坡联大宿舍的几年，经常来往的客人中，作者是其中之一。昆明每次有一多先生出席的演讲会、座谈会、讨论会，作者无不在场。这本书的写作材料是可信的，除了作者目击的许多事实以外，一部分取材于《人民英烈》一书中关于纪念一多先生的专文，另一部分则得之于一多夫人和她的子女的口述。

这本书正如书名所提示，刻画出光辉万丈的民主战士的一生。

一多先生的道路是曲折的，青年时代是新月派新诗人，中年时代是旧经典的研究学者，晚年成为青年所爱戴，昂头作狮子吼的民主战士。

就一般庸俗的说法，在日常生活方面，一多先生的一生可以说是没有遭受到什么拂逆的境遇，出生于故家，就学于当时贵族化的清华学校，到美国留学，回国后当教授，还兼任过教务长、院长、系主任一大堆职务。住的地方是幽雅沉静的北平，风光明丽的青岛，交通中心的武汉，和贵人满街的南京，终年是春天的昆明。他讲究吃，也讲究住，从来不知道有穷困，更不用说饥饿。即使是在昆明这九年吧，前几年物价未大涨，生活着实过得去，后几年是拮据了，艰难了，衣服破，鞋子烂，菜里不见油水，孩子们都营养不良，可是这也是教书人这时期的通常现象，除了别开生径，会做一点买卖，

---

* 《闻一多的道路》，史靖著，1947 年由生活书店出版。本文即吴晗为该书作的序。——编者注

或者经常飞重庆见大官的一些名流之外，又有谁不是如此过日子！不患寡而患不均，大家一样过，虽然从来没有当作这境况是应该的、合理的，却也没有愤恨这现象是个别的、特殊的。而且，正当大家日子过得困难的时候，他学会了刻图章的手艺，还兼着一个中学的课。后来中学不教了，图章已经出了名，每天刻一个就不愁买菜钱，平均计算，收入等于大半个教授，假如不是人口众多，也算过得去了。作者在书中特别指出这一点，说明一多先生最后走上的道路，也就是中国人民所应该走的唯一道路，纯是出于思想上的自觉，决不是像一些别有用心的分子那样，诬赖他是从个人的生活出发。

其次，就思想的发展而说，在幼年，家长专制的家庭中，一言一动都被束缚压制，老年人认为一切传统的都是对的、好的，教育子女的方法也不例外，孩子的想法却正好相反，过了二十年，在外国学会的一套，更从理论上得到证明。他不但坚决地反对家长制，从儿女身上来报复，相反的他是最慈爱的父亲，最体贴的丈夫。推而广之，他痛恨教育上社会上政治上的家长作风。旧话说“天下无不是的父母”，其实，父母往往是“不是的”。一个肯尊重自己的人，决不会说出“天王圣明”的话。

在清华受教育的时代，他参加了五四运动；正和一些“五四”英雄相反，他没有冒充挤入打赵家楼的行列，老实承认那一天留在学校作文书工作。也没有抵赖说和这一运动无干，坦然自白曾经跑过龙套。从这一身亲其事的伟大日子中，他认识了民主与科学，更明白了敌人的丑恶面目。当然，他从来也没有像一些英雄们那样，一辈子利用不尽这一日子的资本。

在美国，开头学的是美术，虽然没有学到家，却指引他走上爱美的道路，写新诗讲究格律声韵，住屋子讲究光线色彩，到晚年有一次还和我谈起几十年来的书面装帧，一本本的批评，提出他自己的看法，很在行中肯。有时还替同院的太太画龙，作刺绣的图案，甚至刻图章也还是当年学画立的根基，因为用铅笔画图章底子，和几个字的位置搭配和结构都得要适合于美的标准。中年从写新诗转到研究旧诗，唐诗、楚辞的研究是从爱美出发的，从诗文中转到甲骨金石文字，而神话而图腾，也还是一条线索。

和学美术相反，一多先生在晚年最不满意他自己所受的教育。清华学校是美国式的，美国片面的、垄断的、闭塞聪明的教育，享乐的、自私的、排他的教育，这十几年，太宝贵的十几年，他在懊恨，假如在另一情况之下，在另一国度？他在叹息以美国作蓝本的中国大学教育，是教人学会了一些皮毛，更重要的是教人努力隔绝了另外一些，忘记了无视了抹煞了另外一些。没有选择，只是填鸭子！他大声疾呼，指出这一问题的严重，他号召青年人掉过头来自己选择。

他的死，我们知道，死于美国的枪弹！美国的枪弹结束了一个美国教育出来的叛逆学生，是现实的讽刺？是逻辑的必然？

结婚以后，回国以后，由于旧家庭的无知，由于传统的重男轻女的恶习，爱女夭折，使他精神上受了绝大打击。到晚年，在昆明乡村中，在联大附近环城马路上，成天看见病兵、伤兵、死兵，也看见了农民如何过日子，如何在被剥削，被奴役，被拉夫拉兵，“三吏”、“三别”印证在脑海中。他明白了，不只女孩子没有被当作人，所有穷人都没有被当作人！在美国，为了洗衣华侨的被侮辱，作了洗衣歌，他懂得劳动的意义，现在他更懂得了女人和穷人存在的意义了！在写洗衣歌时，也只是孤立地看穷人。喊出了被侮辱者的呼声，而现在，他已经懂得一个女孩子的死，和无数农民的死，决不是一个家庭或一个地方的问题，而是整个的社会问题，整个的政治问题，是天赋人权的被剥夺，是人民政权的被篡窃，是家长制度的流毒，是宗法观念在作祟，这一切都是丑恶的，肮脏的，得要好好地洗，彻底地洗。他从有字的洗衣歌写出了一首无字的洗衣歌，勇敢地勤劳地为新中国作洗衣人。

作者相对地指出一多先生思想的转变，是由于他认识了问题，接近并且生活在人民中。

读完了这本书的初稿和第二稿，我愿意以介绍这本书于想了解一多先生一生经历的朋友。附带的提出两点补充。

第一就表面来看，一多先生的道路是曲折的，多变的，大概是1944年的冬天吧，在朋友家谈天，罗隆基先生笑着指一多先生说：

“一多是善变的，变得快，也变得猛，现在是第三变了，将来第四变不知道会变成什么样子?”一多先生也大笑说：“变定了，我已经上了路，摸索了几十年才成形，定了心，再也不会变了!”其实，从历史的看法来说，一多先生也可以说并没有变。如上文所说，他一生在追求美，不止是形式上的美，而是精神上的美，真和善，他痛恨虚伪，勇于接受批评，有真性情，有血气，有骨格，敢写，敢说，不做好不放手。早年搞新诗是为了美，中年弄文学也是为了美，晚年努力于民主运动也是为了美。追求的方式是有变化的，目标却从来没有变。

没有民主也就没有美，只有民主才是至美的显现。

第二，青年人常歌颂一多先生是他们的导师，其实这句话是错的，至少是应该修正的；事实上应该说青年人是一多先生的导师，他自己如此承认，我也如此看法。他晚年所得于青年人的和青年人所得于他的同样多。他从青年人得到热情，得到活力，得到支持，甚至于得到他从前所被闭塞所被隔绝的知识，他开始读《鲁迅全集》，读《海上述林》，读田间、艾青和玛雅可夫斯基的诗，读《联共党史》、《新民主主义论》、《论联合政府》，也读《列宁简史》。他生活在青年中，向青年学习，他爱护、教育、指导青年，成为青年所热爱的老青年，他将永远活在青年的记忆中。

他走上了青年人所支持他走的道路，也替青年人开辟了奠定了道路。

一九四七年三月三十日于清华园

论和平的先决步骤

一、决　口

从来讲治河的，尤其是头痛的黄河，有两派，一派是头痛医头，脚痛医脚派，秘诀是筑堤，河床壅塞了，不管它，把堤加高，什么地方闹毛病了，不管它，拿木头石块堵住。一派是疏浚，费事得多，把河床挖深，让水有去路，来一个根本解决。筑堤派只能见效于一时，日子久了，河床又加高，又壅塞，还是得闹决口，一个地方不结实，水就朝这个地方决出去，泛滥成灾。疏浚虽然费事，可是靠得住，不会出事。

今天中国的局面，正中了筑堤派的毒，而且正像过去的治河官吏一样，靠筑堤堵口吃饭养家不但偷工减料，而且存心使坏，因为只有多决口才会使河官发财，万一河患没有了，就等于夺去了他们的衣食父母，于是疏浚派就成为致命死敌，红帽子满天飞了。

但是，毛病也就出在这地方，政协五项协议被撕毁了，停战协定被破坏了，“国大”召开了，“政府”改组了，跟着来的是更广大最严重的内战，更普遍更彻底的饥饿。

金潮之后，继以物价潮，以工潮，以学潮，黄河大决口了！

办法呢？经济紧急措施方案，在堤上糊一点泥，冲掉了，维持社会秩序紧急措施，又在缺口上糊一点面糊，又冲掉了。

反饥饿反内战的呼声普及大地，响彻云霄，没有一个人愿意饿死，尤其为莫名其妙的内战而饿死！

枪杆不能解决饥饿，也不能解决内战，相反的，枪杆在制造饥饿，在延长内战。

要免于被冲刷掉，被消灭掉，唯一的办法是放下枪杆来。

二、跳 加 官

一面在大闹决口，一面有人在跳加官。

除了张群先生顶了招财进宝的招儿粉墨登场以外，换了几个五官不全、七窍不通的跑龙套的，其余全班人马原封不动，此之谓“改组政府”，此之谓“扩大政府基础”，此之谓从一党训政过渡到一党训政二党吃饭的政府!

何以谓之吃?“朝堂初入泪交流”，“廿四年”不曾挨过桌边，好容易钻进饭桌底下，啃块骨头，想起从前苦楚，悔不早钻进来，喜极而涕了。

这个政府正在哭穷，诉说钱不够花，为了借钱，得要换几个角色，名角礼聘不到，只来几个扛旗打伞的，简直是大群蝗虫。因为是蝗虫，有钱人的荷包反而扣紧了，他得打打主意，有高利的条件与保证才借，左一个计划，右一个计划，其难正不下于小工商业之向四行两局贷款，同样的麻烦，同样的脸色。

于是只好另想主意了。

前任有黄金若干吨，用完了。

前任有美钞若干亿，用完了。

前任有救济物资，东西全来了，也用光了。

前任还有租借物资，现在呢，期满不租不借了。

前任还有敌伪产业及接收物资，现在呢，卖得出的卖光了，卖不出的还是卖不出。

只有一件事还可靠，印钞机还在，前任并没有带走，可以照旧印钞票。

当然，军队不能光吃钞票，还得征购征实征借，从前抗战时的老花样一概用上。

然而，还是不够，钞票自己不要，外国也不要，买美货美械得用美钞，如何才能弄到美钞呢？一个办法是借，加紧的借，一个办法是出口货，于是大豆被统制了，概由中信局出口换外汇，大豆等于外汇，民用就没有了，豆价日高而币值日低。

其次，米也被征了，抢购了，几百万大军要吃米，军事第一，军食足而米益贵，米益贵而币值益低。

棉花也被统制了，中纺发财，一以报效国库，二以充裕军衣；国棉不够，美棉来得少，于是棉纱布匹都涨了，棉纱布匹涨而币值更贱。

币值低到五千元一斤米，百万元一吨煤，公教人员活不下去了，调整待遇，多发钞票，钞票多发，物价更涨，币值又更低。

活不下去了，除了台上正在跳加官的人们。

于是而有反饥饿反内战运动。饥饿是果，内战是因，大家明白要吃饱肚子的先决条件是和平。

三、幻 想 曲

尽管生旦净丑一起上场，文绉绉的，甜蜜蜜的，气汹汹的，插科打诨的，说是没有经济危机呵，都是“奸党”在这个那个呵，但是，经济危机还是来了，“奸党”不是别人，倒是道地自己一家人，怎么办呢？

这曲戏被唬下台，另来一曲大轴子。

大轴子是幻想曲。

有一个前提，我样样都对，没有一件不对，错处全在奸党。经济问题在交通，只要交通一旦恢复，物资可以互流，一切问题都没有了。

如何恢复交通呢？打！

写预约券，三个月。不成，六个月。又不成，九个月。一个九个月，二个九个月，总有一天会通的吧？哪天通呢？不知道。

不但没有通的还是不通，连已经通的也时常不通了。而且自己也学会了扒路，沪杭、京沪都扒过。

一面是反饥饿反内战的怒潮，一面在加紧制造饥饿，加紧进行内战。

内战，内战，东也碰壁，西也碰壁。百分之九十以上的投入了内战，用的是最新式的美械美弹，可是打来打去，打到今天，打出一片楚歌声。

实在非战之罪也。经济时政，农村都市一团糟，这仗如何打？

然而不打又不行，用枪杆支住的政权，放下了枪杆，还有什么好要的呢？苦闷在此。

于是，尽管"时不利兮骓不逝"，还是非喊武力统一不可，非坚持"平乱"、"戡乱"不可！

古语云，治丝益棼，火上加油，此之谓也。

四、双 包 案

谁都要和平，在今天，没有一个人敢于说不要和平，拒绝和平。

但是，和平有两种，一种是真的和平，一种是假的和平。一种是现实的和平，一种是纸上的和平。一种是美械雕塑的和平，一种是人民团结的和平。质言之，一个是纳粹的和平，一个是民主的和平。

也就是一种是筑堤的和平，一种是疏浚的和平。

主张疏浚的人，不合脾胃，被缉捕了，被殴辱了，被关进集中营了，甚至被屠杀在无声枪下了。今天的局面是"曲突徙薪遭劫杀，焦头烂额为上客"。

今天的局面是民心厌战，民心思治。

饥者易为食，渴者易为饮，不敢梦想音乐锦绣，英美式的苏联式的生活，只要能够不打仗，能够安居乐业，休养生息一下，便算是如天之福了。

很明白，人民唯一的希望是和平。

和平了才能有民主，有进步。

实在的说，今天的中国，表面上是两党武力之争，骨子里，从人民的立场来看，只是要和平的和不要和平的两个集团之争。

一个集团喊出恢复和平的前提是恢复交通，也就是说打出交通来。另一个呢，根据政协路线，组织联合政府。

五、和平的序曲

我们不想在此算陈年烂账。

要指出的是第一有太多年的经验了，几千万人的血和生命的代价，证明了一个真理，武力不能制造和平。要是能，也不会有十年内战，十年摩擦，以至现在快两年而和平仍遥遥无期的大内战了。

第二是内战再不停止，人民固然是生灵涂炭，万劫不复了。可是，得要明白，水能载舟，亦能覆舟，众怒难犯，和人民为敌，只有自取灭之。反饥饿反内战运动的继续扩大，必然会证明这一真理。那时被倾覆被教训者决不会是人民，而是人民的敌人。

第三更一次进曲突徙薪之议吧，前言决定于后方，在经济总崩溃，工人罢工，教员罢教，学生罢课的狂潮下，这一种不义的内战是无法支持下去的。

放下屠刀，立地成佛！

取得和平的先决条件不是仰之弥高钻之弥坚的符咒，而是在手头，在眼前，甚至三番五次挂在政府当局口头上的老生常谈。

第一是政府应有效的执行诺言，保证人民的一切自由。

释放政治犯，从十年前的张学良到最近的非法拘禁人士，如北平二月十八日的大逮捕，青岛、上海、广州、西安等地的失踪案件。

取消最近的经济紧急措施方案和维持社会秩序临时办法，以及如上海所宣布的干预人民自由的违法措施等等法令。

政府应以最可靠最有效的行动，保证人民，尤其是民主人士的生命、居住、旅行、集会、发表等自由。

另一方面是停战，全面的彻底的永久的停战，两党的纠纷，切实的真正的以政治方法解决。

再是组织联合政府，这个联合政府不是光邀几个跑龙套啃骨头的政治贩子可以算数，而是要包括除掉卖身的小党之外的一切党派和所有民主人士的代表，在团结的基础之上进行民主新中国的建立。

这是序曲，质言之，是和平的先决步骤。

和平的空气在酝酿，和平的呼吁遍全国，拿这个序曲来当尺度吧，要判别真和假，是姿态，是诚意？是障眼法，是真实性的？要看能不能做到这几件事。尤其重要的是第一项，这一项不做到，我们不能想象连集会、演讲都算犯法的国度，会能有民主，有和平？连民主领袖民主人士都关在集中营，未关进集中营的都在正对着枪。枪眼上下，又会有民主，有和平？我们也不能想象在炮火连天、冲锋砍杀声中，又怎能有真正的和平谈判？过去不是有过多少次了吗？成效又在哪里，在哪里呵？

我们在看着，有没有真的和平，要看能不能做到这些先决步骤。

我们在看，是老办法筑堤乎？还是疏浚乎？

五月廿五日

(原载《时与文》第13期，1947年6月6日)

统治学校的史例*

中国历史上是否有大学呢？以前有国子监或称国子学，有人便把它当作大学的前身。为什么两者可以拿来相对比较呢？因有今日所指是国立大学。它，一、是政府办的。二、多在政府的中心地。三、经费由政府支出。四、还有什么我不知道。而过去的国子学或国子监也正是如此。那时也有各种补助金。相当于今日的“学术研究补助费”，也有发米发布的，相当于今日的“配给物品”。因此两个名字便联在一起了。我只拿十四世纪中叶至十五世纪初年这期间国子监的情形研究一下，看看有哪些与今日相同或不相同之处。

今天的大学门口，往往有两个杆子，一个挂国旗，一个挂党旗。过去虽然还没有国旗，但是门前的杆子，也有一根。在南京国子监，这根杆子竖立的时间有一百二十二年。它是挂学生的脑袋用的。我们可以从它看出明太祖办学校的目的。再说到学制、待遇等等问题，这里面最重要最值得我们注意的一项便是学规。

首先，我想说那时朱元璋为何办学校。他常提到“教育”两个字，但意义和现在大不相同。他也是教育人才，但教育了这些人才干什么？简单的答案是训练官僚，可以叫做“官僚养成所”；时髦点讲就是“干部训练班”。为什么呢？因为他自己出身低微，是一个拿枪杆子的出身，没有多少学识，他的那帮功臣也是一样。要建立一个稳定的政治机构，却不是这帮只知道杀人放人的武将搞得来的。因为有很多事情，尤其是公文程式上，不是官所能够懂的，非用这一帮胥吏不可。但是朱元璋和他的那些功臣们早年都是吃过吏的亏的，不敢用。于是只好找读书人替他做事了。但这些当时叫读书人

---

* 本文为吴晗讲话，更生笔记。——编者注

的知识分子都有一个毛病，他们要看准了才肯做。当朱元璋称帝的时候，离北平还远，福建两广也是他人天下，云南更不必说。很多知识分子觉得他的政权还不稳当，怕上当，不肯干。另外一种是祖先做过大官的，看不起朱元璋，也不干。朱命地方官压迫他们，还是不行。于是订出法令，不干就砍头。然而，还是不行，不得已，只好照历史的旧轨道办国子监，制造官僚人才，而美其名曰“教育”。

初办的时候规模很小，一百五十人中“官生”（官家子弟）占三分之二，“民生”只有五十人，后来越很发达，在明太祖时最多就到过九十多人。但实际上官僚子弟不必读书就可以做官，所以来国子监的并不多。于是又办府学县学，那里面的学生可以不经考试而保送入国子监。经过地方官吏的保送，再经过翰林院通过，才能入国子监。这种入国子监的方法，不是自愿的，而是选拔的。

讲到国子监的组织，第一个人就是祭酒，四品官，相当于今日的大学校长。另外有一个管理学生的官叫监丞，位不过八九品，但权力很大，学生犯了过失，有四种处罚，第一种是打板子，第二种是记过，再严重的就是充军。不但剥夺个人的公民权利，有时连他的全家也要充军。更严重的就要砍脑袋了。所以这个官相当于今日的训导长，只是他的职权不仅是训导学生，而且也训导先生，监督先生。

这种学校就是一个衙门。今日提倡“学校机关化，机关学校化”，那时却根本不是什么化不化的问题。他本身就是如此。

然则又念些什么书呢？根据学规：一、御治大诰，翻成现代语就是皇帝训词。二、大明律。三、汉朝留下的《说苑》，相当于今日小学内专讲修身的公民。四、四书五经。但经过朱元璋自己的研究，觉得孟子的思想很有问题，例如孟子书中有“民为贵，君为轻，社稷次之”，“君视民如草芥，则民视君如寇仇”等等，他都觉得不好。但是自己又弄不太通，便组织了一个“审察委员会”，把《孟子》删去了八十五条，剩下一百多条，另编成书。这还不算，他还把孟子的牌位从孔庙中搬出，开除了孟子的学籍。经过很多人的反对，他自己想想，孟子的书既然消了毒，他本身上大概也消了毒，让他复学算了；这才把孟子的牌位搬回孔庙，让他复了学。

从史料中我们可以找出两次学潮。第一次是洪武十八年。在那时，每天几乎都有学生饿死，有些饿得受不了就只好上吊。于是国子监又成了集中营。学生被学规限制了，不敢说话。这次学潮结果杀了吏部尚书和六七个同情学生的教授，这是第一次学潮。

第二次发生在洪武二十七年，用现代话说应该说是“壁报风潮”。当时有个学生赵麟批评国子监的不好。事情败露后，按规定是只应该打一百下再充军的，结果是砍了头。

这些太学生训练出来干什么呢？主要是做官。

这样一个国子监，如果我们用“大学”或“教育”这些现代名词来说明他们，我觉得是侮辱了这些名词，对不起这些名词。

我们毋宁用我开头讲的“官僚养成所”、“干部训练班”这些名称。那么可以明了为什么中国历史几千年却没有一个几千年历史的大学。这和什么校董会是没有什么关系的，因为皇帝老子便是校董。因此我又想到今天中国有些问题之所以成问题：最要紧的原因是中国的文字发生了问题。好多新东西没有新的字可用，不能不拿一些旧字旧名词来代表它们，于是一切的名词的意义便搅混了。这些混乱情形，我今天所说的虽不过是“统治教育的史例”，但这也是一个“滥用名词”的史例。因此我今天便有如此的一个结论：今天有许多人所说的那一套，也许和实际情形往往是完全不相干的。（此稿未经吴先生过目，如有错误，概有记者负责，又，因为篇幅关系，这篇稿子删去很多，谨向读者致歉。）

（原载《燕京新闻》第十四卷第十五期，1948 年 2 月 2 日）

从和谈到美援*

从双十二和谈到今天，酝酿和谈已不止一次，可以说政府一有危机时（包括军事经济诸方面），政府即放出和谈烟幕，其意义不过在使对方松懈，借以部署，再予对方以打击。这次仍出一辙，这可说是一种和平攻势。此消息与其说是从苏联或美国发出来的，倒不如说是从南京发出的更合理。从东北战事与蒋主席久住庐山，就可看出来。但据我们了解，自中共代表团被送回，民盟解散后，事实上政府已关和谈之门，而且中共也决不会再上一次当。今天只有“放下屠刀，立地成佛”，任何和谈烟幕，到现在已宣告无效了。

其次，关于美援问题，最近亦甚嚣尘上。援华的五亿七千万元尚须经两月以上的立法时间，而这种美国国会通过的援华，可以说是形式上的，也是次要的，最重要的还是形式以外的，如像军火飞机的转让。美国不是不愿援助中国，而且事实上也不是没有援助，但美国所考虑的是如何才能使援华的物资或款项发生效力，问题还是在看中国政府的作风是否使美国满意。而且在美国政府的眼光看来，改组后的国民政府基础还不够大，还须多容纳所谓自由主义者加入，而政府则谓民青两党参加大选已足。在这点上，美国人也许还不大满意。我们看最近平津十八教授的宣言，以无党派的立场向美国呼吁援助，大概就是想使美国政府改变一下观感。事实上，这些教授是否真无党无派，大家是知道的。

（原载《燕京新闻》第十四卷第十五期，1948年3月1日）

---

* 本文末原有《燕京新闻》编者注，现移录于下：“这是针对当时人民所关注的和谈、美援两件事，吴晗所发表的意见。”——编者注

论士大夫*

照我的看法，官僚、士大夫、绅士、知识分子，这四者实在是一个东西。虽然在不同的场合，同一个人可能具有几种身份，然而，在本质上，到底还是一个。在这里，为了讨论上的方便，我们还是不能不按照这四个不同的名词，分开来讨论所谓“士大夫”。

平常，我们讲到士大夫的时候，常常就会联想到现代的“知识分子”。这就是说，士大夫与知识分子，两者间必然有密切的关系。官僚是就士大夫在官位时的称号，绅士则是士大夫的社会身份。本来，士大夫是封建社会的标准产物，而知识分子则是半封建半殖民地社会的标准产物。或者说，今日的知识分子，在某些方面相当于过去时代的士大夫，过去的士大夫有若干的特性还残存在今日知识分子的劣根性里面。

从历史上来看，大夫原来在士之上，大夫是王侯的家臣，而士则是大夫的家臣。古代的士，原是武士，主要的职责是从事战争，是武士而非文士。一向被王侯大夫养着，叫作养士，这里所谓“养”，正和养鸡养猪养牲口同一道理，同一性质。“食人之禄，忠人之事。”受谁豢养，给谁效劳，吃谁的饭，替谁作事，有奶便是娘，要想吃得肥吃得饱就得卖命去干。到后来由于社会的动荡变化，王侯贵族失去了所继承的一切，不但没有人养得起士，连原来养士的人也不能不被人所养了。这时候，士不可能再捧着旧衣钵，吃闲饭，只好给人家讲讲故事，教书，办事，打杂，作傧相办红白大事，作秘书跑腿过日子，于是一变而为文士，从帮凶变成帮闲的。跟着，

---

* 文前有原编者说明，现移录于下：“这是今年（1948年）春吴晗在清华大学同方部的讲演，有两个记录稿，一个发表在《时与文》，一个在《清华旬刊》，都不很完备。现在这个稿子是根据两个记录稿编订的。”——编者注

找到了新路，不是作王侯的家臣，而是从选举征辟等途径，攀上了高枝儿，作皇帝的食客雇工，摇身一变为大夫，为官僚。于是，几千年来，士大夫联成了一个名词，具有特定的内容、特征。

士大夫的内容，特征是什么呢？分析地说：

第一，士大夫有享受教育机会的特权，独占知识，囤积知识，出卖知识，“学成文武艺，货与帝王家。”知识商品化，就这点而论，士大夫和今天的知识分子完全一样。

过去的国立学校，无论是太学、国子学、国学，以至国子监等等，学生入学的资格是依父祖的官位品级，平民子弟极少机会入学，甚至完全不许入学。

第二，士大夫的地位，处于统治者和被统治者之间，上面是定于一尊的帝王，下面是芸芸的万民。对主子说是奴才，奴才是应该忠心替主人服务的，依权附势，从服务得到权位和利益，分享残羹剩饭。对人民说，他们又是主子了，法外的榨取、剥削、诛求，兼并土地，包庇赋税，走私囤积，无所不用其极。对上面是一副奴颜婢膝的脸孔，对下面是另一副威风凛凛的脸孔，这两副面孔正如《镜花缘》里所描写的，对人一副笑脸，背后的一副用布蒙住，士大夫用的这块布，上面写着“仁义道德”四个大字。对主子劝行王道、仁政，采取宽容作风，留母鸡下蛋。对人民，欺骗，威吓，麻醉，制造出种种理论，来掩饰剥削的勾当。比如大家都反饥饿，他们曾说：“没饭吃，平常事。饭该给有功的人吃，因为人家在保护你们。为什么要吵吵闹闹呢？何况有的是草根，树皮！”甚至说：“要那么些钱干什么，已经差强人意了，还要闹，失去清高身份！”理论没人理，跟着是刑罚，所谓“齐之以刑”。再不生效，更严重的一套就来了。两面作风，其实是一个道理，就是不要变，不要乱。如果非变不可，也要慢慢地变，一点一滴地变，温和地变，万万不能乱，为的是一变就不能不损害他们的既得利益，乱更不得了，简直要从根挖掉他们的基业。他们要保持现状，要维持原来的社会秩序，率直一点说，也就是维持自己的财产和地位，这类人用新名词说，就是所谓自由主义者。

第三，士大夫享有种种特权，例如，免赋权，免役权，作各级官吏之权，居乡享受特殊礼貌之权，包办地方事业之权，打官司奔走公门之权，作买卖走私漏税之权，畜养奴婢之权，子孙继承官位，和受教育之权等等。老百姓要缴纳田租，他们可以不缴，法律规定，官品越高，免赋越多，占有土地的负担越小，造成了经济地位的优越。老百姓要抽壮丁，“有吏夜捉人”，不管三丁抽一或是五丁抽二，总之是要出人，但是，士大夫却不必服役，例如南北朝时代士族不服兵役，明朝也有“家里出了个生员，就可免役二丁”的规定。说到做官，这本是士大夫的本分，即使不做官了，在乡作绅士，也还享有特殊礼貌，老百姓连和绅士同起坐、同桌吃饭都是不许可的。如果乡里要举办一些事业，所谓“自治”，例如修路、救灾、水利、学校等等，士大夫是天然的领袖。要贩运违法货物，有作官的八行书就可免去关卡留难。畜养奴婢，只要财力许可，几千几万都为法律所承认。此外，还有师生，同年，同乡，亲戚，种种关系可以运用，任何角落里都有人情面子，造成一股力量，条条大路都可通行。

第四，相反的，士大夫对国家民族没有义务，不对任何人负责。不当兵，不服役，不完粮纳税，一切负担都分嫁给当地老百姓。一个地方的士大夫愈多，地方的百姓就愈苦。遇有特殊变故，要“有钱出钱，有力出力”的时候，出力的固然是百姓，出钱的还是百姓，士大夫是一毛不拔的，有时候还从中渔利，发一笔捐献财。

第五，因为知识被专利，所以舆论也被垄断了。历史上所谓“清议”一向是士大夫包办的。只有士大夫才会写文章著书，才有资格说话，老百姓是没有份的，即使说了也不过是“刍荛之见”，上达不了，即使上达了，也无人看重。东汉后期的太学生，明末的东林党，清代末年的戊戌变法，都只是站在士大夫立场上，对损害他们的另一剥削集团的斗争——对宦官、外戚、贵族的斗争，和老百姓是不大相干的。

第六，士大夫也就是地主，因为他们可以凭借地位来取得大量土地，把官僚资本变成土地资本，士大夫和地主其实是同义语。反之，光是地主而非士大夫是站不住的，苛捐杂税，几年功夫就可以把这些不识时务的地主毁灭。因之，地主子弟千方百计要钻进士大夫集团，高升一步，来保全并发展产业。地主所看到的是收租的好处，看不见的是农民的困苦。通常形容士大夫“四体不勤，五谷不分”，不但不明白农民的痛苦，甚至连孔子那样人，都以不坐车而步行为失身份。因之，在思想上，在政治上，都是保守的，共同的要求是保持既得利益，无论如何要巩固维护现状，反对一切变革、进步。从整个集团利益来看，士大夫是反变革的，反进步的，也是反动的。最多，也只能走上改良主义的道路。当然，也有形式上是进步的，例如1898年的康有为梁启超，要求变法，对当时守旧官僚说，比较上是进步的，可是在本质上，他们要求变法的目的，是在保存旧统治权，保存皇帝，也就是保存他们自己的地位和利益，他们的进步立场，只是士大夫本位的形式上的进步，和一般人民的利益并不一致。

由上面的分析，士大夫是站在人民普遍愤怒与专制恐怖统治之间，也站在要求改革要求进步与保守反动之间。用新名词来说是走中间路线，两面都骂，对上说不要剥削得太狠心，通通都刮光了那我们吃什么。对下则说：你们太顽强，太自私，太贪心，又没有知识，又肮脏，专门破坏，专门捣乱，简直成什么东西。其实这些都可以回敬给他们，等于自己骂自己。他们之所以要表示超然的态度，上不着天，下不着地，吊在半空间，这是有好处的。像清朝的曾左李诸公，帮助清朝稳定了江山，便青云直上，在汉人满人之间发展自己。两面骂的好处是万一旧王朝倒了，便可投到新主人的怀抱里，他不是曾经骂过那已经倒了的旧王朝吗？反正不管谁上台总有他们的戏唱，这就是士大夫走中间路线的妙用与作风。

这种士大夫的典型例子，在历史上可以找到不知多少，简直数不胜数。这里只随便举几个谈谈。

一个是钱谦益，明末时候的人，少年时候和东林党混在一起，反贪污，反宦官。后来被政敌一棍打下来之后立刻变成了“无党无派”，在乡间住了几年又变成了“社会贤达”。1644年机会一到，一跃而为礼部尚书，无党无派和社会贤达的衔头都不要了。对东林党人则说：我是当年反贪污反宦官的健将，对当局则拼命献身。清兵一来，首先投降的就是他，死后清廷把他放入“贰臣传”之内。此公不但政治节操如此，在乡间当社会贤达时就是标准的土豪劣绅，无恶不作。

第二个是侯恂，《桃花扇》里面所说的侯朝宗的父亲，此公是明末的重臣，李自成入北京，他就降李自成，清兵入关他就降清，可以说是三朝元老。

还有，再举个明末的例子吧，《燕子笺》的作者阮大铖。他是有名的戏剧家，《燕子笺》、《春灯谜》，技巧都不坏，为了娱乐讨好弘光皇帝，清兵快到南京时，他还在忙着找好行头，在宫里献演自己的大作。此公一生，可以分为整整七个时期：第一期，没有大名气，依附同乡东林重望左光斗（阮是安徽人），钻进党去，成了名。第二期，急于作官，要过瘾，要作又大又有权的官。东林看不惯他的卑劣手段，不给他帮忙，于是此公一气之下，立刻投奔魏忠贤，拜在门下做干儿子，成为东林的死对头。替干爹出主意，大抄黑名单。第三期，东林给魏阉一网打尽，他也扶摇直上，和干爹关系很好。可是他很明白大势，预留地步，每次见干爹都花钱给门房买下名片，灭了证据，自打主意。第四时期，魏党失败了，此公立刻反咬一口，清算总账，东林、魏党两边都骂。为什么呢？——表明他是中间分子，不偏不倚。可是人民眼睛是雪亮的，还是给削了官，挂名逆案，呜呼哀哉，一辈子都没有做官的希望了。于是闲居十九年，做社会贤达写写剧本，成为第一流的文学家。第五期，南方名士们创立复社，热闹得很，贵公子都在里面。此公穷居无聊，沉不住气，于是谈兵说政，到处抬出东林的招牌来作自我宣传，想混进复社去把党人收作自己的群众。说：“我是老东林，跟你们上代有交情，你们捧捧我吧！”不想那些青年人可真凶，火气大，给他下不来，发宣言（揭帖）指出他一桩一桩的罪状，一棍打击下去，此公又吃了一次亏，气得发昏。第六时期，北都倾覆，政局变了，南朝一个军阀马士英给福王保镖成立新政府。阮受了几年气，于是又勾上了马相国，做了兵部尚书。此公于是神气十足，一边大发议论，武力不以对外，清兵来还好说话，左兵来可难活命。外战不来，内战拼命，一边重翻旧案，排斥东林，屠杀青年，利用特务，要大报旧仇。开了两纸黑名单，一纸五十三名，一纸百〇八名，的的确确送了不少人进集中营，也的的确确杀了不少人。同时大肆贪污（所谓“职方贱似狗，都督满街走”，正是南京政府的写照，也正是这样把南京搞垮了台）。第七时期，清兵南下，此公投降了，但是看看福建又建立了新政府，想投机通通消息，结果为清军所杀。此公的变化多端，大概前所未有，然而万变不离宗，总是那么一副嘴脸，为自己打算。

当然，也有天良还剩一丝丝儿的，例如吴梅村，也是风流才子，而且是士大夫的领袖。明亡后，清朝逼他做官，因为怕死，守不住节，只好去作官了。把过去半生的清名，连同社会贤达的牌子都打烂了，一念之差，在威迫利诱之下走错了路，悔恨交加，临死时做了一首绝命词：“万事催华发，论龚生天年竟夭，高名难没，吾病难将医药治，耿耿胸中热血，待洒向西风残月。剖却心肝今置地，问华佗，解我肠千结，追往恨，倍凄咽，故人慷慨多奇节，为当年沉吟不断，草间偷活，艾灸眉头瓜喷鼻，今日须难诀绝，早患苦重来千叠，脱屣妻孥非易事，竟一钱不值何须说，人世事，几完缺？”

如以上许多例子，岂不是士大夫都是没有骨头的？都是出卖自己灵魂的？或者都是“难将医药治”的？假如引历史上某一时期如南朝作例——史家都说是“南朝无死难之臣”，这是错的，——当时，政权虽不断变换，而士大夫阶层所形成的集团的特权并没有变更，这一个集团有着政治力量所不能摧毁的，在社会、政治、经济、军事各方面的领导地位，他们本身的利益既不受朝代变换的倾轧，那他们又为什么要替寒人出身的一些皇帝死节呢？假如再引别的时代的例子，例如汉代的范滂、陈蕃，唐代的颜真卿、张巡、许远，宋代的文天祥，明代的杨继盛、杨涟、左光斗、史可法，清代的谭嗣同，为了他们的信念，为了他们的阶层利益，为了他们所保卫的特权而死，史书叫作忠臣义士的，这一类的例子也很多。这一些人都是士大夫，虽然失败，是有骨头的，有血有肉，有灵魂的，是忠于封建社会的封建道德的，——和前一类的人正是一个鲜明的对比。

当两个朝代交换，或者是社会有很大的改革的时候，往往是对人的一种考验。现在恐怕又是到了一个考验的时候了，这考验包括你也包括我。我们看见了许多阮大铖、吴伟业、钱谦益；同时我们也看见许多谭嗣同、范滂、文天祥。面对着这考验，也有许多人打着自由主义的招牌出现，那么也让历史来考验他们罢。历史是无情的，在这考验下面，我们将会看到历史的悲剧，也是这些自由主义者的悲剧。固然我们不希望今后的文学作品里再发现“绝命词”一类的作品，然而历史始终是无情的。

（曾收入《皇权与绅权》一书中，观察社，1948 年 12 月）

同善其身，共善天下

——致参观清华的大中学生

前天在一个青年生活问题座谈会上，有朋友拿“独善其身，兼善天下”两句话来指出今天知识青年的任务。我把这两句话修正为“同善其身，共善天下”。今天我也把这两句话贡献给诸位。

在这个大变动的时代里，知识青年要勇敢地负起时代所赋予的任务。

这是一个光明与黑暗斗争的时代，这是一个进步与反动斗争的时代，这也是一个民主与法西斯斗争的时代。

知识青年站在光明、进步、民主的这一边，而且是最前线的动力。

善是改善自己，提高自己，从思想上，从实践上，从脑子到手，不但要精通理论，而且要熟练技巧，要善于学习，要善于接受经验和教训，要善于分工合作，要善于为人民服务。只有这样，才能负荷起时代所赋予的任务。但是，光是这样，还大大不够，还要善于“同”善，所谓“同”，是把自己所善的广泛的集体的提高。一定要做到照顾落后的，不是等待着让他赶上，而是用最善的方法，使之一同到达。

所谓“共善天下”，为什么不是“兼善”呢？兼善是以个人作主体的，“共善”则是以团体的、群众的、组织的力量，来完成光明进步民主的新中国的建立。

在共善的境界，没有英雄，因为人人都是英雄，没有个人，因为个人的和集体的利益是完全一致的。

青年人一条心，一条道路，一个目标，这样巨大的力量，没有困难不可以克服，也不存在着可以阻碍它前进的力量。

拿破仑说过，人民是不可战胜的，同样的，我们也说：青年的共同力量是不可战胜的。

只要知识青年能够同善，改造提高自己和别人，能够共善，用这集体的不可战胜的力量，来争取光明，争取进步，争取民主，光明进步民主的新中国就在前面。

我以十分愉悦的心情，把这两句话来欢迎诸位同学，贡献给诸位同学。

三月二十七日

（原载《清华旬刊》第 6 期，1948 年 4 月 3 日）

从历史上看知识分子*

通常所谓知识分子，实在不见得有什么知识。举例说，前几天天津《益世报》上刊载有胡先骕先生的论文，他很感慨地指出一件令人哭笑不得的事实，说是在中央研究院的院士选举会上有一位行政院秘书长来训话，这年头照例要人是有“训”人的特权的，不过这位秘书长却训得这些院士们伤心，他说：“很好很好，遴选院士是中国教育上一大进步，再过些日子，也就可以赶上西洋的硕士博士了。”这个故事我觉得很有趣，可是总记不起这位秘书长的姓名。我以为有趣的是这位知识分子的知识！你想，留洋作大官，这是行政院的幕僚长，旧话叫师爷，他的知识我想实在比不上我们的工友。另举一个例子，那天在本校同方部的生活问题座谈会上，一个老工友说：“我是不会说话的，我就知道现在快到夏天了，我现在还穿着棉裤，因为我只有这条裤子呀！”以一个非知识分子的工友，没出过洋，也无学位，却说出了完全是真理的知识，短短的几句话，生动，有力量，有意义，比我们写一篇几万字的论文更感动人，更能教育人。因此，我以为单是以使用文字作为知识分子的定义，是太狭隘了，是不够的。

所谓知识分子的定义，我以为第一是不劳动的，所谓“君子劳心，小人劳力”。劳心是动脑筋的意思。这类人不使力气，不出汗，

---

* 文前原有《清华旬刊》编者按语，现移录如下：“此文原为吴晗先生讲稿，平京各杂志曾有一二记录披露者，但可惜都有遗漏或不完善之处。本社记录稿因故迟迟未刊，最近请吴先生详为过目校正，特补刊于后。编者志。”——编者注

不参加劳力劳动工作，可是日子过得比较好，至少要比劳动人民过得好得多。反之，非知识分子的穷苦人民，要是不劳动而想生存，那是万万办不到的。第二，知识作为商品而取得，资产阶级小资产阶级拿钱来培养子弟，让他们入学校读书，具有购买商品的性质，拿钱求学等于作买卖下本钱，其目的不外求得和保持不劳而获的特权。至于穷苦人民，成天成年为生存而工作，哪有钱进学校，也哪有工夫进学校？

今天的知识分子和旧时代的士大夫不同，从前的士大夫是官僚封建社会的特产，而今天的知识分子则是半殖民地半封建社会的特产；但是，在把知识当作专利品，囤积在手里，为少数人去服务的一点上，则和古代的士大夫相同。古代的士大夫和今天知识分子群里的少数人叫作“自由主义者”的这一类人，还有一个相同之点，那便是都有一个主人，士大夫的主人是皇帝，而“自由主义者”的主人则是外国主子。对象虽不同，效忠的程度是一样的。

从半殖民地的观点来说，今天的知识分子大部分是从买办文化之下培养出来的，工作的性质、态度、意识得看买办的意思，而买办又得看他的主子的脸色，这种人当然谈不上有自由意志、独立精神，更谈不上自信和自尊。古代的士大夫经常说尧如何舜如何，所谓自由分子的口头语则是杜鲁门如何，马歇尔如何，不但月亮是美国的圆，连美国扶植德日，虽然有些外国的进步人士已经在批评反对，“自由主义”分子却义愤填膺，拍胸脯，踮脚跟，一口咬定美国是对的，美国的措置最得当无比，为什么？因为她是美国呀！一开口就是美国议会怎样，美国的选举怎样，其实美国议会的后台是华尔街老板，美国的选票等于钱票，美国式的民主可以私刑屠杀黑人，美国式的民主可以拿美金来左右意大利的选举，这些铁样的事实，他们就一字不提了。装作学者风度的自由主义者，更会用统计数字来证明美国是社会主义的国家，因为美国贫富之间的距离，大战之后已经大大缩短了。美国还有最好的所得税制度，还有什么什么之类。另外还有人在苦撑待变，美国一定会帮助我们的。美国的援助可以解决中国一切问题，带有无可如何、不可救药的乐观主义。诸如此类，不是半殖民地是出不来这样“自由”的自由主义者的。

和上述的知识分子性质相反的，我们姑名之曰“非自由分子”。他们为时代所觉醒，走在时代前面，为因不满于现状，因而也就没有了自由。他们没有了保障身体安全的自由，没有了免于饥饿的自由，什么言论、出版、集会、结社、游行、请愿、学术研究，一切自由完全没有了。在其特点上也与“自由主义”式的大有区别。“自由主义”式的知识分子，第一是不劳而获的，第二善观风色，没有冒险的精神，第三是不走极端，不左不右，不前不后，中庸之道，一表超然。而非自由主义者是以劳动求生活的，他们积极地要求着社会改革，丝毫没有模棱两可的态度。他们的信念是坚强的，顺风要走，逆风也要走。所谓“富贵不能淫，威武不能屈”，不给富有的资产阶级帮凶，不为显要人物服务，他们所走的是为人民服务的光明路子，当前这一条路也许困难很多，但是终究是走得通的。

在十九世纪末年辛亥革命之前，政治的不良，人民的痛苦，所有腐烂崩溃的现象应有尽有了，当时就有知识分子，在要求立宪的同一目标下，却走着是相反的道路。一派主张既立宪又要皇帝，以康有为梁启超为首的是所谓“君主立宪”派，他们也和今天的“自由主义者”一样要维持现状，“要保守传统”。他们以为英国、日本立宪有皇帝，可谓有前例，中国之立宪而有君主，自是理之当然了。另一派则是孙中山先生所领导的革命派，这一派以为中国的问题，不单是在于立宪与否，主要的，得铲除那噬吮中国人民血肉的爱新觉罗的家族，和彻底地推翻封建专制的社会制度，彻底建立由人民所领导的政府。假如用今天的话来说，清皇朝是“极右”的话，革命派当然是“左派”，而君主立宪的康梁当然走的是“中间路线”了。

在1898年，梁启超在湖南提倡复兴绅权，说复兴绅权是实行民权的先决条件，于是办学会，开学堂，请绅士们出头，求官方帮助，对当时的清政府，全取妥协态度，甚而摇尾乞怜，在官僚贵族前给绅士们求点小恩小惠，这类的知识分子当然为政府器重津贴了，孙中山先生则被骂为孙“匪”，孙“大盗”，随时被戡之被剿之。

袁世凯时代的筹安会又提供了一个现实的史例，袁世凯之称帝和西汉末的王莽，在手段上如出一辙，预先下令奴才领导人民劝进，买得大批知识分子组织筹安会，用为制造民意的机关，美国、日本的学棍也来竭力捧场，古德诺和有贺长雄之流都主张中国应该有皇帝。但是袁世凯坐上宝座八十三天就完了，在当时也有和劝进派性质相反，反对政府领导倒袁的非自由分子。这段事大家都知道，不必多说了。

我们想想历史，再看看今天，不禁令人有些感慨，用鲁迅先生的话来形容，真是“一代不如一代呀!”另一方面根据过去历史的事实，我们可以断言今后觉醒进步的知识分子是有其出路的，然而应该提出的是，将来“知识”是要真的知识，“分子”要扩展到每个中国人民身上。更明确的来说，当知识去掉它的商品性以后，要全中国人民都成为知识分子。全中国人民都是知识分子的时候，知识不再是特权，不再被囤积，知识分子这个阶层也就不存在了。至于知识分子的缺点，那是社会背景所形成的，新的社会中知识分子自然就由新环境决定了它的新的历史任务。

看吧！新的时代就要到来了，一部分自由分子也许会摇身一变而为先锋大队，前去“迎头赶上”，那时候就不是“一切美国好”了。我以为一个历史家的任务是应该把他们全副的嘴脸一笔一笔地画出来。

你看今天压迫学生运动反对政治改革的人，正是五四时期要求改革领导运动的“民主分子”。他们有十足的领袖欲和风头感。这种人一旦自己有了声名，抓得了地位，一变而为反动派的健将，倒也是意料中的事。那么就有人要问“今天的民主斗士是否将会有类似的变质呢?”我的回答是：“假如再过三十年，我们的社会还是这样的话，那就一切都完了，什么也不用说了。假如从头到尾变成了新社会，则今天的民主分子决不可能变质的，因为谁是变了质，谁就一定为人民所唾弃，在新的社会中人民所不要的东西，他是没有存在的可能的。”一句话，觉醒的进步的知识分子只有一条道路，那便是为人民服务的道路。

（原载《清华旬刊》第13期，1948年8月20日）

近代中国社会变迁*

从工业来看近代中国社会的性质：中国是半封建的社会，以往工业三分之二为手工业，三分之一是近代工业，而外国势力在后者占有绝大势力，其中生产工具差不多百分之八十是由外国供给的。以工业地区论，大部分布于沿海各都市，故该各都市社会全受外国政治、经济力的支配。其他和该各都市有关的交通、文化、金融等，也在外国势力下勉强维持。国内重要资源，已开发者几乎全是在外资收买及支配之下，以往所谓的"农业中国工业日本"到现在应改为"农业中国，技术日本，工业美国"，国内大部资源仍埋于地下，其主要原因为封建残余力量的阻止及列强的干预。

中国近百年社会与前百年相比大有不同，物质及精神都如此。这完全是两个时代生活不同的原因所致。近百年中国社会之变更，只是形式的、都市的。而对整个有生产关系的社会却没有全面改变。政治经济近百年来全被地主、买办、军阀所把持。

欧洲各国自工业革命后已走入资本主义阶段，但是中国之所谓工业革命，并未能改变社会的本质，且和欧洲成反向的发展。百年前的欧洲各国，在近代资本主义培养下，其社会是反封建、反官僚的。中国则正相反，中国的统治者既为官僚，又是地主，故不反官僚，不反地主，并且有妨滞生产的作用。官僚们所剥削的利益，不愿投资在工业上，而投资在高利贷和土地上。这种官僚商人是破坏社会前进的最大阻力。当时一般知识阶级看到了亡国灭种的危机、

* 此文由逢远记录。——编者注

危险，乃倡“自图富强”运动，但如何自富图强，并未想出。他们只建立了一些消费性的工业，如李鸿章、张之洞建立近代的工厂(中国工业的基础)，也是官营的。以不同的方式建立各种工厂，本质上都是为他们个人发财。十九世纪后期的工业则多为棉布、绢布，将作坊业变成工业化的工业。在形式上，固然进步，但因是官营还是不脱保守，且机器之制造及修配全仰仗国外，故在政治、经济上仍旧受外国控制，而最后造成了半殖民地的社会。中国近代工业可自给或能出口的，只有绢和布。其次是小麦粉、烟草，油类则极少，至于钢铁，则只有百分之五，油类及钢铁是近代工业的生命，而这些由国外进口，于是国内政治、经济及文化全受外国支配。在这种基础上建立近代工业是绝不可能的。由于商业发达，世界上的国家可分两种，一种是生产生产工具的，一种是生产原料的。后者必为前者的附庸，且后者的社会必为半殖民地之社会，中国是属于后者。

半封建社会的性质是这样的：其工业只有极小部分是自立的，其他必依高利贷过活，其赢余分官利、银利，具有封建性的银行资本及官僚资本全在囤积，有派别性地域的割据，多有特殊系统，各种体系，限制了物资的交流，至于官商合办有利可图之事业，全被少数人控制。他们同时有官、商双重身份，故其事业不经过正常的生产程序，而能获得暴利，使其他民营工商业不能发展。但是如此微小的工业竟也能使社会发生变化——产生了无产阶级。其次，旧有士大夫因受现代教育影响，由于意识的改变，成为今天小资产阶级的知识分子，他们本身也有遗留下来的半封建社会的本质，为百年前所未有。再次，产生了许多现代化新军阀、新官僚、新买办、新地主，这些人构成今天社会上的统治者。

今天工业对社会影响还不如百年前农业对社会影响来得大。近百年中国社会变迁的程序如下：在初期，主要以变法富强为主，有一派接受新兴国的影响，主张坚甲利兵，是“唯武器论”者。其后又有一派主张行宪，是“唯宪政论”者。此外，则为清谈的士大夫，他们从未想到人吃人的社会本身应否改变的问题。十九世纪末，这些人的看法改变，分为两派，一派站在王朝的立场，虽主张立宪，但也主张立皇帝，准变不准乱。另一派是站在民族资本家的立场，主张改变法体及民主立宪，领袖是孙中山先生。后者为“极左”，前者则为“极右”。此外有康梁为代表的君主立宪派，成为“中间路线”。

辛亥革命，按形式说，是成功了，改变了官僚名称。但这只是上层的，下层则并未改变。五四之后，党派纷起。当时共产党成立，国民党及共产党代表两种不同的阶级（最上层之极少数及最下层之大多数）。于是，又生出第三派，资产阶级及知识分子，只在主义上批评国共两党，并未贡献新的救国方法，只图苟安幸存，一如过去的保皇党的态度：不前不后，不左不右，不高不低，不薄不厚，十足代表今天所谓的“自由主义分子”。只是在形式上名辞上加以改变，实不能解决一切问题。历史证明过去百年并未有任何改变，如今亦未能解决严重的中国问题。如果想彻底地改变中国社会的本质，使少数剥削者不再存在，而建立一个新社会，在那社会里，人人生产，没有寄生者，用孙中山先生的话，则是：“耕者有其田”，换言之，就是“耕者如有其生产工具”，这样才会成立新社会，新国家。

（原载《燕京新闻》第14卷第27期，1948年5月10日）

《闻一多全集》跋*

这本集子，说出了闻一多先生一生的思想历程，他的严谨的治学精神，强烈的正义感，和对民主的笃信，对广大人民的热爱。

一多是很会说话的，平时娓娓而谈，使人忘倦。晚年思想搞通了，又擅长于说理，尽管对方有成见，固执得像一块石头，他还是沉得住气，慢慢道来，拿出大道理，说得人口服心服。在大集会里，他又会另一套，一登台便作狮子吼，配上他那飘拂的长髯，炯炯的眼神，不消几句话，就把气氛转变，群众情绪提高到极度，每一句话都打进人的心坎里去。虽然，在事先并无准备，甚至连讲的纲要内容都没有写下。

他在晚年的若干次著名的讲演，都已收进这集子里了。虽然已经变成了文字，那声调，那情态，无法记录下来。但是，就是读文字吧，也还想象得出当时的情景。举实例说，《民盟的性质与作风》和《战后文艺的道路》一类是说理的，使听的读的人都心平气和，点头道是。另一类像《组织民众与保卫大西南》，和最后一次的讲演，具有高度的战斗性，他说的时候，大声疾呼，情绪激昂，听的读的人也立刻受了感应，发生了共鸣。

他的著作，关于古经典校订注释的，需要长期整理，已由清华大学中国文学系同人负责进行外，其余全部都已收在这集子里，大部分都是发表过的，许多篇是手稿，有些是初稿，有的未曾完篇，例如《伏羲考》和《神仙考》，经朱佩弦先生的细心编缀，连接成

---

* 《闻一多全集》共四册，朱自清、郭沫若、吴晗、叶圣陶编，郭沫若、朱自清分别作序，朱自清作编后记，1948年8月开明书店出版。——编者注

文，虽然有些不连贯处，但是已经无可补救了。其实，岂止是手稿有缺陷，一多的著作生活，可以说还没有开始就被扼杀了，他的志愿是写一部以人民为本位的可读的唯物史观的《中国文学史》，这个集子里的文字，只是写这部书的初步材料。他常说，要有一天和平民主实现了，立刻回到书房，来写这部书。为了这个愿望，他致全力于和平民主的工作，为了他努力于和平民主的追求，他被刺杀。他死了，死去的不止是一个勇敢刚强的民主战士，不止是一个沉潜而又高明的学者，同时，也杀死了一部人人要读的属于人民自己的书，这个缺陷是无法弥补的，无法编缀的。

虽然手稿有残缺，甚至，遗集所搜集的文字，也许有遗漏，我应该在这跋文里特别提出，负责编辑这集子的许多先生，已经尽了最大的努力。

第一个应该提出的是朱佩弦先生。佩弦先生是一多十几年来的老友和同事，为了这部书，他花费了一年的时间，搜集遗文，编缀校正，遗稿由昆北运时，有一部分遭了水渍，请人逐页揭开，请人抄写。他拟定了目录，选编了尺牍，发表了许多篇未刊的遗著。并且，在他领导之下，动员了中国文学系全体同人，分抄分校，分别整理这集子以外的许多著作。一句话，没有佩弦先生的劳力和主持，这集子是不可能编集的。

其次是郭沫若先生。沫若先生只和一多见过两次面，一次是在武汉，恰好在二十年前；一次是由昆明出国的时候。去年上海文协开会，沫若先生就自告奋勇，愿意负责一多遗集的编定。佩弦先生编集的第一部分稿子，他在酷热的天气里，用三个礼拜的功夫校读两遍，改正了所有的错字，并且也改正了一多原来的笔误。他在八月十九日给我的信里说："稿中文字颇多夺误，所引用甲骨文、金文及小篆等多错或误，已一一查出原字补正。全书标点符号，已为划一。"全稿收齐后，又于九月二十八日来信说："金、甲文字已在原稿上一一照原文摹录，再经圣陶先生摹写付印，可期美观。"可见其用力之勤和精。沫若先生是一多生前所最敬佩尊重的人，《青铜时代》和《十批判书》是一多所最爱读的书，前年冬和去年春天，在西仓坡的院子里，阳光下，这两部书曾经成为我们谈话的经常题目。最近我有机会比沫若先生先读一多早年留美时的信札，有一封信提到二十五年后替他编定遗文的人："郭沫若来函之消息，使我喜如发狂。我们素日赞扬此人不遗余力，于今竟证实了他确是与我们同调者。《密勒氏评论报》不是征选中国现代十二大人物吗？昨见田汉曾得一票，使我惊喜，中国人还没有忘记文学。我立即剪下了一张票格，想替郭君投一票，后查出信到中国时，选举该截止了，所以没有寄去。本来我们文学界的人，不必同军阀、政客、财主去比长较短，因为这是没法比较的。但那一个动作，足以见我对此人的敬佩了。"读了这段文字，再想到沫若先生对一多的纪念册《人民英烈》和这部遗集的辛勤，我实在没有法子不流泪，我想，沫若先生也没有法子不流泪。

其次，应该谢谢开明书店，肯在这时候印出这部大书。尤其应该谢谢开明书店编辑部的叶圣陶先生、周予同先生、王伯祥先生、徐调孚先生、朱光暄先生，圣陶先生摹写金甲文字，予同、伯祥、调孚、光暄先生分任校雠，所有引用古书文字，都抽检原书核对一过。十月二十五日圣陶先生给佩弦先生信说："闻氏全集已付排，缮抄之稿，实多错误，当初以为《死水》、《红烛》必无问题，孰知抄者所据为排印本，而排印本不惟多错字，且有错简之处，校时始发觉，颇累了排字工友。其考据文字，引用处如有可疑，皆检原书查对。"又在给沫若先生的信里说："期其比较精善，庶无负一多先生耳。"这部书的精善，这里面不止是学术上的共鸣，也包含了崇高的友情。我完全同意圣陶先生的话："此集交开明，为其幸事。"不止是闻集之幸事，也是学术界的幸事。

最后，还应该提到两个朋友。一个是翦伯赞先生，在叶圣陶先生提出开明愿意印行此书之前，伯赞先生曾经告诉我，陶行知先生办的一个印刷所，由他主持的，可以印这部书。虽然后来印刷所发生变故，没有成为事实，这意思是值得感激的。

另一个是沈衡山先生，衡山先生建议要写一本翔实的一多的传记，包括家世经历著述思想行谊和其他种种的，他愿意介绍出版。

并特别指出："一多先生文字过去拜读太少，近见《匡斋讲诗》，内容之精至，文字之优美，空前绝后，倾倒无已。"这建议非常好，在遗集问世以后，希望能如衡山先生的期望，有一本翔实的诗人、战士、学者，为民主献身的闻一多的传记，来教育、指示下一世代的人民。

一多是永远不会回到书房了，他这个人却长留在历史上，他这部书却长留在每一个书房中。

吴晗

三十六年十一月四日晚十二时于清华园

《旧戏新谈》序*
——关于作者

几年前在昆明，从上海的《周报》上，读到黄裳先生关于美国兵的文章，生动的文笔，顿时吸引住了我，从文章里知道作者是翻译官，一个翻译官而写出如此情趣如此风调的文章，想象中此公应该是读书人家的子弟，在大学里读外语系，年纪二十多岁。老实说，在昆明看够了，也听够了翻译官的故事，对之是并不“肃然”，也不肯“起敬”的，一直到读了《关于美国兵》之后，才肃然了一下。

不久，又读到《昆明杂记》，作者特别对于南明史事关怀，惭愧得很，自己在昆明前后住了将近十年，原是抱着搜辑南明史料的大计划去的，十年来虽然先先后后买了百十种书，几百份碑帖，却不曾写过关于昆明，关于南明一个字，不但“此愿竟成虚”，到头来连书和拓本一塌括子都拿去换米了，发了“书归天禄阁，人在首阳山”之叹。看看一个过路游客，在百忙中还上昆明和贵阳的图书馆作研究，不能不脸红，也不能不起敬。

接着又在《文汇报》上读到作者的南京通讯，犀利的文笔，翔实的报道，熟识的风格，读了如见故人。

不久，作者回沪编报，开始和我通讯，要我替报纸续写《旧史新谈》，为了对于他的文章的爱好，当然是乐于从命。

于是，奇怪的事情来了，《浮世绘》上连续发表《旧戏新谈》，署名是旧史，谈皮簧谈昆曲极当行，屡次提到十几年前看此戏，又

---

* 《旧戏新谈》，黄裳著，徐铸成、吴晗、靳以三人分别作序，1948年8月上海开明书店出版。——编者注

对京朝名角，一个个如数家珍，甚至曾说起是某年某月在某地听过某角唱某戏，如话开元遗事，似乎作者是上了年纪的行家。但是，问题不止于此，文中还谈及服装的美，脸谱的美，表情的美，作者决不是一个庸俗的旧戏行家，而是对旧形式的艺术具有高度的欣赏和批评能力的。而且，更重要的是，第一，作者对当代史事极熟识，《新安天会》这一篇好极了，张奚若先生曾经好几次和我谈起此文。第二，作者对旧史也如其对旧戏之当行，没有一句外行话。第三，他说的是旧戏，读的人读的却是新戏，他对旧戏史事的批评，公平而有分寸，有分量。第四，文章清新流丽，相当熟练。

每次得到《文汇报》，总习惯地先读旧史的文章，虽然我对旧戏一无所知，却对《新谈》抱极大兴趣，作者有几次提到火判，说到某角（大概是侯益隆吧?）演火判，脸谱服装表情美极了，美极了，这个美极了的印象，隔了一年多，到今天我还在时时想着。

记不起来是什么时候了，是从《新谈》里发现，还是作者自己告诉我的，证实《新谈》确是黄裳先生的著作。

同时又从报纸上作者别一篇文章，知道作者不但不是外语系出来的，甚至不是文学院，是学工程的。我最初自以为是的推测全错了。

作者似乎对南明史事还在继续探寻，为了吴昌时，还特地访问了鸳湖，写出了明代覆亡前夕，政争幕后人一生的《鸳湖记》。

几个月前，作者来信说，《旧戏新谈》的稿子选出了五十几篇，预备结集，并且说明是取意于《旧史新谈》的，有义务作一篇小序。这一义务的实践，由于我已说过一无所知的困难，拖延了好久，实在谈不出什么道理，只好就所知道的说了一点，不能算是序，就算一个读者对于作者的介绍，学学作者惯用的题目，题记为“关于黄裳先生”吧。

我能向读者说的话，老老实实地说，我是喜欢读作者文章的一个读者，尤其喜欢读这一本书，我不懂旧戏而喜欢作者所欣赏的旧戏，我写过“新谈”，却更倾倒作者的“新谈”。

吴晗

三月十三日于清华园

悼朱佩弦先生

佩弦先生的死，对于中国人民，中国民主前途，中国文化学术界，都是无比的损失。

我和佩弦先生的关系，可以说是在师友之间。二十年前我进清华读书时，他已在清华当教授，虽然系别不同，没有听过他的课，因为他是《清华学报》的编辑人，我常写论文在学报发表，因之也就认识了，一直到现在为止，他是在文字上口头上叫我原名春晗的少数前辈中间的一个。

学校南迁以后，几千人挤在一个小城子里，见面的机会反而比在北平时多了，生活上比较接近，彼此间的了解也比以前更多。

复校以后，为了编辑闻一多先生遗著，经常有问题要商量解决，不但常见面，也时常通信。不料一多全集正要出版，他已经不及见，继亡友而去了！两年内统计有他的二十多封信，都是关于一多全集的，几年来的习惯，不保存友朋信札，这些书简也没有例外，更以为承教之日方长，又谁能料到，谁能忍心料到会有这一天？到今天追悔也无法补救了！

※　　※　　※

整饬、谨慎、周到、温和、宽容、高度正义感，加上随时随地追求进步，这些德性的综合，构成了佩弦先生的人格。

和一多相反，在性格上，他属于温文尔雅一类的典型，从来不会放言高论，声震屋瓦，也不会慷慨激昂，使人兴奋共鸣。无论是私人谈话或是公开演讲，总是娓娓而谈，引人入胜。文如其人，文字上的表现是细腻、稳到、心平气和。拿酒来譬喻，一多是烈性的，佩弦先生是远年陈绍，可口而力量大。

性格上的整饬，也表现在服装上，无论在任何场合，任何季节，衣服虽破烂，总是穿得很整齐，终席无惰容。因为多病，服装的季节性要比一般人提早，去年十一月有一次去看他，穿着大棉袍，脚下一双大毛窝。今年七月十五日晚上，闻一多纪念会，他出席讲演，这晚上极热，我们都脱去上衣，只有他，一直到终场，没有脱衣服，也似乎不很出汗。

处世作事，小心谨慎，从来不曾得罪过人，当然，更不会阿谀。教了几十年书，总是那份“如临深渊，如履薄冰”的态度。作一件事，事先考虑周详，不轻于允诺，也决不翻悔，改变主意。诚实，坦白，是是非非，表里如一。几年来，在昆明，在北平，朋友们经常对国事发表意见，征求他签署时，大部分是毫不犹疑的，著例如北平十三教授的人权宣言，就是他领衔发出的。最近拒绝接受美援的宣言，也有他的名字。提到这件事，应该郑重指出，在另一篇悼文中，我曾经这样写，临终前两天：

> 有人说，他告诉太太：“有一件事千万别忘记，我是签字在拒绝接受美国救济物资宣言的人。”

以后便没有说过话了，这句话是他唯一的遗嘱。今天晚上，有当时目击耳闻的人证实了这件事。

不过，在有的场合，他会告诉你：“请原谅我，也许是年岁太大的关系，太刺激的文字于我不适宜。你们要斗争是可敬的，不过，我得慢慢地来”。用充分的同情送出大门。

七月二十三日上午十一时，他出席一个公共集会，讨论知识分子今天的任务，他除了指出知识分子有两种，一种是朝上爬的，帮凶帮闲的，一种是向下的，为人民服务的。并且坦白地承认：“要许多知识分子每人都丢开既得利益不是容易的事，现在我们过群众生活还过不来。这也不是理性上不愿意接受，理性上是知道该接受的，是习惯上变不过来。所以我对学生说，要教育我们得慢慢地来。”

事实上，几年来他确实是在向青年学习，他出席每一次学生所主持的文艺座谈会，讨论《李有才板话》、《赵家庄的变迁》、《王贵和李香香》，提出极精到的意见。他发表《标准与尺度》一文，指出今天文学的道路。在同样的场合，领导朗诵诗，亲自参加集体朗诵。并且，还参加本系师生新年同乐会，化装扭秧歌。朗诵诗和扭秧歌在青年人也许是家常便饭，但是，一个五十岁的老教授，一个学系的主持人，意义就不同了。他走在时代的前面，和青年人肩并肩，走得并不慢。

七月十五日，他出席四个会，其中一个似乎是交代系务，因为他下学年休假了。第一个会是闻一多遗著整理委员会的最后一次集会，他报告了遗著整理和出版的经过，以及有关事项的处理决定后，宣告这个会的解散。（这些情形我是亲自参加，知道得明明白白的。过几天清华校刊登出这会的记录，上午代国文系主任浦江清先生寄一份校刊给我，到下午又收到同样一份，封面上写着朱寄。）第四个会是晚上的一多纪念会。过几天他就病了，二十三日那个会，勉强扶杖出席，没有吃饭就走了。

为了一多的著作，这两年内花去了他大部分的时间，没有他，这部书是编不成，出不了版的。

大约在一个半月前，校内一个送别休假同人的宴会，饭前饭后我们谈得很多，谈到毕业同学的苦闷，有许多学生在抱怨学了许多×××之类的科目，对今天的局面了解一无裨益。甚至有些课是专门应付教育部功令的，从不上课，教授官僚化，学系变成衙门。他感慨地说，这问题太大，牵涉太多，不能谈。不过，也不是绝对没办法，比如国文系，他主张着重现代和近代，从后向前推，这样，学生纵然不知古，至少也可以通今，不枉作一个现代人。

国文系的同人和学生对佩弦先生的看法，同人认为是最好的同事，最理想的系主任，系中大小事务，从聘请教授到指导学生研究，都召开系务会议决定，议案通过以后，执行的情况，或者稍有变通的地方，他照例一个个分别用书面或口头通知。平时有一定的时间在系办公室处理系务，选购图书。学生感激他上课时候的认真，更喜欢他在课堂以外的讲演和指导，他和同学一起讨论，一起研究，一起玩，是可敬的师长，是亲爱的父兄，是民主的学者。

害胃病多年了，尤其是对日战争这几年，家眷住在成都，单身在宿舍吃包饭，陈仓烂米，加上种子沙粒，营养谈不到，健康一天天被侵蚀。回到北平以后，还是过的苦日子，成天要为柴米油盐发愁，课务系务以外，用全时间来写作，过度的工作更损坏了体力，单是这半年，就犯了三次严重的胃病，进医院以前的体重只有三十五公斤。胃溃疡，十二指肠也坏了，割治后转成肾脏炎，又变成肺炎，终于不治。

一年前，有一天他告诉我，第二个孩子在南京作事的，寄了五十万元来，心里很难过。

在医生说必需立刻进医院割治以后，为了借钱，到处张罗，耽误了一个半钟头。其实，要是在十年前，他一定不会拖到这样严重的情况，早就进医院割治了。

我敢相信，假使他生在一个和平的中国，民主的中国或者早生、晚生二十年，他不会死，至少还可以再为人民工作二十年。

然而，他恰恰生在这个时代，史无前例的激烈内战时代，既不要文化也不要学者的时代，他营养不良，他过度工作，他久病，他死了！

最后，应该说明的，虽然在“党化”教育的大帽子下，连学校的行政人员都有不能免于党籍的自由，佩弦先生似乎没有成为党员。另一面，虽然提倡朗诵诗，赞扬赵树理，甚至化装扭秧歌，这些行动在今天都是可以构成送到特种刑庭的罪状的，佩弦先生的朋友也可以用直觉来保证他决非另一党的党员。他是独立的、自由的、进步的作家，学者，教授，人民的友人。

八月十六日晚于清华园

（原载《观察》第5卷第1期，1948年8月28日）

给朋友的一封公开信

朋友：

你也许会奇怪，一个日常见面的人，怎么忽然不见了。是的，从那时候以后，我便没有看见你们。可是，在另一地区，我却看到了许多新的朋友，新的事物，新的精神。总之，在我看来，一切都是新的。

首先我要告诉你们的，在此地我得到了自由。你知道，以前，看一本新书，要背着人。讨论一个问题，好不容易才能找到一个地方，还是提心吊胆。朋友们来信，经常收不到。至于出门旅行，问题更多更困难。现在，这一类的恐惧和顾虑都没有了，各种可能得到的书在案头，随时随地高声谈论，再也不会有人拆看我的信件。最近，我要到各个地方去访问，留心学习，提高自己，充实自己。

你要明白，自由是相对的。此地没有不自由的事实，因之，大家也就忘记了自由，正如鱼在大海中，自在得很。只有像我这样新来的人，才会有这样感觉。

同样，有许多生活方面的情况，在我看来也是新的。譬如，以前我们不是多少天吃不着肉吗？此地，随便一个小村庄里的小铺子，会倒挂着半头整块的大肥猪。当我第一天进解放区的时候，看到沿路那么多茅店、小贩，摆着、提着一笼笼热腾腾的大肉包子、白馒头、烧饼、油条……，和上海、天津抢购不到食粮的情况对比，这印象是太强烈了。

你是不是还在操心抛出金圆券，去抢购物资？一发薪水立刻赶进城，把纸票换成实物才安心？此地呢？告诉你，就所看到的而论，票子相当稳定，来了五十天了，看不出物价有什么变动。道理是主要物资如粮食棉花都控制在政府手上，贵时平价卖出，贱时高价买进，货币背后有物资，有钱就有货，币值和物价保持自然的平衡。因此，人人都安居乐业，没有抢购，用不着“挨个儿”，囤积居奇，你试试看，包你大赔其本。

老百姓生活比以前好多了，经过土改，大家都有了自己的土地。一路走来，仔细观察，一直到今天，还没有发见没衣裳鞋袜穿或穿得太破烂的人。积极生产，成为风气，墙壁上的标语最常见的是“改造二流子”，和努力生产。

几乎忘了提出一点，那面常见的碉堡，在铁路线上，在桥梁两头，圆的方的，大的小的，砖造的水门汀的，在这边一个也看不见。

报纸也和那边不同，刚来的人，开头几天是会不习惯的。隔一晌觉得很好，再久就会以为这才是人民的报纸。就没有的说吧，此地报纸没有黄色新闻，也不一定每天有社论。有的呢？是关于土地改革的经验、总结，是关于各地增加生产的报导，商业繁荣的情况，是支援前线的努力，是错误作风、路线的纠正，是人民对政府和党提出的询问和负责机关的详尽答复。

你也许在关心思想研究自由的问题，让我干脆说一句，此地没有这个问题，想什么研究什么是你自己的事，你所想的所研究的符合不符合于现实的需要，人民大众的利益，没有人替你负责。正如天主教耶稣教的教堂照常在做礼拜，讲道，政府从来没有禁止人民参加，同样也不会强迫人民去参加，教堂前面的斗大标语是信仰自由，曲阜孔庙张贴着保护古迹的布告。最近，华北人民政府还特别颁发保护人民文化财产法令，一共十条，规定得很详密。

另外，告诉你一个故事，前几天，一辆吉普在走下山坡的时候，对面有人赶了两头牲口，狭路相逢，司机忙着刹车，牲口之一没见过世面，乱跳乱碰，压坏一条腿。你猜，这事如何发落，我敢打赌，你一定猜不着。原来是车子上的人，自动找村长评价，把受伤牲口估价三百五十万边币，买回来宰了，整个机关的人吃了好些天。

你不是也经常在喊反帝反封建吗？好了，让我告诉你：正当那一个政府手里死命送出内河航行权，海军基地，呼吁以至哀号，向美帝献媚求援，不惜出卖一切国家民族主权的时候，此地怎么样呢？除了极少量救济物资，偶尔可以看到外，看不到一个外国兵，买不到一件外国货，外侨在遵守法令的前提下，受到公平合理的待遇，当然，美制武器和卡车多得很，不过，那不是哭来的，而是国民党军送来的。

至于反封建，由于土地法大纲的公布，进行土地改革，地主阶级被消灭了，地主个人及家属和农民分到一样的土地。几千年来存在着，阻碍社会进展的毒瘤——剥削关系被彻底勾消了。拔去了封建的根，农民解放，不但抬起了头，做了自己的主人，恢复了自尊自信。并且，有了属于自己的土地，生产是为了自己，生产量也提高了，大家一心一意为解放全中国而努力。

在这个新环境中，我希望能够改造自己，提高自己，来为人民大众服务，离见面的时间不远了，那时候，我会告诉你更多更具体的事实。

十二月二日

（原载《中国青年》第2期，1949年）

青年与文化

——1949年5月6日在全国青年代表大会第一次会议上的发言

在五四运动的第三十周年，在五四运动的发源地——北平；特别是当南京、太原等国民党反动派长期盘踞的城市接连解放，全中国即将解放，中华人民民主共和国即将诞生的时候；解放区和全国各地的青年工人、青年农民，人民解放军中的青年代表、青年科学工作者、文艺工作者、教师、学生、各种职业的青年，以及妇女、产业界、华侨、少数民族、各民主党派的为民主而奋斗的青年代表们，集会于一堂，讨论当前任务，交换工作经验，更加团结一致，来争取革命战争和生产建设的完全胜利。这是一次历史性的大集会，意义是非常重大的。

五四以来的三十年的中国历史，是一部新民主主义革命史。三十年来，领导新民主主义的社会革命和文化革命的，是中国无产阶级的政党——中国共产党。中国共产党成立于1921年，五四运动则开始于1919年，时间上比共产党的成立早两年。但是五四运动最重要的意义，即在于知识分子和青年从此和工人运动结合起来，准备了中国共产党的诞生，开始了无产阶级领导人民大众前进的新民主主义革命新时代，并给新民主主义的文化奠下基石。杰出的中国共产党的最初建立人之一，李大钊同志，是五四运动领导人之一，他是实践的革命家，同时也是文化思想的领袖，这便是中国共产党领导革命和文化的光辉的例证。这二十多年来，共产党被迫从城市走到农村，解决了土地问题，建立了人民解放军，解放了大半个中国，而且在最近期间，就将解放全中国。在史无前例的胜利凯歌声中，又回到城市来，共产党中央更迁到五四新文化发源地北平，亲近地领导着我们这第一次全国青年代表大会。我们全国青年和文化工作者，能于中共的正确领导下，为民主和科学的事业而奋斗，更令人无限兴奋。

五四以来，中国的文化发生一次大革命，这个文化革命，由于得到以毛泽东思想为集中表现的马克思列宁主义的领导，和政治战线、经济战线、军事战线的胜仗一样，在文化战线也打了胜仗。

当然，敌人是顽强的，帝国主义侵略中国有一百多年的历史，而封建主义则有三千多年的历史，以蒋宋孔陈四大家族为首的官僚资本主义也有一二十年的历史。打胜仗并不容易，经历的过程是艰苦的，困难的。代价也付得非常大！有数不清的文化战士，被国民党反动派所迫害，拘禁，以至大批屠杀。一直到今天，还有极大数量的英勇的文化工作者，被拘囚在反动派的集中营里面，等待人民解放军去拯救。

文化的各个部门，都有巨大的成就。首先应该指出的，是社会科学和文学艺术部门飞跃的发展。毛主席在《新民主主义论》里对于这曾经给以权威的评价：中国无产阶级与中国共产党这个文化生力军，向着帝国主义文化与封建主义文化展开了英勇的进攻。这支生力军虽然还没有来得及在自然科学领域占领阵地与进行战斗。一般的还暂时让自然科学为资产阶级的宇宙观所统治，但在社会科学领域中，不论在哲学方面、在经济学方面、在政治学方面、在军事学方面、在历史学方面、在文学方面、在艺术方面（又不论是戏剧、是电影、是音乐、是雕刻、是绘画），都有了极大的发展。二十年来，这个文化新军的锋芒所向，从思想到形式（文字等）无不起了极大的革命。其声势之浩大，威力之猛烈，简直是所向无敌的，其动员之广大，超过中国历史任何时代。

关于社会科学领域中的各种巨大成绩，我想用不着一一列举，只要提出几件显著的光辉成就来，就可以说明了。在中国当代哲学、政治、经济、军事、文艺思想上，请想想看，还有什么著作能比得上毛泽东主席的《新民主主义论》、《论联合政府》、《论持久战》、《中国革命战争的战略问题》、《整顿学风、党风、文风》、《在延安文艺座谈会上的讲话》等著作那样思想深刻，影响巨大，这是马克思列宁主义的辩证唯物论应用于中国革命的实际的光辉的典范，整个的抗日战争，土地改革运动，人民解放战争的历史的伟大胜利，是在这种思想指导下得到胜利的。全中国四万万七千万人民的生活蒙受它的深刻影响。在中国历史研究工作中，真正能说明中国社会进化的真相的，不是那自称有“历史癖”的胡适之流，而是应用历史唯物论的新史家。在文学艺术的领域中，凡是有真正艺术成就的作家、诗人、戏剧家、画家、木雕家、电影编导者、演员、音乐家，大都是在人民民主主义的政治、思想的直接指导或者间接影响下，生成起来、成熟起来的。许多原来持中间态度的文化人，在解放战争时期也多转向人民民主主义的阵营。这些文学家、艺术家，近来更纷纷到解放区来，参加人民大众的文艺活动，而留在国民党反动阵营或封建落后的营垒里的，都是寥寥可数，而且多半是如鲁迅所说的那种空头文学家，或者简直是党棍流氓，不值一提。解放区在抗日战争和土地改革运动、人民解放战争中，文学艺术更进一步和工农兵结合。在小说中出现了赵树理的《李有才板话》、《李家庄的变迁》，周立波的《暴风骤雨》等。在诗歌中出现了《王贵和李香香》，以及农民翻身的歌谣，在戏剧上出现了《白毛女》、《血泪仇》、《三打祝家庄》和数百种精炼生动的秧歌。在木刻绘画上的古元和力群等人的木刻和年画。东北电影制片厂的《民主东北》共11辑，更为广大群众所欢迎。依我看来，解放区的文艺运动有两个特点；一个是人民政府和共产党的指导和帮助，极为坚强。作家在毛泽东思想的指导下，由各地文协等组织领导着，亲身参加到连队、工厂、农村的群众运动中，受到结实的锻炼，因此才写得出为人民喜闻乐见的作品。再一个是文艺运动的广泛群众性，晋绥解放区地方不大，就有群众剧团二百多个。华北据去年秋统计，专业剧团、文工团五十多个，文艺工作者近三千人外，单前晋察冀一地，就有农村剧团三千左右，创作剧本一千多件。部队中有枪杆诗、顺口溜、炕头剧、门板报、战士画，工厂中也在有计划地进行文娱活动。冀鲁豫太行一带，改造后的民间艺人、盲人宣传队等到处演唱。五四时代所提出的打倒山林的文学，建立平民大众的文学，只有在无产阶级领导之下，才真正做到了。解放区有许多文艺作品，也真正是用工农大众的语言写作的，达到真正白话文学的境地。

其次谈谈教育，解放区的学校，据 1949 年 2 月份的数字，专科以上学校有 37 所，中等学校 399 所（缺华东）。仅仅华北、冀东、东北的小学就有 69 986 所。

土地改革，使学校教育起了量和质的变化。学生的家庭成分大大变了，以前是“学校大门八字开，有志无钱免进来”，现在是工人、贫农、中农子弟涌进学校。典型的例子是冀中、邢台师范、晋豫中学三个中学的统计（1949 年 1 月 15 日）。

冀中的学生出身贫农、中农家庭的占 93.2%，邢台师范的学生，贫农、中农占 83%，晋豫中学占 89%。

又像在中等城市的石家庄，各中等学校 2 469 个学生中，贫雇农、中农子弟占 62%，工人子弟占 6.3%。这都是说明解放区的教育真正是为人民服务的。再不像过去时代或国民党统治区那样，学校只为军阀、官僚、地主、富农、资本家子弟所独占，穷苦青年排在门外了。但是解放区教育有其缺点和困难，就是师资感到缺乏，需要大批有知识的青年，去作乡村中小学教师，作中学教师，方能帮助克服这种缺点和困难。

除学校教育外，解放区的社会教育，也具有很大成就。几乎每一个大一点的村庄，都有一两块黑板报。屋顶广播更为普遍。新解放的城市，都在努力办民众教育馆。识字运动，虽然因为汉字的艰难，推进时有些阻碍，但也收到一定成效；许多农民，当了干部，慢慢在夜校、冬学内学会几百个字，可以勉强看看路条、通俗报纸了。人民解放军更是一个大的学校，许多一字不识的小鬼，当了几年兵，已经变成可以给报纸写稿的通讯员，有的竟然成了作家。比如刘伯承将军部下的营长李文波，过去识字不多，只能写一二十字的小稿子，后来竟被培养成作家。

解放区的报纸，据本年2月统计，华北12种，东北73种，华东9种，西北8种，晋绥29种，中原12种，共有报纸143种，工作人员960人，发行份数734 001份。这是行署以上的报纸。至于各县，各部队，群众性小报，更是无法计算。解放区的报纸和国民党区的反动的有毒的各色的报纸，根本不同。它实际指导着土改、生产、支援前线等群众运动，并教育着干部和群众。每个新闻工作者，都是一个自觉的革命战士，新华社和各地报纸的真实性，甚至敌人也不敢怀疑。

较新的宣传武器是广播电台，本年2月统计，现在解放区共有24座广播电台，在华北的4座，东北15座，华东3座，西北1座，中原1座。在全国解放以后，还可以大大发展。广播电台每天和帝国主义者和国民党反动派作着尖锐的政治、文化斗争，并且给城市的人民以新的教育和娱乐，传播着新歌曲和戏剧。

自然科学的研究，在解放区是与农业工业生产紧密结合着。在国民党封锁物资的情况下，我们的科学工作者，用土产原料创造了重要的武器、机械和工业用品。医药卫生工作者，常常在出生入死，在药品缺乏的情况下，救护战士和医治人民，创造了许多可歌可泣的英雄事迹。这是国民党反动统治下的医药卫生工作根本不可比拟的。

为了建设新民主主义的新中国，为了要把新中国向前推进一步，从新民主主义推进到社会主义，我们知识青年和文化工作者当前的任务是积极地进行学习和研究，积极参加工业农业生产建设，和政治、军事、科学、技术文化等项建设工作。而文化教育又必须围绕着生产建设的中心，使文化教育和生产结合起来，城市和乡村结合起来，我们文化工作者对文化建设工作要更加努力负责。

我们在文化上的敌人是：帝国主义文化，封建主义文化，官僚资本主义文化。要建设新民主主义的中国新文化，非彻底完全把这三个敌人打倒不可。我们所要建立的是民族的、科学的、大众的文化，也就是新民主主义的文化。

建立新民主主义的文化，每个青年都有责任。要能建立起新民主主义的文化来，青年和文化工作者必须学习，应当建立思想上的战线，这就是说，一切反帝国主义、反封建主义、反官僚资本主义的思想派别应当联合起来，为着共同的目标而奋斗。在这个思想统一战线中，马克思列宁主义的科学思想是居于领导地位的。并且首先学习辩证唯物论和历史唯物论以建立起革命的人生观来。我们必须大量吸收外国的进步的文化，尤其是应该向苏联和东南欧新民主主义国家学习，接受他们的经验教训。并且也要批判地接受中国古代优秀的民间的民主性的文化。主张实事求是，主张客观真理。而且，这样的文化，应该为人民服务，并首先为工农兵及其他劳动人民服务。新的文化应当为劳动人民自己所有，新的文化工作者应当时时向工农大众学习。

为了实现这个目标，谨向革命的青年和文化工作者提出以下几点，作为共同努力的方向：

第一，决心改造自己，建立新的劳动态度，抱定为人民大众服务的精神，接受共产党的领导，和工农兵密切结合。要改变过去轻视劳动的观点，在学习和工作上，要用手和用脑并重，技术和理论并重。

第二，要加倍努力学习，首先要重视政治的学习，但也要学习专门的科学知识；一定要学有专长，并在科学文化工作上克服保守和唯心的观点。

第三，为了推动生产，提高生产，发展生产，一定要做到使文化和生产结合，使文化工作围绕生产进行，有利于生产的恢复和发展。

具体的工作此地无暇细述，总之，要以建设工业，增加生产，支援前线为指归，以有利于建设新民主主义的新中国为指归，以符合于人民大众的利益为指归。像下面一些事情，今天都是值得进行的，比如：

致力于文化改革，研究创造最简便更合理的新文字，消除文盲，使每一个劳动人民都能接受新文化，从而提高生产能力，生产效率。

发动广大知识青年，到乡村建立小学，到工厂、到农村、到部队参加文娱工作，参加医药卫生工作。举办各种各样适合增加生产要求的专门技术短期训练班，举办函授科学知识，巡回演讲，举办定期性的专门学术讲座，编印各种各样介绍科学文化知识的通俗刊物。

在机关中组织在职干部的学习，把机关变作学校。

我们注意青年的生活福利，要在各地方建立健全体育活动，体操、爬山、游泳、骑马、赛球、射击、划船等等；建立图书馆、俱乐部、歌咏队、剧团，使他们的生活丰满而活跃。

最后，我们在青年和文化工作者中间要加强团结，交换经验，互相学习，建立起文化科学的联系机构。并和国际青年取得联系，巩固世界和平。

全国的青年们，文化工作者们，我们要继承光荣的五四传统，为人民的民主而奋斗！为大众的科学而努力！为建设新中国的工业农业而献身！学习毛泽东思想！新民主主义的文化万岁！

我的治学与思想是怎样进步的？

我正式研究历史，是从1929年开始的，二十年来，除了在课堂上教历史课以外，还写了几十篇专门论文，出版过三本小册子：一、《历史的镜子》，二、《史事与人物》，三、《明太祖传》。前两本是在昆明和上海时候写的零星文字，是以历史讽刺现实的杂文集。第三本《明太祖传》我用功夫最多，现在还准备第三次改写，第一次书名《明太祖》，一名《从僧钵到皇权》，1945年出版，当时正在抗战，所以一面写明太祖是一个阴险刻毒的暴君，一面写他是民族英雄，赶走侵略者，重点放在民族解放战争上面。日本投降后，蒋介石发动全面内战，我的看法改变了，到北平后第二次改写，写的是明太祖、骂的是蒋介石。实际上明太祖与蒋介石确也有些地方相似，尤其是出卖革命这一点。当他开始革命时，口里说为人民大众的利益，但当他爬上宝座以后，便变了另一副嘴脸，骑在人民身上，来奴役、剥削以至屠杀人民了。他赶走了坏的统治者，自己变成更坏的统治者。我以这种看法重写第二次，第一次写八万字，花了两个月，第二次十六万字却写了一年。寄到生活书店，大概出版了，我自己还没有看过。但现在看法又改变了，准备第三次改写，第二次已经否定了第一次，第三次可能又否定第二次。

我从来没有对自己的工作感觉过满足，第一次出版，即有许多史家和读者认为满意，第二本我花了更多的时间来写，但现在连我自己也没有看到出版就不满意了。第三次我希望能更正确更完全地运用唯物史观的观点去写，例如在写第二次的时候，我对于国家的观念并不是从社会发展去理解，但是读了列宁的《国家与革命》以后，才更正确地了解国家是这一个阶级压迫另一阶级的工具。在第三次改写时，我将用这样的观点重新去处理我的史料。

在文字上，第一本不大通俗，大学生才能念，第二本中学生也能念了，我希望第三本写得更通俗化，精通文字就能念得懂，给更多的人看。

※　　※　　※

我在清华大学读书的时候，成年成月把自己关在研究室里，教书的时候因为讨厌国民党腐败，不愿接触政治，自己专心于学术研究，1937年到昆明时，仍然抱这种态度。但自1940年以来国民党统治愈来愈坏，湘桂战役一败涂地，加之恶性通货膨胀，自己生活也跟着一般人一天天困苦，于是对国民党由讨厌到痛恨。

在思想上，也接触了更多的进步书籍，如《联共党史》、《苏联国内战争史》等。苏联新作家的作品，如《静静的顿河》、《士敏土》、《被开垦的处女地》、《考验》等，使我看到了一个新的国家的成长，感到中国也非走这条路不可，国民党反动政府非摧毁不可。其后就参加民主同盟，负责实际的活动。

毛主席的著述给我的影响极大。我过去也读过许多书籍，如《资本论》等，但不能彻底了解，而且不会把理论和现实结合起来。自从读完了《毛泽东选集》以后，才解决了革命理论与中国实际结合的许多问题。如《中国革命与中国共产党》、《论持久战》、《中国革命战争的战略问题》、《在延安文艺座谈会上的讲话》、《农村调查》、《新民主主义论》、《论联合政府》等，这些不仅是二十年以来中国历史发展的总结，而又是事先的科学预见，这对于我们学历史的人是特别有价值的。

※　　※　　※

我进解放区以前，看惯了国民党那套"蒋主席万岁"一类的标语口号，十分讨厌，进了解放区以后，看见了"毛主席万岁"这些口号，心里有点不习惯，当然蒋介石与毛主席是绝对不能相比的，但总觉得何必也来"万岁"这一套。一直到听了中国共产党党史的报告及看了《毛泽东选集》以后，我改变了自己的看法，我现在也要欢呼“毛主席万岁！”因为如果没有毛主席，中国的革命很可能还要走更多的歧路，偿付更大的牺牲。过去革命犯了许多错误，如陈独秀右倾机会主义、张国焘路线等，一直到遵义会议才扭转了历史；过去错了而毛主席则是完全对的，例如过去“左倾”冒险主义者主张打长沙，攻大城市，不要农村，失败了。当时毛主席根据中国革命的不平衡性与复杂性，主张组织农民，在农村积蓄力量包围城市。历史的发展证明他的主张是完全正确的。又如抗战时期长期在敌人包围分割下如何发展经济的问题，毛主席的政策是自力更生，自己动手，解决困难！这对今天我们建设新民主主义的中国仍然是完全正确的。

进解放区以前，我们有小资产阶级的孤高性，但自进入解放区，看了《毛选》，看了在毛泽东旗帜下进行着的轰轰烈烈的翻天覆地斗争，了解了中国革命历史和现实后，才了解为什么解放区的人民和共产党员是如此衷心地服从毛主席的领导和如此热情地高呼：“毛主席万岁！”

※　　※　　※

我自己过去写文章常犯过激、片面的毛病，好的百分之百都好，坏的百分之百都坏，但看了毛主席的著述，看他处理问题，绝不一笔抹煞，如毛主席在《中国革命与中国共产党》和《新民主主义论》二书里分析中国的民族资产阶级和它的代表人物时，一方面肯定了他们当时对封建势力、帝国主义势力进行过斗争的进步意义，但另一方面也指出了这个阶级由于它本身的脆弱性和对封建势力、帝国主义势力的联系和依赖性，所以他们没有彻底反帝反封建的勇气，易于和革命的敌人妥协。像毛主席这样的分析就完全是科学的、辩证法的分析。

现在我感到过去缺点太多，常犯主观主义的毛病，不敢动手写东西了。这一方面表示自己思想尚未成熟，另一方面也表示认识了自己的缺点，更向进步的方向走了。

（原载《中国青年》第八期，1949年）

北京市的文物保护工作

“右派分子”说党不重视文物保护工作，说文物工作是“今不如昔”，说党不重视文物专家，说党不能领导这个，领导那个。这全是胡说。我现在只讲两件事情，驳斥他们的无耻谰言：

（一）党对文物工作不但重视，而且十分重视；党对文物事业不但关心，而且十分关心。几年来文物工作的成绩很大。我先讲一件生动的事实，1949年北京解放后，我遇到梁思成先生，他首先对我说：“北京围城时，军管会特别派人来清华园找我，肯定说北京一定要解放，解放的方式，一个是和平解放，一个是用武装力量解放。如不能和平解放，大炮响了会损坏古代文物。为了保护这座古代文物集中的名城，要我把北京城内必需保存的古代文物建筑的方位标在地图上，以便保护，免遭炮火的攻击。在战争时间，在兵临城下的时候，共产党这样爱护文物的行动，使我非常感动。试问在我国历史上，有过哪一支军队能在打仗的时候还想到保护文物古迹哩!”我听了思成的话，也十分感动，深深认识到共产党的伟大。

其次，中华人民共和国成立以后，前政务院和国务院曾经多次发布过保护古代文物的指示。在前政务院的会议上曾经专门讨论过北京市保护文物建筑的方针，同时也批判了凡是古建筑都动不得的保守思想。以后总理曾当面指示，北京市的具有历史、艺术价值必需保存的古代重要建筑，要坚决保护，重点的修缮。我们执行了这个指示，做了不少工作。

北京市的党政领导，对这方面的工作也是十分重视的。例如团城与金鳌玉蝀桥的关系问题，彭真同志亲自主持讨论，拟了好几个方案，做模型比较。最后保存了团城，并按原有形式加宽了大桥。为了解决城市发展，交通流动量的拥挤，拆除了东四牌楼、西四牌楼、羊市大街的景德坊，以及长安街的几座牌楼。在拆除前，都经过了慎重的研究讨论。征询了专家的意见。彭真同志与我曾几次到东四、西四看过，才决定拆除。拆除以后，所有材料都分别妥善保存。另外在修理国子监、孔庙以前，在拆除大高殿牌楼和习礼亭以前，彭真同志都十分关怀，在百忙中亲自看过，才作出决定。

最近明十三陵的长陵棱恩殿殿柱遭雷击，稍受损伤，已经修理。周总理知道后，亲自指示我们：凡是必需保护的较高的古代建筑物都要安上避雷针。现在全市的著名古建筑物都正在安装，同时也通知了全国各地。

这些事实十分有力地说明了党和政府对文物工作是十分重视的，是十分关心的。过去任何时代，都没有，而且也不可能有这样的事情。

（二）北京市几年来的文物工作：

1. 发掘了四处古文化遗址，四百多座古墓葬。

2. 收集古文物六万多件，其中出土文物占49％。这些出土文物展览出一部分，举行了三次展览会，对群众进行了爱国主义教育，并供科学研究之用。

3. 古文物建筑的修缮：（1）移建的有云绘楼、清音阁，从中南海迁移到陶然亭公园。还有长安街的两座牌楼也迁建到陶然亭公园里了。（2）修缮了十三陵中的长陵、永陵、景陵和雍和宫、广济寺、碧云寺、卧佛寺、清真寺、国子监、孔庙、皇史宬、庆霄楼、法海寺壁画等。正在修缮中的有智化寺和白云观。（3）保护的有：模式口冰川擦痕、万松老人塔、文天祥祠、于谦祠、杨椒山祠、袁崇焕墓、顾亭林故居等。

从这些事实中，谁都可以作出结论，党对古代文物是重视呢，不重视呢？是破坏呢，还是保护呢？“右派分子”在这样铁的事实面前，闭着眼睛说瞎话，说是“今不如昔”，试问这个“昔”是指的是哪个朝代？哪个统治阶级对北京的文物建筑曾经如此重视过，保护过？要有，请指出来，是什么时候？什么人？相反，只有在今天共产党的领导下才有这样的事，这样的成就。

就北京市的文物工作来讲，是从无到有，从小到大，逐步发展的。几年来建立了文物调查研究组，首都历史与建设博物馆筹备处。

我们不但重视专家，延聘专家，遇事征求专家的意见，还通过工作、实践培养专门人才。北京市文物调查组的“右派分子”侯堮、周耿之流，是什么专家呢？他们根本不是专家。几年来党在教育培养他们，希望他们用心学习。逐渐成为一个文物工作者。但是他们并没有这样做，一方面尽管工作了多年，还没有成为内行；一方面又老着脸皮，自封专家，叫嚣什么党是外行，不能领导内行等等。这真是无耻到了极点。

这里我要说，党不但正确地领导了文物工作，通过政治学习、理论学习，提高了原来内行的文物工作者；还在工作中、实践中，培养了大批的外行，成为内行。党不但能够领导，而且是善于领导；党不但能够领导内行，党还能通过领导，把外行变成内行。

我们坚决要在共产党的领导下，击败“右派分子”的进攻，进一步做好社会主义的文物工作。

（原载《文物参考资料》第9期，1957年）

在北平市各界人士纪念“七七”抗日战争十二周年大会上的讲话

同胞们：

八年抗战，终于把日帝赶出中国去，那是一个神圣的民族解放战争，然而我们今天纪念“七七”的十二周年，感到它更有意义！为什么？因为人民解放战争的伟大胜利，保障了抗日战争伟大胜利的果实。因此我们以热烈的心情庆祝八年抗日战争的伟大胜利，庆祝三年人民解放战争的伟大胜利！但是胜利是由人民大众牺牲换来的，是由于中国共产党的正确领导，由于人民解放军的英勇牺牲，百战百胜。因此我们向中共致敬！向解放军致敬！向人民领袖毛主席致敬！向广大人民致敬！

现在反动派基本上被打垮了，但它们还企图作最后挣扎，与美帝勾结，出卖台湾，因此，我们拥护坚决、彻底、干净、全部地消灭反动派的残余力量，打到台湾去，活捉蒋介石，活捉一切首要战犯！

抗日战争的伟大胜利，已经过三年了！然而日本的法西斯残余力量，在美帝扶持之下，有死灰复燃的危险，而且美帝独占日本，企图作为基地，发动新的侵略战争。这种反动行为，对日本、对中国、对世界和平，都具有威胁的性质，因此，我们要求迅速按照波茨坦协定，缔结对日和约，而这个和约，必须有中国民主联合政府全权代表参加，才能有效！

我们反对美国长期占领日本，要求日本民主化！但美帝的反动行为，我们也不能忽视，因此，我们高呼：一切帝国势力退出中国去！拥护中苏友好同盟，中苏两国共同防御远东侵略者！中国现在已是人民的国家，我们要爱护我们伟大的、人民的祖国！我们要建设独立的、自由的、和平的、统一的、富强的新中国。为了迅速实现这一伟大的目的，我们拥护迅速召开新政治协商会议，迅速成立民主联合政府！

今天的大会，由于敌人的干扰，更显示它的伟大！数十万人在这里开会，庄严，辉煌，在北平，实在是空前的！这也是人民伟大力量的检阅！这个力量保全了古老的北平，也一定可以建设新的民主的中国，无疑的，它将要以极大的速度，建设新的北平！但这必须要依靠共产党的领导，毛主席的领导，工人阶级的创造！因此，我们高呼：

中国共产党万岁！

（原载《北平解放报》，1949年7月9日）

访苏印象*

一、新的国家，新的文化

这一次我们出国，走得很匆促。十月二十三日晚才接到苏联职工会和对外文化联络协会通知，邀请中国职工和文化界代表团去参加十月革命三十二周年纪念典礼。我们在十月二十六日下午六时就动身了。从北京乘火车到满洲里，在满洲里换乘苏联派来迎接我们的专车，经过赤塔到伊尔库茨克。从伊尔库茨克到莫斯科是坐的飞机，原来两天可飞完的路程，因为天气不好，苏联招待我们又特别关切，不愿意让飞机冒不良气候飞行，所以飞了四天。中途在克拉斯那亚、欧姆斯克、斯维尔德洛夫斯克都住了一晚。飞机在斯维尔德洛夫斯克停留的时候，市长和军事长官特地陪了我们参观了城市，还看了话剧。去的时候走了十天，回来走了十一天，在莫斯科停留了十八天。

十八天时间在莫斯科过着非常紧张的生活。苏联朋友（对外文化联络协会）希望我们多了解苏联，替我们安排了参观日程，并且希望我们看得愈详细愈好。每一个参观的地方都有人讲解，解释得

---

* 1949年，我国应邀组织代表团赴莫斯科，参加苏联庆祝十月革命胜利三十二周年的纪念典礼。代表团团长为丁玲，副团长为吴晗、许之祯。代表团部分成员写作的访问记，后作为《访苏印象》一书的一部分出版，其中有吴晗的两篇文章，本文为其中一篇，另一篇为《莫斯科的面包工厂》。

吴晗时任中苏友好协会总会理事、中苏友好协会北京市分会副会长、北京市副市长。

本文最先是吴晗在中国民主同盟总部的讲演，由《进步日报》记者静远记录，后经吴晗校阅和补充。——编者注

都非常详尽，扼要，而且热情。以最高速度和最紧张的情绪，我们在莫斯科过了十八天的参观生活。平均每天要参观两个地方，夜里再看戏。天天到下午五六点钟吃午饭。在短短的时间中，的确是学了不少东西。我个人所得到的总的印象是：我们新的中华人民共和国刚刚开始要建设民族的、科学的、大众的文化，而社会主义的苏联则已经建立了民族的、科学的、大众的文化了；不但如此，苏联的新文化还正在更提高着，更发展着。在我们今后朝这个方向努力的时候，对于在同一个方向上努力过的苏联三十二年间的成就，值得我们参考和学习的，的确太多了。

这次中国代表团在莫斯科举行了一次记者招待会，参加的有《真理报》、塔斯社、《少共真理报》等十五个单位的新闻记者数十人。他们要求我们发表在苏联的印象，代表团推我答复，我说的一句话是：苏联是一个具有最高度文化和最高度的社会组织的国家。苏联的人民是世界上最幸福的人民。我们要向苏联学习，学习，再学习。这是我所获得的总的印象。

二、民族的，科学的

我们参观了十几个博物馆，像历史博物馆、红军博物馆、工业博物馆、建设博物馆、劳动保护博物馆、列宁博物馆、斯大林礼品博物馆、莫斯科市建设博物馆、美术博物馆、克里姆林宫博物馆、星象馆等。每到一个地方，关于科学技术成就或是工业建设，讲解的人一定要首先提到是苏联人发明的，是苏联制造的，例如参观无线电设备时，讲解者说："苏联人最早发明无线电，意大利人还要在后，但英美帝国主义者故意抹煞，对苏联人成就一字不提。"同样的例子很多，讲解的人有机会总要强调这是苏联自己发明的，是苏联人民自己劳动力创造出来的成果，而且是苏联自己的原料。这是一个很好的例证，说明苏联人民所具有的高度民族自尊感，和对于自己的民族文化的珍惜。本来，科学发明是长期经验的累积，可能一种发明，同时或先后各方面都在研究，苏联的科学成就，若干卓越的发明，过去和现在都被帝国主义的国家的纸幕所掩蔽、歪曲，这一次的参观，我们却用自己的眼睛把纸幕撕掉了。我们亲眼看到在科学研究中苏联的创造非常多，在博物馆里常可见到对发明人的介绍，有他的照片、简单传略，和关于发明的详尽说明。这种珍重科学的精神，热爱自己祖国的精神，对于苏联人民是最好的教育，对于我们也是极好的教育。回顾我们自己，在反动派统治时代，有那么一小部分人喜欢说这是美国货，这是英国货、德国货，甚至明明是自己的出品，偏要贴上外国的商标，那种殖民地心理、奴才心理，更是对症的好药。

讲到科学，我们这次参观，觉到苏联无论在哪一方面科学都有很高的发展。像原子能的应用，从种种方面的了解以及与苏联朋友接谈中所知道的，苏联关于原子能的成就已经高于任何一个国家，也高于美国。特别是苏联和美国对原子能的应用有着本质上的不同。苏联用原子能改变自然，为人群造福利，而美帝国主义则用来毁灭人类，毁灭世界。这就是苏联和美国对于科学应用的基本不同点，也就是世界上和平民主阵营和战争贩子阵营的基本不同点。

在苏联，一切创造都为了改变世界，争取更多的生存资源，改善人群的生活。我们可以举著名的莫斯科地下电车的建设为例。莫斯科的地下电车有三条干线，全长四十九公里。我们是十一月二十日去参观的，据工程师对我们说，假若我们在一星期后再去参观，就可以看到一条新的干线和六个新的车站。我们参观的地下电车站中有一部分是在第二次世界大战期中建立起来的，但就是在战争中建立起来的，比战争以前的建筑还漂亮。每个车站有不同的形式和雕刻。车站主要是用大理石建设起来的，大理石也有各种各样的，据说共有二百多种。每个车站都有它的特征，图案不同，设计不同，连灯光也不同。车站上的雕刻像，有工人，有农民，有武装的战士，我们最熟识的，除列宁和斯大林像以外，便是苏联人民英雄丹娘的像。工程师对我们说，每一个车站的图样都经过斯大林元帅自己看过。

在地下空气流通得和地面上一样，乘地下电车时上来下去都有自动扶梯，成百成千的人上下，不受数量和重量的限制。各站之间的车子每三分钟一次，电车的前面是残废者和孕妇小孩乘坐的，后面是普通人乘坐的，我们代表团特别受到优待，坐在前面。到每一个车站我们就下来参观车站。过了三分钟再乘第二部走。车上司机和售票员多半是妇女。有一辆车的司机，据讲解的人说是战斗英雄，战争中是飞机驾驶员，现在退伍了来作电车司机。在苏联常常是这样的，不能因为一个人现在的工作推想到他以前的情形。我们回来时的国际列车上，有一位列车员，用我们的旧观念看起来，大概该叫作"茶房"吧，但他告诉我们，他参加过苏德战争，到过柏林，得过十五个勋章，他说为了要和平地生活，他参加了战争。为了保障自己的安定的工作，他参加了战争。苏联人民要和平地生活，不许战争再起，所以要争取世界持久和平，他为新中国的诞生而欢欣鼓舞，也鼓励我们为全世界的和平而努力奋斗。在一个新的社会中生活，旧的办法，旧的待人接物的态度，是要根本被推翻了的，每一个苏联平民，在每一个工作岗位上的苏联人民，都可以告诉你像上面的话。我们应该知道，在所遇见的苏联人民中，至少每二十个人中有一个是参加过卫国战争的。

莫斯科有六百万人口，主要的是工人，每天有一百万人民要乘坐地下电车从他的家跑到工厂或办公室去，又从工厂回到家里。在莫斯科街头，并不十分拥挤，因为除了地下电车以外，地面上的公共交通太发达了。自行车是没有的，更不要说落后三轮车。苏联制造的大量自行车，都供给农村应用去了。

有名的"房子搬家"的故事，也是表现苏联科学技术进步的好例子。我们在工业博物馆看见房子搬家的模型：房子下面插了钢桩，一二十层的大楼就能用机器搬来搬去了。

三、大众的文化

最重要的是大众化。一切属于大众，一切为了大众。我们参观的十几个博物馆里，从星期一到星期六，挤满了各种各样的人。学校里的教师带了他们的学生来，有工人，有市民，有从各地来的人民，也有像我们这样的外国观光者。大大小小，男男女女，都到博物馆来，他们在学校里，在工作岗位上所不能知道的或知道得不够深刻的，都在这里得到更多更深的了解。

在工厂里，近代机器工业的发展影响到工人的身体健康以至安全，在资本主义国家里，这种事是没有人管的，但在苏联则不同，苏联为了保护工人的健康和安全增添了种种必要的设备。例如对于在高热炉旁工作的工人，苏联科学技术研究院设计了一种喷水设备，使工人的周围有瀑布式的水帘，减低了热度。为避免把钢条送进机器而切断手指的事故，特别发明了一种方法，当人的皮肤触到机器的时候，机器马上就停止转动了，直到人的手拿开以后才重新开动，对于从事电焊的工人，也发明了一种避免损伤目光的办法。介绍这些劳动保护的情形，莫斯科有一个劳动保护博物馆。科学技术研究院专有一部分研究劳动保护，试验成功了全国采用。并且特别建立这样的博物馆，把多少种保护工人安全的科学设备，缩小制为模型，和原来的机器一样，可以开动表演，让各地工厂负责人来参观学习。

各种各样专门性质的博物馆从各方面来教育大众，给大众以知识。有工业建设的情形，有帝王的奢华生活，有苏德战争中缴获的枪支、军旗（最有意义的是希特勒的军旗），有科学技术的发展情形。我们参观了一个近郊的大地主的府第，一切还是保持原来的奢华状况，那个地主有二十一万农奴。我们去参观的那天，天气很寒冷，但仍有大量的市民拥拥挤挤地来这庄园参观。

苏联已经没有了文盲。三十二年来，消灭工人文盲的任务是由职工会担任，农村文盲的消除是由政府教育行政部门负责。今天无论在哪个偏僻的地区，无论在哪个农村，都没有文盲了。三十二年前甚至有些小民族没有文字，今天已经创造了新的文字。现在在苏联买书成了一件困难的事，甚至买报纸都要排队，定期刊物晚了就补不到。新书预约，尽管定了好几天期限，但第一天去晚了就预约不到。因为生产发达，人民的购买力提高了，精神食粮的要求也提高了。因为人人都识字，都要读书读报读杂志，这两者结合在一起，所以就显出供不应求的情形来。莫斯科的书店多得很，我到许多书店去买书，才知道苏联的书店也是分类的，有音乐书店，科学院的书店，生物学的书店。好容易找到外国文出版局的书店，中英文的书都很少。后来问了人才知道大量的外文书都直接运往外国了。例如《列宁选集》的中文译本，在北京可以买到，但在莫斯科外国文出版局的那个书店里，我却一本也找不到。

一切大众的日常必需品都是廉价可以买到的，而且价格全国一律，一切有关大众教育的工作都是竭尽全力在进行的，但总是不够。百货店里挤满了人，博物馆里挤满了人，剧院里挤满了人，演讲会上挤满了人，繁荣，生气勃勃，每个人都精神抖擞，这就是莫斯科，这就是苏联。

四、国际主义的精神

在苏联，随处可以感到国际主义的热爱。十一月七日我们从红场回旅馆，有一群孩子一直跟我们到旅馆前面的广场，那一天红场上喊的口号，除了苏联自己的口号以外，关于中国的最多。翻译同志告诉我们，“中华人民共和国万岁!”“毛泽东万岁!”“中国人民革命胜利万岁!”使我们兴奋感激，温暖，像是在自己家里。毛主席、刘少奇副主席、周总理的巨像也屡屡在游行队伍中见到。还有其他东欧人民民主国家领袖的画像。

尤其令我们感动的是所遇到的苏联专家、电影工作者、文艺工作者、工程师、技术人员、教授，谈话时他们都说：“中国的成功就是我们的成功，你们的失败就是我们的失败。”他们又说，苏联这个先进的社会主义国家在三十二年斗争中所得到的经验，愿意无条件地教给我们，无保留地开放给我们。举一个例子，我们东北自制的火车轮因为炼钢技术的缘故，只能使用八年到十年，而苏联制造的可以用三十年。苏联就会无条件地把这技术教我们。任何方面我们都能得到同样的知识和帮助。苏联的建国是远比我们艰苦的，在1917到1922年的时候，苏联国内有白军反动武装，外面有十四个国家的武装干涉。而且，那时候的苏联是孤立的，没有一个朋友。所以苏联人民提起这一点常对我们说："你们的建设条件比我们优越多了。"

这就是苏联的国际主义精神。当苏联已经建立了一个新文化的巩固基础的时候，他们正在不断地提高和创造着，这提高和创造不仅是为了苏联人民，同时也为着提高全人类的生活与文化。

我们感觉幸运，有这么一个好邻居，好朋友，好老师，经常在关切我们，爱护我们，帮助我们。

末了还是用一句苏联朋友的话来作结束，他们说："当然，我们要好好帮助你们，但是，主要的依据，还是你们自己的努力！"

是的，新中国的建设要靠我们自己的努力。大家努力吧！前进！

（原载《中苏友好》一卷三期，1950年1月15日）

莫斯科的面包工厂

我们在莫斯科参观了一个面包工厂。这个1932年建立的面包工厂是莫斯科十一个面包工厂的一个，它日出面包二百五十吨，而莫斯科总产量每日三千吨，它占十二分之一。

面包工厂分五层。最高的一层用很复杂的机器把面粉、水、糖、盐混在一起。莫斯科人喜欢吃黑面包，他们知道这里面营养多一些；在制白面包的时候，除了面粉、水、糖、盐以外，还要加上维他命。第二层是搅匀的一层。那个从1905年起就干面包工作的厂长说：1905年时制面包，是像高尔基小说中描写的那样用手做的。而现在则一切混在一个三人才围得起来的大缸里，开动机器，使大的铁桨搅匀了这好几吨材料，倒出来以后，到了第三层。在第三层用机器和手工制成各种面包坯，是工人最多的一层。第四层是烘烤的地方，这样大规模的烘烤，炉子温度虽高，但站在炉子旁边的工人两旁却经常有扇风设备，工人并不觉到热。第五层——最下一层制成面包上架，门前是许多面包车在等着。

就是这样从原料到半制成品以至制成品，经过像盘香一样的过程，和其他的十家面包厂同时供应着莫斯科六百万人的主要食品。

※　　※　　※

面包厂有七百工人，其中多数是女工。因为是女工，所以托儿所就成为工厂重要的一部分。我们也参观了托儿所。托儿所分为两部分，三岁到七岁的孩子在幼稚园，三岁以下在婴儿部。

工厂规定：女工生产时孩子的衣服，睡的床，都由工厂供给。母亲在产前产后有两个月的假期。有婴儿的母亲得减少工作时间，每天工作六小时。——每隔三小时有一小时的时间去哺乳，凡有七个孩子的母亲可以得到政府勋章。

此外，我们还参观了食堂，有些工人正在喝茶。面包工人上工前和下工以后都要洗澡，在最下层有沐浴的设备。

※　　※　　※

工人的工资最低月薪在五百至六百卢布，熟练工人最高工资达一千二三百卢布。工程师二千五百卢布。厂长三千五百卢布。工厂供给一部分工人以宿舍、室内各种设备和煤。住在厂外的工人薪金之外另有津贴。（苏联的外汇率，五个卢布合一元美金。外交人员获得优待，一块美金可以换到八个卢布。在苏联，全国物价是一致的，在莫斯科物品的价格和任何一个小车站我们所买物品价格是完全相同的。）

工人们在工作以后，有各种娱乐，像舞会、电影会等。

对于残废工人，工厂为他们找合适的工作。对于在战争中牺牲了的烈士的家属，在生活上也特别给以种种的照顾和帮助。

在苏联，工人的生活现在已经很好，还在不断的提高和改进中。

（原载北京《新建设》第一卷第八期，1950年）

《美国侵华史料》编者的话*

我们在去年年底，从《人民日报》、《光明日报》、《进步日报》、《天津日报》、《大公报》、《文汇报》、《解放日报》、《新华日报》、《新华社资料》、《人民清华》所发表的有关美国侵华的文章，选择了三十一篇，编成这本书。

这些文章的发表的时间，从1950年11月14日到12月26日，大约四十天工夫。

就各篇文章所根据的史料说，主要有两个来源，第一个是美国的，包括美国政府的官方文件，商人教士外交官的游记和报告，军人政客的传记、回忆录，记述中国事情的专书和历史家的专门著作。都是侵略者不打自招的供状，是直接史料，第一手史料。

另一个来源是中国的，身受美帝国主义侵略、剥削、压榨的中国工商业家、学生和广大人民，把自身所受的痛苦，用具体的事实发出控诉，这里面有血，有泪。

这样一本书，我们相信，对中国人民是迫切需要的。让我们向每一篇文章的作者致谢意，也向发表这些文章的报社致谢意。

---

* 与廖沫沙合署名。《美国侵华史料》由中国人民保卫世界和平反对美国侵略委员会北京分会编，吴晗、廖沫沙主编，1951年4月人民出版社出版。

我们带回来印度人民的深厚友谊

我们从印度回到北京的第四天，在印度大使馆的电影招待晚会上，主人拉·库·尼赫鲁大使和夫人问我："你从印度带回来什么?"我说："友谊，我们带回来印度人民对中国人民的深厚友谊。"

这一晚上放映的彩色的苏联领袖布尔加宁、赫鲁晓夫访问印度的纪录片，有许多城市都是我们曾经访问过的，我们又一次看到那些熟识的面孔，体会到那样深刻的诚挚的感情，欣赏美丽如画的风光，钦佩印度人民在工农业建设方面的成就。一星期后，在中印友好协会的欢迎会上，我们再次看了这个影片，还是那样聚精会神，兴致勃勃，我们能够叫出许多城市、街道和建筑物的名字，叫出许多印度朋友的名字，从心坎里感觉到亲切、高兴。仿佛在这短短的两小时内，我们又好像到了印度，看到泰姬·玛哈尔雄伟的建筑，看到了买尔速美丽的园林，看到了马德拉斯明媚的海滨，看到了加尔各答热闹的市面，看到了南加尔巨大的水闸工程，看到了古老的那烂陀大学的遗址，看到了曾经接待我们陪伴我们的许多朋友，他们的声音笑貌也像电影一样，一个一个在回忆中出现。当电影上在欢呼苏联印度是兄弟的时候，我们的心里也在欢呼"印度秦尼拜依拜依!"这句我们在印度天天听到的话，也是我们代表团每一个成员都学会的印度话。

甚至，我们在印度学会的礼节，也在许多场合不自觉地用上了，代表团成员在互相告别的时候，不是拉手而是合掌，想了一想，再拉一次手，大家都笑了。

我们回来已经一个多月了，虽然每一个代表团的成员都忙于自己原来的工作，但是，在偶然的场合碰上的时候，总要谈印度，总要诉述自己对于这个好客的国家和人民的怀念。我们曾经在许多场合，几个人、几百人的以至几千人的集会上，报告访问印度的观感，报告印度人民对中国人民的友情和关怀，报告印度人民在五年计划中所取得的各方面成就，和印度人民对于和平共处五项原则的衷心支持，对于维护远东和世界和平的信心和决心。在有些场合，代表团的艺术家们还表演了从印度学回来的歌唱、器乐和舞蹈，美妙的歌声，绮丽的服装和脚铃的节奏把观众也带到我们曾经被热情款待的国度去了。

对于印度这个伟大的美丽的国家的怀念，对于关心中国人民建设成就，热爱中国人民的印度人民的怀念，是代表团每一个成员的共同的感情。在短短的四十六天的访问，四十二个城市的勾留，二十万以上朋友的接触中，给我们留下了难忘的印象。

我们记得，在无数次的集会中，印度朋友向我们追述印中两国人民的古老的悠久的文化关系：糖是中国传到印度去的，印度话叫秦尼，秦尼是中国。丝绸和纸、瓷器、罗盘针、火药、渔网也都是中国传去的，许多地方有中国村，曾经住过中国商人和他们的子孙。在王舍城，在拿不勒斯，在那烂陀，那里的学者们对我们述说法显、玄奘等的故事，并以自己的先人曾经接待他们而感觉骄傲。我们也谈起印度的鸠摩罗什、僧迦提婆、佛陀跋陀罗、达摩笈多到中国讲学译经，所给与中国文化的影响。谈到印度医学、雕刻、音乐、音韵、舞蹈和中国文化的关系。从历史的叙述证明了通过文化和经济的交流，在和平的气氛中，两国人民结成了深厚的友谊。在两国的历史中，从来没有战争的记录。

在任何一次谈话中，我们都提到著名的和平共处五项原则，印度话叫做潘查希拉。我们为两国总理的会见而特别感到亲切。几千年来的两国人民的友谊由于两国总理和两国的许多文化代表团的相互访问而有了新的发展。我们为五项原则越来越广泛地得到世界各国人民的支持而感到自豪。我们说，我们在五项原则的基础上发展和巩固了这种友谊关系，给世界各地人民以和平共处的示范作用，给世界和平作出了有益的贡献。这些话，这些家常话，印度朋友这样说，我们也这样说。历史和现实为我们提供了家常话的一致基础，结果是分不出哪些是主人说的，哪些是客人说的。当然，有时候也曾经发生过争论，例如上面提到过糖，大多数印度朋友都说是从中国传到印度的，但是，在个别场合，有的印度朋友说不是这样，相反是从印度传到中国去的。又有人说，这是复杂的交流过程，最初从中国传到印度，经过很长时间，印度发明了加工办法，把砂糖提炼成糖霜，又传回到中国去了。最后，我们同意这个反复交流的意思，并且加上按语，糖在中印两国的关系上是流来流去的，中印两国人民都对这个甜蜜的日常生活不可缺少的食品有过贡献。从糖又谈到和平，正和糖一样，和平是我们两国人民，苏联以及人民民主国家和印度尼西亚、缅甸……和世界上所有各国爱好和平的人民的共同要求。我们曾经把糖贡献给人类，那么，让我们和全世界爱好和平的人民更加努力把和平、远东和世界持久和平作为我们共同争取的目标，让和平像糖一样，成为世界人类日常生活中不可缺少的东西吧。

我们看了许多壮丽奇伟的古代建筑，保存得很好，有的建筑物的修缮保固工程正在进行。也看了许多博物馆，把邻近地区所发现的古代雕刻绘画、手写经典、其他美术品工艺品陈列出来，有很熟练的专家给参观者讲解。我们很高兴地回答朋友们："凡是重视自己国家自己祖先的悠久文化遗产的人们，也必然会尊重别的国家和人民的文化。对于文化遗产的珍重和互相尊重的人民，也必然会对和平事业作出贡献。"印度朋友们说："很对。我们这样做，我们也知道你们的国家和人民也正在这样做。"

我们也参观了许多规模巨大的水利工程，许多现代化的工厂和正在建设中的乡村。我们看到了印度工人、农民和知识分子的劳动，分享了他们的喜悦。这一切对于我们来说，是非常熟识的，因为在我们的国家，我们的人民和印度人民一样，正在进行各方面的巨大建设，以无比的热情进行忘我的劳动。在访问参观的过程中，我们深刻体会到印度人民爱好和平和争取和平的意志和心情。正在进行巨大的和平建设事业的印度人民，有决心也有信心和力量来保卫他们所取得的和平建设的成果。印度人民相信印度、苏联、中国和其他爱好和平国家的人民团结一致，是世界和平的保证。

是的，这也是中国人民的坚强信念。

我们和印度各阶层的人见了面，谈了话。谈些什么呢？谈的就是这些。讨论些什么呢？讨论的也就是这些。我们见了面就像一家人一样，尽说些家常话。印度人民把我们当作兄弟款待，我们也像到兄弟家里一样，想什么就说什么，无拘无束，欢欣愉快地享受了这次难忘的旅行。

友谊，深厚的友谊，我们带回来了。我们认为我们带回来的是任何物质的东西所不能比拟的，最最珍重的礼物。

印度一位朋友说得好："过去，喜马拉雅山阻隔了印中两国人民的来往，大海阻隔了两国人民的来往。但是，两国人民还是克服了困难，越过高山，越过大海，建立了几千年的友好关系。今天，高山、大海都不能再阻隔我们了。相反，喜马拉雅山把两个国家连结起来，大海把两个国家联结起来了。印中两国人民的坚固的友谊将会更加发展，更加巩固。"

是的，说得很好。让我们两国人民更多地来往，更多地认识，更深地了解吧！让我们两国人民之间的友谊像喜马拉雅山那样高，大海那样深吧！

（原载《人民日报》，1956年4月8日）

我们坚决走社会主义的道路

病了一个时期，正在外地休养，休养中不能作别的事，天天读报，读到章伯钧、罗隆基、储安平的反党反社会主义反人民的言论，愈读愈生气、愤怒。实在不能容忍，只好不休养了，回到北京来争。

中国民主同盟走的是什么道路？民盟的领导人要领导民盟走到哪里去？章伯钧要搞政治上的设计院，罗隆基要搞党、政机构以外的平反委员会，储安平攻击党是一切宗派主义的最终根源。这些混淆是非，违反宪法、政协章程和盟章规定的论调，非争不可，非揭穿不可！

中国民主同盟的工作对象是知识分子。知识分子八年来参加了社会主义改造和社会主义建设，和工人、农民结合在一起，是社会主义建设的一支有生力量。现在，忽然有一小撮“右派野心分子”，钻党的整风运动的空子，说是代表我们，打着知识分子的招牌，嘴上说坚决走社会主义的道路，脚底却朝资本主义的道路走，非争不可！非揭穿不可！

我一方面对民盟领导人和一些“右派分子”的谬论感到愤怒，同时，也深切感到自己几年来对民盟市委的工作管得不多，民盟中央的常委会很少参加，和知识分子的接触、联系面很窄，而且不经常。该做的事没有很好做，该说的话没有全说，作为北京民盟市委的主要负责人之一，我没有做好应做的工作。

必须表明立场，和这一小撮人划清界限。要争，要争到水落石出，要争到事理明白，不能容许任何人利用民盟的地位进行反党反社会主义反人民的活动。

我们的道路只有一条，社会主义的道路！知识分子走上社会主义的道路，成为社会主义知识分子，是通过自己的认识，亲身的经历，逐步走到的。我们都从旧社会来，旧时代所办的学校，无论是办学目的、方法、内容、制度都是为了资产阶级和封建地主阶级的利益服务的，受了这样教育的我们不可能不带着地主阶级、资产阶级思想意识的沉重包袱走进新社会新时代。经过了八年来的学习和工作实践，经过了八年来的经济恢复和建设工作，经过土地改革、三反、五反、抗美援朝、镇反、肃反一系列伟大的运动，一路走，一路丢包袱，路走得越长，包袱也丢得越多，思想意识中的社会主义的比重越来越大，封建的、资产阶级的比重越来越小了。

想想解放前我们在大学里的情况吧，那时候我们中间大多数人过的是什么日子？物价和"法币"、"金元券"赛跑，朱自清就是穷饿而死的，我们曾经参加过反饥饿运动。我们中间还有一部分人上了黑名单，被特务跟踪威胁，闻一多就是被美国无声手枪杀死的，我们曾经参加过反迫害运动。沈崇案就发生在北京，我们也参加过抗暴运动。我们的生活朝不谋夕，我们的生命朝不保夕。不能够设想，没有共产党，没有1949年的全国解放，我们自己不成为朱自清、闻一多？我们的儿女不成为沈崇？

我们身受着政治、经济的双重压迫，得到解放，我们欢欣鼓舞地进入了新社会。我们以自己的认识和经历接受了党的领导，接受了社会主义。

八年来的国家建设工作，哪一项不使我们高兴，狂喜！1949年全国小学生二千四百万人，今年是六千三百万人；中学生一百二十六万人，今年是五百九十七万人；大学生十一万七千人，今年是四十多万人。

钢的产量，1949年是十五万八千吨，今年将为四百多万吨。

铁路这几年就新建了六千三百公里。

还有荆江分洪、治淮工程、长江大桥、鞍钢、武钢、包钢的建设，二百多项大工业的建设工程等等，哪一项是过去时代所曾经所能够实现的？

我们不但以自己的认识、经历，拥护共产党的领导，拥护社会主义，作为一个中国人，我们还感到骄傲，因为这些史无前例的伟大成就，都有我们知识分子的劳力、贡献，有我们的一份成绩在里面；同时也感到责任重大，因为在这样飞跃的进展中，出现了不少缺点，这些缺点，我们也有一份责任。

但是，正当我们要肯定自己的成绩，纠正自己的缺点，为了更好地更有效地建设我们自己的国家的时候，正当我们以积极的严肃的认真的态度帮助党整风，对党提意见的时候，“右派野心分子”就乘机乱叫乱嚷，说什么“八年来的工作，缺点是主要的”，“漆黑一团”，“全无是处”等等。这些人不但包办了工人、农民和青年的意见，说他们对党不满，对社会主义不满；还包办了我们中年和老年知识分子的意见，硬要代表我们说话。他们要以自己的意图，资产阶级的面貌来改造党，推翻党的领导，用资本主义的假民主来领导、统治人民。我们正在兴高采烈地在社会主义道路上行进，而他们却硬要拉我们走上另一条道路——资本主义的道路。

当然可以肯定，通过这八年的学习和实践，我们绝大多数知识分子已经认清了自己应该走的道路，决不会跟他们去走那条路，因为他们那条路意味着什么前途，我们已经分辨得出来了。

但是，问题是严重的，只要我们知识分子的思想意识中还有封建的、资产阶级的残余，这种论调就还会有市场；少数人认识模糊不清，便容易上当。我们不能麻痹大意，以为这种谬论不值一驳，而是必驳，必须争。

我们不能无原则地对这些人宽容、原谅，对“右派野心分子”宽容、原谅，听任那些反动言论泛滥而不加以驳，就是对人民的正义事业放弃责任，因而必须站稳立场，明辨是非，划清界限。这是一场政治思想战线上的阶级斗争，我们必须拆穿“右派野心分子”的阴谋，揭露他们的两面派手法，把他们的丑恶面貌暴露在全国人民的面前！我们要坚决拥护党的领导，坚决拥护社会主义，保卫八年来伟大的建设成果。

民盟盟员已经和正在向民盟中央提出要求，要求中央表明立场，明辨是非，分清敌我，端正领导立场，领导全体盟员，和全国知识分子一道全国人民一道，坚决拥护共产党，坚决走社会主义的道路。同时，我们必须更好地学习马列主义，加强政治思想工作，认真帮助盟员和所联系的知识分子，争取成为全心全意为社会主义建设服务的社会主义知识分子。

广大盟员的这种要求是完全正当的。我们坚决走社会主义的道路！

（原载《人民日报》，1957年6月19日）

中国戏曲歌舞团在法国

四月二十七日，中国戏曲歌舞团受中国人民的委托，踏上了法兰西的土地，开始了向热爱自由与和平的法国人民传达友谊和呈献中国传统的戏曲艺术。那时候，正是巴黎最美丽的季节。从巴黎市区到凡尔赛宫，一条绿色的草带连系着城市和郊区，令人心旷神怡。尽管当时，法国的政局动荡不安。但是，这并没有影响法国人民对中国艺术的欣赏。在不到两个月的访问中，不管是在巴黎参加国际戏剧节的演出，或者在里昂、马赛、尼斯等地巡回公演，我们都深为法国人民的欢迎热情所感动。

巴黎共和国广场中心矗立着手执棕榈枝的女神巨像，她向经过的每一个人微笑。我们住在女神的附近，每天出入都看见她，在旅馆的窗口也看见她。我们从一个生地方回来，远远看见她的头饰，就知道快到家了。这个女神成为我们全团八十多个人的最亲热的朋友了。

法国人民热爱这个女神，把她的铜像竖立在市中心区。据法国朋友说，她是象征法国人民所争取的目标：自由与和平。我们戏曲歌舞团的每一个成员，也对这个女神怀有热烈的感情。我想，我们大家也这样想，因为我们两国人民有了这样一个共同的感情基础，热爱自由，热爱和平，热爱艺术。因此，我们两国人民虽然各自有着不同的历史传统，不同的生活习惯，但是，这一切都不能妨碍法国人民对中国人民艺术的欣赏和爱好，不能妨碍两国人民的往来和友谊。

我们的节目，首先在巴黎参加国际戏剧节演出。巴黎的报纸都以充满热情的辞句来报道，评论我们的演出。在演出中，我们感觉到，最受法国朋友欢迎的是神话武打京剧《泗洲城》。这出戏反映了中国旧时代青年男女追求自由幸福的深刻愿望，也体现了中国人民反抗封建压迫的斗争精神。这种愿望，这种斗争精神曾经以巨大的篇页，记载在法国人民的历史上。这就不难理解，为什么在每一场演出之后演员们的谢幕要达八九次之多了。

和《泗洲城》相似，我们同样感谢法国朋友对《卧虎沟》演出时所表现的喜悦和热情。《卧虎沟》是一个见义勇为、拔刀相助的故事。全剧充满惊险格斗的情节和场面。当渔夫的义女被强盗抢走，男士艾虎挺身而出，把她救出时，观众以一阵阵的掌声把演员送下台去。

京剧的武打，法国的观众已是第二次欣赏了。在《卧虎沟》一剧中扮演男士的王鸣仲，三年前，就曾随首次访问法国的中国艺术团，表演过神话武打京剧《闹天宫》。观众已经很熟悉京剧的武打表演了。但是，这次王鸣仲和在《泗洲城》中扮演水母的演员张美娟的武打表演，法国朋友们仍然感到新鲜。正如《解放了巴黎人报》所说的：这种天兵水将之间的搏斗是带着浓厚的莎士比亚色彩的。三年来，我一直在想，西方的导演尽可以采用京剧的战斗场面来演《理查三世》、《李尔王》等名剧。

一般来说，武戏是以它紧张的场面，惊险的情节，来吸引观众的，但文戏就不是这样。京剧《拾玉镯》和昆曲《百花赠剑》虽都以青年男女爱情为主题，但通过心理的刻划细腻地表现了少女初恋时情怀的变化，并且都是唱工戏和做工戏。因此，这两个戏在演出前，许多法国朋友在担心：两国人民的生活习惯不同，唱词又听不懂，是否能被观众所理解？不过，我们认为，必须把由歌唱、舞蹈、表情、音乐综合而成的中国戏曲艺术完整地介绍给法国人民，并且坚信有着很高艺术欣赏力的法国人民一定能够接受。事实证明，好心肠的朋友的担心是多余的了，这两个戏都受到和武打戏同样的欢迎。在里昂，报纸上的剧照最多的是这两个戏。在剧场中，有些女观众还在模拟《拾玉镯》中的演员李玉茹穿针引线的动作哩！

我们同样高兴的是看到法国人民普遍欢迎我们的舞蹈和民族音乐的演出，《荷花舞》、《三月三》、《鄂尔多斯舞》、《红绸舞》以及《双龙舞》等都是具有鲜明的民族色彩的舞蹈，特别是《荷花舞》和《红绸舞》，歌颂了我国人民解放后的幸福生活和对灿烂的未来的向往。《双龙舞》总是在最后一场演出。在云雾迷漫中，一条红色巨龙蜿蜒盘旋在空中，追逐光明的红灯；另一条接着腾空而上，相互追逐游戏，有时抢红灯，有时盘旋在忽现忽隐的红柱上。在演出时全场灯光都关了，在黑暗中看到光明，东方巨龙如此庞大，但又如此和善……这时台下使劲地鼓掌，掌声愈来愈高，台上也鼓掌，观众和演员的感情交织成一片，法国人民和中国人民的友谊也交织成一片了。

记得在巴黎，我们最后一场演出结束时，夜已经很深了，当我们整队离开阿郎伯拉剧场的时候，两个中年的法国妇女，拦住我们，说："你们演得太好了，务必请你们转达我们对中国人民的感谢。并且还希望你们以后再来，不过要求能到工人区去，专为工人们演出，因为他（她）们也非常想看到中国人民的艺术啊！"这两位热情的妇女说完后连声喊："毛泽东万岁！"这是多么真挚的友情啊！

在离开巴黎巡回演出之前，我们曾和法国朋友们交换了演出的意见，许多人都这样叮嘱："巴黎人是热情的，感情都暴露在表面。但是，法国各地方的人，可不都一样。你们到了那里之后，如遇到这种情况，不要认为你们的演出不受欢迎。"我们当然很感谢朋友们的嘱咐，但事实并不如此。不管在里昂也罢，在马赛也罢，或者在尼斯也罢，观众对我们演出的欢迎情况，并不减色于巴黎。里昂市立剧场一位老工作人员说："我在这儿干了几十年了，在这儿演出的外国剧团并不总是受到观众欢迎的，像今晚这样的欢腾情况，我还是第一次看到。"

我们在各地演出时曾和法国许多艺术界朋友们有了接触，这些接触增进了我们之间的相互了解。有的朋友说，中国演员的社会地位，国家对艺术的提倡以及对下一代艺术人材的培养，对他们来说，都是很有现实意义的。也有的人说：通过了你们的演出，我们不只是欣赏了艺术，也进一步了解中国人民的生活，以及你们所肯定的和所反对的事物。在马赛，我们曾遇到一个民间职业剧团，演员们正在克服物质上的困难，争取演出具有现实意义的好戏。他们邀请我们的部分团员去参观，并进行了交谈。他们还集体来看了我们的戏。对于他们不为困难所屈服和对艺术事业忠诚的精神，我们的团员深受感动。

在访问演出期间，我们曾作了一些友好的访问，对于主人们那种热情的招待，我们每一个成员都是不能忘怀的。法中友好协会主席巴黎大学教授德来赛夫妇和马郁教授夫妇都邀请我们在他们家里进午餐和喝茶。法中友协副主席魏高尔先生夫妇和爱而高西先生请我们到魏高尔先生的乡间别墅作客，还参观了他的画室。法中友好协会副主席德玛尔蒂夫人为了欢迎我们而举行了招待会。在巴黎，我们访问了市政府，市长雷万克先生热烈地祝贺我们的演出的成功。到了里昂之后，我们向前市长赫里欧先生墓献了花圈。里昂市的副市长除了陪同我们到墓地之外，还在市政厅接见了我们。他说：里昂市的人民深为中国戏曲歌舞团向赫里欧先生墓致敬的行为所感动。赫里欧先生生前曾经努力于促进法中两国人民友谊的伟大工作，今后这一工作还需要继续努力去做。中国是产丝的国家，中国的丝织品曾经驰名于世界。里昂也有许多丝织品的手工工场，在生产过程和艺术图案等许多方面都受了中国的影响。中国和里昂之间有着这样一根带子——丝的带子联结在一起，这是友谊的带子，是超越海洋和高山把两国人民联系在一起的带子。里昂人民为这根友谊的带子而感到高兴，他说完了，高举香槟为中华人民共和国主席的健康干杯。在接见的第二天，我们还被介绍去参观了丝织品工场，看到了像在我国苏州、杭州一带的纺织机，看到了我们所熟悉的花纹图案以至色彩。这一瞬间，我们好像回到了祖国的东南方！用不着翻译，一切都了解了。这一根丝的带子把我们同法国工人之间的感情联结在一起了。

在尼斯，当地的副市长也正式接见了我们。在致欢迎词以后，副市长先生说，他曾经是里昂大学的多年的校长，这个大学和中国有密切的关系，曾经有许多中国学生在那里受过教育，他有过不少中国朋友。

我们带着中国人民的友谊访问了法国人民，也把法国人民的友谊带回到我的祖国。当我回国后，我曾在许多场合向我国人民转达了法国人民对中国人民的友情，我告诉他们，从我们戏曲歌舞团这次在法国的访问，确实证明了中国人民和法国人民之间是存在着悠久的友好关系的，这种友好关系是有着一条比丝更牢固的带子联系着，这条带子就是和平和友谊的带子。

（原载《光明日报》，1958 年 9 月 3 日）

首都布下天罗地网　鼠雀蚊蝇无处躲藏

——1958年2月11日在第一届全国人民代表大会第五次会议上的发言

我完全同意周恩来总理、李先念副总理、彭真副委员长、薄一波副总理、吴玉章主任向大会所作的报告。现在我仅就北京市劳动人民鼓起革命干劲，开展以除四害为中心的爱国卫生运动的情况，和商业工作中的新倡议、新气象，向大会作一个简要发言：

一浪高过一浪　一批赶过一批
保证做到四无的期限越提越短

以除四害为中心的爱国卫生运动从去年十二月开始以来，进入了新的高潮，声势浩大、雷厉风行。在第一次突击周中，两天里就出动了十五万人上街宣传。在广大群众中人人传诵除四害，家家动手大扫除。几天功夫，全市绝大部分地方做到了蚊蝇绝迹，面貌一新。由于广大市民进一步认识到除四害的重大意义，讲卫生保卫人民健康和为生产服务的道理，劲头越发大了。第一个突击浪潮刚过，又掀起了一个热火朝天大竞赛的高潮。

今年一月中旬，全市召开了八千人的誓师竞赛大会，城郊各地区、各机关、学校、部队都争先恐后地投入了竞赛运动。在这以前，很多单位已经制定了加快地消灭四害的计划。一浪高过一浪，一批赶过一批，接二连三的挑战应战书和决心书，像雪片一样飞到各区和市里来，条件越提越高，保证做到“四无”的期限越提越短。原来我们估计，要基本上消灭“四害”和臭虫，即消灭五害，大概需要两年左右时间，但是，运动以这样的规模迅速地发展，时间还可能缩短，前门区提出要在一年内作到“四无”，东四、西单区就以九个月消灭四害来作回答；宣武区说只要半年就行；西四区便说四个月就足够了。这些事实，充分表现出了首都人民群众消灭四害的决心和积极性。真是一个赛过一个。人不分男女老幼，地不分城市乡村，都以比干劲，比效果，比经常，积极地参加到竞赛运动中来。

消灭老鼠麻雀二百万只
许多地区单位做到四无

广大群众说了就做，西四区福绥境的居民捉光了麻雀老鼠以后，在零下二十二度的严寒里，用双手和泥堵雀窝、塞鼠洞。东郊区双目失明的青年丁仲德，亲手捉了九只麻雀，还扛着小学生在房檐上捉了十几只。崇文区八十五岁的老人常德，一冬来用线网捕了三万多只麻雀，他的兄弟常明，也打了两万多只，常德嫁女儿的被褥都是用雀毛絮的。农民们背着火枪下地，歇晌的时候就打麻雀。有两个农民一冬打了一万二千只麻雀。东四区一个街道的办事处，两天就出动了一千四百多人和六十六辆大车，填垫了七十多个孳生蚊子的积水坑洼，没有用国家一个钱。

为了灭鼠，群众买了一百多万包“安妥”药，有些居民投药七八次之多。解放军官兵背着干粮，下乡帮助农民翻柴垛、挖老鼠。还有一个上校军官帮助一对老夫妇大扫除，把屋内二十多年没扫的垃圾，都清理出来。这种动人的事例数不清，也说不完。

经过两个多月的苦战，城乡居民消灭了老鼠一百零五万多只，麻雀一百零六万多只，有四十六个街道办事处，二百五十二个居民委员会，十五个乡、社，一百七十八个工厂，三百二十一个学校和四百零六个机关，共六千三百多个地区和单位，一百六十万人口的地方，先后报捷，做到“四无”了！

除四害紧紧结合生产为生产服务 粪便脏土成肥料臭水坑变养鱼塘

应该指出，我们的除四害是和生产紧紧结合的，是为生产服务的。例如，昌平有两个小学生每天上学的时候，都带着扫帚、粪筐，沿路扫牲口粪和脏土，一冬积肥一万斤。农场说：“扫帚响，粪堆长。”过去，城区每天有九百四十吨粪便和二千八百吨垃圾，运到郊区露天存放，臭气扑鼻，苍蝇成群，附近居民熏得受不了。现在农民用“泥封堆肥”法，把粪便和有机垃圾堆在一起，一层有机垃圾浇上一层粪便，堆到大约一人高的样子，外面封上黄泥，这样便可发酵到摄氏七十度，提高了肥料效力，也消灭了虫卵，使苍蝇不能孳生，并且一年可以增加九亿斤肥料。南苑区十八里店乡为了消灭孳生蚊子的条件，把四个臭水坑加工修整，改作鱼塘。

许多除四害、讲卫生做得好的地方，真做到了移风易俗、人人振奋。昌平区永丰屯乡解放前的情况：街头垃圾遍地、室内灰尘飞扬、老鼠到处乱窜、苍蝇蚊子猖狂。现在这个乡的农民，天一亮，先扫公共的街道，后扫自己的院子、屋里，全乡做到条条街道整洁，看不到一点垃圾，老鼠、苍蝇、蚊子基本灭绝，农民个个精神饱满，他们说：“卫生搞好、身子强，干、干、干一气黄河南！”（指产量指标）。

虽然，除四害已经取得很大成绩，但是，困难还是不少。有的人把药饵投进鼠洞，老鼠又把它推了出来；有些地方的麻雀叫战士打怕了，看见穿军服的就一溜烟飞走。至于苍蝇、蚊子、臭虫繁殖得又多、又快，要全面彻底消灭它们的孳生条件并不很容易。可是，魔高一尺，道高一丈，我们人民群众正从四面八方，布下天罗地网，一定要搞得它上天无路，入地无门，彻底消灭干净。

代表们：全面地彻底地消灭蚊子、苍蝇、老鼠、麻雀、臭虫这五类敌人，虽然人类历史经历了几十万年了，但是，可以确信，从来没有人曾经敢于下过这样的决心，更说不到能够这样做，能够发动全体人民来做。只有我们这个时代，毛泽东的时代，只有我们这样的人，毛泽东时代的人，不但这样说了，而且这样做了。不但这样做了，而且一定可以做好。这是一桩我们前人所不敢梦想的伟大事业，这是我们这一代人就要实现的伟大事业。这是一桩极其艰巨的事业，但是，也是一桩极其文明的事业。我们将以最文明的国家，最文明的人民，对世界人民做出最文明的贡献。

（原载《人民日报》，1958 年 2 月 12 日）

谈谈“厚今薄古”和“古为今用”的问题

——1958年12月18日在北京师范学院的讲话

党提出的“厚今薄古”的方针，不仅得到了广大的教师和同学的支持，并且已经被师生们贯彻到教学和科学研究的实际活动中去，取得了很大的成绩。例如北京师范学院历史、中文等系，纠正了过去厚古薄今的偏向，对教学计划和课程内容作了具有深刻意义的改革，师生们深入到农村、工厂，下乡、下山，和工农结合，通过体力劳动培养了工农感情，还作了许多调查研究工作，编写了厂矿、人民公社的历史。这是中国教育史上的一个革命。无论对于同学或是对于教师来说，这都是一个良好的开端。这是一条资产阶级所不肯走、不敢走、也不能走的道路。如果能循着这条道路坚持走下去，可以断言，今后将会在历史教学和历史科学研究这两方面放射出更灿烂的光彩。

当然，在贯彻“厚今薄古”的方针的时候，也还是存在一些问题的。这原是很自然的事情，因为对一个新的方针的领会和贯彻，需要一个学习过程。这里我想把自己学习这个方针的一点体会提出来，供大家参考。

“厚今薄古”是不久以前陈伯达同志在一次讲话中根据党中央的精神提出来的。陈伯达同志在这个时候提出这样一个方针来绝不是偶然的，十多年前毛泽东主席就曾经给我们作过英明的指示，现在让我们来回顾一下这个方针提出的经过吧。

1941年毛主席在《改造我们的学习》中指出：“不论是近百年的和古代的中国史，在许多党员的心目中还是漆黑一团。许多马克思列宁主义的学者也是言必称希腊，对于自己的祖宗，则对不住，忘记了。认真地研究现状的空气是不浓厚的，认真地研究历史的空气也是不浓厚的。”① 又说：“对于自己的历史一点不懂，或懂得甚少，不以为耻，反以为荣。特别重要的中国共产党的历史和鸦片战争以来的中国近百年史，真正懂得的很少。近百年的经济史，近百年的政治史，近百年的军事史，近百年的文化史，简直还没有人认真动手去研究。有些人对于自己的东西既无知识，于是剩下了希腊和外国故事，也是可怜得很，从外国故纸堆中零星地检来的。”② 这里，毛主席特别指出没有人认真研究中国近百年史和认真地研究现状的空气不浓这一事实。因此，毛主席号召我们“对于近百年的中国史，应聚集人材，分工合作地去做，克服无组织的状态。应先作经济史、政治史、军事史、文化史几个部门的分析的研究，然后才有可能作综合的研究”③。毛主席给我们指出了研究历史的方向和方法，让我们组织起来研究党史和中国近百年史，明确地要我们厚近百年史之“今”，这里面岂不是包含了“厚今薄古”的原则吗。

1942年毛主席又在《整顿党的作风》一文中进一步指出：“我们所要的理论家是什么样的人呢？是要这样的理论家，他们能够依据马克思列宁主义的立场、观点和方法，正确地解释历史中和革命中所发生的实际问题，能够在中国的经济、政治、军事、文化种种问题上给予科学的解释，给予理论的说明。”④ 只有“进一步地从中国的历史实际和革命实际的认真研究中，在各方面作出合乎中国需要的理论性的创造，才叫做理论和实际相联系”⑤。毛主席这段话给我们再次明确了以下的问题：

第一，历史工作者必须有马克思列宁主义的立场、观点和方法。

第二，历史工作者的任务就是要对革命实践作出科学的解释和理论的说明，正确地解释历史中和革命中所发生的事件。

第三，历史科学工作者必须理论联系实际，从中国的历史实际

---

① 《毛泽东选集》，第3卷，797页。

② 同上书，798页。

③ 同上书，802页。

④ 同上书，814页。

⑤ 同上书，820页。

和革命实际的认真研究中，作出合乎中国需要的理论性的创造。

毛主席在这两篇著名的文章中再三强调要研究历史实际与革命实际，强调历史研究的重要性，是始终贯串着“厚今薄古”的精神的。

毛主席说这些话是在抗日战争时期。抗战胜利后不久，接着就是解放战争，解放战争取得胜利后，我们随即开始进行国民经济的恢复工作，以后是一连串的社会改革运动，以及第一个五年计划建设高潮等等。由于我们的工作很紧张，还没有来得及在历史教学中和历史研究中切实贯彻毛主席的这个指示，所以十多年来历史学界仍然严重的存在着“厚古薄今”的现象。目前“大跃进”的形势需要我们迅速改变这个现象；不然，我们就将会落在时代的后面。为此，陈伯达同志才根据中央的精神又重新提出了这一问题。

也该指出，我们在这许多年来的工作中，没有认真贯彻“厚今薄古”，反而是“厚古薄今”，能不能说完全就是由于工作紧张、没有时间学习、以致来不及贯彻这个原因所造成的呢？当然不能这样说，主要的还是我们自己的主观努力不够，这就应该从思想意识上去检查。我认为，今天在我们史学界之所以仍严重存在“厚古薄今”的偏向，那是由于：

第一，有些人还有超阶级、超政治的思想。我们知道，历史科学的任务是要阐明生产斗争和阶级斗争的规律。改造大自然，发展生产，改善人类的物质文化生活，这是生产斗争；被压迫者、被剥削者反抗压迫、反抗剥削，起义推翻统治者，这是阶级斗争。过去有人说，历史无非是“人砍人”，这话也对，也不对。如果这里讲的“人砍人”，指的是阶级斗争，那么这句话就说得很对；如果指的只是一般抽象的人，当然这句话就说得不对。以往人类的历史，就是一部尖锐的、剧烈的“人砍人”的阶级斗争史，直到剥削阶级还没有最后被消灭以前，这种阶级斗争是永远也不会停止的。这是客观事实问题，不管你承认不承认，事实总是这样的。但是，历史学界就有不少人总是害怕承认这个事实，害怕阶级斗争，甚至提到斗争这两个字也会发抖。他们害怕理论联系实际，他们不愿谈历史为政治服务，甚而厌恶政治，逃避政治，自命清高。这是一个什么问题呢？这是一个立场问题，是愿不愿意为无产阶级服务的问题。事实上，人总是有立场的，不是坐在这面，就坐在那面，是不可能有超阶级这样一个立场的。超阶级的立场是不存在的。既然这些人不敢面对现实中的阶级斗争，害怕联系实际，那么怎么办呢？那就只好脱离实际，不讲近现代史，只讲古代史。虽然古代史也有阶级斗争，但距离现实总要比较远一些，史料也要少一些，可以有“各取所需”的回旋余地。因此研究它的人容易在钻研故纸堆中找到不问政治的防空洞，所以有一些人就甘心躲在这个防空洞里了。

第二，另外有些人还存在有个人主义的打算。谁都知道，讲近现代史必然会牵涉到许多具体问题，比如说，史料多，时间近，材料也无法垄断，作结论也有某些困难，研究起来不太容易见成绩，搞得不好就会犯错误，就会受群众批评。加上讲近现代史有些历史人物还在，或者虽已去世而仍与自己有这种那种关系，肯定或否定某些人物和某些重大历史事件，可能会对自己有些影响。相反，讲古代史就不同了，时间远，史料少，牵涉的具体问题少，错了不要紧，得罪的是古人；另一方面搞古代史可以找一些冷僻问题研究，既容易见成绩，别人也很难挑出毛病，因而有些人只愿搞古代史，而不愿搞近现代史。

第三，还有很多人有资产阶级好逸恶劳的想法。因为近现代史资料太多，看不胜看，查不胜查，加上有些事情还牵连到外国，还要看外国材料，有时甚而还要作许多调查研究，总之，要想搞出一点名堂来，必须出很多力气。

至于古代史呢，相对地说，资料比较少些，研究起来比较容易些，个人成绩来得也快一些和多一些。正是由于这个原故，所以有许多人对于研究古代史感到很大兴趣，而对于研究近现代史则感到无从下手，束手不前了。

有了上述这些思想，所以在历史研究和历史教学工作中表现出严重的“厚古薄今”的倾向，有些人研究历史不是为现在服务，不是为无产阶级政治服务，而是为资产阶级和封建地主阶级服务；不是理论联系实际，而是理论和实际脱节。本来历史就是很生动的，政治性很强的科学，就因这样一搞，便弄成枯燥无味、干巴巴地堆砌上许多人名、地名、年代，讲起来使人打瞌睡，谁也不爱听了。甚至有些人对学习祖国的历史不是很有感情很有兴趣，而是不耐烦、不喜欢，尽管学了多年，仍然是漆黑一团，既不懂得祖国的今天，也不懂得祖国的昨天和前天。这种情况，肯定地说，是不符合国家和人民的需要的。

必须指出，历史是总结生产斗争和阶级斗争经验的科学，它必须要为现实政治斗争服务。今天我们是这样看，其实，过去的历史学家也是这样看的。我国古代的历史学家不是“厚古薄今”，而是“厚今薄古”的。例如《史记》讲到很古的三皇五帝时代只有一篇《五帝本纪》，而它的全部篇幅的绝大部分是讲汉朝的历史，时代愈近讲得愈多，时代愈远讲得愈少，这难道不是“厚今薄古”吗？还应该指出，司马迁这种“厚今薄古”的精神还表现在他的立场上。他为什么要歌颂陈胜、吴广起义呢？大家想想，不正因为陈胜、吴广是刘邦起义的先驱者吗？要歌颂汉朝就必定要歌颂他们；否定了陈胜、吴广，就要否定刘邦。我们再看看，司马迁对待汉朝前期农民起义的态度就不是这样，恰好与歌颂陈胜、吴广相反，这难道还不能说明历史是为当时政治服务的吗？

历史是为政治服务的，而且无论什么时候都是为当时的政治服务的。以司马光的《资治通鉴》为例，我们从这部书的名称就可以看出他写书的目的。“资”就是“为”，“治”就是“统治”，“通”就是通史的“通”，“鉴”就是“借鉴”，用现代的话来说，就是“为统治阶级服务的书”。过去旧的历史学家能从他们的阶级立场出发来这样认识问题，难道今天我们新史学家就不应该从阶级立场出发来认识问题吗？当然，这两种立场、两种认识在本质上是不同的，一种是站在地主阶级的立场为封建地主阶级的利益服务，一种是站在无产阶级的立场为无产阶级的利益服务。

为了很好地领会“厚今薄古”的精神，我们必须要认真学习毛主席的著作，深入到工厂、矿山和人民公社中去，紧密地和社会革命实践相联系。目前，在我国仍然还存在着政治上和思想上的阶级斗争，所以新的历史必须要为现实的阶级斗争服务；同时，我们要向大自然进军，向宇宙、地球要东西，要发展生产，所以新的历史还必须要为现实的生产斗争服务。新的史学家的任务是：要“厚今薄古”，但也要使“古为今用”，要让“死人”为“活人”立功。只有这样，历史科学才能成为建设社会主义的一支力量。

“厚古薄今”是不对的，“是古非今”更是不对的。历史上有些政治家，例如王莽，他要变革当前实际，就托古改制，到古代史堆里去找变革的理论根据，甚至不惜歪曲古代历史，美化古人，厚诬今代，这种“是古非今”的观点和作法，只会使历史后退，绝不能使历史前进。

那么，贯彻“厚今薄古”，是否古代史就不需要研究了呢？（现在所说的古代史含义是指“鸦片战争”前的历史）不是的，绝对不是的。近现代史要讲、要研究，古代史也要讲、也要研究。毛主席曾经教导我们，不但要懂得祖国的今天，还有懂得祖国的昨天和前天；并且再三教导我们，不要割断历史。因此，在历史教学中必须要给古代史一定的地位，也必须要集中一部分力量有组织地研究古代史。所不同的是，过去讲授古代史的分量和课程的种类大大超过了近现代史，古代史研究工作者的队伍也大大超过了近现代史研究工作者的队伍，这是不对的。应该倒过来。讲授和研究近现代史的人力必须要多一些。二者应该有合理的安排。

有人批评搞古代史的人就是资产阶级思想，好像只有研究近现代史的人才具有无产阶级思想，我觉得这种看法也是片面的，不对头的。我们要懂得自己的历史，要研究自己的历史，特别要研究和学习近现代的历史，但是也要讲授和研究古代史，应当运用马克思列宁主义的观点、方法对历史作出科学的解释和理论的说明。“厚今薄古”，并不等于放松对古代史的研究，我们必须要在研究古代史的阵地上，插上红旗。“厚”、“薄”的解释，不能单纯只看成时间多少或篇幅多少的问题，而更重要的应该把它看成是一个阶级立场的问题。用什么观点、立场去研究、解释历史的问题。什么叫做“厚”？具有马克思列宁主义的立场，能运用辩证唯物主义和历史唯物主义的观点、方法来说明社会发展规律，这样的讲授历史或研究历史，就叫做“厚”。也就叫作“古为今用”。反之，就叫做“薄”。

为什么必须强调历史要说明社会发展规律呢？因为只有掌握了社会发展的规律，人类才能掌握自己的命运，明确前进的方向，而不断地前进。我们通过历史研究和历史教学对学生进行爱国主义教育和阶级斗争教育，使下一代获得阶级斗争和社会生产发展的知识，从而正确地认识走向和建设社会主义和共产主义前途的必然趋势，这就是历史教育，也是政治教育，也是理论教育。

我们应该把历史知识看作是生动的、有规律的东西，一定要正确地生动地说明奴隶社会必然为封建社会所代替、封建社会必然为资本主义社会所代替、资本主义社会必然为社会主义共产主义社会所代替这个客观发展规律。同时要使学生通过历史的学习更加热爱共产党，热爱祖国和热爱劳动人民。因此，我们必须对那些恶毒地歪曲或污蔑祖国历史的人们进行严肃的斗争，对资产阶级唯心主义的观点进行认真的批判。我们一定要肃清资产阶级思想的影响，在历史科学的领域中拔掉白旗，插上红旗。

关于历史为政治斗争和生产斗争服务的问题，即“古为今用”，要“死人”为“活人”服务的问题，我想举一些具体的例子。拿最近的事来说，毛主席的“东风压倒西风”、“帝国主义和一切反动派都是纸老虎”的著名论断，就是根据历史实际和革命实际的经验总结出来的，毛主席总结了实践的经验，把它提高到理论，并且又反回来成了指导全国和全世界爱好和平的人民进行正义斗争的有力武器。这难道不是“古为今用”的最卓越的范例吗？当然这个“古”不是很远的“古”。毛主席从历史实际和革命实际中举出许多令人信服的例子，是为了教育人们认识帝国主义必然消灭的前途，认识社会主义必然胜利的前途，同时给一切反动派指出他们的前途就是希特勒、东条的前途，他们应当从过去的历史事实中吸取教训。试想，毛主席的这个论断对于当前的政治斗争起了多么大的作用！这不就是历史为政治服务，不就是“死人”为“今人”服务！不就是“古为今用”吗！

此外，在生产斗争方面，九年多来我国进行了史无前例的大规模建设。我们能不能让历史为今天的建设服务呢？肯定地说是能的。比如建筑厂房、桥梁，要考虑到地震、水文等很多问题，这就需要把有关地震、水文的材料找出来，以供建设单位参考。收集地震、水文的材料，当然主要的是依靠现代科学和实际的调查访问，但是历史的资料也可以为这方面提供一些宝贵的线索。事实的确是这样，我们有很多方面就是依靠故宫博物院和各个大图书馆里所藏的死的历史资料解决了一些问题的。又比如寻找矿藏，过去各地方志上有关贡品、开矿等的记载就是绝好的资料，根据这些资料再结合实际的、科学的调查勘探，显然就收到了很好的效果。这不就是历史为生产建设服务，不就是“古为今用”吗！

最后让我再举一个“死人”为“今人”服务的例子。不久以前，我们第一次完整地发掘了明十三陵万历的陵墓，并把它建成了地下博物馆，这个陵墓的发掘，我认为有很大的意义：第一，可以通过它对人民群众进行活生生的阶级教育；第二，从坟墓中发掘出许多手工艺品和上面刻有年月、地点和机关名称的金银元宝，这些实物提供了过去封建帝王对人民进行残酷剥削的实例；第三，根据万历的服装和其他许多殉葬物品的种类、型制、花纹、图案，可以帮助我们更加了解明代的社会生活，特别是手工业的发展，从而丰富了我们的历史知识。

谁说历史不能为现实服务呢？上面所举的例子，就有力地反驳了那些认为搞古代史便无法为政治服务、无法为生产服务的人们的荒谬见解。

历史所讲的内容虽然都是昨天、前天的事情，是过去的事情，但是历史是不能割断的，今天的基础不能离开明天，也不能离开前天。研究历史的人，首先要研究今天，但也要研究昨天和前天。应该用马克思列宁主义的观点、方法，总结其成功和失败的经验，作出科学的解释和创造性的理论说明，从而阐明社会发展的规律，指出社会发展的必然前途，用以指导和教育下一代的人们，向着正确的方向，党所领导的方向奋勇前进。这才叫做“厚今薄古”，这才叫做“古为今用”。我们必须把这两句话统一、联系、并举，而不是分立、割裂，甚至对立起来。因之，任何片面的理解都是错误的，不正确的。为了进一步理解这个方针，我们必须认真学习毛主席关于这个方针的有关著作，认真学习马列主义理论，我们相信，只要我们这样做，我们的历史学界一定会在不太长的时间内，呈现出光辉灿烂、万紫千红的局面。

（原载《文史教学》试刊第一期，1959年2月5日）

炮

下象棋的人都知道用炮，炮是用于远距离攻击的。这个“炮”，是用石头当炮弹的。1952 年北京修建陶然亭公园时，挖出几个像足球大小的圆石头，也有像大皮球大小的，看来是北宋攻辽时所用的炮弹。

从长武器进一步发展到远距离杀伤武器的炮，人们的手臂又延伸得长一些了。

用石头作炮弹，用木头作炮床，应用杠杆的原理，把石弹抛得远远的，用以攻城，是中古时代最厉害的武器。炮床的形式、种类，公元 1044 年左右编成的《武经总要》有总结性的记录。

但是用石炮不始于宋，大体上从公元前五世纪到公元十四、五世纪，有两千年左右的历史。

相传公元前五世纪范蠡兵法，飞石重二十斤，为机发行五百步。① 三国时有发石车，用机鼓轮发石，飞击敌城，可以打到几百步以外。② 隋末李密攻洛阳，以机发石，号将军炮。③ 唐太宗围洛阳宫城，用大炮飞石，重五十斤，掷二百步。④ 公元 645 年李勣攻辽东城，用抛车飞三百斤石于一里之外。⑤ 公元 956 年，周世宗攻寿春，视察水寨，过桥的时候，下马取一石，拿到水寨作炮石，从官也跟着人人搬一块石头⑥，用方舟载炮，从淝水中流攻城。⑦ 宋仁宗时依

① 《文选》，潘岳：《闲居赋》注。

② 《三国志・魏志》卷二十九，《杜夔传》注引傅玄记马钧事。

③ 《新唐书》卷八十四，《李密传》。

④ 《资治通鉴》卷一八八。

⑤ 《旧唐书》卷一九九上，《高丽传》。

⑥ 《通鉴》卷二百九十三。

⑦ 《五代史记》卷三十三，《刘仁赡传》。

智高攻广州，把石头琢圆为炮，一发就杀几个人。① 宋仁宗很重视这一武器，在京城开封城北，专门修建炮场，亲自检阅练习，又修了一个城西炮场。② 公元1126年金人围攻开封，取城外宋军所准备的炮石，立炮架数百攻城，抛掷如雨，宋军中炮死的日不下数十。③ 刘豫攻大名，用炮车发断碑残础攻城，城上的楼橹都被打坏，守城将士用盾障身，多被碎首。④ 一直到元朝末年，明徐达围攻苏州，叛将熊天瑞教城中作飞炮，城中的木头石块都用完了，拆祠庙民居为炮具。⑤ 明军也用炮攻城，张士诚的兄弟张士信在城楼上督战，被炮石打死。⑥

炮弹非用石头作不可，但在特殊情况下，也有用冰和泥的，如公元1004年契丹攻沧州，城中没有炮石，就用冰代炮石拒守。⑦ 攻安州，陈规固守，用泥作炮弹，敌人攻不下，只好走了。⑧

在这一千多年中，炮是军队攻坚的主要武器，但在公元十世纪左右，应用火药的火炮也发明了，以后石炮就逐步为火炮所代替。

刘勉之

（原载《人民日报》，1959年3月17日）

① 司马光：《涑水纪闻》卷十三。
② 《续资治通鉴长编》卷一七七。
③ 丁特起：《靖康经闻》。
④ 《宋史》卷四百四十八，《郭永传》。
⑤ 吴宽：《平吴录》。
⑥ 《明史》卷一二三，《张士诚传》；刘辰：《国初事迹》。
⑦ 《续资治通鉴长编》卷五十七。
⑧ 陆游：《老学庵笔记》卷五。

用实事求是的精神办托儿所

办任何事业，都要把冲天的干劲和科学的分析态度结合起来，都要弄清什么是当前需要办、也可能办到的，什么是在积极创造条件以后才能办到的。办托儿事业也要根据这些精神去作，才能办好。让我们举两个例子看看吧。

某人民公社中，展开了大办托儿事业的竞赛。有一个大队的干部，在党委领导下详细研究了办托儿事业的方针、政策，还算了一笔账：如果全社都办幼儿园，社里马上得拿出三万元作开办费；农民家庭一般是妈妈和孩子同睡一床，如果单给孩子做新被子，每个家长至少得拿出六七元。而当时社里工资制刚实行，公家、私人负担这么多钱都有困难。后来，他们征求家长们对办托儿所、幼儿园的意见，四十位妈妈，人人都愿把孩子送进幼儿园，但是要求全托的只有十人。其中有的是多子女母亲，有的身体不好、家中又无老人照管孩子，有的是单身缺少帮手的。大家还要求：农忙季节，办短期全托。许多妈妈提出：幼儿园最好以中队为单位建立，这样，接送孩子方便，看孩子也方便。她们还希望年纪稍大一点的女社员来作保教人员。于是，在这个中队办起了一个有四十来个孩子的幼儿园，大多数孩子是日托，也有长期全托和临时全托。对于送孩子全托的家长，如果被褥有困难，由公社先补助一部分或先垫出来。社里还拨出些木料、废品，发动家长、保教人员给孩子们作了不少玩具。孩子的脸盆，有木的、有瓦的，衣服、手巾也是家里有什么样的就拿什么样的，不求一律。社干部、家长和保教人员都说："我们是勤俭办园，不能一下子样样置得完备，也不能要求孩子的生活比大人高得太多，生产一年年发展，生活一年年提高，就可以步步添置更新更好的设备。"幼儿园的园长，是办过多年小型幼儿队的，教养员原来是生产模范，高小毕业生，受过短期保育训练，两个中年妇女也是过去在小型托儿所看过孩子的。她们个个政治上进步，干劲十足，身体健康。大家在工作上又能互相帮助。家长们把孩子送进幼儿园以后，都很放心满意。

另一个中队的情况却是两样。干部们提出三天内幼儿园要放大型、全托的卫星。一声令下，办起了一个四百多个孩子的全托幼儿园。队里给买了一批新被子、被褥子、新帐子、搪瓷脸盆、大花毛巾及大红公鸡、大红木马、洋娃娃等玩具。并宣布：这些费用有一部分在家长工资中扣除。妇联干部兼园长，保教人员全是十八岁到二十岁的青年姑娘，都是高小毕业生或中学生，有的受过短期保育训练，有的是从中学里临时抽调出来的。结果呢，家长要走三、四十里路来看孩子，妈妈很不放心，常常为了看孩子，请假误工。园长顾了全面工作，顾不了园务；保教人员互不服气，闹不团结，又嫌孩子脏，不会教育孩子。不久，麻疹发生了，隔离吧，没有这么多房子和被褥。最后，只好叫家长把孩子接回去……

上面两个例子，前一个代表绝大多数情况，后一种是极少数。这两个例子对照起来，再一次清楚地告诉我们：在办托儿事业时，我们要有社会主义竞赛的热情，力求办得先进；但是，办大型的还是办小型的，办全托还是办日托，设备是因陋就简好，还是求新求全好，这就要具体分析各种实际情况、可能条件，作到实事求是，因地制宜。“托儿组织的形式，要从当地生产发展和群众的需要出发，要照顾到可能的条件，可以办日托，也可以办全托，灵活多样。”（见蔡畅同志在全国建设社会主义积极分子代表会议上的报告）

办托儿组织也和其他工作一样，应该走群众路线，征求妈妈们的意见，只要托儿所、幼儿园办得好，群众自然会拥护。同时，还要坚持入所入园家长自愿、出所出园家长自由的原则。如果不这样，单凭热情办事，讲究形式，不切实际，尽管我们主观愿望很好，也难免会把好事办成坏事。

勉之

（原载《中国妇女》第2期，1959年）

谈谈机关女干部的政治理论学习

一位刚从中级党校毕业的女干部谈学习体会时说，五个月的政治理论学习，使她深刻地认识到：不刻苦努力地学习政治理论，是暮气、骄气和娇气在支配着自己，其根源是个人主义。语短意长，令人深思。

我联想到：大多数机关女干部在政治理论的学习上，是朝气勃勃、刻苦努力的。特别是“反右整风”和“社会主义建设大跃进”以来，学习的兴趣更浓，劲头更足，这是十分令人兴奋的新气象。但是，有少数女干部却还是强调工作忙，不抓紧时间学习，常常是领导上抓得紧，同志们督促得严才学一点，从不主动、自觉地学习。有人说，这叫学习上的“算盘子”；拨一拨，动一动，即便“拨动”了，也是满足于一知半解，缺乏刻苦钻研的精神。

她们是不了解政治理论学习的重要性么？她们马上会反驳你：“嗨！一参加工作就知道了！听都听够了。”是没有时间学习吗？有些人的工作确实紧张，但工作越紧张，越应努力学习，这样才能提高工作效率，工作效率提高了，也就会腾出更多的时间来学习，这两者是密切相关的；况且工作也并不是紧张到连一点学习的时间也没有。问题在于自己是否抓紧学习。这里，我想起某同志的思想检查中的一段可供参考：“……刚参加工作时，对什么都觉得新鲜，觉得自己懂得少，如饥如渴地啃理论、学政治；以后，觉得自己已经当了干部，有了一定的政治理论水平，工作还能对付，讨论会啦，谈问题啦，也能发言，于是感到有资本了，差不多了。此后，业余时间就浪费在过多的娱乐和社交上了；结婚以后，眼光和心思又主要转向孩子、丈夫、家务事上了……”

为什么当了干部，有了“资本”就把业余时间过多地放到娱乐、社交和孩子、丈夫、家务事上面去了，而不努力提高自己的思想觉悟、政治理论水平，以便为党为人民服务得更好呢？为什么只看到目前的“资本”够用，而不想到没有新的思想和知识来不断充实和武装自己，怎么能跟得上这“一天等于二十年”的跃进时代呢？有人说，这是由于某些女干部没有完全摆脱旧社会对她们的影响，因而她们容易满足现状，胸无大志，安于一知半解，不求继续上进。我看，这话有理，不过，还是那位刚从党校毕业的女干部的话更加一针见血：“这是一种个人主义思想的表现!”也就是说，这是由于某些女干部没有树立，或者说，没有巩固地树立为社会主义共产主义事业奋斗的大志。

在这里，我想起了无产阶级革命导师马克思、列宁的伟大形象，他们在政治环境、生活条件极端困难的情况下，仍然坚持学习和著作；我也想起了我们党和国家的许多负责同志的光辉榜样，他们在工作十分繁忙的情况下，仍然坚持钻研理论政策，而且孜孜不倦地教育干部。这些同志的共同之点，首先就是他（她）们有着坚定的无产阶级的世界观，有着全心全意、忠心耿耿为人民服务的思想。我还想起了工农劳动妇女刻苦学习的感人事例。如像被人誉为“老来红”的学习模范高应秀，本来，对于这样一个在旧社会当过几十年雇工，又是古稀之年的“五保户”，人们除了奉侍她以外，谁还要求她学什么、做什么呢？但是，她八年来主动地坚持学习、从文盲变成了能看书、看报、写诗、绘画的“文化人”，成了宣传党的各种政策的积极分子。什么力量驱使她这样学、这样做呢？主要是由于她有着热爱新社会、热爱党、热爱毛主席的朴素而高尚的思想。正如她自己所说：“我觉得新社会越过越甜，越想越觉得要把党和毛主席的恩情写下来，越想越觉得要关心国家大事。”

归根结底，能否抓紧时间学习，严格讲来，实际上是个觉悟问题。一个具有为共产主义事业奋斗的大志的人，全心全意为党为人民服务的人，都真正懂得学习党的政策、学习政治理论的深刻意义。从而就会抓紧时间学习，真正热爱学习；同样也只有努力学习政治理论，才能不断提高思想觉悟，做好工作。这是一条最普通的真理。

彭德怀同志代表中共中央政治局在全国妇女建设社会主义积极分子代表会议上号召我们：中国共产党热忱地希望妇女们学习马克思列宁主义理论，关心国内外政治形势，扩大政治眼界，明确前进方向。让我们遵循着党的教导，时时鞭策自己，顽强地、坚持不懈地学习政治理论，争取思想、工作更大地跃进吧！

勉之

（原载《中国妇女》第5期，1959）

关于历史知识的普及问题
——对武汉史学工作者和高等院校历史系同学的讲话

二十多年前学过一点历史，读过一些书。但是从1937—1949的战争年代、斗争年代，没有好好读过书。1949年到现在参加了政府工作，也没有能够有系统地认真地读书。以此，不只是其他知识贫乏，连历史知识也是很贫乏的。正是由于这样，所以深感有普及历史知识的必要。

这次到武汉，是来学习的。不料李达校长再三要我讲话，只好讲一点，讲历史知识的普及问题。

普及和提高的关系，毛主席早已正确地解决了。在延安文艺座谈会上明确指出：在提高的指导下普及，在普及的基础上提高。一句话，两条腿走路。单有提高，没有普及，只是少数人提高了，大多数人还是一穷二白，这是不符合我们国家要求的。我们要彻底改变文化上一穷二白的面貌，必须把提高了的东西普及给全国绝大多数人，人人懂得点历史，掌握社会发展的规律，认识自己的前途，并通过历史的学习，更加热爱自己的祖国、热爱党、热爱人民，信心百倍地投身到社会主义事业的建设洪流中去。相反，只有普及，没有提高，也是不行的；只是把前人达到的水平的东西普及给人民，是一种懒汉的想法，是自甘下游的想法。我们必须要尽最大的努力，用一切方法，把各个学科的水平提高到世界水平，超国际水平，攀登科学的高峰。历史科学当然不能例外。而且，还应特别指出，研究中国历史而不提到超国际水平的程度，比世界任何一国都高，这是不应该的、可耻的，也是无从想象的。所以，我们必须不断努力、不断提高，而且还应该把提高的成果用通俗的文字普及给广大人民，使这些东西成为广大人民知识的组成部分。这样，广大人民都拥有基本的必需的知识了，全体人民的文化水平大大地提高了，必然又反过来有力地促进提高的进一步发展。可以这样说，提高和普及又是互相促进的、互为因果的，不断地反复，不断地互相促进，才能够做到使我国不只在政治上、经济上，在文化上也达到世界的高峰。

我想，我们历史学界的同志们都应该而且必须有这样的雄心壮志!

建国十二年来，和其他战线上所取得的成就一样，历史科学方面也取得了伟大的成就。

第一是立场、观点、思想方法的改变。由于无产阶级取得了领导权，有了党的正确领导，我们有充分的机会学习马列主义、毛泽东思想，历史唯物主义、辩证唯物主义的思想在历史科学中占了绝对优势的地位，唯心主义的思想失去了正统地位，不吃香了，帝王将相中心论、地理环境决定论、历史循环论等等谬论都破产了。我们站在人民的立场，以唯物的观点、辩证的观点，实事求是地去研究历史，分析历史，说明历史；我们遵从毛主席的指示，认识到历史是人民群众创造的，农民战争是推进历史发展的动力；我们从列宁和毛主席的著作中，学习了评价历史人物的标准，那就是评价历史人物只能从他比前人多做了一些什么事，提供了什么新的东西，而不能以后人的成就要求于古人。这是一个翻天覆地的变化，有史以来所未有的变化，值得我们高兴、自豪。

第二是大量考古资料的出土。这十二年，到处兴修铁路、公路、水库、工厂、学校和其他建筑，随之也发现了大量的地下资料，旧石器时代的、新石器时代的，以及封建社会各个时期的。数量之大，保管之好，也是空前的。通过这些资料的研究，必将大大地丰富我国的历史内容。

第三是文献资料的汇集。毛主席指示我们首先要研究近百年历史，我们这样做了。例如中国史学会先后编辑和出版了鸦片战争、太平天国、中法战争、捻军、回民起义、戊戌变法、中日战争、义和团、辛亥革命等书，搜集了大量的资料；科学院经济所出版了工业、手工业的资料；最近为了纪念辛亥革命，单是全国政协就已收到七百万字的稿子，今后还会有很多。辛亥革命老人都鼓起干劲，写自己亲身经历的和所见、所知、所闻的事情，这种情况也是空前的。由创造历史的人们自己写历史，而且不是个别的，而是大量的，应该说是世界历史上的创举。

第四是调查研究工作的展开。这个工作古人也做过，例如司马迁，他就遍历名山大川，访问一些人物，看了一些实物，但规模决不可能有我们今天这样大，这样广泛。举例说，关于义和团、太平天国、捻军和现代革命斗争史迹都做了调查，有了丰富的收获。通过这些从实际中、从人民中来的材料，不只可以丰富我们的历史，而且可以纠正许多错误的歪曲的记载。更值得指出的是关于少数民族地区的调查研究。这个工作做了许多年，参加的人以百计千计，得到的文字资料以万万计。大家知道，我国不但是多民族国家，而且几乎过去社会历史发展的每一个阶段，在我们的少数民族中都可以找到特出的典型。这些资料的整理、研究，最后必将提炼出一部中国自己的社会发展史，不但可以大大地丰富我国多民族国家历史的内容，而且，必将对世界的历史科学作出巨大的贡献。

当然，这十二年来出版的有价值的论文、专书，为数是不少的，我不能一一列举，这方面在座诸位比我知道得多，我就不详谈了。只举一本书，就是最近出版的吴玉章同志的《辛亥革命》。他亲身参加过辛亥革命，现在又以八十四岁的高年把亲身经历的事情写出来，其中不但有详尽的事实，还从事实提高到理论，给辛亥革命以正确的评价。正如李达校长所说，是我们学习的最好榜样。

以上这些方面，总的说来，给历史科学的提高，打下了很好的基础。

问题也还是有的，主要的是研究工作没有跟上去。例如考古的实物资料那样多，中国史学会出的有关近百年史那许多资料，和更大量的少数民族的调查访问资料，在目前来说，大体上都还是资料，我们还没有对这些资料作过详尽的研究，写成专门的论文、专门的著作。从资料提高到成品，到理论，把这方面的学术水平提高一步，这是有待于我们大家共同努力的。

其次是普及工作也没有跟上去。

必须指出，目前有一种观点，认为只有写专门论文、专门著作才是学术研究工作，才是学者、才是专家；至于写通俗文章，写普及知识的小册子，那是低一等的，是另一种人干的事，让他们搞去吧，我不搞这个。这种看法是错误的。正如前面所说，提高和普及必须两条腿走路。学术研究工作不为广大人民服务，不为工农服务，又为谁服务呢？当然，专门论文，专门著作要写，通俗文章，普及的小册子也必须写。而且，每人就自己的专门论文，专门著作进一步提炼一下，使它通俗化，能为广大人民所接受，不是一举两得，事半功倍吗？

我想，为了我们的干部、农民、工人，也为了我们自己的孩子，我们有权利提出这个要求：要求学者、专家也来写一点通俗读物，把知识普及给人民。

可能同志们要问：愿意做呀，但是怎么做呢？

在这里我提供一点粗浅的不成熟的经验。

从 1955 年开始，我们做了一些工作。

根据毛主席的指示，我们组织力量，标点了《资治通鉴》和《续资治通鉴》。这两部大部头书，经过标点以后，要比原来的容易读一些了。虽然标点还有不少错误，但大体上总可以说新本比旧本好，干部们是欢迎的。

接着我们组织力量标点二十四史，已经出了几种了，武汉大学也承担了任务。我希望能够重视这个工作，尽最大的努力把它做得更好一些，使之成为中华人民共和国本的二十四史。

有了这两套书，我想可以初步解决高级干部和史学工作者学点历史的基本问题。

光有标点本的史书还不够，还得有历史地图。也是从 1955 年起，我们着手改绘杨守敬的历代舆地图。杨守敬是湖北人，他在那个时代光是和他学生熊会贞几个人做出了这样大的成绩，是了不起的事。但是他的图有缺点，用旧方法方格格，地形地貌不科学；中原详，边疆略；只有汉族的活动，没有表现少数民族共同缔造我们这个国家的历史记录；而且分幅过多，有三十一册，不便翻阅。我们经过多次会议讨论，决定以中华人民共和国的疆域为底图，并且采用1960年的最新的地图作为底图，用现代科学的图画方法来表现，加上边疆，加上民族分布。由于工作的要求不断提高，参加的单位也越来越多了。主要有上海复旦大学，北京的国家测绘总局、地图出版社和民族学院、科学院地理研究所、历史研究所、近代史研究所、南京大学、云南大学等等，在武汉参加这一工作的有测绘学院，由他们负全部制图工作。我希望这个新图能在1963年完成。

此外，我们认为教科书是普及历史知识重要的环节。

两年前，我们试编了一套小学历史教科书。这套书不依朝代讲述，而是根据儿童喜爱故事的特点，选取历史上某些有代表性的人物，有巨大意义的事件为中心，通过故事体裁编写。出来以后，很受学生和教师欢迎，认为比过去为好。

和教科书相配合，我们出版了中国历史小丛书。这套书也是以人物、事件为中心的，后来又加上史话，如五谷史话、中国古代数学史话等等。写的人原来绝大部分是北京市的中学历史、语文、政治教师，后来美术教师也参加了；原来是个人执笔，后来发展为一个教研组，以至几个教研组，甚至一个学校写了；作者原来限于北京，后来外地投稿的也越来越多了。最近一年来，由于添了史话，中央有许多部，有许多科学研究机构，许多专家也参加进来了。读者对象原来假定是小学五六年级到初中一二年级的学生和摘了文盲帽子、认得两千字左右的工人、农民，现在扩大了，教师也看了，干部也看了，解放军官兵也成为数量最大的读者了。

通过书的写作，教师们在编委的帮助下，再三修改，知识丰富了，写作能力提高了；相应，教学水平也提高了；不但教师愿意写，学校的领导也愿意教师写了。现在，编写小丛书已经成为北京市教师进修学院一项主要任务。

这套书已经出版了六七十本，今年预计出到一百本，二三年内出满三百本。

有了中国历史小丛书的经验，我们又成立了外国历史小丛书的编委会，预定今年内出十本。最近，本月十一日又成立了地理小丛书编委会。内容分中国地理、外国地理、地理学三部分。也预定今年内出十本。

以上这三套书，都是小本子，每本字数一万几千到二万字左右。要求立场观点正确，内容正确，文字通俗、生动、流利。都附以必要的插图，要求做到图文并茂。

如何做到通俗，最近我们开了个座谈会，有人提出两条，我看是很恰当的。那便是第一给自己的幼年儿女读，孩子们读懂了，便算通过了，有不懂的地方，便必须改写；第二是交给外行读。我们有许多史话，例如钢铁史话、陶瓷史话、京剧史话、医药史话等等都是很专门的，内行人读懂了不算，只有连外行人也能完全读懂了，才算达到通俗的地步。

我们这样做，不只供应了一些可读的书给读者，达到知识普及的目的，而且第一通过实践，提高了写作人的学术和写作水平，在学校里成为好教师，在社会上也出现了一批新的作家队伍；第二高等学校和中学虽然关系很密切，但教师之间来往并不多，特别是学术性的探讨更谈不上，我们邀请了许多高等学校的教授们做编辑委员，负责帮助作者修改写作提纲、讨论问题、审阅稿件和提供必要的帮助，这样，就把一部分的高等学校和中等学校教师结合起来了，通了气了。第三由于工作的要求，有不少没有写作过或很少写作的人现在都动起笔来了，找资料，谈问题，发挥了积极性，也繁荣了学术气氛。

至于中级干部，我们也在为他们编一套历史丛书。每本五六万字到十几万字，也是以人物和事件为中心，要求内容更丰富些，道理说得更清楚些。

以上几套书，中国历史小丛书和历史丛书是中华书局出版的；外国历史小丛书是由商务印书馆出版的；地理小丛书是由中国青年出版社出版的。无论哪一套书，北京的朋友们只是作为一个发起人，都迫切要求各省市历史、地理工作者的支援。趁参加辛亥革命五十周年学术讨论会的机会，我在这里要求武汉的学术界、历史学界、地理学界的朋友们和同志们，要求你们参加这个活动，参加历史、地理知识普及的活动，参加历史、地理科学为工农兵服务、为生产服务、为无产阶级政治服务的活动。我相信，我的要求一定会达到目的。我在这里，预先向你们道谢。

最后，还要谈一谈历史剧问题。历史剧是普及历史知识最有效的工具之一。在过去时代里，工人、农民没有受教育的机会，但也知道有汉有唐，有诸葛亮、包公等等，这些知识主要是从历史剧得来的。但是过去的历史剧有它自己的目的性，和我们今天的要求不尽符合，而且，其中绝大部分是不完全或者是没有反映一定时期的历史真实情况的。我们在这里不是责备旧历史剧，而是说在今天，应该有我们这个时代的历史剧，来对广大人民进行历史主义、爱国主义的教育。为了做好这个工作，我们也认为必须做到历史工作者和戏剧工作者的充分合作，由历史工作者提供有戏剧性的历史素材，由戏剧家据以编写剧本。在编写和彩排过程中，历史工作者应该尽量给戏剧工作者以可能的帮助，使历史剧这朵鲜花也在万紫千红的剧坛上盛开起来。

这方面的合作，北京方面已经开始了，如文成公主，如胆剑篇，如武则天，我们都参加了讨论。最近，我们又编了一本历史剧拟目，水平虽然不高，但很受戏剧界欢迎。我们希望武汉的朋友们也能够这样做。

总之，历史知识的普及工作要大家来做，人越多越好，做的事也越多越好。开头做的时候，缺少经验，缺点、错误是难免的，决不要怕会有错误、缺点而不做。相反只有做了，才能看出缺点和错误，从而加以改正，得到提高。我们的工作正在不断发现缺点、错误和改正缺点、错误中。就工作的目的说是普及，但就我们参加工作的人来说则又是不断提高的过程。不只是如前面所说参加写作的教师由于实践和编委的帮助有所提高。即就出版的每一本书说，在出版一个时期以后，搜集了读者的意见，交由作者校正修改，这样，这本书也就逐步得到提高了。以此，我们的意见，不只是提高与普及必须并举，而且在普及的过程中同时也是提高的过程。

以上只是一些要求和不成熟的经验，希望得到武汉学术界朋友们的大力支持和批评指正。

（原载《新观察》第15期，1959年8月1日）

读《甲午海战》*

甲午海战是中国近百年史上一件大事。在这一仗以前，1884年的中法战争，清朝打败了。1860年的第二次鸦片战争，清朝打败了。再前些年，1840年的第一次鸦片战争，清朝打败了。从1840年起，清朝政府打了一连串的败仗，丧权辱国，引起全国人民的愤怒。

清朝政府以前打了几次大败仗的敌人是当时世界上的强国：英国和法国。甲午战争呢，敌人却是方兴的资本主义国家，在当时世界上还没有取得强国地位的日本。这个国家和清朝政府一样，以前也是被这些强国欺侮的，但是，这一仗，却打败了当时世界上的大国。清朝政府又一次丧权辱国，除了赔款二万万两以外，还割让了领土辽东半岛、台湾和澎湖列岛。

中国人民从此更深切地认识了清朝政府的腐败、无能，更深刻地明白了要免于被奴役宰割的命运，只能依靠人民自己的力量，团结起来进行斗争。轰动世界的义和团运动，就是在这一连串对外战争失败，特别是甲午战争的刺激下爆发的。光绪二十六年（公元1900），也就是甲午海战后六年，这一年五月二十七日有个御史刘家模上了一个奏折说：

> 方今天下强邻虎伺，中土已成积弱之形，人心愤激久矣。每言及中东一役，愚父老莫不怆然泣下。是以拳民倡义，先得人和，争为投钱输粟，倡始山东，盛于直隶，现传及各省，所至之处，人多赢粮景从，父兄莫能拴束，妻子不能阻挠，独悻悻以杀敌致果为心。

---

* 《甲午海战》（话剧），中国人民解放军海军政治部文工团话剧团根据海军某部希侬、叶楠等所著电影剧本《甲午风云》改编，朱祖贻、李恍执笔。——编者注

多次的对外战争失败，屈辱，“人心愤激久矣”。特别是甲午一战，痛巨痛深，非知识分子的“愚父老”广大人民也无不“怆然泣下”，要和中国人民的敌人——帝国主义拼个你死我活了。说明了甲午之战的失败教育中国人民认清了帝国主义的恶毒贪婪，认清了清朝政府的无能腐败。丢掉了幻想，起来进行斗争。

《甲午海战》这个历史戏，真实地反映了历史情况，集中地突出地描写了当时广大人民和下层官兵的爱国热忱。虽然这一仗是打败了，北洋海军全军覆没了，却通过艺术处理，刻划了中国人民和士兵的英勇斗争，和不为失败所吓倒，再接再厉一往无前的反对帝国主义的雄心壮志，从而起到鼓舞士气，激励人心的政治效果。在看了戏，读了剧本以后，留下深刻的印象。

这个戏是好戏，好历史戏。

说是历史戏，因为戏中的历史事实是有根据的，除了方伯谦改为方仁启以外，连水手李仕茂、王国成都是实有其人的。丰岛之战，大东沟之战，和刘公岛全军覆没，都符合历史实际。

说是好历史戏，因为这个戏不止是真实地反映了历史实际，还从历史实际中得出有益教训；不是简单地描画历史，而是艺术地处理历史题材，把它更强化、集中、突出了，收到了强烈的效果。这个戏对当时清朝统治者企图用退让、甚至屈辱的方法，来取得暂时的和平的妥协路线给予了有力地揭露和抨击，歌颂了中国人民的爱国主义精神，无疑对今天的读者和观众是有很大教育意义的。

当时的日本，正在明治维新之后，新兴的资产阶级和军国主义集中力量向外发展，向北侵吞朝鲜，向西侵略中国。

清朝政府呢？这个垂死的封建统治阶级，在遭到一连串对外失败之后，不但没有从中得到教训，相反，却更加屈从于外来的压力，不但不想反抗，却反而企图所谓“用夷制夷”的办法，想利用这一批侵略者来抵制另一批侵略者，在日本海陆进攻的军事威胁下，他们不是下定决心抵抗，用反侵略战争战胜侵略战争，而是妄想祈求英、俄、法、美等国，通过外交，恳求日本停止侵略。只要不打，赔点钱，吃点亏，什么都可以。这一派人以保守的西太后那拉氏为中心，起主要作用的是直隶总督、北洋大臣李鸿章。

那拉氏从来不想抵抗外来侵略，这一年，她正六十岁，想太太平平地风风光光地过一个生日。

李鸿章是北洋海军统帅，他搞了十几年海军，这是他的个人资本，他的一帮人淮军系统的饭碗，淮军腐化的情况，他是知道的，北洋海军军官纪律废弛的情况，他也是知道的。他不想打，只要不打，赔钱、屈辱，不是他个人的事。打了，万一打败，他的资本就光了，关系到个人和淮军系统的地位。以此，从一开始，他便把希望寄托在列国调停上，求俄、求英、求法、求德，最后求美国。一味打电报给驻外使臣，一味找各国使节商谈，目的只有一个，求日本不打。甚至，在大东沟海战以后，留下来的一部分舰队，实力并未受到很大伤害，只要用几十天时间修理以后，还可一战的情况下，海军提督丁汝昌要求出战，李鸿章十分愤怒，责骂丁汝昌道："你只要保住船，其他不是你的事！"不许出战，一直弄到日军海陆夹攻，全军覆没。

相反，也有主战派。

主战派的中心人物是光绪皇帝，他要抵抗。政治上他和那拉氏有深刻矛盾，只有抵抗侵略，他才能取得一部分人的支持，当家作主。他的代言人是翁同龢和一些文人。这些人没有实力，没有兵权，也没有办法。只是通过主战作为宫廷斗争的手段。

由于那拉氏和光绪皇帝的对立，李鸿章和翁同龢的对立，李鸿章办海军，翁同龢不给钱，在甲午战前五六年，没有买过一条船，更不用说弹药了。钱是有的，用去修颐和园，办别的事去了。

正在这期间，日本大办海军，日本海军舰只新、快；炮位多、发射快。清朝的呢？军舰老、旧；大炮少、发射慢。

更重要的，由于政治腐化，北洋海军也腐化了，军官纪律废弛，斗志不强。海军内部矛盾重重，提督是陆军出身的，顾问有英国的，德国的，其他国家的。军官大多数是福建人，和广东籍的军官有地域成见，军官大都贪污，扣压士兵的俸饷，引起士兵不满。后勤部门的官员贪污得更厉害，买炮弹不管口径对不对，只顾打回扣，尽买些过时报废的废品。到作战时，不是对口径的炮弹不够，便是根本不能用。

以此，甲午海战首先败在政治上。

由于政治腐化，抵抗不抵抗成为宫廷斗争的手段。带兵的、有实力的，要以妥协退让求得不打；文官、无实力的，却高声喊打。等到敌人动了手，陆军入侵，海军在打沉了运兵船高升号之后，接着，用挂着美国旗的军舰逼近清军舰队，临近了才改挂日本旗，开炮轰击，大打之后，李鸿章还下令北洋舰队的任务是保船，不许出战，这样的政府，这样的领导，如何能不打败仗？

其次，才是军事的失败。

北洋海军的精华是两条铁甲舰，大东沟之战原来的阵势是摆人字形，两条铁甲舰在前。但到临战时，总兵刘步蟾怕敌人火力集中在自己这条铁甲舰上，突然改变阵势，成为半月形，把弱点暴露在敌舰的火力下，阵势整个乱了，虽然双方实力差不多，却打了败仗。

在战斗激烈时，提督丁汝昌在指挥台上，刘步蟾突发一炮，震坏了指挥台，丁汝昌受了伤，还坚持指挥。刘公岛被围，他拒绝了外国洋员其中包括美国洋员强迫投降的威胁，最后服毒自杀，表现还不错。

表现最英勇的是管带邓世昌。他带的船英勇作战，打伤了敌舰，到炮弹用尽，无法再战，便把船开足速度，直冲敌舰，被敌舰鱼雷击中，兵舰沉没，他落在海中，拒绝援救，光荣殉职。

相反，另一管带方伯谦，在护送高升号遭遇敌舰时，他仓皇逃避，挂白旗投降。在大东沟海战时，又首先逃避，撞坏了另一条兵舰。这个可耻的懦夫逃将，最后结局是被清朝政府所杀。剧中改作为人民所俘获处死，是完全可以的。

这个戏强烈地表现了正面人物邓世昌的耿直、爱国、英勇，和士兵的特别是从头到尾都贯串着深受苦难的人民群众的爱国英勇气概和一往无前的斗争精神，矛盾突出，对比鲜明，斗志昂扬，意气风发。同时也揭露了李鸿章的以妥协退让求不战，通过马四爷这个豪绅表现了清朝政府的腐败，刘步蟾的畏缩，方仁启的投降通敌，是个成功的艺术作品。

说是好戏，好历史戏，但也还有点小意见，提供参考。

甲午战争时，日本间谍在中国活动得很厉害，曾经有两个间谍被擒获处死。戏里写日本间谍活动是应该的，必需的。但是，在看了戏，读了剧本以后，似乎有这样印象，间谍活动的比重似乎太重了一些。福岛这个间谍从第一场一直到结尾，贯串着整个剧本，还夹杂有其他国家的关系。这样写，很可能使观众片面地理解成甲午海战失败，日本间谍破坏是主要因素，也很可能把政治腐化这一根本因素削弱了。以此，我设想，假如把日本间谍活动作适当的描写，把马四爷这一封建统治阶级的下层代表人物作适当的加强，通过他更多地表现清朝政府的腐烂无能，内部矛盾，似乎这个好戏会更好些，更完整些。

我再说一句，这个戏是好历史戏，不但写得好，也演得好。我希望，由于这个戏的成功，今后，会更多地出现这样的好戏。

（原载《剧本》月刊第11期，1960年）

附录：惊涛骇浪　激动人心
——首都史学家、文学家、戏剧家畅论《甲午海战》

中国人民解放军海军政治部文工团编导的《甲午海战》，演出以来，受到首都观众热烈欢迎。中国戏剧家协会为了帮助剧作者把这个戏改得更好，提得更高，10月间，邀请在北京的部分史学家、文学家、戏剧家举行座谈。出席座谈会的有吴晗、齐燕铭、吕振羽、黎澍、张光年、袁水拍、李健吾、吴雪、马少波、卢肃、陈笑雨、夏淳、沙新、李希凡、田汉、李超、李之华、孟超、凤子、戴不凡等人。与会者对《甲午海战》的历史背景、人物塑造、艺术风格和舞台处理等方面以及有关历史剧的问题，进行了探讨。（发言全文刊载于今日出版的《戏剧报》）现把座谈会上的发言综合报道如下：

《甲午海战》的巨大成就

发言者一致肯定了《甲午海战》的成就。张光年认为这个戏“气魄很大，表现了半个世纪以前的时代特征，写出了中国人民和帝国主义的矛盾，和清朝政府的矛盾”。齐燕铭认为这是出好戏，“气势很好，故事的发展引人入胜，一场一场地很紧凑。写中国的海军故事，特别是写中国历史上第一个海军，打这么大的一仗，过去的舞台上还未曾有过，很值得重视”。袁水拍认为它“是最近戏剧创作突出的成就”。他说，“八场戏场场紧凑，比较精炼，结构好，对话速度快，有警句，富于戏剧性，因此有吸引力。作者以无产阶级的立场、观点，去观察和处理一段蒙着尘土的历史，鞭挞了帝国主义侵略者和反动统治势力，歌颂了历史上的英雄人物和劳动人民，显微烛幽，爱憎分明，使历史放出光彩来”。李健吾也认为，“戏写得有阶级感情，有乐观精神，有战斗气氛。戏之所以能这样有声有色，说明剧作者们不仅掌握了辩证的历史唯物主义方法，并且掌握了革命现实主义和革命浪漫主义相结合的艺术方法”。

吴晗则从史学家的角度来谈这个历史剧，认为它“是符合历史的要求的，戏里的历史事实是基本有根据的，符合历史实际的”。他并且认为要把“这个历史题材编成戏是很困难的。因为甲午海战这一仗，日本帝国主义把北洋海军打得全军覆没，搞得灰溜溜的，很不好写。可是，这种打得惨败的情况，经过艺术家们的处理，在舞台上所表现出来的并不使人感到灰溜溜的，相反的，很鼓舞人心，劲头很大。这个戏在这些方面的处理是很成功的，是一出好的历史剧”。马少波用“惊涛骇浪，激动人心”八个字来作评语，并说，“由于作者用历史唯物主义的观点，处理这一历史题材，去伪存真，去粗存精，并采用革命现实主义和革命浪漫主义相结合的艺术方法，因而相当出色地表现出伟大中国民族不可征服的爱国主义的主题”。

吕振羽、张光年、吴雪等同志也都对《甲午海战》在古为今用方面取得的成就作了很高的评价。张光年说：“《甲午海战》写出了帝国主义侵略中国的穷凶极恶的面目；写出了清廷的腐败无能；写出了中国人民的反抗精神和不可侮的性格。这个戏艺术地再现了19世纪末叶中国人民反对帝国主义的可歌可泣的英雄事迹，歌颂了邓世昌和当时海军战士中间、渔民中间的英雄人物。他们都是我国近代史上的民族英雄，他们的光辉形象，能够鼓舞斗志，振奋人心”。吴雪认为，“这个戏最突出的成就，是深刻地揭露了帝国主义的侵略本性，同时通过以邓世昌为首的一系列的爱国者的英雄形象，活画出我伟大的中国人民的民族性格”。

人物塑造和戏剧冲突

关于人物塑造、艺术风格和舞台处理，座谈会也肯定了它的成功。袁水拍着重分析了《甲午海战》在戏剧矛盾处理上的成功之处。他认为主要表现在矛盾集中人物、矛盾不断剥露、矛盾当场出彩等三个方面：“第一，这个戏富于戏剧矛盾，而矛盾尖锐地集中在人物身上。作者相当成功地给我们塑造出了一些英雄人物形象。邓世昌的爱国主义者的形象是相当动人的，演得也好。无论正面人物邓世昌、丁汝昌，或者反面人物方仁启、李鸿章，总有一些难题摆在他们面前，要求他们决策、拿主意，这样或那样地行动。他们一再受考验。正的、反的、动摇的，有对比、有层次。他们果断地或者犹豫地行动着。他们搏斗在历史的大潮里，成为时代矛盾集中的焦点，最后受到历史的无情的裁判。第二，这出戏的矛盾既是兔起鹘落，令人应接不暇，又是‘纠缠不清’，‘拖泥带水’。矛盾提出来以后，不是一下子就轻易解决，而是经过尖锐的斗争，矛盾解决了之后，第二个又来了，这样戏就紧张了。这是真实地反映了现实生活的。现实生活中的重大矛盾，不会是很容易就解决的，有它的复杂性、曲折性、反复性。在《甲午海战》中，败者既不甘心失败，胜者也不侥幸胜利。必须深刻地展示出：敌人捣乱，失败，再捣乱，再失败直至灭亡；我们斗争，失败，再斗争，再失败，再斗争直至胜利——这样一个毛主席所指出的逻辑，而不是由作者凭主观任意安排人物的命运。符合历史潮流发展的阶级，最后一定要胜利，但不可能一蹴即就。违背历史潮流发展的阶级，最后一定要死亡，但不可能一下子就退出历史舞台。第三，这出戏把必须当场展示的矛盾冲突搬到了台前来。《甲午海战》把一些紧要的情节活现在台上，紧紧地抓住观众的注意力，当场出彩，眼见为实，震动心弦。要生动，就得把生动的场面拿到台前来。当然，这样做决不等于说不需要含蓄，不需要侧面的描写。《甲午海战》有些地方的处理，是有含蓄暗示的妙处的。像第四场，李鸿章在天津官邸里同洋人谈判，这段情节隐在台后。可是观众却通过传到过道上来的喧哗声以及过道上的人物的活动，感到了屋子里头的紧张活动，人影幢幢，乌烟瘴气。里面的人认贼作父，在卖国；外面的人义愤填膺，在着急。邓世昌一次又一次想进去，一次又一次被阻挡。观众的心情也和邓世昌一样，恨不得冲进去看看，去揭露、去制止他们的阴谋。这种含蓄的手法，诉之于观众的想象，要求观众一起来创造一个艺术境界，在想象中结构起一个场面来”。

袁水拍还认为，“这出戏还有运用虚写实写交相穿插的地方。比如邓世昌的被革职又留任，一次虚写，一次实写。李鸿章阅军和邓世昌阅军，一次虚写，一次实写。要求‘当场出彩’不等于要求和盘托出，后者根本是不可能也不需要的。第四场把李鸿章的椅子搬出台前而不见其人，一声‘革职’而无下文，这些地方造成了生动的气势。箭在弦上，张弓不发，鼓足声势，逗人想象，是要比讲之又讲，演之又演，冗长拖沓好。不过第四场也有美中不足处，用了虚写侧写的手法，不免使某些情节产生不够真实的感觉。日寇间谍袭击方仁启那样不能见天日的事，何以在宾客仆从来往不绝的院子里过道上发生！艺术逻辑应以生活逻辑为基础。无论编剧和导演都没有违背生活逻辑任意调动剧中人到这儿到那儿去的权力”。

张光年认为，“针线还可以拉得更密一些。这就牵涉到如何运用革命现实主义和革命浪漫主义相结合的艺术方法问题。革命的浪漫主义一定要和革命的现实主义相结合；革命的现实主义是基础。我们不能用主观的良好愿望代替客观的生活逻辑。无论历史剧或者现代剧，要把雄心壮志、高昂的理想、热烈的诗意和对生活的深刻钻研、对人物性格的深刻分析、对生活逻辑的一丝不苟的态度结合起来。我们不仅要表现出根本的真实、重大的真实，而且对于同表现主题、人物有重大关系的细节真实，也要给予必要的注意”。

同时，座谈会还谈了不少使邓世昌这一英雄人物更加丰满的意见。田汉认为，对邓世昌这个英雄人物，已经刻划得很动人了，这个戏之所以有教育意义也主要是因为他的缘故。但是有些场面，还要给他帮点忙。如李鸿章在威海检阅时，不应让邓世昌的致远舰犯错误较多。这说明邓世昌训练检查不够严密，也使后来丁汝昌率各舰管带到致远舰观摩缺乏根据。当时政治腐败，贪污横行，汉奸敌探于中作祟，以致炮弹中装煤层，和配弹口径不对，相传都实有其事，但一般弹药准备不足是真的，要说全都是以煤层当药包的或口径不对就有些夸大了，那样属于常识范围的欺骗，不应该逃过忠勇和精明的邓世昌们的眼睛。一个合格的军舰舰长对于本舰的武装配备情况，应该了如指掌，但他直到战士们报告说炮弹全都打完了，而且说配备的炮弹全是灌煤层的，他才明白了该舰绝望的处境，才决定与敌人同归于尽。这当然表现了邓世昌的忠勇过人，但也多少损害了这位英雄的性格。

张光年也认为，“邓世昌是写得好的，有两场戏是闪闪发光的；可是对这个人物挖的还不深，他的有些语言也还不够充分性格化”。他并建议能“参考一下电影《林则徐》的成功经验（那里肯定有值得借鉴的东西，特别是在主人公林则徐的创造上），经过不断的加工而臻于完善”。

历史戏和历史真实

正因为是历史剧，与会同志对历史真实、史实史料的处理，和甲午当年的时代背景等谈论得较多。

齐燕铭认为，“写历史剧开始应该有一笔写当时的历史背景。当时中国和日本这两个国家的关系和形势，在《甲午海战》的头两场没交代清楚”。他认为，“要使今天的青年人看了戏以后，能从这一段近代史中吸取教训，从近百年的中国历史中了解到人民群众有起来革命的必要。历史背景希望写得更清楚一些”。

黎澍、吴晗都提供了一些甲午中日战争的背景材料。田汉曾搜集这方面的材料，准备创作，所以也就史料来看《甲午海战》，谈了不少意见。几位同志都认为，甲午之战的失败，不止于海军方面的问题，更主要的是日、英、美等帝国主义的狼狈为奸和当时清政府的腐败无能，而剧本对清政府的腐败则反映得很不够。吴晗把当时的情况作了这样具体的分析：“上面的不愿意打，底下的要打。作官的不愿打，士兵要打，人民要打。打败仗的主要原因是政治腐败”。黎澍也说，“甲午战争的失败，主要还是因为清朝政府本身太腐败了。在这个腐烂的朝廷上下，敌人的间谍当然大有活动的机会，不过就事论事，这次战争的失败与间谍活动的关系到底还不是那么很大的”。这个戏“表现时代特点还不够，使人感觉从戏里面得到的教训、启发、鼓舞，有些是属于现代的，不是历史的”。

因此，吴晗提出三点意见：一、剧中表现清朝封建统治阶级政治腐败，感觉不足；二、戏里的特务从头穿插到底，分量似乎过强了些，削弱了政治腐败这一基本问题；三、关于邓世昌和其他将领间，地区性派系斗争等内部不团结严重现象，表现不够。吕振羽也认为，“清政府中妥协、投降派和主战派，的确是代表不同的政治要求和思想倾向的。这方面是否可以多写一些，写深一些”。

田汉说，“当时将领中有抗战和妥协派，如剧中所写的方仁启就不止是妥协派，而且是公开叛国了。这原是指济远舰长方伯谦在丰岛之战挂白旗逃跑，战士们开后炮击走敌舰，方反而冒功领赏。这是有根据的。剧本只是把当时的赏罚不明更夸大了而已”。李健吾则认为，“《甲午海战》把重点放在中、下层人民这方面，点明历史发展的途径。戏剧到底不是历史。只要历史气氛饱满（通过正写和暗写），主线（历史是人民创造的）明确，就达到了历史剧的基本要求。观众不会向它要求历史的全面知识的”。

关于历史剧的创作问题，袁水拍提出以下意见：“一方面，戏剧创作要严格地顾到大的根本的历史真实，不能违背。要坚持历史唯物主义，反对反历史主义。另方面，有一些取舍，虚构，想象，创造，夸张，则是必要的。因为这不是写历史，而是写历史戏。但有一些问题，比如美帝国主义在当时的地位问题，以及邓世昌和人民群众的觉悟程度问题，一定要忠实于历史的真实，因为这涉及阶级问题、时代问题。批判地对待古人是需要的，但不需要避开或删去他的阶级局限性，而把他的自我牺牲、爱国精神或多或少地加以抽象化，孤立起来，以为只有这样才能为无产阶级所接受，才能产生教育作用。不，不是这样。热情地歌颂历史上统治阶级的英雄人物，与同时指出他的阶级局限性，不是互相排斥的。相反的，'消融在原则里'，倒是应该避免的。悲壮的历史剧，不会引起悲观，而是会使人更加热爱新时代。相反，如果历史上的统治阶级，即使是其中的先进分子，已经具备了新时代劳动人民、无产阶级的思想，甚至有无产阶级先锋队的思想，'那就会产生出一连串的问题来了。《甲午海战》在这方面，问题并不严重，但是也还有值得推敲、可以提高的地方。举例说，如果邓世昌这个性格，他的思想感情，更加具有鲜明的历史时代的风貌，和他所属的阶级的特征，那么这个典型的创造必然更为成功"。

群众场面和结尾处理

大家对《甲午海战》中关于人民群众的描写和戏的结尾，也提出了不少意见。

齐燕铭认为，"这个戏不仅写了统治阶级方面的人物，更主要的是还写了人民群众"。他说，"最后，邓世昌牺牲了，人民群众看得很清楚，知道有人是爱国的，有人是卖国的。清朝统治阶级倒行逆施，颠倒黑白，造成极大的耻辱，所以最后一场人民群众起来反对。丁汝昌自杀了，革命的是人民群众。这样的描写，从历史发展的本质来看，是对的，的确是这样子。近代史中好多事实都说明了这个问题。但是，在戏剧创作上，存在一个真实性的问题——其中包括在具体的历史条件下，人民所采取的斗争形式，以及所提出的斗争口号，有没有现实的可能性。比如这个戏里人民拿起武器喊出'把鬼子打出中国去!'这样的口号。抗战期间，在中国共产党领导下，人民反抗侵略，当然会提出这样的口号。但是，在甲午之战的时候，从人民的利益上讲，人民固然要求民族解放，而在表达形式上，有没有可能拿起武器喊出‘把鬼子打出中国去’的口号，值得研究”。他又说，“这个戏的人民群众写得很好，人民群众的斗争贯串了全剧。戏一开头，人民群众和统治阶级两方面壁垒分明，写得很清楚。这出戏告诉我们，真正爱国的是革命的人民群众，而统治阶级是一堆腐朽的东西，必然丧权辱国，这结论，就把历史本质揭示了”。

黎澍则认为，“在这个戏里写群众觉悟，也还有过高和过于一致的现象。近代中国人民的民族觉悟是逐步提高的，不能认为从来就很高；对外国侵略的认识也是逐步清楚的，不能认为从来就很清楚。早期的群众斗争，例如鸦片战争中广州三元里人民的反英斗争等等，都带有那个时代的历史特点，都是自发的，缺乏建立独立国家的自觉意识和反对侵略者的全民族的团结。当然，文学作品可以把群众的觉悟写得高一些，集中一些，但是所谓高，所谓集中，也应当力求所表现的是十九世纪后半和二十世纪初这样一个时代的群众斗争，而不是抗日战争时期的群众斗争。那个时代的群众斗争，对于当代来说觉悟又是高的，就要把过程写出来，通过一个或几个事件把矛盾展开，表明群众到了这个地步，觉悟不能不有这样高”。

张光年认为，“这个戏所以能打动人，就因为人民群众可歌可泣的反抗精神，在强大的外国敌人面前，在清朝卖国政府压力下面，宁为玉碎，不为瓦全。正是这种当时所有的高度觉悟和牺牲精神，感动了今天的观众。但是，戏里缺乏对群众觉悟提高过程的描写，就显得不够深刻”。田汉也认为“群众觉悟写得太整齐了些”。

谈到戏的结尾，吴晗认为，“写得好，很鼓励士气，振奋人心”。吴雪认为，“收尾时的祭剑是好戏，现在是把事情处理完了重新再起，有些松”。齐燕铭则从《小刀会》舞剧来谈《甲午海战》的结尾。他说，“中国历史上许多革命斗争故事，如农民革命，其结果常常是失败的结局。究竟怎么写法？若写完全失败，看了令人感到没希望；但要写人民群众斗争最后取得胜利，历史上事实常常不是这样”。他认为，上海实验歌剧院演出的舞剧《小刀会》，处理这个问题比较好。他说，“历史上小刀会的斗争也是失败的，几个领导人物都牺牲了，但是它用做梦一场戏，把问题说清楚了：中国人民起来反对清朝政府的革命最后一定会胜利。乐观主义写出来了，历史事实也照顾了。又有革命的浪漫主义手法，同时又符合历史的本质和历史的事实。现在《甲午海战》最后结尾的处理是人民群众起来了，从历史发展的本质看是不错的，但从当时具体历史事实来看可能性小一点。这问题包含写历史剧如何运用革命现实主义和革命浪漫主义相结合的艺术方法问题，值得花点心思”。

吕振羽却认为，“我倒觉得像剧的最后一场，倒不一定就是写人民群众胜利了，不过把坏蛋收拾作结场，表示人民的愿望和历史的趋向。这个故事的结尾本来是不好处理的，戏开场时，我就担心怎么结束的问题。后来看到戏是这样结束，个人觉得颇为满意”。

张光年则对这个结尾感到“不够满意”。他说，“现在的戏，好像是在胜利的气氛中结束，这样处理不见得有深刻的教育意义。现在不止这个戏存在结尾的问题，有相当非常多非常好的电影和戏剧，都带着个不好的或不够好的结尾”。他说，“把历史上人民斗争的失败写成胜利的结局，固然不能使人信服；要是写成抗战军民全部牺牲，斗争完全失败，这样处理不但不能鼓舞群众的斗志，而且也不符合历史的根本真实。历史的根本真实，那就是历史上的群众的革命斗争一浪接一浪，这些斗争没有得到很好的领导，也不可能得到很好的领导，斗争总是失败的，这固然是事实；但是，正如毛主席所说的：斗争，失败，再斗争，再失败，再斗争，直至胜利——这就是人民的逻辑。正确地处理《甲午海战》这类题材的结尾，应当反复地思考毛主席指出的这个逻辑，这个规律，做到既忠实于历史真实，又富于鼓舞性”。他并且认为，这个问题，值得做专题研究。

（原载《光明日报》，1960年11月12日）

关于历史人物评价问题
——在中国社会科学院社会科学部学部委员会第三次扩大会议上的发言

一、问题的提出

我要讲的是关于历史人物评价问题。这个问题很大，知识不多，准备不够，只能扼要讲点初步意见。大题小做，意见很不成熟，提出来请大家指教。

这几年接触各方面朋友，他们迫切要求对历史人物有肯定看法。要写出符合于我们时代要求的历史，唯物主义的历史，就要对历史人物重新进行评价。因为史书上的历史人物评价，都是代表着编写者的时代的思想意识的，从封建社会的道德标准，为封建统治者的政治利益服务的。今天，新的社会，新的要求，要求我们正确地做好这一工作。

不止是通史、断代史，专史如文学史、艺术史、哲学史等也是这样。特别是历史教科书的编写，对广大学生、人民进行爱国主义的历史教育，迫切要求对某些历史人物有正确的历史评价。但是，目前存在一些混乱现象。例如在课堂上，讲文学史，如王维、董其昌等，都是有名的画家、诗人，对他们的作品、对产生这些作品的人物怎样评价？有人就感到困难。他们都是大官僚、大地主出身。他们的出身与艺术成就，怎样写，出身是不好的，但在艺术上则是有成就的，是肯定呢，还是否定呢？感到苦恼。讲时，有人就只能笼统地讲他们是中小地主。这种说法，我看也反映了我们中间的一些人的思想情况。别人说他是资产阶级知识分子就不舒服，说是小资产阶级知识分子呢，自己就舒服了。因此，这种情况也反映在古人身上，把他们改为中小地主，以为这样就可以舒服些了。其次，过去编历史教科书，有些人对历史上的帝王将相不敢写，怕写多了犯错误。1958年编的历史教科书，讲三国没有曹操的名字。后来郭老翻案后，才敢提曹操，教科书里才有了他的地位。其实，不仅文学史、哲学史，其他方面的专史也都有这个问题。曹操问题提出来后，几年来在这方面进行了有益讨论，情况已经改变了。但是问题并没有很好解决。

二、标　准

评价历史人物的标准是什么？列宁在1897年写的《评经济浪漫主义》一文中说，判断历史的功绩，不是根据历史活动家没有提供现代所要求的东西，而是根据他们比他们的前辈提供了新的东西。这是一个正确的标准，比前一辈提供了新的东西，对人民作出有益的贡献。相反，把现代的东西来要求或强加于古人，是非历史主义的，非马克思列宁主义的。

看历史人物必须从阶级观点出发，要看他赞成什么？反对什么？是站在什么立场？毛主席在《别了，司徒雷登》一文中说："唐朝的韩愈写过《伯夷颂》，颂的是一个对自己国家的人民不负责任、开小差逃跑、又反对武王领导的当时的人民解放战争、颇有些'民主个人主义'思想的伯夷，那是颂错了。我们应当写闻一多颂，写朱自清颂，他们表现了我们民族的英雄气概。"1951年5月20日人民日报社论《应当重视电影〈武训传〉的讨论》，指出，"像武训那样的人，处在清朝末年中国人民反对外国侵略者和反对国内的反动封建统治者的伟大斗争的时代，根本不去触动封建经济基础及其上层建筑的一根毫毛，反而狂热地宣传封建文化，并为了取得自己所没有的宣传封建文化的地位，就对反动的封建统治者竭尽奴颜婢膝的能事，这种丑恶的行为，难道是我们所应当歌颂的吗？"从这里可以看出，我们必须从阶级关系出发，从赞成什么、反对什么出发去评价历史人物。

历史人物也必然有某些缺点，不可苛求。毛主席在《纪念孙中山先生》一文中说："像很多站在正面指导时代潮流的伟大历史人物大都有他们的缺点一样，孙先生也有他的缺点方面。这是要从历史条件加以说明，使人理解，不可以苛求于前人的。"历史人物有成绩有功劳要肯定，有缺点的要指出，从历史条件加以说明，使人理解，但不能苛求，当然，也不是替他们辩护。这是评价历史人物必须遵守的准则。

三、我的研究方法

评价历史人物有个问题，分析一个人物不能代替对其他人物的分析。杀一个猪，就可以了解其他猪的生理结构，但不同的历史人物有不同的时代，不同的历史条件，不同的历史作用。从每一个具体人物说，又有不同的家世、性格，不同的思想、政治情况。因此，光是了解个别历史人物是不能说明问题的，还必须对不同的历史人物作具体的研究、分析和评价。自己也想多研究分析几个人物，从中取得经验来说明一些问题。这两年跟着郭老研究了曹操、武则天，以及海瑞、谈迁、况钟、周忱等人物，其中，武则天的研究还在进行中。武则天这个人物比较复杂，搜集了一些材料，想尽可能恢复她的原来面貌。两《唐书》上的武则天并不是原来面貌，对她的政治措施记载得很少。当时她的子孙是歌颂她的，唐朝的大政治家如陆贽、李绛对她评价很高。但也有人骂她，如骆宾王的《讨武氏檄》主要骂她是女人，不该做皇帝，攻其一点，不及其余。从宋朝开始，讲理学，讲封建礼教，讲贞节牌坊，女人宁可饿死，不可失节。从欧阳修、宋祁一直到明朝胡应麟、王夫之都把她骂得很厉害。只有明末李卓吾讲了她的好话。此外清朝赵翼讲了公道话，说她在当时做了许多对人民有利的好事，至于私生活问题是末节，当时她自己也不忌讳。主要要从政治来评价，而不应该从私生活末节来评价。赵翼替她翻了案，但是没有得到广泛传播，直到现在郭老才又替她翻案。最近从《册府元龟》中找到一些两《唐书》上没有的材料，例如武则天生在什么地方，这个问题对了解武则天是有帮助的。唐太宗很英明，是西北地区的世族地主，是封建统治阶级的既得利益集团的代表人物，因此在任用官员时，对西北地区的世族地主也就不免带有狭隘的集团利益和阶级利益观念，对另一地区的地主代表人物不免有所歧视。武则天在这一点上和唐太宗有所不同，她不是这个集团中的人物，为了发展巩固自己的势力，她什么出身什么地方的人都用，这跟她的出身和出生地是有关系的。郭老说她生在四川广元，武则天生于武德七年（公元624年），《册府元龟》中有两条材料，说明武德末年武则天的父亲在扬州，任扬州都督长史。以此看来，武则天生在四川的说法是不大可能的。研究历史人物必须掌握充分材料，才能有说服力。当然，关于历史人物评价的标准问题，我研究得还不充分，要写文章还不够，今天也只能提出一些初步意见。

四、初步意见

一、评价历史人物，应从当时当地人民利益出发，看他的所作所为是好是坏？对生产是起促进作用还是破坏作用？对文化艺术是起提高作用还是摧毁作用？以此来衡量。不能用要求现代人的标准来要求古人，也就是不可以苛求于前人。对历史人物，主要看他比他的前辈提供了什么新的东西。假如评价不是从当时当地的人民利益出发，那么，历史人物可能会没有一个及格，可能得到的结论是我们的祖先全是坏人，我们都是坏人的子孙。这是不符合实际的，是非历史主义的，也是非马克思列宁主义的。相反，我们的民族是伟大的民族，是勤劳、智慧、勇敢的民族，是有英雄气概的民族。我们的祖先有很多人是了不起的人，我们是这些了不起的人的子孙，是可以自豪的。因此，一面要实事求是地肯定，另一面也不要被祖先的阴影所罩住。局限于前人已取得的成就，就会停滞不前。我们今天的工作必然要十倍百倍地超过我们的祖先。要强爷胜祖。

二、要从生产斗争和阶级斗争出发。历史是从斗争中发展的，历史人物是从斗争中成长的。我们有几千年的历史，积累了丰富的经验，记录了伟大的成绩。我们祖先从斗争中取得的某些有益经验，其中有些对于今天也还是有现实意义的。例如姜太公、黄忠的不服老，到今天还在劳动人民中起鼓舞作用。海瑞的对于坏人坏事的斗争，况钟的反对官僚主义的斗争，都是例子。通过这些历史人物吸取某些有益的经验、优良的品质，学习、提高、运用到实际工作中去，这也就是古为今用，使古人为今人服务。

三、应从整个历史发展出发，从几千年来多民族共同大家庭出发来衡量历史人物。例如隋炀帝修运河，过多地用了民力，但修成后对南北经济的发展和交流，对于促进统一，都起了很大的作用；秦始皇修万里长城，也死了不少人，但二千年来，伟大的长城建筑对于各个时代的民族斗争，对于抵御外来侵略和保障人民和平生活，也起了一定的作用。因此，如何评价隋炀帝、秦始皇？如果孤立地、片面地看这些问题是不对的，要从当时当地出发，也要从整个历史发展出发，只有这样，才能正确地评价历史人物和事件。

四、应从政治措施、政治作用方面看，而不应单从私人生活方面看。个人生活是有关系的，但不是唯一的、主要的。武则天晚年有几个男宠，这对唐代人民、社会有什么害处？说曹操杀孔融是切断了中国文化，也不见得。这些都是次要的、个别的，不是评价历史人物的主要标准。宋以后骂曹操、武则天，主要是正统思想、贞节牌坊在作怪。我们这个时代的人，要有我们自己的标准。

五、因此，要区别史料。要正确地运用历史唯物主义观点来分析史料。凡是在当时历史上起过作用的人物，在当时和以后都必然会有不同的意见。例如土改，我们说好，地主说不好。历史人物也是如此。要改革总是有斗争，有斗争必然有两个方面，总有一面说好，一面说不好。因此，要看是什么人站在什么立场说的话，谁说他好，谁说他不好。要根据当时当地人民的意见，根据当时大多数人的看法，而不应该根据当时及以后的反对者、大官僚、大地主的意见。对曹操、武则天，宋以前和宋以后的人评论是不同的。研究武则天，主要应当依据唐朝人对她的看法，要根据直接记载的材料。当然，也有当时人看不清楚，以后才看清楚的。又如，同一时代的人物，如况钟和海瑞，一个得到朝廷官僚和地主阶级的支持，一个则遭到反对。为什么？这也要从阶级关系分析，从当时当地的史料分析，不能笼统一律看待。

六、要注意阶级关系，但是，也要指出阶级出身不是评价历史人物的根本条件，人是可以改变的，一个地主官僚阶级出身的人很可能成为坏人，但不一定都是坏人。曹操、武则天、海瑞出身全不好。有些大画家、书法家、军事家、政治家都是大地主阶级出身，因为在过去社会里，只有他们这些人才能享有文化学习的机会。我们决不能因为这些人的阶级出身而否定他们的历史成就。举一个极端的例子，例如严嵩是大奸臣，但是字写得很好，不能说他是奸臣，字也是奸字。要有区别，当然也要有联系，家世和社会的影响对一个人的发展或多或少是有影响的。因此，唯成分论不对，不注意他们的阶级出身也是不对的。

七、也不可以拿今天的意识形态强加于古人。武则天是了不起的人物，可是有些剧本一定要说她有现代民主思想，说她是为妇女争取解放，开妇女科，这大概是根据《镜花缘》的，不对头。当时有某些民主思想是可能的，但决不可能有现代的民主思想，也不可能有妇女解放的思想。武则天个人是翻了身的，但当时的妇女并没有翻身。时代不同，社会性质不同，道德标准也就不同。各个时代有不同的道德标准，这是个历史的发展观点。应该从发展的变化的观点去理解历史人物，而不应该拿今天的政治道德标准去评价。相反，历史人物必然会有某些缺点，例如封建道德的束缚、迷信之类。如果为了肯定这个人物而故意替他遮盖、掩饰，也是不符合历史实际的、非历史主义的。因此，必须有肯定，有否定，有继承，有批判，这样才能全面地论定历史人物。

八、实事求是，反对浮夸。不符合过去存在的客观实际就是浮夸。本来这人只有五六分好，你却说有九分、十分好，以致连他做的坏事也说成好事，这就是不真实，不老实。历史是老老实实的学问，要求反映历史的真实，也要求反映历史人物的真实。是怎样就是怎样，要力求合乎当时的实际情况。当然，历史实际是不可能完全复原的，但历史工作者的任务就是要力求在可能的条件下，用最大的努力符合于当时的历史实际，不知道的就是不知道，不要胡说。强不知以为知，信口开河，不是实事求是的作风。

五、革命性和科学性的问题

革命性和科学性是统一的，有人说不统一，不对。青年人专业知识不够是事实，要年长一辈的热情帮助。但是，就我来说，年长一辈也不是知识很多，我们这些人，一理论水平低，二书读得也少，知识并不多。因此，不只是要学习马克思列宁主义、毛泽东著作，还得认真多读一点书，多学习一点知识。不单是青年人需要帮助，年长的也需要帮助。要有协作，有分工，有集体的，也有个人的劳动，取长补短，共同提高。

历史上的问题很多，这些年来通过争论，成绩很大。但是，如果现在能够进一步地有计划地安排，例如资本主义萌芽问题、历史人物评价问题、农民战争性质问题等等，每一单位、每一个人在统一安排下分工协作，认真做好充分调查研究工作，掌握足够材料，在这个基础上运用马克思列宁主义加以研究，提出意见，摆事实，讲道理，有论据，有观点，有分析，这样，收获会更大些。

附记：

关于武则天的出生地点问题，郭老以为她出生在四川广元，根据是李义山的诗注有金轮感孕所五个字。我以为这个说法是值得研究的。因为武则天的父亲武士彟任利州（今四川广元）都督是贞观五年的事。这时武则天已经八岁了。在此以前，贞观元年任利州都督的是罗寿和李孝常。这样看来，武则天不可能生在利州。但郭老深信李义山的诗，以为武士彟可能两任利州都督，就是说在武则天生的那一年，武德七年曾经任过利州都督，当然，这个猜想是可以成立的，但是找不到历史根据。

我在发言中提到据《册府元龟》记载，武德末年武士彟曾任扬州都督长史。郭老说要弄清是哪一年。最近又翻了一些书，《通鉴》一九〇："武德七年三月己亥，以（赵群王）李孝恭为东南道大行台右仆射，李靖为兵部尚书，顷之行台废，以孝恭为扬州大都督，靖为府长史。"《旧唐书》六十七《李靖传》："行台废，检校扬州大都督府长史。八年（八月）突厥寇太原，以靖为行军总管。"由此看来，武德七年武则天生的那一年，扬州都督长史是李靖，不是武士彟，以此，武则天也不可能生在扬州（当时扬州都督驻丹阳，以后才移到广陵）。武德八年十二月，继李孝恭为都督的是襄邑王李神符，武士彟可能是任神符的长史。

所谓武德末，清楚地说是武德八年八月以后。

总上所论，武士彟在武德中任工部尚书、禁卫军军官，武德八年八月以后任扬州都督长史，贞观五年任利州都督。

武德八年八月以前，武士彟不可能任利州都督。武则天生在武德七年，以此，武则天就不大可能生在利州。

这个意见，提供郭老和对武则天有兴趣的同志们参考。

1961年1月28日

（原载《新建设》1月号，1961年）

漫谈资料工作和研究工作

资料工作和研究工作实际上是一回事，从来没有一个做研究工作有成绩的人不搞资料工作的。毛主席说："没有调查研究就没有发言权"；最近，《人民日报》也发表了社论《大兴调查研究之风》，调查研究就是占有实际资料，从而进行分析研究。做学术工作的要研究问题，首先情况要明，情况不明，就无从研究起，我是研究历史的，不掌握丰富的资料，历史也无从研究起。例如：对我国历史上的历次农民战争，如果不了解每次农民战争各个不同的具体情况，只凭一些表面现象来判断，那么，就不能区别这次战争和那次战争的不同之点，得到的结论不能不是一般化的。事实上，每一个历史事件的内容都是非常丰富的，我们做研究工作的必须重视资料工作，使它充分地为我们的目的服务。

资料有没有阶级性呢？有人认为资料是客观存在的东西，没有阶级性。这种看法是不对的。从历史资料来说，对某一历史事件，不同阶级的人有不同的看法，这里就有阶级性。研究历史的人用什么观点，站在什么立场上去掌握和运用历史资料，这里也有阶级性。由于立场不同，同样一个材料可以做出不同结论。资料是死的，我们有了正确的立场，有了一定的理论水平，就能有力地生动地运用各种资料。因此，研究工作者必须要"政治挂帅"，要有正确的理论指导，才能从资料中得出正确的结论。但反过来说，如果光有正确的理论，没有实际材料，或者不和实际材料结合，理论是空的。一方面要有正确的理论指导，一方面又要掌握资料，这样才能使理论和实际结合起来。目前有些年轻的研究工作者有不大重视资料的倾向，似乎资料工作是低一等的工作，写一篇论文才是"高等"的工作。这种看法是不正确的。要知道没有资料，就是不联系实际，也就没有发言权，没有资料就写不出内容充实的文章来。

我们党和国家是十分重视资料工作的。国务院成立国家档案局就是一个例子。这是一件非常重要的事情。重视档案工作是中国几千年来很好的传统，也是世界史上最好的传统。一件事情总有发生、变化和发展的过程，不了解过去，就很难对它下正确的判断。档案中记载着许多成功或失败的经验教训，它可以帮助我们研究许多问题。

资料工作是一个很复杂的工作。任何事情总不能得到百分之百的完整的资料，但是，我们要尽可能地去掌握最丰富的资料，力求把情况弄得比较清楚，把问题的答案找出来。

掌握和运用文字资料，可以采取不同的方法：集体搞是主要的方法。许多高等学校最近合作搞的有关农民战争的史料就是一例，他们用集体的力量，把可能找到的资料集中起来，加以分析、归纳和安排，效率高，速度快。档案机构拥有的人力不是很多，我看，应该采取集体搞的办法，这样，就可以把档案资料系统地整理出来。其次，个人搞资料也是必要的，但个人力量有限，因此最好和集体搞结合起来，以集体为主，个人参加，这样可以多快好省。但是，也还必须指出，虽然我们说，搞资料工作应以集体为主，但做研究工作的人自己不搞资料，光靠别人现成的资料是不行的。不亲手搞资料，就很难深刻地理解资料的性质、来源，很难抓住主要的东西，很难判明它的准确性。你研究某个问题，你得大体上知道哪些地方有自己所研究的有关某个问题的资料。例如，要研究曹操、武则天这样的人物，首先就要知道有关这两个人物的主要的资料在什么地方；要研究阿富汗、尼泊尔、刚果等国家，也得掌握这些国家的一些基本资料，有了基本资料，工作就有了基础。而要掌握基本资料，作者必须亲自做资料工作。

资料要有科学的分类。一件事往往牵扯很多，如果没有科学的分类，一大堆资料，头绪纷繁，运用起来就会感到困难。分类可以分大类和小类。我所积累的历史资料先按不同的历史时期分类，在一个时期内有些什么主要问题，再按问题分成小类；一个问题有多少具体的人和事件，然后再把具体的人和事件细分开来。所有的资料经过这样的较细致的分类，我们就可以在很短的时间内，找到所需要的东西。过去老一辈的人做资料工作不外乎是抄书，费时多，运用起来也不方便，现在使用卡片就方便了，并且容易分类。写卡片要注意方法：一、每一段资料上要加上题目，指出这个资料属于什么问题。二、抄录的内容要有所选择，选取能说明关键性问题的资料。三、写清楚材料的来源、书名、作者、事件发生的时间，等等。这样，日积月累，卡片多了，再加以研究和分析，从已有的资料出发，集中力量补充新的资料，自己感到有足够的论据对某一个问题提出一定的看法，就可以写东西。

卡片工作应该由研究工作者自己来做，亲自抄写，这可以使自己得到较为深刻的印象，将来查用起来也比较方便。卡片的分类是可变的。二十年来，我亲自动手积累了几万张卡片，每隔一定时期，我总是重新整理一下卡片，一方面使分类更加合理，一方面是温习卡片的内容。

资料有正面的，也有反面的。大体上说，历史资料中属于农民战争一类的资料，基本上都是反面的，因为不是官方文件，就是官僚地主阶级分子所写的文件，对农民起义当然没有好话。对正面材料或反面材料，要善于从正确的立场加以鉴别。有了正确的立场、观点，我们可以利用正面材料，也可以利用反面的材料。

最近，河北民间文学研究会经过调查和访问，在民间收集了许多反映有关义和团活动的故事，出了一本书叫《义和团故事》，一共有四十三篇，这些材料和清朝官方提供的材料完全不同，从这些正面材料中可以鲜明地看出义和团当时反帝国主义、反封建的性质。相反，那些官方材料，都是骂义和团的，没一句好话。但是在一百句、一千句话中有时候也不免透漏出一点真实的情况，因此，也要研究。我最近写了一篇谈义和团问题的文章，其中用了正面材料，也用了反面材料。把这两种材料一起加以研究，对义和团的性质、当时的情况就有了进一步的认识。对反面材料我也作卡片，但在卡片上注明这一点。过去有些人常常不去看那些坏的、不正确的文章或资料，我自己就是如此，这是不对的。

搞资料工作必须有足够的基础知识。没有基础知识，资料工作就很难做。打开一本书，哪些是知识范围内的东西，哪些是用处不大的东西，哪些才是有用的东西，要心中有数。对有用的东西才去抄录。例如，搞历史的对各朝代的基本情况、重大事件、主要人物，应该有所了解，这是属于知识范围的东西，不是资料。如果基础知识不够，把知识性的东西都当作资料，那就抄不胜抄，抄了也不能解决问题。

资料工作是为研究工作服务的，因此做资料工作的时候脑中要有问题，要有鲜明的目的性。我最近在研究努尔哈赤（清太祖）的历史，收集有关这个人物的各种资料，目的是为了了解满族社会发展过程，如他们什么时候使用铁器，矿砂是从哪里来的，炼铁炉什么时候才有，冶炼技术是从哪里学来的，等等，从而了解这个民族的成长过程。有关努尔哈赤的中文史料都给清朝官方窜改过了，可信的很少。朝鲜《李朝实录》一书中倒有不少真实史料。这部书很大，有八九百本。二十多年前我就把这部书中有关中国的史料抄录下来，有二三百万字，最近，加以校对标点出版，以便节省研究这个时期历史的朋友的时间和精力。研究工作者必须多读书，多发现新材料，日积月累，就可以写些文章；即使不能写大的总结性文章，也可以找些小题目来写，如“满族何时使用铁”之类，解决历史上一个具体问题。心中没有研究的题目，盲目地抄资料是没有用的。

研究问题必须从实际出发，从具体史实出发，写一篇三四千字的文章往往要阅读几十万字甚至三四百万字的资料。只有这样，文章的内容才可能比较有科学性。为了写一篇介绍甲午海战的文章，我阅读了七本中日战争参考史料，有好几百万字。但必须指出，作者对当时的历史首先要有正确的理论指导和足够的基础知识，没有正确的理论指导，没有基础知识，面对浩繁的资料，也无从下手。

有人问，研究工作者先有看法再去找资料，还是找资料后确立看法？我认为，研究工作者可以事先有看法，然后去搜集资料，但有的看法是在研究资料以后形成的。研究工作者在发现新资料以后，可能部分地改变自己的看法，甚至全部改变自己的看法。

最后，我感到做研究工作有两个基本环节：一个是理论指导，解决立场、观点的问题；一个就是资料工作。什么是专家，所谓专家，无非是在某门学问上比一般人了解得多些、深些、透些，只要有了正确的理论指导，再加上认真地收集、掌握和研究资料，就能达到这个目的。在整个研究工作中，资料工作占用了很大一部分时间，需要花费很大精力。有了可靠的详尽的资料，情况明了，决心也就可以下了，写作起来也就比较省力了。

（原载《光明日报》，1961 年 3 月 21 日）

《历史剧拟目》序

为了繁荣戏剧创作，我们编印了一部分历史故事的材料，供戏剧界在编写历史剧时参考。这些材料是由北京大学、中国人民大学、北京师范大学、北京师范学院、河北北京师范学院、中央民族学院等院校的历史系和民族研究所的部分同志分别提供的。由于时间匆促，对于选题和编写体例，都没有经过共同讨论，可能还有很多不妥当的地方。希望剧作者只把它当作一个线索，如果根据这些选题来编写剧本时，当然还需要加以具体研究和查对一些原始材料，也不妨和提供材料的原单位联系，进行协作。

这个小本子只是初步的尝试，希望各省市的兄弟组织，也能够组织力量，编写这样的书，尽可能地为戏剧界提供帮助，大家共同努力，使历史剧这朵鲜花，开得更茂盛、美丽。繁荣了剧坛，同时也达到普及正确的历史教育的目的。

今天《光明日报》发表华君武同志的漫画《何不下楼合作》，非常之好。替我们说出了编这本小书的意义，印在前面，即以代序。并向君武同志表示感谢。

北京史学会

1961年6月27日

附录：《历史剧拟目》目录

大泽风暴 …………………………………… 河北北京师院　贺清水
巨鹿之战 …………………………………………………… 北京师院
张骞和几位在西域立功的妇女 ………… 北大　商鸿逵　郭心晖
瀚海潮 …………………………………… 民族研究所　汪公量
昆阳之战 …………………………………………………… 北京师院
华佗 ……………………………………… 河北北京师院　贾占豪
盱眙城 ……………………………………………………… 北京师院
渭水桥 …………………………………… 民族研究所　汪公量
唐三藏取经 ………………………………………… 北大　向　达
金城公主 ……………………………………………… 民族研究所
李白与杜甫 ………………………………………… 北大　郭心晖
狼虎谷 …………………………………… 河北北京师院　赖家度
采石之战 …………………………………………………… 北京师院
奢香 ……………………………………… 民族研究所　王静如
郑和下西洋 ……………………………… 民族研究所　王静如
鸳鸯阵 …………………………………… 河北北京师院　赖家度
三娘子——忠顺夫人 …………………… 民族研究所　楚明善
袁崇焕 …………………………………… 北大　商鸿逵　郭心晖
窦尔东 ……………………………………………… 北大　许大龄
三汗夺美 ………………………………… 民族研究所　楚明善
奇三告御状 …………………………………………… 民族研究所
白莲教起义的女英雄——齐王氏 ………… 民族研究所　辛　夷
林清北京起义 …………………………… 北大　商鸿逵　郭心晖
三元里（平英团） ………………………………………………… 人大
国门抗敌（定海三总兵） …………………………………… 北京师院
广州凯歌 ………………………………………………………… 师大
捻军祭旗 ………………………………………………………… 人大
湖口、九江之战 ………………………………………………… 人大
李文学 …………………………………………………………… 师大
三河之战 ………………………………………………………… 人大

忠王战上海 …………………………………………… 北京师院
冯婉贞 …………………………………………………… 人大
战谅山 ………………………………… 河北北京师院　司绥延
余栋臣 …………………………………………………… 人大
大甲溪之战 ……………………………………………… 人大
谭嗣同 …………………………………………………… 师大
景廷宾 …………………………………………………… 师大
萍、浏、澧大起义 ……………………………………… 人大
莱阳农民起义 …………………………………………… 人大
四川保路运动 …………………………………………… 人大
武昌起义 ……………………………… 河北北京师院　吕翼祖
滦州起义 ………………………………………………… 人大
火烧赵家楼 …………………………………… 北大　张注洪
英雄的席尼喇嘛 ………………………… 中央民族学院　楚哈莫夫
殷夫 …………………………………………… 北大　张注洪
宁都兵暴 ……………………………………… 师大　方攸翰
气壮山河 ………………………………………………… 师大
矿山烈火 ………………………………………………… 师大

《中国农民战争史料》的编选原则和编辑体例*

一、应对所有有关资料有见必录，一网全收。当然重复的不必抄录，只说明材料来源便可。因为资料书如不这样做，可能因为编者的主观，把有用资料忽略，造成困难。

二、商定具体书目是有困难的，因为太多，也因为有些书可能我们还没有注意到，容易忽略。可行的办法是指定类别，如正史、野史、文集、地志、小说……之类。凡是属于这时期的都要采录。

三、农民战争的范围，指的是有比较多数的农民参加和政府对抗作战的战争，有的有纲领，有的没有，有的有宗教关系，有的没有……和一般的盗贼抢掠、军队哗变、军阀内战等等，应有严格的区别。

四、反动材料必须要，假如因其反动而不要，那这部书便编不成了。当然有的单纯歌颂刽子手的可以从略，不必全录，但有的却揭露了某些事实，便不能不要。

五、重复材料可采：1. 引最早的或最详备的。2. 内容相同的只列书名卷页，说明和已引材料重复，不录。

六、反映农民战争起因和后果的材料必需选录，否则，便看不出战争的前因后果，对研究者作用不大。

七、自成源流派系的要归在一起。

编排的方法，编年和纪事本末相结合，不要拘泥于一种体例。

---

* 20世纪60年代，中华书局古代史编辑组为编辑《中国农民战争史料》事请教吴晗同志，吴晗同志很支持这项工作，并对编选原则和编辑体例提出十点意见，现收录于此。——编者注

八、明清的专集资料，也应汇编在一起。

九、不能确定年代的，按大致可知的年代安排，或列于某一确定年代之后。

十、几种记载列举事实有分歧的，应加按语。某些专门名词为今人所不易了解的，应加注释，如古地名、官制、赋税名词、俗语等等。在一个段落之前加小序，总括说明这个时期的基本情况。

谈烧香

第一附属医院党总支委员会同志们：

得信，很高兴，祝贺你们成功！

因工作忙，迟到今天，才能抽空写回信，乞原谅。

首先得声明，我对烧香没有研究，只能凭手头一些资料，提供同志们参考。

一、香的起源，是不是在后汉时期从印度来的，最早的记载见于何书？

香这个字很早就有了，如《诗经》："有佖其香。"但指的是香气，不是后来的烧香。

烧香看来是在后汉时期从印度传来的，因为从后来记载看，烧香是佛教的仪式，也叫行香。但《后汉书·楚王英传》和《陶谦传》内关于笮融建立佛寺、佛像、施食的记载，都没有记载烧香的事。

烧香最早的记载，见于《三国志·吴书·孙策传》：

> 《江表传》：时有道士琅邪于吉，先寓居东方，往来吴会，立精舍，烧香读道书。策曰：昔南阳张津为交州刺史，尝着绛帕头，鼓琴烧香，读邪俗道书。

有人考证张津死在孙策后一年，孙策这一段话是不可信的，这没有什么大关系。总之，在汉建安五年（公元200）以前，东南地区已有烧香的史实了。很明显，这种举动是受佛教影响的。

也很可能，还有更早的记载，不过，我没有看到。

我手头的《法苑珠林》残缺了，请你们再查一下《法苑珠林》香华门，可能会有一些资料。《佛祖统纪》也不妨查看一下。

二、古典文献、杂记以及文学作品中，关于香的描述，能不能找到对空气、对物品消毒的科学内容。

和《孙策传》可以印证的是《吴书·士燮传》的记载：

士燮兄弟并为列郡，雄长一州（交州，今安南），车骑满道，胡人夹毂焚香，常自数千。

安南邻近印度，烧香的是胡人。

关于香的描述，如：

綦毋潜诗：世界莲花藏，行人香火缘。

白居易诗：臭帑世界终须出，香火因缘久愿同。

寒山诗：择佛烧好香，拣僧归供养。

元王仲文《救孝子曲》：前生烧着断头香。

史书记载烧香的如：

《晋书·杜太后传》：桓温之废海西公也，太后方在佛屋烧香。

《晋书·佛图澄传》：王度疏断，汉人悉不听，诣寺烧香礼拜，以遵典礼。

《南齐书》：延兴建武中，凡三诛诸王，每一行事，高宗辄先烧香火，呜咽流涕。

《魏书·释老志》：金人率长丈余，不祭祀，但烧香礼拜而已。

行香的仪式：

姚宽《西溪从语》：行香起于后魏，及江左齐梁间，每燃香熏手，或以香末散行，谓之行香。唐文宗朝，省臣奏设斋行香，事无经纪，乃罢。宣宗复释教，仍行其仪。

《演繁露》：《南史》载王僧达好鹰犬，何尚之设八关斋，集朝士，自行香，次至僧达曰：愿郎且放鹰犬。其谓行香次及僧达者，即释教之行道烧香也。行道烧香者，主斋之人，亲自周行道场之中，以香爇之于炉也。东魏静帝尝设法会，乘辇行吾，高欢执炉步从。凡行香者步进前而周匝道场，仍自炷香为礼也。

香的科学作用是解秽，看来就是空气消毒，如：

赵彦卫《云麓漫钞》：《遗教经》云，比丘欲食，先烧香呗。案法师行香，定坐而讲，所以解秽流芬也，乃中土行香之始。

秦嘉《答妇徐淑书》：令种好香四种，各一斤，可以去秽。

有的神话甚至说烧香可以治疫，使死人复活，如：

《十洲记》：汉武时，长安大疫，人死日以百数。帝乃试取月氏国神香烧之于城内，死未满三日者活，芳气经三月不歇。

三、用香作烟雾疗法的记载：

《世说》：桓车骑时，有陈庄者入武当山学道，所居恒有白烟。香气闻彻。

确有烟雾，但是不是作为治疗用，那就不清楚了。

据《演繁露》的记载，古人烧香，是用香料在炉中燃烧的，不像后代用泥和香料作成细条条的炷香那样。《清异录》也说：

汴洲封禅寺有铁香炉，大容三石，都人目之曰香井。

由此可见到宋代还是如此。

以上资料可能不能符合你们的要求，仅供参考。

敬礼

吴 晗

4.19

附原信：

吴晗同志：

您好！在有人的情况下进行空气的随时消毒，乃是现代医学尚未解决的问题。这个问题如能满意解决，对于呼吸道传染病预防，对于大面积烧伤治疗都有着重大意义。为了这个目的，最近我院曾研究了香——就是烧香敬神的香，对于细菌的抑制作用，得到了令人兴奋的结果。为了更进一步了解有关香的历史资料，我们曾派人到本市各图书馆、博物馆，始终未找到可靠的根据。因此经同志们提议，才不得不向您请教！希望您能在百忙中抽出一些时间对以下问题给予指导：

一、香的起源，是不是在后汉时期，是不是从印度来的，最早的记载见于何书？

二、古典文献、杂记以及文学作品中关于香的描述，能不能找到对空气、对物品消毒的科学内容？

三、用香作烟雾疗法的记载？

以上，如您没有时间详答，也请提供一些线索，不胜感谢！

致以

敬礼

江西医学院第一附属医院党总支

（原载《光明日报》，1961年5月6日）

怎样看历史剧

青年人为什么要看历史剧

近几年来，和不少青年谈话，发现我们今天的青年，历史知识不是很多，而是很少，这是一件值得人们注意的事情。多看历史剧，也是学习历史的一种方法。反过来，要能够深切地理解历史剧，也还得认真学点历史。当然看历史戏，不只是学历史，比如说，还可以学到艺术、美学上很多东西，认识我国丰富的文艺遗产和人们的创作智慧。这里要特别指出的是历史剧的作用，要比历史教科书大得多，广泛得多。过去，许多中年人老年人有了一些历史知识，并不是从读历史教科书得来的，而是从看历史戏中得来的。好的历史剧把历史演活了，是形象化了的历史，更容易为人们，特别为青年所接受，喜爱。

比方说，青年人看过《文成公主》，就可以从历史上了解我国是个多民族的国家，民族之间的团结，和睦是历史主流。它教育人们大汉族主义和地方民族主义都是错误的。从《胆剑篇》里，可以认识这样一个历史教训：表面上强大的国家，如果豪强霸道，欺凌弱小，不做好事它就可能转变为弱小甚至灭亡，相反，弱小的国家，只要举国一致，上下一心，努力发展生产，发奋图强，就可以变为富强的国家。这说明，不要为表面上强大的敌人所吓倒，也不要向暂时的困难低头，只要踏踏实实，埋头苦干，就一定会取得最后胜利。看《满江红》、《文天祥》，可以认识中国人民正气凛然、威武不屈的英雄本色。从《瓦岗寨》和《水浒》题材的戏里，可以看到各个历史时期农民起义的情况、经验和教训。《三打祝家庄》虽然是故事戏，却可以启发我们必须进行调查研究。《将相和》告诉我们，只有内部团结，才能战胜敌人。总之，正如毛主席说的勤劳、勇敢、智慧是我们中华民族的传统美德。许多历史剧都有声有色地描写了这种美德，描写了他们的雄心壮志、发奋图强、勤俭建国的民族精神，大义凛然、秉公无私的崇高品格……从这里，我们不只能丰富历史知识，特别是能从中受到爱国主义和历史唯物主义教育，得到鼓舞，更好地从事我们今天的社会主义建设事业。

历史剧和历史故事剧的区别

什么是历史剧？我的理解，首先，应该具有历史的真实性，反映一定历史时期的历史真实面貌，在主要人物、事件上必须受历史真实性的约束，在这一点上说，历史剧和历史是有联系的。其次，它既然是文艺作品，当然应该比实际情况更提高，容许而且应该有所想象、夸张、突出、集中，使人物形象更生动、丰满，更使观众喜闻乐见，在这一点上说，它和历史是有区别的。更简单地说，光有现实主义，是历史，不是戏；光有浪漫主义，是戏，不是历史剧。以此，必需而且应该做到现实主义和浪漫主义相结合，才能达到历史剧的要求。第三，就历史剧来说，艺术真实应该服从历史真实。决不可无须凭借历史的记载，只凭自己的想象去虚构。旧历史剧里确有很多好戏，但是可惜没有历史根据，应该说它们是故事剧。比如《杨门女将》，佘太君、穆桂英都是可爱的人物，我也喜欢她们，但她们不是历史人物。杨业抗辽壮烈牺牲，是实有其事的；杨业、杨延昭、杨文广三代当将军也是历史上有记载的。可是就历史事实来看，杨业在陈家谷战死的时候，只有一个儿子杨延玉是和他一同死的，所以杨家并没有那么多寡妇。那么，杨门这么多寡妇是从哪里来的呢？显然都是剧作家的虚构。是故事，不是历史。这样区别开有好处，不然青年们就会把想象的、可能发生的事情，当作历史来看待了。

怎样看历史剧？一句话，是要用历史唯物主义观点去看，不能用今天的时代精神、观点去要求古人。分析人物事件、思想都要从实际出发，从历史的实际出发，要有分寸，这就是历史观点。例如，《文成公主》写的是唐代的民族团结，今天党的统一战线思想那个时代是不可能有的。《满江红》写岳飞精忠报国，但他不可能具有今天人民解放军解放人民的思想。《胆剑篇》写到越王勾践以身作则躬耕于田野和勾践夫人深夜织布，用此来表现越王的刻苦与庶民的关系，这就有历史观点，恰如其分。有的戏把二千四百多年前的国王，也写成今天的“四同干部”，这就不免违反历史真实了。

怎样看待历史剧中的帝王将相

怎样看待历史剧中的帝王将相？这就要有历史观点，要具体分析，要从历史发展和历史实际出发来分析。一方面，正如毛主席说的，人民大众是革命的动力，农民战争是社会发展的动力。另方面，在过去的历史时代里，在某项政治措施、工程建设或大规模的战争里，却是某些帝王将相指挥了这些工作。他们是起了作用的。所以，一方面应该充分认识人民群众的力量，一方面也要如实地估计某些帝王将相——当时领导人的作用。他们的确做过很多坏事，但也做过好事。比如唐太宗、武则天都在当时起过很大作用。不能因为他们是帝王，就否定他们，这是非历史主义的。历史上的某些帝王将相、科学家、哲学家、文学家、美学家……也绝大多数是出身于地主阶级，很少是农民出身的。而他们的确也做了许多好事情，继承了已有的文化，并且发展、提高了已有的文化。因此，不能以阶级成分来肯定或否定一个人，关键在于他对人民做了好事还是坏事，推动了时代前进还是阻碍了时代前进，他们有没有做过前人所没有做过的事业。比如三国时，袁绍、袁术兄弟，横征暴敛，破坏了社会生产力，这些人物是应否定的。可是像曹操、刘备、孙权那样，他们各自统治一方，多多少少地都促进了当地经济、文化的发展。尤其曹操，其作用就更大了。这就必须从具体事实出发，加以衡量，加以肯定了。当然，也不能以今人的标准来表现古人，把古人过分美化。例如为了要肯定某个历史人物，便不惜以今天最优秀人物的品德，而为那个历史时期所不可能有的，强加于古人，以求达到肯定的目的，这种意图应该说是善良的，但是可惜的是非历史主义的，也是非唯物主义的。正确的方法，既要实事求是地大胆肯定，也要看到古人毕竟是古人，不可能有现代人的思想意识和感情，不要以今套古，混淆了时代的界限。

怎样看历史剧中劳动人民的形象

怎样看历史剧里的劳动人民形象？这也要具体分析，要抓住他们精神上的主要方面，自然也要看到他们的弱点，因为，他们都不是现代的无产阶级，而是旧时代的农民。比如义和团，在后期，混进了大量的地主富农伪装的异己分子，做了很多坏事，对这些坏事不加区别，一古脑儿算在义和团账上是不对的。当然义和团还有它本身的许多缺点，例如缺乏统一的领导，组织性不是很强，迷信气氛等等，但是，应该看到义和团的主要方面是强调他们敢于斗争，敢于奋起抵抗外来的侵略者，敢于奋起反对本国的封建统治阶级的大无畏精神。另外，也要看出，在劳动人民身上，有些弱点是旧历史剧作家自以为是地加上的，比如张飞，据说今天在四川阆中，民间就流传着张飞许多好的故事传说，和有些旧戏的情节是不尽相同的。比如农民起义，一般在初期，纪律都是比较严密的，而许多统治阶级的作家却把这些都一律歪曲了。有的甚至把历史上的盗匪也和农民起义混在一起，这都是不对的。当然，也要看出农民起义的失败教训，历史上农民起义都是以悲剧结束，这也是历史真实。其中也有成功的，如刘邦、朱元璋，但后来还是转变为地主政权，而不是农民当家、人民当家。我们可以从农民起义的失败教训中，知道古人缺少什么，而只有无产阶级政党才能彻底领导人民翻身作主，这样的看法，就是历史观点。

总之，青年从历史剧里可以学到很多东西。而我国的历史里，又有着无限好的事例，可以教育和启发青年。我希望今天的剧作家，用历史唯物主义观点，为青年们创作出更多更好的历史剧。

（根据吴晗同志谈话记录整理。原载《中国青年报》，1961年9月6日）

附录：吴晗谈历史剧

《戏剧报》记者　鲁　煤

历史学家吴晗写了历史剧《海瑞罢官》，引起人们很大兴趣。他在去年12月25日《文汇报》上发表的《谈历史剧》一文，也引起了热烈的讨论。为了听到吴晗同志关于历史剧的更多意见，记者于5月18日去访问了他，请他就古为今用问题、历史真实和艺术真实的关系、在舞台上表现历史上统治阶级中的英雄人物和表现人民群众的作用等问题，畅谈他有看法。

吴晗同志说，写历史剧在处理历史材料时，必须运用历史唯物主义观点，才能反映历史的真相。把马克思列宁主义理论和历史实际相结合，也就是做到观点和材料的统一，历史剧才能反映出一定历史时期的历史真实，这样才能古为今用——使观众从中吸取某些经验、教训，好的吸收，不好的引以为戒，达到鼓舞士气、加强斗志，有利于社会主义建设的作用。吴晗同志说，旧历史是统治阶级写的，是为统治阶级、为帝王将相服务的；我们今天写历史不能是这样，而要为绝大多数人服务。历史剧也要是这样，要为绝大多数人服务，为生产建设服务。假如不用历史唯物主义而用唯心主义观点去写历史剧，就会从历史材料中得出相反的道理，把历史事件孤立起来，看成是少数人的事情，把历史发展看成是少数人的作用，这样就不可能反映历史真实，也就不能古为今用。因此，在谈起历史剧的古为今用和运用历史唯物主义观点写历史剧的关系时，吴晗同志认为，这是根本统一的，其间没有矛盾；而且必须是这样，只有这样。因为马克思列宁主义就是根据现实生活和斗争、根据历史实际得出的结论，而不是和历史实际相对立的。他强调说：可是观点决不能代替历史实际。历史实际是一回事，理论必须联系实际，同时，要从历史实际提高到理论，二者要统一，而不能以观点去代替历史实际。

吴晗同志认为，所谓历史剧的时代精神、历史剧所要体现的时代精神，是指它所表现的那个时代的时代精神而不是今天的时代精神。他说，把历史人物放在他所处的历史时代去描写，就会表现出当时的时代精神。一定历史时期的历史人物，他知道多少就是多少，不可以把他所处时期以后的某一时期的时代精神、更不是把今天的时代精神划到他那个时期里去。例如以文成公主的故事写戏，可以表现那个时代的人的民族团结精神，但是像今天的党的民族政策、统一战线思想，那个时代却是没有的。又如写岳飞，写他“精忠报国”，这就是他的时代精神，他决不可能具有今天人民解放军的解放人民的思想。古人写的包公戏，要表现包公的调查研究精神，由于他们的时代限制，不能很好地解决，只能采用“探阴山”的办法。但是，在今天，我们如写况钟、海瑞重视调查研究的戏，如果也写他们到“阴间”去，就不对头了。

吴晗同志以历史上农民起义的不同情况为例说，农民起义，一个时代就有一个时代的要求。如平分土地问题，秦代的陈胜、吴广没有提出过，他们提出的只是推翻秦朝统治；之后的刘邦，东汉末年的黄巾，唐末的黄巢，宋代的王小波，元末的红巾，也都没有提出过；李自成也只讲减粮，没有提出土地问题；太平天国有了土地纲领，但没有实现。甚至伟大的民主主义革命家孙中山提出的“耕者有其田”的口号，也没有实现。他们是不能实现的，这只有在今天才能做到。所以，对于不同历史时期农民起义的不同要求，一定不能混淆，不能把后一时期的要求强加到前一个时期去，或者把今天的要求放到唐、宋时代去。他说，要体现今天的时代精神，只有写现代戏。如写学生如何努力学习，工人、农民如何积极生产，人民解放军如何英勇地保卫祖国、保卫世界和平，以反映今天祖国人民的伟大的精神面貌，歌颂三面红旗等等。吴晗同志说，历史剧是要刻划一个特定时代的时代精神，刻划出古人对事物的认识，不能强加他们没有的思想，也不能低估他们已有的思想水平。今天有些历史剧把今天的时代精神放到古代去，把古人现代化，这是非历史主义的，收不到教育效果。

在谈起根据今天人民的需要来选择和处理历史题材的问题时，吴晗同志说，如毛主席说的，勤劳、勇敢、智慧，是我们中华民族的传统美德，这就是我们今天所需要的。更具体地说，古人的雄心壮志、发愤图强和民族团结精神，古人的创造发明、同自然作斗争的英勇精神和保家卫国的英雄行为，等等，都是我们所需要的。过去作战中，有很多以弱胜强、以少胜多的实例，这里边就包含着古人的智慧，那种战略、战术，也可以运用在今天指挥生产上面。《三打祝家庄》的好处是什么？就是启发我们必须进行调查研究；《将相和》有什么意义？就是告诉我们自己内部必须团结才能战胜敌人。这些就是教育意义。唐僧取经的故事，小说《西游记》的写法是一种方法，今天我们就可以有另一种写法。唐僧为了寻求知识，十几年刻苦学习，战胜无数困难去取经，这种精神就值得我们学习。明代的徐霞客，几乎走遍全国大部分的山川名胜，几十年坚持做地理、地质调查、研究工作，他所著的《徐霞客游记》，不仅在文艺上有成就，在地理、地质科学上也提出和解决了不少新的问题，在今天看来仍然有价值，他的工作精神也是值得今人学习的。

吴晗同志说：那么是否如目前有的人所认为的那样，这样做就是体现了我们的时代精神呢？也不能完全这样说。他说，我们今天的时代精神不仅仅是这一些。我们的事业是前无古人的，我们不仅要建设社会主义，还要建设共产主义，我们今天的时代精神要比过去那些更辉煌！但是，古人发奋图强的精神等等，对今天建设社会主义有好处；过去的某些时代精神有助于今天的需要，可以成为我们社会主义道德的一个部分。

在今年2月18日《北京晚报》上，吴晗同志发表了复繁星同志的一封信：《关于历史剧的一些问题》，其中谈到了写历史和写历史剧的异同。在记者访问时，他再次谈了这方面的意见。他说，写历史和写历史剧当然不同。写历史书的要求比写历史剧的要求更严格、更高。历史书只能根据历史唯物主义观点处理历史材料，以写出能够反映历史真实、能够阐明社会发展规律的历史。历史是一门科学，是社会科学的一个组成部分，这不容许虚构、夸张、想象。而历史剧则不同，它不是社会科学，而是属于文学范畴的。另外，在某一点来说，历史剧的作用要比历史教科书更大，范围更广泛。读历史教科书，有文化水平的限制，目前还不是每个人都能直接从历史教科书吸取知识的。可是，谁都会看戏，男女老幼，无论文化水平高低，都可以从历史剧受到教育。历史剧的作用是社会性的，是一种社会教育。

吴晗同志认为，应该把旧历史剧和新历史剧区别开来，并且对旧历史剧的要求要宽，对新历史剧的要求要严。他说，旧历史剧的作者受种种条件的限制，也有他们自己的创作目的；旧历史剧是为旧时代服务的，而不是为今天服务的。我们不应该反对旧历史剧，也不可以用今天的标准对它们作过高的要求。对旧历史剧中个别地方过分违反历史实际的，应该采取慎重态度作适当的修改，而其他的，就不必了。但是，对于今人新写的历史剧，要求就应该更严格。因为你生活在今天，今天时代的青年和人民群众的文化水平提高了，政治水平提高了。新历史剧作家不可以再走旧历史剧作家的道路，今天不可以硬搬几十年前的旧经验，不然就会犯错误。更具体地说，这就是要求新历史剧具有历史真实性，在主要的人物、事件上必须受历史真实的约束，和历史真实相联系。假如不是这样，就不能叫做历史剧。从这方面说，历史剧和历史书的要求有相同的地方。可是另一方面，它是文学作品，应该比实际情况更提高，因此必须有所想象、夸张、突出、集中，使人物形象更生动、丰满，更使观众喜闻乐见。但这里有个限制和前提：只能限于这个剧本所表现的历史时代、历史时期可能发生的事情，而决不可以把不可能发生的事情强加于这一时代、这一时期。因此，剧作家的自由还是有限度的。

一方面，他有想象、夸张、虚构的自由；另方面，这种自由受时代真实的限制：这就是革命的现实主义和革命的浪漫主义相结合。谈到这里，吴晗同志进一步解释说：在历史剧创作中，革命的现实主义指的是主要人物、事件必须在基本上符合历史客观实际；革命的浪漫主义指的是某些人物、情节、细节必须有所强化、集中、夸张、丰富，这两者必须正确地结合。他说：光有现实主义，是历史，不是戏；光有浪漫主义，是戏，但不是历史剧。

吴晗同志认为，就历史剧来说，艺术真实应该服从历史真实。他不同意有人提出的这样一种看法：艺术真实应该超过、高于历史真实，不受历史真实的约束。他说，那样就不真了，不像了，那就不好。历史真实和艺术真实应该统一，而不应该对立。

在《谈历史剧》一文中，吴晗同志会提出应该把历史剧和故事剧区别开的意见。记者访问时，他再就这个问题作补充说，对故事剧的要求可以放宽一些。故事剧中的人物、事件不一定是历史上存在过的，它不需要受历史真实的约束；它受的时代的约束无须那么严格。剧作家有更大的自由，只要是人类的社会活动可能发生的事情，都可以写成故事剧。至于人类历史上不可能发生的事情，也可以写，那就是神话剧，如《探阴山》、《张羽煮海》、《孙悟空大闹天宫》等。故事剧，如《墙头马上》中的故事，没有严格的历史时代特征，安在唐朝、宋朝都可以。而在历史剧中，不仅不能把今人的思想意识强加到古人身上去，就连服装也不能乱用，例如演明朝的戏而穿清朝的服装，就会闹笑话。

为什么要把历史剧和故事剧区别开来呢？

吴晗同志说，要对广大观众进行爱国主义、历史主义教育，丰富他们的历史知识，提高他们的文化水平，那就必须这样做。不然，他们会把想象的可能发生的事情，当作实际上已经发生了的事情。举例说：《杨门女将》中的佘太君、穆桂英，是可爱的人物，我也喜欢她们，但她们不是历史人物。不把历史剧和故事剧区别开来，就会把佘太君、穆桂英以及关于她们的故事，当作历史实际已经存在、已经发生的人物和事情来看待。他说：这不是揣测，已经有人这样问过我；他们认为既然是历史戏上有的，就一定是历史上有的。所以，我们的时代应该而且必须有水平较高的历史剧。但是，把两者区别开，并不降低故事剧的地位，它们的地位取决于它们的思想和艺术成就。传统剧目中故事剧很多，好的故事剧自有它的艺术价值。

接着，吴晗同志就几个剧目谈了他对历史真实和艺术真实的关系问题的看法。

他先谈了《关汉卿》。他说：很抱歉，我没有看过田汉同志的话剧，只看过根据话剧本改编的粤剧。他热情地赞扬说：《关汉卿》非常好，是新型历史剧。他说：为什么要这样评价呢？因为它没有浓厚的时代气氛；其中的个别人物是虚构的，可是其中所写的事情都是那个时代可能发生的。通过剧本，可以使我们理解到那个时代的民族关系、阶级关系、艺术家的社会地位和处境，这些都是符合历史真实的。所以，它不仅是好戏，而且是好历史剧。

昆曲《十五贯》也是这样。这戏里的故事，不是发生在明朝而是宋末元初，事情也不是发生在况钟身上。清代剧作家朱素臣却把这件事情安到了明代况钟的名下。时间虽然相差一百多年，可是当时的社会政治情况并没有太大的变化。而况钟这个人，在苏州当了十几年知府，是个清官，善于断案，断了很多案，平反了很多冤狱。这些案子的具体情况虽然没有记载下来，但朱素臣把这个故事和况钟结合起来，是符合况钟这一人物的性格、符合当时的社会政治情况的，因此可以说它是历史剧。

他说：可是《杨门女将》就不同了。有很多文章说它是历史剧，我不赞成。为什么？杨业抗辽壮烈牺牲，是实有其事的；杨业、杨延昭、杨文广，三代当将军，也是历史上有记载的。可是就历史事实来看，杨业在陈家谷死的时候，只有一个儿子——杨延玉和他一同死的，所以杨家并没有那么多寡妇。杨业的老婆到底是谁，我们也无从知道。作为故事剧，《杨门女将》也罢，《辕门斩子》也罢，《杨排风》也罢，都能振奋人心，都是好戏，但都缺乏历史根据，不符合历史真实。佘太君一百岁挂帅，在世界历史上也找不到例子。而且当时宋朝有很多名将，并不是像戏里说的那样，除了杨家这些老太婆以外，文官武将就没有一个人能干。所以，叫它作故事剧，可以；叫它作历史剧，就不可以。旧时代叫它作历史剧，可以；今天再叫它作历史剧，就不可以。

《探阴山》是神话剧。虽然包拯在历史上实有其人，但探阴山的事情，在人类历史上根本不可能发生。今天，加加林上了天，苏联的地质火箭也快要实现；但是，探阴山怎么能和这些相提并论！所以，不能仅仅因为戏里有包拯这个人物，就说它是历史剧。

谈到在舞台上表现旧时代的帝王将相、统治阶级中的英雄人物有什么意义的问题时，吴晗同志认为，这要从两方面来看。一方面，正如毛主席说的，人民大众是革命的动力，农民战争是社会发展的动力。可是就另一方面看，在过去的历史时代里，在某项政治措施、工程建设或大规模的战争里，起主导作用的是谁？是历史上的帝王将相领导、指挥了这些工作。所以，一方面应该充分认识人民群众的力量，一方面也要如实地估计帝王将相的作用。他们做过坏事，但也做过好事。毛主席的《沁园春·雪》词里提到的秦皇、汉武、唐宗、宋祖和成吉思汗，就都是帝王。唐太宗、武则天，都起过很大作用。从唐太宗到武则天，几十年间，中国社会长期和平、安定，经济繁荣发展，文化有很大提高，所以这两人对社会发展起过积极的推动作用。对这样的人应该肯定、表扬、歌颂。不能因为他们是帝王，就否定他们。否定他们，是非历史主义的。

同时，历史上的帝王将相、科学家、哲学家、文学家、美术家……也绝大多数是出身于地主阶级，很少是农民出身的。汉代的大官朱买臣原来是穷人，砍过柴，明代画家王冕曾给人放过牛，但这毕竟是极少数。当时统治阶级有特权，独占了文化，农民、穷人有丰富的生产知识，但书本知识却很少。特别应该注意到，五代以后才有了雕版印刷、有了书。即使有了书，也不是穷苦农民都买得起书。不仅钱成问题，同时为了生活，他们也不能放下生产，专门去读书。在这种情况下，帝王将相、哲学家、科学家、艺术家等等，绝大多数出身于地主阶级，是很自然的事情。而他们也的的确确做了很多事情，继承了已有的文化，并且发展、提高了已有的文化。

他们之中有成绩的人，是不在少数的。另一方面，劳动人民创造了历史，他们有生产经验，这些经验就是知识。而如后魏的贾思勰，是地主出身，但他著的《齐民要术》，就集中了农民的生产经验。对这些做过好事的人，应该肯定，在历史书和历史剧中，应该有他们的地位。

吴晗同志进一步说，不能以阶级成分来肯定或否定一个人，关键在于他对人民做了好事还是坏事，推动了时代前进还是阻碍了时代的前进。吴晗同志又举例说，同是三国时代的人物，如袁绍、袁术兄弟，横征暴敛，破坏了社会生产力；董卓也同样只起了破坏作用。可是曹操、刘备、孙权，就各自统一了一方，促进了当地经济、文化的发展。尤其是曹操，其作用就更大了。所以，同样是帝王将相、官僚地主，我们对他们应该有区别；好的就承认他好，坏的就肯定他坏。这里边有一条：实事求是。戏剧家写历史剧一定要实事求是。思想要解放，对于该肯定的人物要敢于大胆肯定。不要因为他们是帝王将相或地主阶级出身的人物，就不敢肯定。当然，如前面已经谈到的，必须把他们放在他们的历史地位来评价，不能因为要肯定他们，就拿他们比拟今天的某人某人。

吴晗同志接着谈到歌颂他们应该掌握什么分寸的问题。他拟问说：是否采取评论的方式？如有的人作的那样，把他们的功过打对开、四六开或三七开？他回答说，古人都有短处；——其实我们也有短处。写唐太宗、武则天，是否必要又写他（她）好，又写他（她）坏？但这是历史家的任务，不一定是剧作家的任务。剧作家可以这样做，也可以不这样做。为什么？因为历史剧的目的，是要今人学习、吸收古人的某些好的品质，如上面谈到勤劳、智慧、勇敢等等。其次，历史剧只须强调某一事件，或某一人物的某一时期的作为，而不必替他作详尽的传记，把一切事情都记录在剧本上。所以，一方面，不能以今人的标准来表现古人，把古人过分美化；另方面，也不需要又歌颂、又批判。要不然，就会在观众中造成混乱，分不出这是好人，是坏人，还是半个好人、半个坏人，教育意义也就不完全了。这就是分寸。他说，古人没有无产阶级思想——这是在工人阶级，在马克思、恩格斯出现以后才有的，他们只能认识到那么多，所以不能把无产阶级思想强加给古人。吴晗同志总括说：分寸就是历史主义。

吴晗同志从这个角度，谈了对话剧《文成公主》和京剧《满江红》的看法。

他说，《文成公主》是好戏。因为它历史地、生动地处理了这个题材。剧本里写的唐太宗、文成公主、松赞干布，以及两方面反对和亲的人物，都符合历史真实。当时的主要矛盾是民族矛盾，而不是西藏内部的阶级矛盾；解决的办法，也只能是民族团结，而不可能以唐朝的封建社会制度去改革西藏的奴隶制度。剧本的这种处理是正确的，人物描写也没有过火。这个戏有历史意义，也有现实意义。

《满江红》也是好戏，前半部很好，对岳飞这个人物处理得比较好。只是对岳家军的历史地位，安排得不够适当。剧中的岳家军和其他人物，开口岳家军，闭口岳家军，使人感到好像当时只有岳家军在抗金，这就过分强调了岳家军的作用。当时太行忠义、两河豪杰的力量很大，此外，也还有不少抗金的将领。除了少数的民族败类之外，广大军民都是抗金的。应该把岳家军放在广大的抗金力量之中，同时强调出太行忠义、两河豪杰的力量。后半部戏写岳家军打回去，不符合历史实际。这只是愿望；在戏里如何表现得好，是不容易的。

吴晗同志继续谈了新编历史剧时应该如何表现历史上的人民群众的作用，以及写旧时代的农民起义或人民斗争以悲剧结束，在今天有没有意义的问题。

他说，有人认为历史材料不可信，不能用。确实有一部分不可信。但是反面材料，也可以正确地运用为正面材料。在旧史料中，人民的斗争被歪曲、被隐蔽，但不是完全没有记载，不然今天我们连黄巾、赤眉、黄巢、李自成……这些人物的名字都不知道了。封建统治阶级编写他们镇压农民斗争的历史，对农民起义军方面总是要讲到的。主要的问题是你站在什么立场、用什么观点、方法去研究它们。站在无产阶级的立场，用无产阶级的观点、方法去搜集、研究，就会有无穷的材料。要作到即使是处理个别的细小的历史事件，也必须掌握充分的、大量的史料，经过严密的、科学的审查，而又为人们所理解。这样严肃认真的、科学的、唯物的正确态度，也就是如毛主席说的“去粗取精、去伪存真、由此及彼、由表及里的改造制作工夫”。只要这样，人民群众总可以表现出来的。关键在于对这些史料的态度，是唯物主义的，还是唯心主义、虚无主义的。

他说，写旧时代的农民起义或人民斗争以悲剧结束，不存在有没有意义的问题。它们本来都是以失败告终，是悲剧，这是事实。它们是不可能成功的，因为那是建立在旧的个体生产基础上的农民运动，是分散的、不集中的，没有明确的政治纲领，缺乏统一的、严密的、坚强的组织，而又面对着强大的、全副武装的敌人。其中也有成功的，如刘邦，如朱元璋。但那还是转变为地主政权，而不是农民当家、人民当家。

吴晗同志说，写农民革命的失败有教育意义，它会让观众感到古人缺少什么；不写失败，才没有教育意义，那会让观众产生错觉：过去的农民革命已经能够成功了，今天共产党还有什么了不起！问题是如何处理，这是艺术处理问题。不要处理得灰溜溜的。处理得好，悲剧会让观众感到革命的火种不会熄灭，人民跌倒了会爬起来再干。历史剧可以有两种教育意义：一种是成功的经验，一种是失败的教训。写旧时代农民革命或人民斗争以悲剧结束之所以有意义，就在于它是悲剧结束，它使你就要从戏里分析失败的教训。

吴晗同志在谈话中还一再表示，今天历史家和剧作家有必要亲密合作，为了更好地教育人民的目的，创造出更多的好历史剧，既有较高的历史真实性，又有较高的艺术水平的作品！

最后，他也强调说，他不懂戏，对戏剧是门外汉；这里所谈的，只是作为一个观众提出的要求，作为一个关心教育工作的人所提出的对新历史剧作家的要求，意见并不一定对，只是本着知无不言、言无不尽的精神谈出来，供我们这个时代的剧作家参考。

（原载《戏剧报》第9、10期，1961年）

向志愿军伤病员学习*

一

在去年年底，我们怀着兴奋而感激的心情，带着真挚的崇高的我国后方广大人民对我们的志愿军的热爱和崇敬，走到人民志愿军每一个病院，每一个病房，向我们的伤病员致敬，传达人民的慰问。也向我们的兄弟，朝鲜人民军的伤病员致敬和慰问。

我们向伤病员同志说，慰劳品数量很少，也很菲薄，但是，通过这些具体物品，我们带到病院来的，是后方人民对我们最优秀最英勇进行保家卫国的指战员们的无比的热爱。有些慰问袋，是高龄的老母亲，戴着老花眼镜，在深更半夜赶缝出来的，每一针每一线，都包含着慈母的感激心情，爱念心情。有些慰问袋，是正在学校里的小弟妹们缝制的，他们节约了自己的零用钱，买了她或他们自己认为最好的物品，把袋子装得满满的，还再三叮嘱，一定要妥善送到战士的手里。有的慰问袋是我们各机关干部和部队战士的，他们差不多把伙食以外的全部给养都放进慰问袋里去了。慰问袋内容最丰富的大概是工商界的，装着书本画片的大概是学生，装着花生枣子的准是农民和小学生的。总之，后方各阶层，各职业部门，各地区，各党派，一切广大人民，都在怀念我们的志愿军，都要我们传达对在前方的子弟们的由衷之爱。我们带来的是慈母的温暖和弟妹的爱慕心情。

我们向伤病员同志报道后方青年踊跃参加国防学校的情况，告诉他们以许多动人的实例。其中之一是有一个十六岁的女孩子，参军不成功，回家责问母亲说："妈妈，你为什么不早生我一年？我功课好，身体棒，政治呢？我是青年团员。全没问题。只是一样，年

* 当时吴晗任北京各界赴朝慰问团团长。——编者注

龄不及格。妈妈，你为什么不早生我一年呢?”妈妈没办法，回答说：“孩子，我也对得起你了，我们头年结婚，第二年就生下你，还要怎么样呢!”另一个例子是一个年龄和身长都够格的男孩子，担心体重不够，回家大吃一星期，长了一公斤，结果还是没有录取，因为体重还是不够格。这些例子说明了广大青年普遍地要求进入军事干部学校，参加保家卫国的神圣工作。这些例子也充分说明了广大青年对我们人民志愿军的爱慕，他（她）们渴望能够参加伟大的抗美援朝的行列。我们也报道了全国各地区各学校各工厂把他们最好的学生，最好的青年工人送进我们的军事干部学校，我们的现代化的军事干部在大量培养着，青年们已经飞翔在我们祖国的天空了，已经在我们的领海巡弋了。我们的国防事业，在突飞猛进地建立着，我们已经具有强大的力量，击退和消灭敢于侵袭祖国边疆的任何敌人了!

我们也向伤病员们报告世界和平大会开会的盛况，各国人民对我们志愿军的热烈欢呼盛况，我们自己的和平大会和各地和平分会的工作，各地区的各职业部门、各宗教团体反美帝国主义示威游行的情况。说明全中国人民，全世界爱好和平人民一致支持和拥护我们志愿军所进行的正义的战争。

当我们说到我们在联合国的代表团，代表着我们四亿七千五百万人民在联合国讲坛上进行斗争，严厉指斥美帝国主义的侵略行为，博得全世界爱好和平人民的支持的时候，伤病员同志们笑了。当我们说到蒋匪帮代表蒋廷黻，在我们代表发言时候，那种脸如土色狼狈不堪的情况，伤病员同志们笑了。当我们说到美帝国主义还不死心，还妄图在朝鲜挣扎顽抗下去的时候，伤病员同志不约而同，举臂喊出响亮的口号：“我们要安心休养，我们要早日恢复健康，我们要重返前线!”

二

向志愿军伤病员学习!

在整个慰问工作时期内，我们大家都深深感觉到，我们所得到的远比伤病员同志为多，我们从他们那里体会到新中国的力量，四亿七千五百万人民在中国共产党和毛主席领导下的无比的力量。

英雄们从来也没有意识到他自己是英雄，在病榻上，我们亲自听到无数英雄的辉煌的史诗，说得那样平淡，那样安详，好像是在说另一个人的故事。“没有什么了不起，仅仅只消灭了那几个敌人，任务没很好完成，很惭愧，伤好了还要去。”“敌人个子大，掼跤许要吃亏，有一样好处，容易打，一枪一个。”“他们样样多，枪多炮多飞机多，坦克多。就是兵不愿打，一上刺刀就举手，真不明白，投降的规矩也是练好了来的，要不，怎么全是那一套?”“真是纸老虎，一戳就穿，咱们毛主席的话错不了。”“只要有炒面，有子弹，这个仗是赢定了。”有一个指导员，伤全好了，只是满嘴没有一个牙齿，瘪着嘴嫌不好看，带着白口罩，他跑来提出要求要尽快给他装牙齿，愈快愈好，问他为什么这样着急呢？他说：“你不急，我急呀，没牙齿啃不了东西，也上不了战场，去晚了敌人跑光了，你说急不急?”

在四十多人的一个大病房里，刚说完了话，发现有一个伤员突然用被蒙住头，我们正在懊悔，以为是有什么话说得不当心，刺激了病人。院长带我走近病床，掀开被一看，他满眼泪水，原来是哭了。问是什么缘故，他哽咽着说：“上火线没立什么大功，受了伤回来，这般照顾。毛主席那里来的人还来看我们，还和我们拉手，他老人家那样忙，还惦念着我们，实在过意不去，太感动了。”说着说着还是哭。

有好多重伤员向我们问毛主席和朱总司令好，我们回说“挺好，很健康”。他们说：“只要主席和总司令好，我伤口也不疼了。”

在墙壁上，到处都贴着“在前线要当战斗英雄，在病院要作休养模范”。

一般病院里都组织了伤病员管理委员会，是伤病员自己的组织，自己推选出一些委员来管理事务，帮助病院行政方面解决问题。

模范的事迹是数说不完的，值夜护士熬了多少夜，轻伤病员就强迫她去休息，自己来值班，有的轻伤病员主动地替重伤员洗脚，端盆子。有一个病院在乡间，轻伤员抢着挑水，一天挑二十多挑，工作人员劝他休息，他说：“你们那样成天成晚工作，为什么我不应该做一些事?”有一个娃儿才十六七岁，冻坏了脚，精神极好，成天满脸是笑，怪逗人喜欢，又会说话，会鼓舞人，值班医生告诉我们，这孩子抵得过一个好医生，有了他整个病房都像春天，医生好作事，病人也好得快了。

在战场上要立功，立的功是杀敌人，杀更多的敌人，打胜仗，打更多的更大的胜仗。在病院里也要立功，要立休养模范的功，要立遵守院规的功，要立服从治疗的功，还要立学习文化的功。病院不止是立功的战场，还是立功的学校。

伤病员们要求学习文化，大家做小先生，互教互学，有的入院时还不认识一个字，才过个把月，就学会二百多字了，床头摆的是连环画、识字课本、中国革命故事和各种各样的书。学得多，学得快，伤也就好得快。

走出病院，想一想，伤病员们所最看不起的是谁？美国兵。所最引以自豪的是什么？中国人民。所最急迫要求的是什么？早日回到前线。

我们上了鄙视蔑视仇视美国最具体的一课。

我们感觉得骄傲，因为我们是属于这些英雄们所生长的国度，伟大的中华人民共和国的人民。

三

我们慰问了很多伤病员，也和病院工作人员作了很多次谈话，我们了解我们伤病员的需要。

第一需要手术队，数量愈多愈好，要带足够的外科器械，和X光设备。

第二需要内科医师和内科药品。

第三需要五官科和装假脚假手的专科人才和设备。

第四需要文化娱乐器材，特别是电影队。

第五需要慰问信，要写得具体、亲切、生动。

一九五一年三月五日

（原载《人民日报》，1951年3月10日）

欢迎马亨德拉国王

正是秋高气爽的时节，尼泊尔国王马亨德拉陛下带着尼泊尔人民的友谊来访我国，这次访问必然进一步巩固和发展中尼人民之间久已存在的友谊，中国人民对国王陛下的来访表示热烈的欢迎。

中尼两国的友好往来，可以追溯到一千五百年以前。远在公元五世纪初年，我国高僧法显为了寻访释迦牟尼降生地点的遗迹，就曾不避艰险，跋山涉水，访问过迦维罗卫城。迦维罗卫城就在今日尼泊尔国境内，喜马拉雅山山脚下。同时，尼泊尔高僧佛驮跋陀罗也在公元406年到达我国的长安，公元418年到建康（今南京）译经，和法显合作，译出《佛祇律》等经典。中尼两国的学者就这样建立了亲密的友谊和学术文化的交流。

我国唐朝时称尼泊尔为泥婆罗，著名的学者玄奘到印度求学时，也曾访问过泥婆罗。公元643年唐太宗派遣使臣去印度，路经泥婆罗，受到泥婆罗国王那陵提婆的热情接待。647年泥婆罗国王也派使臣访问中国，带来菠薐（菠菜）、酢菜、浑提葱等特产，丰富我国的蔬菜品种。高僧玄照于654年由印度取道泥婆罗回国，开创了经由我国西藏以达泥婆罗的捷径。

到了元朝，公元1260年，杰出的尼泊尔雕塑家阿尼哥带了八十名尼泊尔巧匠到了北京。阿尼哥善于绘画、雕塑和铸金为像，把尼泊尔的塑像技术带到中国。当时大都和北京寺观的佛像和天尊像，很多都是他的作品。现在矗立在北京妙应寺的大白塔和北海公园琼岛上的小白塔（塔上刻有尼泊尔文字），都是中尼文化交流的结晶。阿尼哥不但带来了尼泊尔文化，还为我国培养了不少艺术人才，著名的雕塑家蓟县刘元就是他的学生。

明朝时候称尼泊尔为尼八剌国。僧人智光曾经两次出使到尼八剌国。

由于两国长期的友好的交往，不止在中国文化中吸收了尼泊尔文化的因素，同样，在尼泊尔也如此，尼泊尔的木结构建筑也充分吸取了我国建筑的屋顶斗拱形式。这种传统的友好关系，千年以来和睦共处关系，在历史上树立了良好的范例。

近百年来，由于帝国主义的祸害，我们两国之间友好往来受到破坏和阻碍，不得不暂时中断了。一直到我国革命取得胜利，尼泊尔取得独立之后，1955年两国才建立外交关系，在和平共处五项原则的新基础上，中尼关系展开了新的一页。从1956年以后，我们两国政府领导人曾屡次互相访问，并签订了两国保持友好关系以及关于中国西藏地方和尼泊尔之间通商和交通的协定、中尼关于两国边界问题的协定、中尼两国经济援助协定等。在此期间，两国的政府官员和民间团体的往来也日益增多。如今，尊敬的马亨德拉国王陛下也惠然光临我国了，这是中尼友好更加促进一步的标志，中尼友好历史上应该大书特书的大事。全中国人民以欢欣鼓舞的心情，热烈欢迎国王陛下的光临。我们回忆千多年来的传统友谊，我们欢呼近年来两国之间新的关系的建立，让巍峨耸天的喜马拉雅山永远作为联系两国人民的纽带，万古长存！万古长青！

（原载《人民日报》，1961年9月29日）

如何评价历史人物*

历史现象是复杂的，不同的历史人物有不同的时代，不同的历史条件，不同的历史作用。从每一个具体人物说，又有不同的家世、性格，不同的思想、政治情况。因此，光是了解个别历史人物是不能说明问题的，还必须对不同历史人物作具体的研究、分析和评价。从这一点说来，我们的研究工作才刚刚开始，亟需进一步努力。现在提出几条意见，供大家参考。

第一，评价历史人物是依据今时今地的标准呢，还是依据当时当地的标准？

我认为，不能以今时今地的条件和道德标准来衡量古人，因为这样，就会把历史搞成漆黑一团，没有一个完整的人物。从整个历史的发展来看，在奴隶社会代替原始公社时，奴隶主曾经是进步的力量；封建社会代替奴隶社会时，地主又是进步的力量；当资本主义代替封建社会时，资产阶级也曾经是进步的力量。所有这些，都不能不加分析。不能一见历史上的奴隶主、封建主等等，就喊打倒。所以，评价历史人物，应从当时当地人民利益出发，看他所作所为是好是坏？对生产是起促进作用还是破坏作用？对文化艺术是起提高作用还是摧毁作用？如越王勾践，他虽是剥削者，但在两千四百多年以前，他采取休养生息、自力更生、发展生产等措施，使人口增加，经济文化发展，国家富强，最后战胜吴国，取得了独立。这

---

* 本文原发表于《北京日报》，文前原有报社编者按，现转录如下："如何评价历史人物，是历史研究中的一个重要问题；同时，在文学、艺术、哲学研究等许多领域中也都广泛牵涉到这个问题。因此，许多人对它都很关心。北京市历史学会在11月30日邀请史学家吴晗同志就《有关历史人物评价和历史知识普及的问题》，作了专题讲演。这里发表的是讲演记录中的一个部分。"——编者注

些都是对当时人民做了好事，不能因为他是剥削者就把他否定。评价任何历史人物，一方面要实事求是，好的肯定，坏的否定；至于有功有过的，就要看他功大还是过大。如曹操，大家认为他功大于过，就应该肯定。但另方面也不要被祖先的阴影所罩住，不要像某些封建史家那样，对古人赞叹不已，认为是空前绝后的。很显然，我们如果局限于前人的成就，就会停滞不前。我们今天的工作必然要十倍百倍地超过我们的祖先。要强爷胜祖。

第二，要从生产斗争和阶级斗争出发。

历史是从斗争中发展的。没有生产斗争和阶级斗争，就没有历史。历史人物也是从斗争中成长的。我们几千年的历史，积累了丰富的经验，记录了伟大的成绩。我们的祖先从斗争中取得某些有益的经验，其中有些对今天也还是有现实意义的。例如李冰修都江堰，直到现在人民还受益，所以人民世世代代都纪念他。又如我们祖先的治水经验，有的主张排水，有的主张蓄水，二者都有片面性，我们就把两者结合起来，蓄水和疏浚并举，变水灾为水利，在三年的大灾害中，发挥了抗灾作用，这就是总结了历史的经验。由此可见，通过历史人物、事件吸取某些有益的经验，学习他们优良的品质，继承前人优良遗产，运用到实际工作中去，这也就是古为今用，使古人为今人服务。

第三，评价历史人物，应从整个历史发展出发，从几千年来多民族国家的具体事实出发。

例如秦始皇修长城，花了不少人力，也死了不少人，但长城建成后，却起了抵御外来侵略、保障人民生活的作用。从这一点来说，秦始皇是有功的。又如隋炀帝修运河，过去很多人都骂他。隋炀帝不是好人，这是事实；但连修这条运河都骂，就不应该了。运河的修成，不论对南北经济的发展和交流，还是对促进国家的统一，都起了很大的作用。孤立地、片面地看待这些问题是不对的。要从当时当地出发，也要从整个历史发展出发，才能正确地评价历史人物和历史事件。

第四，评价历史人物应从政治措施、政治作用出发，而不应从私人生活方面出发。

个人生活是有影响的，但不是主要的。曹操和武则天，一千多年来都是挨骂的。骂他们的人主要是从他们的私生活出发。唐朝的大政治家陆贽、李绛对武则天评价很高，因为他们从她知人善用、人民生活安定这一点着眼。但也有人骂她，理由不过说她是女人，不该做皇帝。到北宋时，才真正大骂起她来，道学家攻击她的男女关系混乱，把她骂得一塌糊涂。其实，武则天和几个男人同居，这对唐代人民、社会有什么害处？直到明末李卓吾、清朝的赵翼，才又给她讲公道话；但说好话的毕竟是少数。应该说，武则天在政治上做了许多好事，这是主要的，私生活是次要的。可是过去的历史学家对她的评价却正好相反。

第五，要正确地运用历史唯物主义的观点来分析史料；不要离开历史人物所处的时代，不要把他们孤立起来。

凡是在当时历史上起过作用的人物，在当时和以后都必然会有不同的意见。什么看法才对，要根据当时当地可信的材料和当时当地大多数人的意见。如对武则天，是根据唐朝人对她的评价，还是根据宋朝人对她的评价？这是关键的问题。是唐朝人的看法可信呢，还是离她几百年以后的宋朝人看法可信？在唐朝，女子改嫁不是什么丑事；到了宋朝，讲理学，讲封建礼教，讲贞节牌坊，提出女人宁可饿死，不可失节。社会道德观念的改变，影响对历史人物的评价，从欧阳修、宋祁一直到明朝的胡应麟、王夫之都把武则天骂得很厉害。所以研究武则天，主要应依据唐朝人对她的看法，根据直接记载的材料。

第六，要注意阶级关系，但是，不能以"唯成分论"来评价历史人物。

一个历史人物，是统治者，还是被统治者；是地主阶级，还是农民阶级，都要注意。但是阶级出身不是评价历史人物的根本条件。有些人却以"唯成分论"来评价历史人物，这就大错特错了。例如有人讲文学史，讲到王维、董其昌等，就感到不好办，因为他们都是有名的诗人、画家，而又都是大官僚、大地主出身，于是对他们的作品，对他们个人如何评价，就成了问题。有的怕说他们的成就，认为这样做是为地主阶级长威风；有的干脆给他们改变成分，说他们是中小地主，以为这样就可以舒服些了。其实，问题不在于他们的阶级成分，主要是要看他们对当时人民有些什么贡献。如果光拿阶级成分来评价历史人物，那就糟了，几乎所有历史人物都要否定。因为在封建社会里，只有统治阶级的子弟才能享有文化学习的机会，自然地，什么政治家、军事家、文学家、书法家和大画家等等，就大都是出身于地主阶级。我们决不能因为这些人的阶级出身而否定他们的历史成就。

第七，不可以拿今天的意识形态强加于古人。

武则天是了不起的人物，有些剧本就说她有现代民主思想，说她为妇女争取解放，开妇女科，考女状元。这大概是根据《镜花缘》来的，不对头。武则天个人经过斗争，做了皇帝，但她脑子里却不可能有妇女翻身的意识，而当时的妇女，也并没有翻身。把现代人的意识强加于古代人，这是非历史主义的。

有人认为戏里边演历史人物，纵然故事的根本方面是违背历史实际的，也还是历史戏，这也是不对的。

第八，实事求是，反对浮夸。

不符合过去存在的客观实际就是浮夸。不从实事求是出发，而从主观意图出发，这种风气很不好。

评价历史人物，要尽可能地符合当时的历史事实，也就是说要符合当时确确实实存在的实际。当然，历史离我们很远，有些记载不一定详细、确实，而历史实际也不可能完全复原，所以我们只能尽最大努力，尽可能地符合当时的历史实际，而不要信口开河，强不知以为知。

总括以上八点来研究分析历史人物，从具体出发，从实际出发，我想是可以得到解决的。历史记载应该有历史上杰出人物的活动，不可以把具体人物从历史抽开。历史人物太多，像解放前的许多历史书那样，满纸人名、地名、年代，使人苦于记忆，无法消化，固然不好；但有意识地把人名、地名、年代写得过少，也是不可以的。

试问：把人的活动从历史领域排除出去，结果又怎么能生动，怎么能够不枯燥，怎么能够符合历史唯物主义关于肯定个人在历史上的作用的原理呢！

（原载《北京日报》，1961年12月7日）

有关历史人物评价和历史知识普及的问题

一

关于历史人物评价的问题，讨论很久，因为是个大问题，大家都很关心。而且涉及的面很广，不止在通史、断代史等历史科学领域中，而且在文学史、艺术史、哲学史等专史领域中都牵涉到这个问题。几年来在这方面进行了有益的讨论，明确了一些问题，但是并没有完全解决。

究竟还有什么问题呢？据我看来，存在两个方面的偏向。

一方面，是对历史人物的过分颂扬，本来只有七八分好，却说成十分或十二分好，如有的人对曹操的评价就有过分之处。替曹操翻案是好的，但过分歌颂，却反而失却历史真实了。

另一方面，是对历史人物一概否定。有的历史书，对帝王将相，很少说他们的好话，有的甚至不敢写，怕写多了犯错误。在戏剧方面，也是如此。如最近上演《卧薪尝胆》，写越国如何自力更生，发展生产，最后战胜吴国。主题是好的。有的剧作者，却认为国王总不是好东西，办不了好事。但勾践实际上又做了好事，怎么办呢？于是就抬出人民群众来为他出主意，说“卧薪尝胆”是苦成出的主意。于是勾践就成为接受群众意见的国王了。我看，这是作者笔下的“勾践”，不是历史实际上的勾践。强调人民群众的历史作用是对的，但是这样强调法却不对，违反了历史的真实。应该说，国王能够做好事，而且有些国王的的确确做了好事。当然，他们也做了很多坏事。还有一个戏，反映广东三元里抗英斗争，当时领导抗英的是一个地主阶级分子，剧作者认为地主阶级分子怎么能够领导呢？就把这个具体人物抽掉，换上另一个人来领导。结果戏是演了，可是当地人民不批准，说这个戏不真实。这都是把个人在历史上的作用理解得片面了。不敢写帝王将相的历史作用，或者不敢写个人、特别是地主阶级分子个人在历史上的作用，这是不科学的。

（一）个人在历史上能不能起作用？在什么情况下才能起作用？

个人在历史上能否起作用？回答是肯定的。马克思列宁主义经典作家从来没有否定个人在历史上的作用。列宁讲过："历史是由个人创造的这一原理在理论上毫无意义。全部历史本来由个人活动构成，而社会科学的任务在于解释这些活动。"① 列宁又说："历史必然性思想，也丝毫不损害个人在历史上的作用：全部历史正是由那些毫无疑义是活动家的个人行动所构成的。"②

这样，是否可以说，个人决定着历史呢？当然不可以。是否帝王将相可以为所欲为呢？也不可以。恩格斯在驳海因岑的谬论时写道："海因岑先生硬说君主能造下多少灾祸，他们也就能做出多少好事。由此做出的结论却不是必须进行革命，而是虔诚地希望有一位可爱的国王，好心的皇帝约瑟夫。"但是人民清楚，"德国十分之九的灾难却正是由于地主和资本家剥削人民造成的！"③ 可见，历史不是由个人决定的，任何个人也不可能创造历史。

那么，在什么情况下，个人才能在历史上发生作用呢？

列宁说："阶级斗争理论所以是社会科学取得的巨大成就，正是因为它十分确切而肯定地把个人因素归结为社会根源的方法，……归结为阶级的活动，而这些阶级的斗争决定着社会的发展，这就推翻了主观主义者的天真幼稚的纯粹机械的历史观，他们满足于历史是由个人创造这种空洞的论点，而不顾分析这些个人活动是由什么社会环境决定的。"④ 所以，肯定个人在历史上的作用只是问题的一

① 《民粹主义的经济内容》，见《列宁全集》，中文1版，第1卷，375页。

② 《什么是"人民之友"》，见《列宁文选》两卷集一卷，116～117页。

③ 《共产主义者和卡尔·海因岑》，见《马克思恩格斯全集》，中文1版，第4卷，300页。

④ 《民粹主义的经济内容》，见《列宁全集》，中文1版，第1卷，388～389页。

面，更重要的是说明个人在什么社会环境下起作用，是怎样起作用的，即说明它的历史根源和社会根源。这是问题的本质。只有这样，才能彻底击败那些唯心主义的历史观。

至于评价历史人物的标准，列宁在1897年写的《评经济浪漫主义》一文中说："判断历史的功绩，不是根据历史活动家没有提供现代所要求的东西，而是根据他们比他们的前辈提供了新东西。"① 就是说，不能以现代的东西来要求或强加于古人。但是实际上却有人违反这一标准，往往用现代的尺度来衡量古人，这是不对的。

（二）如何评价历史人物？

评价历史人物有个问题，这就是，分析一个人物不能代替对其他人物的分析。因为历史是很复杂的，不同的历史人物有不同的时代，不同的历史条件，不同的历史作用。从每一个具体人物说，又有不同的家世、性格，不同的思想、政治情况。因此，光是了解个别历史人物是不能说明问题的，还必须对不同历史人物作具体的研究、分析和评价。从这一点说来，我们的研究工作才刚刚开始，亟需进一步努力。现在提出几条意见，供大家参考。

第一，评价历史人物是依据今时今地的标准呢，还是依据当时当地的标准？

我认为，不能以今时今地的条件和道德标准来衡量古人，因为这样，就会把历史搞成漆黑一团，没有一个完整的人物。从整个历史的发展来看，在奴隶社会代替原始公社时，奴隶主曾经是进步的力量；封建社会代替奴隶社会时，地主又是进步的力量；当资本主义代替封建社会时，资产阶级也曾经是进步的力量。所有这些，都不能不加分析。不能一见历史上的奴隶主、封建主等等，就喊打倒。所以，评价历史人物，应从当时当地人民利益出发，看他所作所为是好是坏？对生产是起促进作用还是破坏作用？对文化艺术是起提高作用还是摧毁作用？如越王勾践，他虽是剥削者，但在二千四百多年以前，他采取休养生息、自力更生、发展生产等措施，使人口

---

① 《列宁全集》，中文1版，第2卷，150页。

增加，经济文化发展，国家富强，最后战胜吴国，取得了独立。这些都是对当时人民做了好事，不能因为他是剥削者就把他否定。评价任何历史人物，一方面要实事求是，好的肯定，坏的否定；至于有功有过的，就要看他功大还是过大。如曹操，大家认为他功大于过，就应该肯定。但另方面也不要被祖先的阴影所罩住，不要像某些封建史家那样，对古人赞叹不已，认为是空前绝后的。很显然，我们如果局限于前人的成就，就会停滞不前。我们今天的工作必然要十倍百倍的超过我们的祖先。要强爷胜祖。

第二，要从生产斗争和阶级斗争出发。历史是从斗争中发展的。没有生产斗争和阶级斗争，就没有历史。历史人物也是从斗争中成长的。我们几千年的历史，积累了丰富的经验，记录了伟大的成绩。我们的祖先从斗争中取得某些有益的经验，其中有些对今天也还是有现实意义的。例如李冰修都江堰，直到现在人民还受益，所以人民世世代代都纪念他。又如我们祖先的治水经验，有的主张排水，有的主张蓄水，二者都有片面性，我们就把两者结合起来，蓄水和疏浚并举，变水灾为水利，在三年的大旱灾中，发挥了抗灾作用，这就是总结了历史的经验。由此可见，通过历史人物、事件吸取某些有益的经验，学习他们优良的品质，继承前人优良遗产，运用到实际工作中去，这也就是古为今用，使古人为今人服务。

第三，评价历史人物，应从整个历史发展出发，从几千年来多民族国家的具体事实出发。例如秦始皇修长城，花了不少人力，也死了不少人，但长城建成后，却起了抵御外来侵略、保障人民生活的作用。从这一点来说，秦始皇是有功的。又如隋炀帝修运河，过去很多人都骂他。隋炀帝不是好人，这是事实；但连修这条运河都要骂，就不应该了。运河的修成，不论对南北经济的发展和交流，还是对促进国家的统一，都起了很大的作用。孤立地、片面地看待这些问题是不对的。要从当时当地出发，也要从整个历史发展出发，才能正确地评价历史人物和历史事件。

第四，评价历史人物应从政治措施、政治作用出发，而不应从私人生活方面出发。个人生活是有影响的，但不是主要的。曹操和武则天，一千多年来都是挨骂的。骂他们的人主要是从他们的私生活出发。唐朝的大政治家陆贽、李绛对武则天评价很高，因为他们从她知人善用、人民生活安定这一点着眼。但也有人骂她，理由不过说她是女人，不该做皇帝。到北宋时，才真正大骂起她来，道学家攻击她的男女关系混乱，把她骂得一塌糊涂。其实，武则天和几个男人同居，这对唐代人民、社会有什么害处？直到明末李卓吾、清朝的赵翼，才又给她讲公道话；但说好话的毕竟是少数。应该说，武则天在政治上做了许多好事，这是主要的，私生活是次要的。可是过去对她的评价却正好相反。

第五，要正确地运用历史唯物主义的观点来分析史料，不要离开历史人物所处的时代，不要把他们孤立起来。凡是在当时历史上起过作用的人物，在当时和以后都必然会有不同的意见。什么看法才对，要根据当时当地大多数人的意见。如对武则天，是根据唐朝人对她的评价，还是根据宋朝人对她的评价？这是关键的问题。是唐朝人的看法可信呢，还是离她几百年以后的宋朝人看法可信？在唐朝，女子改嫁不是什么丑事；到了宋朝，讲理学，讲封建礼教，讲贞节牌坊，提出女人宁可饿死，不可失节。社会道德观念的改变，影响对历史人物的评价，从欧阳修、宋祁一直到明朝的胡应麟、王夫之都把武则天骂得很厉害。所以研究武则天，主要应依据唐朝人对她的看法，根据直接记载的材料。

第六，要注意阶级关系。他是统治者，还是被统治者；是地主阶级，还是农民阶级，都要注意。但是阶级出身不是评价历史人物的根本条件。有些人却以“唯成分论”来评价历史人物，这就大错特错了。例如有人讲文学史，讲到王维、董其昌等，就感到不好办，因为他们都是有名的诗人、画家，而又都是大官僚、大地主出身，于是对他们的作品，对他们个人如何评价，就成了问题。有的怕说他们的成就，认为这样做是为地主阶级长威风；有的干脆给他们改变成分，说他们是中小地主，以为这样就可以舒服些了。其实，问题不在于他们的阶级成分，主要是要看他们对当时人民有些什么贡献。如果光拿成分来评价历史人物，那就糟了，几乎所有历史人物都要否定。因为在封建社会里，只有统治阶级的子弟才能享有文化学习的机会，自然地，什么政治家、军事家、文学家、书法家和大画家等等，就大都是出身于地主阶级。我们决不能因为这些人的阶级出身而否定他们的历史成就。

第七，不可以拿今天的意识形态强加于古人。武则天是了不起的人物，有些剧本就说她有现代民主思想，说她为妇女争取解放，开妇女科，考女状元。这大概是根据《镜花缘》来的，不对头。武则天个人经过斗争，做了皇帝，但她脑子里却不可能有妇女翻身的意识，而当时的妇女，也并没有翻身。把现代人的意识强加于古代人，这是非历史主义的。

有人认为戏里边演历史人物，纵然故事的根本方面是违背历史实际的，也就是历史戏，这也是不对的。

第八，实事求是，反对浮夸。不符合过去存在的客观实际就是浮夸。不从实事求是出发，而从主观意图出发，这种风气很不好。

评价历史人物，要尽可能地符合当时的历史事实，也就是说要符合当时确确实实存在的东西。当然，历史离我们很远，有些记载不一定详细、确实，而历史实际也不可能完全复原，所以我们只能尽最大努力，尽可能地符合当时的历史实际，而不要信口开河，强不知以为知。

总括以上八点来研究分析历史人物，从具体出发，从实际出发，我想是可以得到解决的。历史记载应该有历史上杰出人物的活动，不可以把具体人物从历史抽开。历史人物太多，像解放前那样，满纸人名、地名、年代，使人苦于记忆，无法消化，固然不好；但有意识地把人名、地名、年代写得过少，也是不可以的。试问把人的活动从历史领域排除出去，结果又怎么能生动，怎么能够不枯燥呢！

二

关于历史知识的普及问题，这也是大家所关心的问题。

建国十二年来，和其他战线上所取得的成就一样，历史科学方面也取得了伟大的成就。

第一，历史观的改变。用历史唯物主义、辩证唯物主义的观点，代替了统治历史学界几千年的唯心主义；用马克思列宁主义代替了孔夫子、孟夫子的封建教条；写人民大众的历史来代替帝王将相的家谱。这是一个翻天覆地的改变。

第二，文献资料的搜集整理。十几年来，编辑了大量的历史资料，例如《鸦片战争》、《中法战争》、《回民起义》、《太平天国》、《捻军》、《中日战争》、《戊戌变法》及《义和团运动》等等。此外还有手工业、商业的史料、档案资料和辛亥革命回忆录等，成绩很大。

第三，调查研究工作，也很有收获。例如宋景诗史料的搜集，太平天国、捻军、义和团和近代现代革命史料的搜集等等。特别值得提出的是各兄弟民族史料的搜集，成绩更大，单是记录的文字史料就有几亿字。不难设想，经过研究、整理、提炼，这里面该有何等丰富的宝藏啊！

第四，大量考古资料的出土。由于大规模的建设事业的发展，伴随而来的是大量的地下文物的出土，如西安的半坡村，郑州的商朝古都，和许多地区古代冶铁遗址的发现等等。这些资料，大大丰富和充实了祖国历史的内容。

对这些成果，要进一步研究，作出贡献。

我们国家有着悠久的历史，而且从未中断。史料的丰富，是任何国家所不及的。不但有全国性的史学著作，而且地方也有地方志。但是这些文化财富并没有有效地普及给广大人民，成为广大人民自己的知识组成部分。我们要办好事情，就要情况明，决心大，方法对。情况明，就包括现状和历史两个方面。

人民需要更多的历史知识，这就有待于我们历史工作者尽最大努力做好工作。目前有一种观点，认为只有写专门论文、专门著作才是学术研究工作，才是学者，才是专家；至于写通俗文章，写普及知识的小册子，那是低一等的，是另一种人干的事，让他们搞去吧，我不搞这个。这种看法是错误的，应该改变。我们要供给广大人民、干部以通俗的历史读物，普及历史知识，把我们祖先的历史遗产，变成人人都能享受的东西，以鼓舞人民斗志，更多更快地做好工作。希望我们历史工作者，都来参加历史知识的普及工作，写出各种图文并茂的历史书，要有高级的，中级的，也要有低级的。

当然，要普及，也要提高。普及和提高的关系，毛主席早就指出：在提高的指导下普及，在普及的基础上提高。一句话，“两条腿走路”。单有提高，没有普及，只是少数人提高了，大多数人还是“一穷二白”，这是不符合我们国家要求的；同样，也只有在广泛的普及的基础之上，才能有效地迅速地推动进一步的提高。当然，我们决不可以满足于目前的水平，要在现有的基础上，进一步认真地做好研究工作，在提高的指导下普及。总之，普及与提高，两者不能偏废。我希望，我们历史工作者能够用两条腿走路，大家来做提高的工作，也来做普及的工作。

1961 年 12 月 5 日

工人应当学点中国近代革命史*

有不少同志问：学习过去的历史与我们今天的现实有什么关系？学习死人的东西与今天的活人有什么相干？对于这个问题，毛主席曾经作过明确的回答。他说："中国现时的新政治新经济是从古代的旧政治旧经济发展而来的，中国现时的新文化也是从古代的旧文化发展而来，因此，我们必须尊重自己的历史，决不能割断历史。"（《新民主主义论》）这就是说，今天的政治、经济、文化，是过去政治、经济、文化发展的结果，要掌握全部人类所创造的知识财富，就必须学习历史。虽然今天的政治、经济、文化和过去的政治、经济、文化有着本质的差别，但也要看到它们之间的内在联系，不要割断历史。

实际有两个方面：一是历史的实际，一是现实的实际。当前现实的实际，是过去历史的实际发展而来的，要深刻理解当前的实际，就必须懂得过去的历史实际。所以，毛主席一再教导我们要在马克思列宁主义指导下，给历史以批判的总结，指导当前运动。

中国近代革命史是中国历史的一个重要的组成部分，工人学点中国近代革命史是完全有必要的。

首先，学习中国近代革命史，能够帮助工人群众认识自己阶级的历史使命，掌握社会发展规律，从而更好地担当起作为国家领导阶级的责任。从近百年历史事实来看，证明农民阶级不能领导革命，资产阶级也不能领导革命，只有无产阶级并通过它的政党——共产党领导，革命才能获得胜利。举例来说，太平天国革命为什么会失

---

* 本文由流文整理，文前原有《工人日报》编者按，现转录如下："北京市总工会为进行中国近代革命史教育试点工作的干部举办了一次报告会，这是吴晗同志所作报告的一部分，经商得吴晗同志同意，发表如下。"——编者注

败？就是因为农民阶级是一个私有阶级，因此不能领导革命获得胜利。辛亥革命为什么最终也失败了？就是因为中国资产阶级是一个软弱的、革命性不彻底的阶级，因此不能领导资产阶级革命取得胜利。五四运动以后，无产阶级登上政治舞台，中国共产党的出现，才使中国革命面貌发生了根本改变，并取得了革命的胜利。学习这段历史，就会认识到工人阶级的历史使命和任务，更好地为社会主义建设而奋斗。

其次，学习中国近代革命史，能够受到生动的深刻的阶级教育、爱国主义教育和国际主义教育，从而提高工人群众的觉悟，激发工人的政治热情和生产热情。

历史本身就是进行阶级教育最生动、最实际的工具。中国近百年的历史是充满阶级斗争的历史，我们学习中国近代革命史，就会知道谁是正确的、进步的，谁是错误的、反动的。目前有些同志对袁世凯、吴佩孚、曹锟等是好人还是坏人都不清楚，有些年轻同志甚至问吴佩孚是哪一国人，这种情况是很严重的，它说明必须加强革命历史传统的教育，提高人们的认识。

中国近代革命史又是一部中国人民英勇反抗帝国主义侵略的历史，学习这段历史就能受到生动的爱国主义教育。例如学习鸦片战争，就会知道帝国主义侵略的本质以及清朝反动统治阶级的卑躬屈膝的面目；就会认识中国人民对帝国主义有多么不共戴天的仇恨，中国人民英勇顽强的战斗精神。近百年来，中国人民总是受帝国主义侵略，但中国人民始终是压不服、打不碎的，我们的祖先始终都没有停止斗争，这是我国人民的优良传统，我们必须继承下来。

学习中国近代革命史，也能受到生动的国际主义教育。我国人民和各国人民在历史上有过友好的关系，甚至曾经互相支援，共同斗争。例如刘永福由于得到越南人民的支持，才终于打败了法国帝国主义的侵略；在我国新民主主义革命过程中，我们也曾经得到苏联、朝鲜、越南等许多国家的国际友人的帮助。我国新民主主义革命是世界无产阶级革命的一个组成部分，我国人民民主革命和世界各国革命是互相促进、互相支援的，我国人民革命的胜利，是与他们的帮助分不开的。学习这些历史，就会提高工人群众的国际主义精神，并有利于当前的生产和斗争。

由于工人群众具有生产斗争经验，一部分老工人还具有革命斗争的经验，因此工人群众学点中国近代革命史是完全必要的，效果也一定会好的。我们对工人群众进行历史教育时，首先应当在马克思列宁主义指导下，把历史梗概、轮廓勾划出来，把主要事实摆清楚。重要的必须讲清楚，次要的可以少讲或不讲，要给工人群众有思索的余地。其次，必须贯彻史与论统一，理论和实际相结合的精神。但是应当知道，有些历史事实和今天现实有比较密切的联系，有些历史事实和今天现实的联系不是那么直接，因此，在讲授历史的实际和现实的实际联系时，决不可牵强附会，生拉硬扯。

目前，有不少工人同志正怀着满腔热情学习中国近代革命史，让我祝他们学习成功！

（原载《工人日报》，1962年8月10日）

怎么学古文
——答《新闻业务》记者问

现在新闻界许多同志对学古文很有兴趣，但有人不明白，到底为什么要学古文，我们想请您先谈谈学古文的意义。

学古文不是为了写古文，也不是要求每个人都成为古文家。我们现代人是用现代文写作的，因此我们应该学会掌握我们时代的文字。那么为什么还要学古文呢？很简单，为了继承我国古代的文化遗产。我们国家有悠久的历史，古老的文化，这笔丰富的、宝贵的遗产，对全人类都是有贡献的。我们这一代人，要能够批判地继承我们祖先的遗产，取其精华，弃其糟粕，以发展我们无产阶级的文化。假定我们这一代人都不懂古文，这些线装书都不能看，怎么去吸收去继承呢？如果不去继承，那么几千年来的历史、文化不是就割断了么？我们悠久古老的文化，无论工业、农业、科学技术、文学历史，都是我们的祖先创造的。这些创造是通过文字——不同时期的古文——记录保留下来的。不通古文，怎么能去学习和继承我们祖先的创造发明呢？

历史上各个时期出现了各种文体，《书经》、《易经》离我们较远，文字简古，因此理解起来也愈困难。到周秦诸子时期，《论语》、《孟子》、《吕氏春秋》等，虽较周秦以前的文字易懂，但全懂仍有困难。至于汉赋，文体一变，辞藻堆砌，富丽堂皇，这种文体一则不易理解，二则重形式的铺张扬丽，内容可取者不多。到南北朝，便流行四六骈体文，这种文体讲求文字简练工巧，但往往因受形式的束缚而不能充分地表达人们的思想感情，也不容易讲透道理。一直到唐代“文起八代之衰”的韩愈，提倡古文运动，才把这种骈体文给反掉了。从韩愈到三苏，他们所写的散文，才能更准确更清楚地表达了内心的思想感情和自己的见解。文字形式得到解放，思想也随着解放了。到清代，桐城派姚鼐编《古文辞类纂》，吴楚材等编《古文观止》，才大体上把历代较为优秀的古代散文选定下来。这里所说的古代散文，就是指的古文。其中许多优秀的古文，记录了历代文学家思想家的思想见解，表现了很高超的文字艺术技巧，这些都是值得我们借鉴和学习的。如果再从学历史的角度去看，我们古老的历史，从《左传》以来，主要是用散文记录下来的，因此要想通晓历史，也必须学古文。可以这样说，学古文，这是一把钥匙，没有这把钥匙，就进不去这个大门。如果我们这一代年青人都不能掌握这个工具，就会被关在古老而又悠久的文化的大门之外了。

此外，从我个人的经验看，学古文也有助于学好现代文。我从小念四书五经，通背《左传》，当时虽然不全懂，但打下了语文的基础，对于掌握古文虚字的运用，对词汇的理解，都大有益处。熟读古文，不仅有助于理解古文，也有助于写好白话文。当我能熟练地写古文的时候，我也就同时能熟练地写白话文；相反，没学过古文只学过白话文的人，不仅不能写古文，也不能读古文，翻开古书连断句都会感到困难。由此可以看出古文和白话文的血肉关系。

更进一步说，要写好白话文，也要学古文。写一篇文章，不只要求通顺，还要求其优美，有风格，能感染人，因此，需要借鉴和学习古代好的东西（当然还有外国好的东西）。古文中有不少体裁形式，今天不一定合用了，但是其表达手段，运用文字的技巧，仍有许多可学习之处。学习古文中的不同形式、风格、体裁，可以提高我们的文艺水平，表现技巧，目的是使我们今天的文章写得更丰富多彩，更富有感染力。

许多人虽有学古文的愿望，苦于不知从何下手，您是否可以给大家一些指点？

我看只有多读，多背。古语云："读书百遍，其义自见。"古人的这条经验是很珍贵的。一篇东西看一遍两遍，就想理解透，那是不可能的。某些基本的东西就是要背，好比学数学要掌握方程式，否则就不能运算，学古文也是一样，首先要掌握古文的语法、用字的规律。

古文很多，当然不需要都背。我看，背那么五十篇文章就够了。背熟五十篇文章，之乎者也这类虚字的用法掌握了，然后再念古代文献就不会感到困难了。不通过这一关就没有法子念古书。所以我主张一定要精读、熟读。要达到科学顶峰，不经过艰苦努力是不行的，学古文不下苦工夫也不行。前面说过，我小时候背的《左传》、《论语》，对我很有好处，现在虽然背不下了，但看到这些东西却如见故人。

学古文并不难。我们当初是一个字一个字认，你们现在至少认得六七千字，文化水平、科学水平、理解力都比我们那时要高，应该更容易学好。我计算了一下，有一定文化水平的人只要能坚持一个礼拜背一篇古文，十二个月背完五十篇，一年就可以过关。

必读篇目可以从《古文观止》里去选。有些文体对我们今天写文章没有多大用处，如赋、骚、诏、诔之类。还有过去的达官贵人，过生日有人给他写寿序，死后有人给他写墓志铭，远别送行则要写序，这类东西多是一些恭维之词，没有多少实际内容。我们要选这样的文章学：讲清楚一个道理的，表达一种感情的，讨论一个问题的，记录一件事情的。我建议大家着重念点唐宋八大家的散文中“记”、“说”、“文”、“传”、“书”之类，包括叙事文、说理文、书信等等不同体裁的文字，从中吸取种种好的东西，用来为当前的政治服务。

顺便谈谈用典故的问题。现在很多人写文章不会用典故，这是很大的损失。斯大林曾运用希腊神话中安泰的故事，来比喻党和群众的关系，令人难忘。毛主席善用典故、神话故事来为当前的斗争服务。他在革命最困难的年代，就曾用“愚公移山”这个典故来鼓舞人心，他的作品中这种例子是很多的。在这点上我们也要好好向毛主席学习。我们学古文不但要学习古人写文章的技巧，还要学会用典故。新闻记者不会这些，就难于把文章写好。

请您进一步谈谈古文的读法以及怎样欣赏古文。

读古文，第一步要攻文字关。任何一国的文字总是处在发展过程中。有许多字，古今同义，有许多字则不然。有些字，字形、写法古今相同，意义却变了。理解了这个字的现代用法并不等于理解了这个字的古代的用法。因此，首先要认字。例如，《论语》中有一句："子曰：'学而时习之，不亦说乎？'"这里的"说"，音读和意义跟"悦"字相同；如果当作说话的"说"来解，读成说话的"说"，那就错了。一方面，我们要理解这些字在不同历史时期的不同用法；另一方面，还需要理解在同一历史时期的几种不同用法。如"魏"字，就有四个意义，一个是姓；一个是地名；一个是朝代名；另一个是"高"的意思。认得六七千字，并不等于说，我们对这六七千字的用法都能掌握了。当然，我们不必成为文字学家，对文字的变迁一个个地加以研究，但常用的字还是应该了解的。

除了字，还有词。每个词都有具体的历史内容，要弄清楚它的来源和出典。如"毛遂自荐"这个成语，其中就有一段历史故事；"成也萧何，败也萧何"也有一段历史故事。弄清这些词可以同学习历史有机地结合起来。

读古书，注解一定要读。利用前人的劳动成果，可以节省不少时间和精力。但不要胡乱相信古人的注解，要有自己的看法。把古人估计得太高，把自己估计得太低是不必要的。批注也要读。金圣叹的批注就很可以读，他在文章的欣赏上，有些很好的见解，但更多的地方是错误的，跟着他走你也就错了。一个人总受到时代的局限。我们学习古人，当然不能完全跟古人跑，而是要批判地继承遗产。

至于谈到欣赏古文，我看也只有多读熟读，没有别的办法。只读一两篇文章，就想欣赏是办不到的。读多了，有了比较，就有了欣赏能力，能够领悟出文章的不同风格和特点。如欧阳修的《醉翁亭记》，一连用了十多个"也"字，风格很奇特，没有见过第二篇文章这样写的；李白的《春夜宴桃李园序》，文短意长；李密的《陈情表》，感情深挚。这些文章都需要多读熟读后，细细品味，才能欣赏。

学习古文，不是照抄古文；学习古文，要取其精华，善于消化。我看主要是学习古文中表达思想感情、表达见解观点、描述景物的方法。例如，点题的方法，就很可以学学。许多古文总在某处把主题点明，然后进一步分析、发挥，使文章观点鲜明，重点突出；哪些地方强调什么，哪些地方不该强调什么；哪些地方用重叠句加以渲染，都有讲究，使文章写得充沛有力。把这些写法灵活地用到今天的文章中来，也可使今天的文章写得有生命力些。现在有些文章往往写得四平八稳。四平八稳的文章，不会出好文章。想面面俱到结果一定是面面俱不到。其实一篇文章何必写得面面俱到呢！一篇文章写一两个问题就够了，问题多，可以分开几篇来写，要力求把问题讲深，写透。毛主席的文章值得我们认真学习。毛主席是古文到家，今文也到家，古文今文融会贯通，成为一体，因此写得那么好。

读古文要有一些什么工具书？

利用工具书很重要。现在许多人不会利用工具书。有些人千里迢迢给我写信，其实他提出的问题只要查查《康熙字典》就可以解决的。认字还是要查《康熙字典》，因为它把一个字的几种读音、几种不同的用法都注了出来。查词可以翻《辞源》、《辞海》，查年代可以翻三联书店出版的《中外历史年表》；查地名可翻《中国古今地名大辞典》；查人名可翻《中国人名大辞典》。这些工具书目前当然还远不完备，大多是解放前出版的，但新的没有出来之前，旧的还可以用。读书时要勤于使用工具书，不放过任何一个字、一个词、一个问题。知识总是由少而多，一点一滴积累起来的。学习上不允许有懒汉。工具书最好每人自备，我看花二三十元钱就可以买齐，容易解决。

此外，还要善于利用目录书。《四库全书总目提要》是一本通用的必备的工具书。古书不知有多少万种，茫若烟海，你要查某个问题，可以先翻翻《四库全书总目提要》。

背五十篇以后如何再提高？

背五十篇古文是打一个基础，只是打开大门而已，还没有登堂入室。有了五十篇的基础，就应该进一步读不同历史时期有代表性的文章。秦汉、魏晋南北朝、唐宋、元明清，每个时期都有名家名作，应该拿来读，不要求背诵，因为背不了那么多。再进一步，就研究历代文风、文体的演变。其实古书虽多，可读的并不那么多。古人的文章说废话的也不少，前面说的那些送行、寿序、墓志铭等应酬文字大多是言之无物，可以不读。《史记》一定要挑十几篇出来读。如《项羽本纪》的《鸿门宴》一段就写得淋漓尽致，项羽、刘邦、张良、樊哙、范增等人的精神面貌，几乎跃纸而出。有了五十篇作基础，读《史记》就不难了。我看新闻工作者如果能将司马迁的记事艺术学到手，那就了不起了。我希望今天的新闻记者中能出现更多的司马迁。

（原载《新闻业务》第10期，1962年）

谈研究历史*

1962年7月8日，奉北京日报社长范瑾之命，我们采访了吴晗同志。事前向他提出了如下几个问题：一、怎么培养对历史的兴趣；二、如何持之以恒；三、怎样下笨功夫，练基本功；四、专和博的关系；五、材料与观点的问题。8月8日，又作了补充采访。以《史家谈论史》为题发表于《北京日报》（1962年8月31日）。现将吴晗两次谈话记录整理如下：

一、我怎样对历史发生了兴趣

从我自己学历史谈起。我是自学的，过去自学，现在自学，没有跟过任何老师。这话说来不大合理，我上过小学、中学、大学，为什么还要说没跟过老师？

我怎么喜欢起历史的？小时候，先在家里念古文，读《论语》、《孟子》、《左传》。那时，学古文很严格，每天都要背书。记得读《左传》共有十四厚本，念一本，背一本；念两本，背两本；念十四本，背完了十四本。这条很重要，通过对古文的精读、熟读，打下了古文基础，基本掌握了古代文法，语法用词，打开了阅读古书的道路。尽管隔了四十多年，书的内容记不得了，但是古文的基本规律还是掌握了。如对故人，很熟悉。学历史，这是基本一条：要掌握古代文字。

---

* 本文根据吴晗1962年对《北京日报》记者的两次谈话记录整理，文内标题系整理者杨德华所加。——编者注

我怎么对历史发生了兴趣？我九岁那年，伯父故去了。他的儿子来送葬，带了一套石印本的绣像《三国演义》，走时扔下了。我拿来看，不知讲什么事，又对着绣像读。那时我不过就认识一两千字，碰到书中不认识的字就跳过去，就这样，把《三国演义》基本上念完了。读完《三国演义》，对历史发生了兴趣。记得当时商务印书馆出了少年儿童丛书，有岳飞、诸葛亮、班固、唐玄奘等人的传记，是用文言写的。我看了十几本书，更进一步发生了兴趣。

后来进了小学，就打下了爱好历史的基础。我进旧制中学后，对一般功课兴趣不大，成绩中常。在读中学这段时间里，我读了前四史，《史记》、《三国志》、《前汉书》、《后汉书》。商务印书馆出版的宋人笔记，我差不多都买了。这样，对各个时期的历史，有了初步认识。

旧制中学四年读完，不能直接上大学。以后到杭州之江大学念了一年，又到上海中国公学念了一年。这时（1929年）我写了一篇文章《西汉的经济状况》，卖给大东书局，得到八十元稿费。拿到这笔钱后，我就于1930年跑到北京来考大学。最初考燕京大学，因英文不行没考上。第二年，又去考北京大学，论文史成绩在考生中数我最好，但数学我却考了零分。后来清华大学破例收我作插班生，我进了史学系二年级。

在刚到北京等待考大学的一年里，我住在沙滩公寓，每月八元钱，住宿吃饭都解决了。那时我天天进北京图书馆念书，就在北海琼岛上。从那时开始，我对图书馆的情况很熟悉，有哪些藏书都知道。念着、念着，钱用完了。有人把我介绍到燕大图书馆作馆员。半年的时间里，看了大批的书，翻了一两千本线装书。就在这时考上了清华。经济上又发生了困难。有人介绍我在历史系当工读生，整理档案，每天工作两小时。清华史学系当时买了许多旧档案，一毛钱一斤，买了一大堆。我把档案整理出来，每月得二十元钱，吃饭仅需六七元钱，生活不成问题。我又帮助弟弟读中学。此期，我还写过《金瓶梅的社会背景》一文，发表在郑振铎主编的《文学季刊》上。有许多人对这个题目就不赞成。后来妹妹也要上学，我就用稿费来支持她。我的大学生活，一是念书，一是工作，一是写文章。

清华大学原来是留美预备学校，买办性很强，1936年才改成大学的。当时史学系系主任是蒋廷黻，一个十足的洋奴，他上课用洋文，连对老婆讲话也用洋文，中文不通，不能写。他的文章都是由胡适改了发表，因为不通。其他还有几个留美的老师。他们外国历史知识有一些，但中国历史知识很少。在这种情况下，老师讲的不合我的需要，我需要的他们不教。我跟陈寅恪先生还学了三年，听他讲隋唐史。他研究得很细，如唐代李姓考，也没学到什么。后来，我怎么对明史有兴趣了呢？

二、研究明史的三部曲

1.《胡惟庸党案考》

1932年前后，我在读明史时，发现史书记载：洪武十三年，即1380年，明初宰相胡惟庸造反，被明太祖朱元璋杀了，此案牵扯到一万二千余人。从此取消了丞相，把政治制度都改了。在中国过去的历史上，一向都设宰相。此后，相权都由皇帝亲自掌管。胡惟庸的罪状有两条：一是勾结蒙古，一是勾结日本。说日本有个叫如瑶的和尚，到中国进贡时带了几百个人来，又带了许多武器，放到大蜡烛里，和胡惟庸里应外合谋反。刀枪怎么能从日本带来，又何必放在蜡烛里？这里显然有漏洞，不那么简单。秦汉以来沿袭的宰相制取消，改为公部，在中国政治史上是个很大的变化，罪状竟然是这些？这里面，胡惟庸跟日本的关系讲不通，说不过去。当时，明太祖在南京拥有几十万军队，日本来了几百个人怎么能起谋反的作用，另外，武器又怎么能放在蜡烛里？

这里肯定有问题，我觉得值得研究。结果证明根本没这件事，加给胡惟庸的罪名都是莫须有的。根本原因在于统治阶级内部的矛盾，谁是统治广大人民的核心？历史上经常发生这个问题：相管了事，皇帝管不管，皇帝管什么？经常发生冲突，这是历史上没有解决的问题。胡惟庸之前，相虽有各种名义，但大体上国家一般事多由相管，然后报告皇帝。相权职责很重，往往有自己办事没告诉皇帝的时候，这就发生了矛盾。胡惟庸管了很多，朱元璋也很有能力，朱元璋就把胡惟庸杀了。从他以后废除了丞相，原来的六部：礼、吏、户、刑、工、兵，过去在中书省下处理行政事务，胡惟庸死后，六部地位提高，由朱元璋直接管。明清两代都是如此，改变了一两千年来的情况。可是，没有相，皇帝能管得了那么多事？所以，他不能不找秘书，采取了内阁制度，选了些文官到内廷帮助皇帝做事。像内阁大学士，后来又加了什么殿。他们无相之名，而有相之实。清初还是奉行这个制度。到雍正年间，成立了军机处，军机大臣又代替了大学士。但他们都不是宰相。

研究结果，我写了《胡惟庸党案考》，发表在1934年6月北平燕京大学出版的第15期《燕京学报》上。

2. 建州史的研究

研究完胡惟庸党案，我又对明清之际的历史发生了兴趣。清朝满族是女真族的后代。历史上女真曾建立过金朝。元灭金后，女真部落分散，到明初，东北女真族分称建州、海西、野人几个女真部落，直到努尔哈赤才把女真族统一起来。努尔哈赤曾被明朝封为龙虎将军。他曾要人把《三国演义》译成满文，让族人学习。当时明朝袁崇焕守宁远，抵抗女真入侵，把北京守得很好。女真后来从古北口抄来包围北京。这时，女真学了三国中蒋干偷书的法子。他们俘虏了明朝的两个小太监，有意讨论明朝事让他们偷听，说“就是袁崇焕叫我们来攻北京的”。小太监逃跑回去后报告了崇祯帝。崇祯听信谗言把袁崇焕杀了。明人还真以为袁卖国，岂不知中了满人的诡计。这是满人自己在《东华录》里说的。

建州女真在今吉林长白山一带。建州生产比较落后，只会畜牧，不会农耕，他们也不会生产铁器，所用生产资料，要用貂皮、人参换回，又通过掳掠汉族人的方式替他耕地。后来女真族学会了制作铁器，在生产力提高的基础上，军事力量增强，与明朝发生冲突，最后取代明朝，建立了清朝。

清军进关取得天下后从顺治皇帝开始即修《明史》，一直修了一百年，到乾隆时代才修好。这里有几个问题：为什么明史修了那么多年？在明朝历史上，清代满族的祖先要不要写？如何写？清初，满族人数很少，不过百八十万人，要统治汉族这样的一个国家，清帝不能不考虑满汉关系问题。他忌讳说祖先是明朝的部下，因为这是反叛，所以，他说他没臣属过明朝，和明朝的关系是平等的。在这个方针指导下，他把清朝祖先完全取消，一个字也没写，隐瞒了。以此表明他和汉族是对等的，不是君臣关系。这样，你在《明史》中就找不到关于满族祖先女真的记载。不单如此，乾隆修《四库全书》，还有别的意义。从政治上讲，清朝皇帝怕汉族有反满思想，笼络集中了许多汉族知识分子来编书；其次，通过编书，毁掉反清的著作（《四库全书总目》中，就有禁毁书目，其中有错毁、全毁、抽毁等书目），进行政治上的清理工作。再进一步，他还把历史上凡是骂女真的话也改篡了，如宋朝骂金国的话也改了。这样一来，就使研究清朝祖先的历史极其困难。我当时就想研究这段空白。

怎么进行研究？一是根据《明实录》，再一个从被毁遗漏的明人著作中找到一些资料。此外，还有一部好书，即朝鲜的《李朝实录》。这部书主要记载的是朝鲜的事情，同时，也记载了从明朝洪武二十五年到清朝末年朝鲜和中国往来的若干史料，其中也包括朝鲜和建州的关系，而记载建州初期的史料极为详尽。这部书共八百四十八本，全国只有北京图书馆藏有一部。当时，朝鲜和明朝关系很密切，每年都派使臣往返几次。使臣回去后即向朝鲜国王报告有关中国的情况。他们和建州有共处的时候，也有爆发战争的时候。这当中还有1467年中朝组织联军共同攻打建州的事情。这次战争把建州几个著名的领袖全杀了。类似的许多史实，都不见诸中国史载。

1932、1933年之际，我利用星期六、星期天的时间，跑北京图书馆，去看《李朝实录》，抄其中有关中国的史料，抄了好几年，直到1935、1936年，前后足抄了八十本。那时，只有两个人跑图书馆抄书，一个是北大的孟森，一个就是我。抄完书正准备进行综合研究，不料发生了卢沟桥事变。1937年，我应云南大学之聘到了昆明。

所抄的《李朝实录之中国史料》正本，放在清华大学史学系，被日本人抢去。副本保留下来，但我在昆明的九年没来得及研究。直到前年，即1960年才重新与原书核对过一次，因我的抄本没标点，也没有核对过。核对后，已交中华书局排印。附带说说，原藏北京图书馆的那部《李朝实录》已散失到台湾。我和董老提到过此事。到朝鲜北部找也没找到。1956年，日本出版此书的影印本，北京图书馆买到一部，我才能做这个工作。

我准备写一部建州史，研究一个民族成长壮大，以至建立政权的过程：介绍清朝满族入关前的历史，何时有铁器，生产发展的情况，社会情况的变化，政治制度的建立等等。另外，也研究两个民族的矛盾问题。

3.《朱元璋传》

研究胡惟庸党案，必然涉及明朝开国皇帝朱元璋。他在历史上的地位和所起的作用怎么样？他的方针政策是怎么回事？小时候，我在南方的家乡，听过很多有关他的传说、故事、神话，这和实际情况相符不相符？

朱元璋对北京城有过贡献。北京古称幽州，历史上有很长一段时间是在辽、金、元的统治之下，长达四五百年。宋朝想不想恢复呢？想的，但无能为力。解决这个问题的是朱元璋。1368年，朱元璋在南京称帝，建立明朝。他派大将北伐，终于把元朝最后一个皇帝赶走，解放了大都，遂即改称北平。这在历史上贡献很大。为了这样的理由，也在研究这个人物。

历代对朱元璋的评价是不一致的。有人说他很了不起，有人说他搞特务统治，杀戮功臣，跟他起兵的将领大多被他杀了。他为什么杀这些功臣？这里存在不少问题。我怎么想到研究他的呢？

抗战后期，我是在昆明度过的。1934年我清华大学毕业，1935年任助教，1936年为教员，1937年，卢沟桥事变前，云南大学即请我当历史系教授。我先到昆明，后来西南联大也搬到昆明。1940年，我又到联大任教授。开始，我还以为蒋介石抗日，但后来见他内战内行，外战外行，这时人人恨他。此时，写文章也很困难，国民党的新闻检查机构检查得也很厉害。1943 年我就写了《朱元璋传》，通过明太祖攻击蒋介石，指桑骂槐，强调明朝的特务统治，以攻击蒋介石的特务统治。最初的书名是《朱元璋传》，但发表时却被主持其事的重庆中央大学教授陈铨改为《由僧钵到皇权》，我很不高兴。1946 年，清华大学迁回北平。1947 年我又重新改写，书名改为《朱元璋传》，写出后，感到有缺点，不满意。

记得 1948 年九十月间，正是淮海战役期间，我到解放区去，见到了毛主席。谈到《朱元璋传》，毛主席把我的原稿要去，提了许多宝贵的意见。主席的历史知识非常丰富。我在书中讲到元朝末年农民大起义中的一个组织者彭和尚，这人最初在江西组织了一批军事力量，起义结果失败了。他又到淮西流域搞了十几年，和徐寿辉一起聚众起义。成功后，彭和尚就不见了。我赞叹他神龙见首不见尾，不居功。这种感情与我从前读《史记》有关，张良就是功成身退的人物。当时我对做官很讨厌，认为彭和尚不做官好。主席找我谈了一个晚上。他说：这个问题对不对？革命者要革命到底，为什么半途而废？你写他少年坚持不懈，怎么会半途开了小差？大功并没有告成，你称赞他开小差，看起来开小差的不是彭和尚，而是你自己。那晚也说到政权性质问题，谈了很多。回北京后，我又重新翻阅史书，发现彭和尚果然没开小差。他打到浙江后，在一次战斗中牺牲了。

从那以后，我就开始学习列宁的《国家与革命》。从而感到《朱元璋传》书中关于国家政权的概念不清楚。因为要影射攻击蒋介石，对明太祖的评价也不太公正。1954、1955 年，我又第三次改写，油印了一百本，正在征求意见，觉得有些问题还是没讲清楚，准备做第四次改写。至今已过了六七年，书店还等着出版。我写初稿时约八万字，材料没出处；第二稿注明了出处加了五百多条小注，篇幅增加一倍多，达到十几万字，史料充实了。第三稿则观点有所改变。写部书，起码要半年的时间。

通过这三方面的研究，我对明史有了更进一步的认识。

前边，我提到我是自学出来的。为什么呢？三十年代，我进清华大学读书时，教师中没有一个人研究明史，全国也没人研究。明史知识，我是靠自学得来的。

三、研究历史的几点体会

这里，我想说明：认真学习历史，以解决历史上的一些问题，不仅解释说明历史上的一些现象，而且更要进一步说明与掌握历史发展的规律，怎样才能达到这个目的？

1. 要有基础知识，熟悉通史

研究专史、断代史，必须建立在熟悉通史的基础上。几千年历史发展的概况，主要事件的变化、发展，应该首先弄清楚。对通史缺乏了解，研究专史是不可能的。同样，研究一个专史问题、一个历史人物，不了解一个时代的历史，也研究不好。

对通史、断代史，我有某些知识，但我的知识很贫乏。有一次，我在《光明日报》上，发表关于神仙会和百家争鸣的文章，提到知识不够，不说别的，就是历史知识也不够。吴大琨看后对我说，你若知识不够，我们更不够。不是谦虚，我的知识面很窄，理化科学知识很差，因而对研究历史带来困难。对于中国历史知道一些，是否什么知识都掌握了？没有。用什么方法掌握更多的历史知识？是不是把二十四史从头念一遍？我看念两遍、三遍都记不住的。一方面要多读书，但并不等于说知识就牢靠了。另一方面要带着问题学，通过对某些问题的研究，深入到历史中去。我写过历史人物，如写到曹操，就把有关曹操时代的历史翻翻，写谈迁、顾炎武、徐霞客，就把那个历史时期的史书再翻翻，这就深入多了。

最近几天看《北齐书》，斛律金是在什么情况下写《敕勒歌》的？他很能打仗，但不懂汉文。他的上司高欢是个了不起的军事领袖，虽是汉人，但住在蒙古很久，鲜卑化了。他的部下都是鲜卑兵。当时的政权是北魏，高欢成为一支很大的军事力量。魏当时又分裂成为东、西魏。高欢属东魏，和西魏打仗打得不好，快要死了。他知道自己不好，就叫斛律金唱歌，唱着，唱着，高欢也唱得声泪俱下。斛律金，原叫斛律敦，后来他当宰相，签署命令时写至敦字不会写，就写成金，因为金与敦字音近。但他连金字也写不好，别人告诉他金字像扇子，他才勉强写成。

为什么研究斛律金呢？我看《薛刚反唐》的京戏，觉得这出戏完全虚构，没有历史根据，不如写一部斛律金的戏。斛律金是高欢手下最有名的将领，很能打仗，史书说他闻闻地即知敌人的远近。他从没打过败仗，立了很多功劳，八十岁时死去。他的儿子斛律光也当了宰相，西魏很怕他；二儿子斛律羡守北京，突厥也很怕他。当时齐帝昏庸，宠信许多奸臣。斛律光不买账，表示反对，内部坏蛋说他要造反，刚好当时敌对的周国（即西魏之后）也造了童谣，说斛律光要造反，里外夹攻，齐帝把斛律光兄弟都杀了，全家杀光，这是个悲剧。齐帝杀了斛律光之后，周帝高兴极了，以致举行“大赦”。后来，周终于灭了齐国。周帝来到齐国后高兴地说，假使斛律光活着，我来不了。这说明封建社会内部矛盾不可调和，忠直的人不能站住脚。翻看《北史》、《北齐书》、《通鉴纪事本末》、《资治通鉴》等书，也许只记载了四五个字，但是借这个人物，可以对这一段历史的研究深化。这样的治学方法是有效的，比无目的地看书，不提出不解决什么问题的读书，要好得多。

《敕勒歌》，放在我脑子里有几十年了，很早就对它有兴趣。今天无须多写《薛刚反唐》这种虚构的戏。可以通过斛律金，写一出更感动人的戏。

总之，最根本的在于发现新鲜事物，哪些是新东西，过去没说过，现在说了的。假使你不掌握这些，历史上人家早已解决的问题，你再说来说去，岂不成了废话？

大体上对这门学科要有个底子，哪些问题解决了，哪些没解决？心里得有数。你一接触到这个问题，马上就有判断的能力。

做学问要建立在问题上。为此就要熟悉前人已经研究的和没有研究的。别人既然研究了，你就不必再弄了。

怎么丰富历史知识？随时抓题目，研究一个题目，眼界要扩大一些，不然就会停留在原来的地方。题目要自己找，别人不能代替。

研究越深越好，发表时越通俗越好。研究成果要使人看得懂。

2. 学好辅助学科

光学历史行不行？不行。只有历史知识，缺乏其他知识不行。为什么？因为历史涉及许多方面。如政治史、经济史、文学史、哲学史、科学史、农业史，等等，你一方面要学好历史，另一方面要学好辅助学科，知识面要广。你不一定是这些方面的专家，可是，你必须对此有所了解，不然搞不好历史。

比如宗教对中国历史的影响亟需弄清楚，否则许多事情搞不通。唐朝曾兴道抑佛，它为什么反对佛教？因为有外来与内部的矛盾。这种宗教之争，就反映到政治上。信佛教的人多了，庙就修得多，和尚多，寺院拥有的田产地多，百姓占地就少，还发生人口问题。进寺院可以免役，国家能控制的人口就越来越少。

为什么唐朝要信道教？它要搞无为而治，政治上保守，不采取新措施。另外皇帝姓李，要攀个历史上的名人作祖先，李家在历史上的名人，最早的名气最大的是老子，唐朝的皇帝就自称是老子李聃为祖先，之后，老子一经成为皇帝的祖先，他的《道德经》也就吃香了，身价陡增，成为当时人的必读之书，道教也就时行了，成为全国的宗教。到了武则天，她又改信佛教，因为《大云经》里说女人可以做皇帝，以此证实她当皇帝是合法的。武则天下台后，又改成崇奉道教。由此可见，宗教与政治密切相关。

还有科学技术，我们在全世界曾高于任何国家。很多规律，如圆周率，我们掌握得比外国早。天文、数学的发展都比较早，由于封建社会的压制，后来欧洲跑到我们前面去了。我们还停留在农业是基础的阶段。

3. 学好马列主义，注意理论联系实际

马列主义、毛泽东思想要与中国历史实际相联系。没有理论作指导，历史研究不好。因为历史现象很复杂。历史由人创造，人又是各式各样的。各个时代的人，不同时期有不同的思想意识形态。生产方面的状况也不一样，很复杂。有时，历史还会呈现假象，把真相掩盖了。

举例说，宋太祖杯酒释兵权。宋太祖怎么当皇帝的？后周派他当大将，平定契丹兵乱。军队刚到陈桥，他喝酒睡着了，手下的诸将认为皇帝太小，把他弄醒，给他披上皇袍，到开封当了皇帝。这就是历史上说的“陈桥兵变”，宋太祖就这样被拥立为帝。次年，传说他找诸将饮酒，感叹作皇帝不容易，说如果你们部下也给你们皇袍加身怎么办？诸将说，那我们该怎么办？宋太祖道，你们打了那么多年仗，不如告老还乡，喝喝酒，享享清福。第二天，诸将交出兵权，这就是历史上记载的“杯酒释兵权”。这段历史可靠不可靠？不可靠。从公元 755 年唐朝天宝之乱，到 960 年宋太祖当皇帝，一直没解决藩镇割据、节度使拥兵自重、权力过大的问题，难道宋太祖一杯酒就解决了问题，那么轻松容易？真相是从周世宗起，即采取一系列办法削弱藩镇势力。首先是加强中央集权，加强禁军，削弱地方军队。但周世宗年轻即死去，没完成这个任务。宋太祖赵匡胤立了“兵样”，把二十岁体格强壮的人都调集到中央来，地方上只留下老弱士卒。说到中央军队，《水浒》上讲到的八十万禁军教头就是指的这个。

从唐朝以来，节度使权力很大，可以委派地方官，如任命县令。节度使下的州县不与中央发生关系。从宋朝开始，地方官改由中央派出，称作知府、知州、通判、知县，代替军人掌握地方政权，加强了中央对地方的控制，并直接和中央发生关系。政治制度改了，财政关系也改了，诸路设转运使掌管地方财权，粮食、布匹、金钱都上交，财权收归中央。这样，军政财权，还有司法权都集中到了中央。在这个基础上，节度使成了空架子，不能不听宋太祖摆布了。所以，“杯酒释兵权”只是个故事。要剥开假象，深入研究，才能认识到事物的本质：为什么宋太祖能集中权力到中央。不能轻信历史的记载，因为有许多假象，要从历史实际去研究，没有历史唯物主义的指导是根本不行的。

学习马列主义、毛泽东思想，是我们今天拥有的权利。党和政府给了我们许多方便，马恩列斯全集、选集都出了，单行本出得更多。可是解放前并不如此。国民党政府反对马列主义，没有人翻译这些著作，我们很难看到。说起来很有意思，记得1933年有人翻译过《资本论》，但没有全译，胡适之主持的中国文化基金会，只翻译了《资本论》的一段，目的还是为了批判和推翻资本论学说。总之，在我们上学的时候，学习马列主义很困难。我最初接触的马列主义书籍是许德珩翻译、布哈林写的《唯物论大纲》。至于列宁的《论国家与革命》始终接触不到。毛主席的著作更接触不到。记得1943年，主席的《新民主主义论》从重庆带到昆明，纸很坏，又经许多人看过，已看得稀烂。因为只有一本书，我们就在地下印刷厂——集资买下的小印刷厂，偷偷翻印。铅字买不起，由其他印刷厂的工人偷出来。由孟松主持，翻印了《新民主主义论》和《论联合政府》，这才接触到毛主席著作。后来，我还从苏联朋友那里，弄到了《列宁生平事迹简史》和《联共（布）党史》。总之，解放前掌握马列主义观点很难，一来书很难找，二来一旦被反动派发现就是政治问题。尽管如此，我们还是想方设法找马列主义书籍看。懂不懂呢？不懂。文字是了解了，但意思并不了解。缺乏感性知识和实际斗争的体验。某些理论学过以后，一来思想没有真正弄通，二来也不会运用。从这个意义上说，学习永远没有止境。必须参加实际的斗争，实际的政治生活才能慢慢吸收。不努力学好理论，做任何学问都做不好。关起门来读《资本论》，读一二十遍也不行。

四、对青年的几点希望

1. 必须不断地自学

归根到底，学校教育是重要的，但是光靠学校教育还不够。学校只能给你普通的基础知识。如果要对历史研究有所贡献，就必须依靠不断地自学。对我来说，学校教育意义大不大？我很怀疑。因为过去我们受的是资产阶级教育。现在虽然感到知识不够，另一方面中毒不那么深。否则，今天出来不那么容易。因为新旧时代本质不同。旧社会的教育是为资产阶级服务的。当然，也不能完全否定，说旧社会的教育完全无用，毕竟我们还接触到一些知识。

今天的青年一代和我们不同，他们受的是社会主义教育。因此，必须重视学校教育，要抓紧一切机会学习，不能有丝毫放松。但是，学校教育不是唯一的，还要继续自学，否则不能有成就。假如不能受到完全的学校教育，能否通过自学得到提高？完全可以。我自己的学习就证明了这一点。胡适之做过我教师，没给过我什么。我没从蒋廷黻那里得到什么知识。我之有些知识，主要靠自学。这并不是说今天的学校不重要。学校教育重要，不等于说自学不重要。活到老，学到老。要养成每天读书的习惯。几十年来，我没有一天不念书。有些人坚持不下去，是因为目的不明确。初学的人要打基础，在基础知识上学专门知识。要通过自学来不断提高自己。人的知识总是从无知到有知。人没有生而知之的，关键在自己努力，决心坚持。另一方面，知识无穷无尽，永不能说知识有尽头。现在有许多问题没有解决，如水旱灾害，地球以至宇宙空间，都有许多问题没解决。因此，不能说知识够了。再过一万年，人的知识也不够，永远不够。只有承认不够，才能进步。认为自己知识够了的，一定是傻瓜。在科学上，在真理的追求上永远不能自满。任何一个人都可以成为专家学者，没有什么困难能挡住他。经过努力，是可以攀登科学之峰的。

2. 要勤读、勤抄、勤写

我的知识既不多，也不博。我写作时引用的材料多，就是因为抄书抄得多。我经常劝人：勤读，勤抄，勤写，三勤。离开三勤不行，不单眼勤，还要手勤。我是主张抄书的，这一关很重要，要勤快，否则就要吃亏。我常吃这个亏，有时看到一条材料觉得很重要，当时一大意，没有记下来，以后费了九牛二虎之力也找不到了。所以还得随读随抄。抄的资料多了，多看几遍就可以巩固记忆，也容易发现问题，提出问题，从而解决问题。知识要靠积累，从无到有，从少到多，从片面到全面。

1940 年前，我书读得很多。1940 年后，搞政治运动，念书时间少了。解放后从 1949 年到 1957 年，也念书，但写得很少。为什么？

忙于开会。我计算过，有一个礼拜开了六十四个会，平均一天开八个会。成天在会里度过，一年只能写一两篇东西。1957年起有所改变，觉得期望有完整的时间写东西这个想法不对头，因为这种机会始终没有。以后改变习惯，有时间就看就写，有一小时用一小时，有两小时用两小时，“化零为整”，不让时间浪费。除了非参加不可的会，一般我不参加，这就有了主动性。另一方面，在时间安排上抓紧一些。就这样积累时间写文章，只要构思好，写起来容易。

另外，还有个改变习惯的问题。多年的教学生涯，使我养成了白天上课、备课，晚上写作的习惯。我有本集子就叫《灯下集》。晚上安静，没有人来，白天总觉得乱。现在白天也可以写，只要有功夫就能写。人的习惯是可以改变的。人应当掌握环境，而不要被环境所支配。不要用种种理由宽恕自己，这都是对自己要求不严的表现。只要有决心，什么困难都可以克服。

3. 继承民族优良的文化传统

无论学历史也罢，学别的学科也罢，都存在一个批判继承的问题。中国人必须接受中国的优良文化。列宁好像说过这样的话。毛主席说过中国文化是过去的发展。要继承，就须有阅读和掌握这些丰富史料的能力。现在的青年有个文字关不能过。不过这一关，门就封锁了。而要通过这一关，并不很困难。一方面要纯熟地用好语体文，另一方面要能看懂线装书。今天，无须要求青年背古书。只要选择《古文观止》上的二三十篇文章熟读、精读，最好能背诵，再选唐诗二三百首背诵，做到能掌握它的基本规律，门路就通了。像《资治通鉴》，梁启超的文章就可看了。并不很难。一星期背一篇，一年就可解决这个问题。不要求念楚辞、汉赋，一般的古文能看懂就行了。至于甲骨文，不懂也罢，让专家搞去。

在学习过程中，还必须注意主席在《纪念孙中山》一文中提出的“我们不能苛求前人”的历史观点。列宁也讲过这样的话。你只能提出今天比前人多做了些什么。对古人要求过严，并不奇怪。苏联建国初期，也有把俄国历史上的伟人都否定的现象，后来联共中央作了纠正。我们这几年也出现同样的情况，对古人要求过严。用今人的标准去要求古人，势必把古人全部否定，漆黑一团，只有一通打倒声、反对声，使人悲观失望，不能进步。人民群众是创造历史的动力，另一方面也要看到某些帝王作了许多好事情。和同时期外国相比，我们是先进的。我们就是这些人的子孙，以激励我们前进。总之，要讲两面，既讲光明面，也讲黑暗面。历史学界没有完全扭转这个问题。要给人一个光明的前途。纪念死者不是为了死者，而是为了斗争。这是马克思说的。

文学领域里就有这种情况。民间文学里有好的，推动生产力发展的，但它是不是主流？不是的。文学还是掌握在地主手里，你能把他们全部抹煞了？哲学上把过多的人评定为唯物主义者，也不合乎事实。历史上有没有完完全全的唯物主义哲学家？不可能。可能有些唯物因素，但整个体系是唯物主义的不可能，因为是在那种社会条件下。有的是唯物成分多一些，有的唯物成分少一些。你如果把他们全肯定了，不讲唯心这一面是不对的。是批判地继承，而不是戴帽子的继承。

什么是我们民族的传统？

毛主席说过我们是勤劳、勇敢、不屈不挠的民族，民族包括整个统治与被统治阶级，也包括多数民族与少数民族，统治阶级和被统治阶级有没有统一性？在对外抵御入侵上应该说有统一性。不能用单纯的成分论来看这个问题。现在没有人再缠足、磕头、扎辫子。可是牵涉到伦理学方面，哪些应该反对，哪些不该反对，应该肯定哪些？值得好好加以研究。比喻忠孝节义。忠，过去忠于国家是忠于谁的国家？现在对象改变，意义不同，本质起了变化，难道应该不忠？孝，父母年老体弱，应不应该照顾？孝今天仍有好的一面，对父母要好，他们老了应该享点福，不注意这些，要绝种了。节，要不要骨气？文天祥不食元食，骨头真硬。义，朋友之间互相帮助，难道不该讲？问题是如何对待，对待谁？

若干年来，进行革命传统教育是明确的，可是民族传统的教育却注意不够。

我们常讲继承人民大众的传统，过去的农民是私有观念很强的小生产者，你继承他们什么？值得研究。

农民斗争，反抗旧王朝的压迫和剥削，除此之外，是否还有别的东西？

被统治阶级有无独立的道德？单独提出这个问题很值得考虑，因为它要受统治阶级的影响，被统治阶级总是把统治阶级的道德当作自己的道德。

《我和小淘气》序*

过了一年多了，我又怀着十分喜悦的心情，一口气读完北京市少年儿童习作选《我和小淘气》的清样。

这是北京出版社继《今天我喂鸡》以后的第二本小朋友们写的好书。

这本小书一共选了二十篇文章，文章题目不同，作者性别、年龄、年级也都不相同，但是有一点相同，那就是每篇文章都好。

好在哪里？我认为每篇文章都写得很具体，实际，有事实，有思想感情，对祖国的热爱，对我们这个时代的幸福的感受。

无论是描写下雨也罢，入队的感受也罢，小队队员代替老奶奶看护幼儿也罢，记述勤俭标兵也罢，都写得很生动、活泼。

有些文章还能更进一步，以抒情的笔触，表达作者对事物的认识，例如《云竹》、《水仙花》、《激动人心的画》和《我爱生活的画卷》这几篇就是例子。

看来，我们的小朋友们，在经过一年学习之后，在写作水平上又有了可喜的提高了，和第一辑相比，这一辑文章中有不少篇显得文艺性更强烈些，词汇更丰富些，文章结构也更好一些了。

由此证明，只要勤于学习，多写多改，作文的水平是可以不断提高的。

从这些篇作文看来，只要小朋友们不放松努力，我很乐观，不用多少年，将会从这批写作者中涌现出成群的作家、诗人、画家、植物学家和其他方面的专家，我们这一代人有了更好的接班人了。

也从这些篇作文中总结出一条道理，那就是作文也要从具体出

---

* 《我和小淘气》一书 1962 年由北京出版社出版。——编者注

发，实际出发。毛主席教导我们理论要联系实际，作文也是一样。在课堂上学了语文课，得到的知识必须通过实践才能巩固，成为自己知识的组成部分。语文课的实践主要就是多作文，怎样才能写好文章？这二十篇选文提供了有力的例证，要写自己经历过的事情，要写自己看到、知道、了解的事情或人物，要表达自己对某一事物的感情、认识，总之，是要说自己的话，而不是说别人的话。

要说自己的话，就不会有空话、空议论，文章也就简练了，有力量了。相反，只会写空话、发空议论的人，多半是懒汉，他们没有多少属于自己的东西，对劳动、甚至对工作缺乏兴趣，对事物当然也缺乏认识、了解，这样的人，除了空话、空议论而外，还会有什么呢！这种人写的文章又有谁看呢？可惜得很，在我们这代人中，这样的人似乎还不太少。

要树立新的文风，就要老老实实，从具体、实际出发，说自己的话。反对空话，空议论。

（原载《北京晚报》，1962年11月29日）

谈封建道德问题*
——在文化部中国戏曲研究院戏曲编剧讲习会的报告

同志们、朋友们：

首先要声明：我不是理论工作者，对戏曲也是外行，只是对封建道德问题感兴趣。我主要是从历史工作者的角度来谈谈封建道德，内行面前说外行话，讲错了，请诸位批评。

一、什么是道德

道德从何而来，是先有了道德让人们去遵守呢，还是从某种具体东西里发展来的？关于这个问题，恩格斯在《反杜林论》里，曾做过正面的阐述。他说，任何道德理论，直到现在，归根结底，总是当时社会经济状况的产物。在同书的另外一个地方，恩格斯又指出，在他生活的那个时代，存在有基督教封建道德，有近代资产阶级道德，并且还预言了将来无产阶级道德，加里宁在《论我国人民道德面貌》一文中也说过："在人类社会初期，道德从生活条件中成长起来，在实践上逐渐构成人们行为的准则。"从上面引的几段话中，我们可以明确两点：（1）道德是当时社会条件的产物，并且是逐步完成的。（2）道德是阶级的道德，不同阶级有不同的道德。另外还可以补充一点：同一历史时期，由于不同地区的社会经济情况

* 本文是 1963 年 4 月 15 日吴晗在文化部中国戏曲研究院戏曲编辑讲习会上做的报告，由黄菊盛记录整理。——编者注

不同，道德准则也会有所不同。

在我国古代，东南沿海一带地区，生产比较落后，当地的人民断发文身，他们自己以为很美，可是在中原地区的所谓“华”、“夏”的人看来，却很瞧不起。又例如以人死埋葬的情况来看，据文献记载，古代西北地区流行火葬，他们认为，这对于死去的人是好事，而中原地区则流行土葬。特别是从孔子以后，土葬的观念很深，人们激烈地反对火葬，认为把父母的遗体焚化了，是不孝，是不道德的行为。在历史上，关于火葬，曾有过多次的斗争，宋、明两朝政府都曾明令禁止过火葬。但是这些禁令，对某些地区仍然不起作用，他们还是习惯于火葬；如浙江湖州一带，不仅一般平民百姓，甚至中产阶级也都使用火葬的方法，因为当地地少人多，土葬占去很多土地，会妨害农业生产。由此可见，道德观念是受经济条件决定的。

在十四至十五世纪的欧洲，航海的热潮盛行一时，许多冒险家，探险家热衷于远洋航海，往往因遇见风暴或海盗的拦截而遇难、翻船，剩下几个人爬上一只小船，在大海中漂流，没有人救也没有东西吃。在这种情况下，他们之间好像就形成了一条不成文法，把其中最胖的宰了大家分食，他们以为这是道德的。可是，在我们中国人看来，就很不道德。其实，中国历史上，每当战乱频繁时，也发生过人吃人的事。在唐代“安史之乱”的时候，张巡守睢阳，因为没有粮食，就把自己的爱妾杀了给军士们吃。不过据说有人要把这件事写成戏，我看这就不必了，向现代人宣扬我们祖先是人吃人的，有什么意义呢！

道德是为阶级利益服务的。加里宁在《论我国人民道德面貌》中说：“每个时代——奴隶时代、封建时代和资本主义时代——的统治阶级，都力图掩饰自己的统治，把自己狭隘的阶级利益冒充为全民的利益。他们把自己剥削者的道德冒充为全人类的道德，把自己剥削者的道德崇奉为永恒真理，即建筑在超人类社会的基础之上。也就是建筑在不以人为转移，不依该社会经济结构为转移，而似乎只是出自于上帝的基础之上的永恒真理。”又说：“自从人类社会划分为阶级以及国家出现以后，道德自然也随之成为阶级的道德，变成统治阶级奴役被统治群众之强有力的工具。”从中国历史上讲，任何时代的统治者——不论奴隶主还是封建主，总是为保护自己的存在，将道德归纳成几条原则，通过种种工具，如教育、宗教、法律、社会宣传等，把这种思想灌输到每个人的头脑中去。从唐律到清律，在“十恶大逆”中，都明确规定造反是最主要的一条，认为是最不道德的行为。有人造反，要加以法律判裁，甚至连家属也不可免，要抄家凌迟。尽管王朝在变，这个王朝被推翻，那个王朝建立起来了，但这条法律始终没变。其次，通过宗教宣传，造反的人不仅活着要受法律判裁，死后还要下地狱。另外，也通过教育，念四书五经讲忠君、孝亲，通过里长、家长口头宣传，以及通过文艺形式来宣扬这些思想。结果，使被统治阶级经常中了毒，把统治阶级的道德当成本阶级的道德来看待，这样，就往往使两种道德混淆不清。他们认为年青的不能对年长的反抗，臣下不能反抗皇上，只能逆来顺受。直到解放以后，土地改革斗争地主的时候，有些贫雇农还不敢要地主的土地，认为要了别人的土地是不道德的。这正是一两千年以来，世代封建教育的结果。

另外，被统治阶级，主要是农民和手工业者，他们也有自己的道德，而这种道德恰恰是和统治阶级的道德对立的。统治者要农民顺从，而农民在被压迫到不能生活的时候，就要抗粮、抗税，发动武装起义，他们对统治者有着强烈的憎恨，不甘于被奴役的地位，极力谋求自己的解放。尽管他们提不出完备的纲领和口号，但依然是奋不顾身地进行斗争。几千年来，这种斗争从未中断过。再如互助精神，农村里某一家生活上发生了困难，邻居就想办法帮助他，农业生产上也经常采取换工的方式。农民中诚实的品质也很普遍。

综上所述，在漫长的封建时代，一方面由于统治阶级采取种种措施，把自己的阶级利益冒充为全民利益，加以宣扬，使部分人民把统治阶级道德，当做自己的道德。另外一方面，广大人民又有自己的道德，这种道德恰好和统治阶级的道德是对立的。不做这样的区分，笼统、抽象地来谈封建社会的道德，是毫无意义的。

二、封建道德的发展和变化

道德是否是一成不变的呢？不是的。它和任何事物一样，也是从不完备到完备，甚至在某种情况下，还能起本质的变化。封建社会道德大体包括忠、孝、节、义等概念，就以这些概念的发展变化，来谈谈这个问题。

先讲“忠”，忠在《论语》、《孟子》等书中讲了很多，但春秋时代的忠和明、清时期的忠，就有本质的不同。春秋时代是诸侯并立，大小几十个国家，每个国家都有国君，国君之下有卿、大夫，他们要忠于国君，卿、大夫之下又有士，是卿、大夫的家臣。他们和国君隔了一层，不用忠于国君，而要忠于自己的主人。所以忠君的观念在当时也就是奴才忠于主人。秦始皇统一六国，天下大一统了，情况就发生了变化。特别是汉朝以后，儒家把孔子说成是“素王”，用春秋大义进行教育，忠就变成了忠于全国统一的皇帝的一个概念了。

封建社会国家的概念和今天是不同的。按今天要求，国家应包括领土、人民、主权等几个方面，可是在历史上对于这几点都不是很明确的。比如领土，历史上各王朝的领土都不是很稳定的，国与国之间界限也很含混，一般只有习惯线。明朝后期与缅甸曾以八个关划界，但更多地方没有划界。其次，人口数字也不清楚，甚至只计男子，不算妇女。再如主权一项也是一样，唐朝有许多波斯人、阿拉伯人来中国做买卖，当时在广州划出一块地方称为“蕃坊”让他们居住，唐政府不管，让他们自己来管理，实际上把主权都放弃了。总之，国家的概念在封建社会是很含混的。历史上所谓国往往就指的是某一个王朝，如说唐朝亡国了，宋朝亡国了，但我们从来没有亡过国。某一王朝确是亡了，但中国并没有亡。

从秦始皇以来，在几千年的历史上统一是常态，分裂是变态；统一的时间长，分裂的时间短。统一能安定人民的生活，有利于生产的发展，因此人民渴望统一，但是统一的标志却是一个全国性的皇帝。正因为皇帝能起这样的作用，所以忠君和爱国就统一起来了，忠君也就是爱国。过去有些讨论岳飞的文章，有的戏剧评论家说岳飞是愚忠，说他是宋高宗的爱将。这就要做具体分析。岳飞当时主战，掌握着军队，可是他没有掌握全部军事力量。除他而外，还有张俊、韩世忠、刘锜等人也掌握着军队。当岳飞北伐打到朱仙镇的时候，宋高宗和秦桧，先令其他各路军队撤回，又下诏让他回来，当时岳飞陷于孤军深入，既无友军支援，又无粮草接应，只好被迫撤回来。他回来以后，就被剥夺了军权，到庐山去守母亲的墓。宋高宗和秦桧不放心，又派人去把他骗到临安，先把他囚禁起来，后来就把他杀了。在这种情况下，批评他愚忠，是有点过分了。在当时，他只能忠于赵构，因为他决不能自己做皇帝，也不可能立别的人做皇帝，更不可能自己上山落草为王，那样做是不会取得广大人民支持的。忠于宋高宗就是忠于国家，也就是爱国。再说，他单身一人到了临安，除了被囚被杀以外，他还能做些什么呢？看来一点办法也没有，又怎能说他愚呢？另如南宋末年文天祥，被俘到北京关了好几年，忽必烈以宰相高官厚禄来诱降他，他宁死不干，所谓“时穷节乃见”（《正气歌》），很有骨气，对当时反元斗争，是起了很大作用的。又如明末史可法，孤军困守扬州，至死不屈。他们都是忠君的，这在当时看来是正确的，在今天看来也还是正确的。总之，君与国的关系在历史上是划等号的，忠君就是爱国，也就是在强敌侵犯的形势下，保卫了广大人民。

关于“孝”，在史书上记载的最多，每个封建王朝都大力提倡孝，有专门书叫《孝经》，在《礼记》里也记载不少。他们把孝和忠统一起来，鼓励孝是为了孝忠，对父母不敢违抗，也就不致于反抗皇帝了。所以每个朝代都要找几个典型的孝子，给予旌表，让他们扬名四海，要人们学习。在两汉时期，因孝而出名的就可以做官。后来又搞成廿四孝的故事，印成书，画成画通行全国，大力宣扬割股疗亲式的愚孝。这都无非是为了巩固自己的统治。另外，统治阶级提倡孝，也是为了便于统治，在分散性的小生产方式下，利用孝，可以把家庭的基础稳定下来，把几十口、几百口人的家庭统一起来，由一个家长来管理，政府只要抓住家长就可以统治全国了。如果这一家族有人造反，不仅本人被杀，还要全家抄斩。所以家长就担任起保护封建王朝的职责，他要负责在本家族内不出反乱分子，以调节家庭和国家的关系。

“节”有两种含义，一是妇女的守节。这个道德观念的发生是比较晚的。在北宋以前，妇女的社会地位还不是很低的，死了男人可以改嫁，社会舆论也不反对。不仅平民百姓，就是官僚贵族妇女也有许多改嫁的。《旧唐书》记载，皇帝的女儿，公主改嫁的有达四次之多的，不以为奇。北宋范仲淹的母亲就是改嫁的，后来范仲淹做了官才恢复了本姓。王安石身为宰相，他儿子死了，他的儿媳妇也改嫁了。可是就在北宋和南宋之间，出了二程、朱熹等一批理学家把事情搞坏了，他们提出“饿死事小，失节事大”。封建王朝又根据这种理论来发展，对于守节的妇女加以表扬，改嫁的妇女就被污蔑攻击。后来又搞出殉节的惨剧。《儒林外史》就描写了一段妇女殉节的悲惨故事。这就是所谓吃人的礼教，在封建社会，不知吃死了多少妇女。

相反的，有另外一种节，即在敌人面前，在黑暗势力面前，宁可牺牲，不肯屈服，就像文天祥、史可法所坚持的那种节，古书上有“不食嗟来之食”。孟子也提出：“富贵不能淫，贫贱不能移，威武不能屈，此之谓大丈夫。”这种节是好的，应该提倡。

“义”，历史上有很多例子，讲到朋友之间的感情，朋友有困难，要想办法帮助他，甚至不惜为朋友牺牲，像《赵氏孤儿》所描写的，就是这种义。《今古奇观》里也有一篇《吴保安弃家赠友》，讲两个朋友，其中一个被少数民族俘掠去做了奴隶，另一个人就想尽办法把他救出来。另外，还有一种江湖间的义气，就是后来反映在青帮、红帮及其他秘密结社里的那种义气。最初，本来是因为在旧社会，个人利益得不到保障，于是朋友之间成立一个团体，以保障自己的利益，形成为一种道德观念，后来就流为江湖义气。这种义气只计个人恩怨，不管是非。这种例子在旧小说，旧戏里是不少的，《水浒传》里也有不少这种例子。

总之，封建社会的道德观念，随着社会经济状况的变化，它本身也有变化，并且由于道德观念的改变，直接影响对历史人物的评价。以曹操为例，这个人很了不起，在汉末，他结束了北方军阀混战，使农民安定地生产，他采取了许多进步措施。公元 208 年赤壁之战失败了，未能统一全国，不久他就死了。在唐朝以前，无论历史家和政治家，对他的评价都很高，唐太宗就很佩服他。那么后来他为什么挨骂了呢？这是因为封建正统论思想的作用。因为到了宋朝，北方有辽国（契丹），后来金灭了辽，宋朝又迁都临安，建立南宋。这和三国时候的情况差不多，那时魏在北方，蜀在南方，南宋人如朱熹等写历史，为了肯定南宋是正统。就以蜀为正统，蜀既然是正统，魏就不是正统了。为了捧蜀，就开始骂曹操。于是曹操的脸也就愈来愈白了。

再如武则天，她是中国历史上唯一的真正女皇帝。她继承了唐太宗事业，在她统治下的几十年时间，是唐朝的全盛时期。当时像骆宾王曾骂过她，但那是出于敌人之口，此外，骂她的人就不多了。尽管她杀了李家不少人，但她的子孙都很尊重她，对她评价都很高。可是到了宋朝，她的名誉就发生了变化。因为武则天先是唐太宗的小老婆，后来又和唐高宗结婚，高宗死后，她又和别人同居过，这在宋朝理学家们看来是很不道德的，就开始骂她。其实，这些理学家是不懂历史，在唐朝，妇女改嫁本是一般的社会现象。另外还因为李家有少数民族血统，唐高祖和唐太宗的皇后都是少数民族。按北方少数民族的习惯，父死之后，父亲的小老婆应该为儿子继承（如汉朝王昭君嫁匈奴呼韩邪单于，呼韩邪单于死后，又嫁其子复株絫若鞮单于，还生了两个孩子）。所以，唐太宗死后，武则天又嫁给唐高宗，是并没有什么值得奇怪的，宋朝的理学家骂她是毫无道理的。

上边两个例子说明时代改变，道德观念也在改变，并且影响了历史人物在不同时期的评价。

三、道德的继承问题

过去几年，我们搞历史研究工作的人有不少缺点，其中之一就是搞“左”了，只强调农民起义，而把农民起义所反对的时代，写成漆黑一团，一无是处，好像除了农民起义领袖，再就没有好人了。这种倾向往往带来副作用，影响了青年认为旧时代没有一点好东西，一切都要重新搞起，忘记了列宁的话，无产阶级文化应当是人类在资本主义社会、地主社会和官僚社会压迫下创造出来的全部知识发展的必然结果。只有用人类创造的全部知识财富来丰富自己的头脑才能成为共产主义者。也忘记了毛主席所说的，中华民族是一个有光荣的革命传统和优秀的历史遗产的民族，从孔夫子到孙中山，我们应当给以总结。为什么说我们的民族有优秀的历史遗产呢？这是因为在我们的历史中有不少珍贵的东西，值得后人批判地继承。为什么要给古人做总结呢？这是因为从孔夫子到孙中山之间几千年历史上，出现过很多好人好事。尽管这些好人好事和今天的好人好事有本质的区别，我们还是要从这些好人好事中，进行分析、研究，把有用的东西继承下来，丰富营养，提高知识，增加经验，以便更好地进行当前的斗争。当然，继承不是无保留、无条件的继承，而是要经过分析、批判地继承。

忠在封建社会里，忠于王朝忠于皇帝，也就是忠于国家。而今天当然没有人会忠于王朝了。但是忠于人民，忠于党，忠于社会主义建设还是应该的，必需的。这样，忠就起了本质的变化。通过历史上的爱国人物对今天广大人民进行教育也是完全可以的。谈到孝，我们今天不该提倡廿四孝那样的孝了。但是，在今天使所有的人各得其所，对于失去劳动能力的年老父母，应该教育青年尊敬他们，扶养他们，他们曾教育过我们，抚养过我们，我们今天也应该扶养他们，这样对国家也是有好处的，这种孝看来还是可以继承的。反过来想一想，我们也有老的一天，你不照顾上一代，你的下一代也不会照顾你。对于节，我们不理解为妇女守节的节，把它理解为有骨气，理解为孟子所说的“富贵不能淫，贫贱不能移，威武不能屈”的节。还是需要的。我们祖先是有骨气的，我们这一代人更要有骨气，绝不拿原则做交易，要分清是非，坚持原则，绝不妥协，只有这样才像个中国人。讲义，可以理解为同志式的关怀，互相帮助，共同提高，共同进步。当然，那种江湖义气是不应该再提倡了。今天讲义，不是以个人利益得失为标准，而是以绝大多数人民的利益为标准，从六亿五千万人的利益出发，才是最大的义。

此外，我们民族还具有勤劳、勇敢、智慧、节俭的传统。隋炀帝大修宫殿，就被历史家谴责和人民所反对，有的封建帝王比较朴素，就受到表扬。解放前，贴春联时也要写上“勤俭持家久”。这些美德是我们民族的光荣，应该提倡，并通过各种文学体裁，通过戏曲，对这一代人进行教育，总结过去阶级斗争、生产斗争的经验，在这些经验之上形成新的道德观念。其中，要继承广大劳动人民固有的优良品质，也要批判地吸收一些统治阶级由于吸取了被统治阶级东西而形成的某些好的事物。对历史上的东西，不可一棍子打死，那是非历史主义的态度，也是非马列主义的态度。

我们是我们祖先最好的继承人，我们做出的工作成绩是一定要强爷胜祖的。我们不但要继承历史上珍贵的东西，并且还要使其发扬光大，成为我们这个时代的新的道德品质。

四、戏曲和道德的关系

在今天，戏曲内容应包括两个方面：(1) 取材于现实，取材于工农兵的斗争，这是主要的。(2) 反映历史上的生产斗争和阶级斗争。无论反映现实还是反映历史题材的作品，其中肯定什么，否定什么，这就是道德的问题。比如《清风亭》(又名《天雷报》) 这个戏，思想内容是教孝的：(1) 戏里有因果报应迷信思想，天雷打死不孝的养子，它是通过鬼神作用来解决问题的。(2) 戏里表现了两个老人收养这个孩子的目的，是要这个孩子养活他们，所谓付钱就要收利息。(3) 当孩子不认二老的时候，竟得不到任何支持，只好碰死。这个戏在今天演出会起什么作用呢？这种戏正是封建统治阶级为了把自己阶级利益强加于人而搞出来的，和今天道德思想毫无共同之处。另外，相反的，对《风波亭》里的岳飞，有些批评家却说他是愚忠，恨不得岳飞能不回临安，马上起义，但在历史上却没有这种可能性。我们的剧作家写这一题材的时候，总觉得岳飞死得冤枉，在他死后，又让宋高宗请牛皋和岳雷领兵出征，浩浩荡荡直捣黄龙，达到完满的结局。这些同志总有点软心肠，想替岳飞出口气，但这口气出的不是地方，对戏本身不增加任何好的效果，反而把很感动人的一个悲剧搞乱了，使人不能理解。宋高宗怎么会改变坚决主张投降的态度的呢？怎么改变的这样快，谁使他改变的呢？这是完全不符合历史情况的虚构。再如《辛安驿》这个戏，我有很大意见。戏里宣扬的青年男女一见钟情，见了一个漂亮男人马上就要结婚，发现是女的，大生其气，末了来了一个真男人，又和他结婚了。这种戏对今天青年会有很坏影响，今天的青年男女恋爱要是学习这种态度，那后果就不堪设想了。最近，在几个高等学校里了解一下情况，有好多青年学生，因为恋爱，成绩不好，还有一些人过早结了婚，没毕业就回家抱孩子去了。我们现在还演这样的戏，我是十分不能理解的。另外，最近还演了一些鬼戏：《放裴》、《红梅阁》、《李慧娘》……好几个剧种都有。《李慧娘》故事出于《剪灯新话》，是小说家言，贾似道的死和李慧娘没有什么关系，他是犯了罪被充军，在路上被一个叫郑虎臣的人杀掉的，故事本身是不符合历史的，鬼是这个戏的主要情节。我们一方面教育下一代人不信鬼神，可是戏曲工作者偏偏在舞台上教孩子们信鬼信神，这叫我们的教师怎样来回答孩子们提出的问题呢？

尽管几年来戏曲改革成绩很大，但还有问题，其症结就在于道德观念的混乱，没有把古人的好东西继承下来，却把坏东西继承下来了，上面举的几个例子就是这样的。其次，戏曲创作取材的范围看来也太狭窄了。我们的历史是无比丰富的，几千年的历史从未中断过，史料很多，真是汗牛充栋，有许多感人的事迹。我们却不从这方面取材，好像只能沿着前人脚步走，结果就只有顺着《杨家将》的路子走，什么《穆柯寨》、《破洪州》、《杨排风》、《鸡凤凌空》、《辕门斩子》、《十二寡妇征西》、《穆桂英挂帅》……不下二十几种，到处上演。好像我们只认识“杨家将”似的。当然，《杨家将》是好戏，杨业祖孙三代的抗辽斗争符合历史要求。特别是在近代。在舞台上出现了穆桂英这样的女英雄，很威风，把公公都压下去了，替没有地位的妇女们出口气，是应该肯定的，但不能只沿着这条线下去，只认得一个姓杨的，把百家姓上其他九十九个姓都忘记了呀！应该开辟那无数未开辟的荒地。如梁至隋间在广东南部有一个冼夫人，自己带兵，团结少数民族，支持中央王朝，到七、八十岁还能带兵，真是年青时像穆桂英，年老时像佘太君。这样的真人真事，我们却不写，偏要写个假的。我在《人民文学》上发表过一篇文章，提到北齐的一个名将斛律金、明月父子，他一家父子几代都很忠勇。后来由于北齐皇帝高湛的昏庸，在统治阶级内部斗争中被坏人陷害，全家被杀，他死后，北周就把北齐灭了，这样的历史人物为什么不可写呢？却偏要完全虚构，一点历史影子也没有的《薛刚反唐》这类戏呢？这样的题材多得很，戏剧家是取之不竭的。

历史上的事情，除了正面教育，还有反面的教育，历史上的各种反面人物也可以写一些。不要让下一代人认为今天的胜利是轻易取得的。要使他们认识到胜利是经过长期的艰苦曲折，失败了再干的斗争过程。只有这样才能经得起风险，才能辨别是非。在这方面我经常说，戏曲工作者的作用，比我们搞历史研究的要大得多，你们的群众最广泛。过去旧时代，老百姓很少有机会受教育，很少有人识字。但很多老辈人都能讲古代的事，这些故事就是从听说书和看戏时学来的。戏曲是个最有力武器，所以要慎重地使用它。假如对历史上的道德观念不明确，不是去粗取精，不是批判地继承，恐怕就会收到相反的效果，而带来更多的副作用。

毛主席提出“百花齐放、推陈出新”，就是让我们批判地继承过去好的东西，并在这个基础上加以提高和发展。戏曲界可以继承的东西很多：《元曲选》、《六十种曲》、《盛明杂剧》、《古本戏曲丛刊》以及各地方戏中有很多好的东西，其中有一些有很强的生命力和战斗力。对于这些东西，应该经过研究、分析、加工。使之为今天社会主义建设服务。去年，在南京，省市宣传部请我看了一个戏，叫《双推磨》，据说原来有黄色情调，经过改编以后，很好，看了很受感动。戏里写一个雇工和一个寡妇，男的帮助女的挑水磨豆腐，女的把仅有一点钱给男的拿回家去和母亲过年，两个人发生了爱情。

戏里表现了劳动人民互相帮助的美德，同时还表现了另一个主题，旧社会寡妇是不能改嫁的，但是他们两个人都不怕，很有反封建的意义。戏里没有低级趣味，很朴素。这和《辛安驿》刚好是对立面。在推陈出新意义上说，这个戏是个很好的榜样，也是在如何继承旧道德方面的一个很好的榜样。旧形式，新意义，我觉得多少年没有看过这样的好戏了，面目一新。假如大家从这方面做些努力，戏曲舞台会大大改观，希望多创作、改编一些好戏来鼓舞教育广大的人民。

我完全是外行。今天在内行面前讲这些话。实在是“班门弄斧”，意见不一定对，请专家们指教吧。

普及历史知识的一套好书
——《历史故事》序

学习历史的重要性，毛泽东同志曾经再三强调，他教导我们要尊重历史：

> 中国现时的新政治新经济是从古代的旧政治旧经济发展而来的，中国现时的新文化也是从古代的旧文化发展而来，因此，我们必须尊重自己的历史，决不能割断历史。①

要尊重历史，就必须学习历史；不学习历史，而能够充分地了解现时的政治、经济、文化，显然是不可能的。他又教导我们参加实际斗争，必须要有历史知识：

> 指导一个伟大的革命运动的政党，如果没有革命理论，没有历史知识，没有对于实际运动的深刻的了解，要取得胜利是不可能的。②

又说：

> 学习我们的历史遗产，用马克思主义的方法给以批判的总结，是我们学习的另一任务。③

把历史知识列举为取得革命运动胜利的条件之一，并把学习历史，给以批判的总结，作为我们学习的任务之一。重视历史到了这样的程度，意义是十分深长的。在整风文件中，他更特别指出历史和理论的关系：

---

① 《新民主主义论》，见《毛泽东选集》，708页。

②③ 《中国共产党在民族战争中的地位》，见《毛泽东选集》，533页。

> 因为马克思列宁主义是马克思、恩格斯、列宁、斯大林他们根据实际创造出来的理论，从历史实际和革命实际中抽出来的总结论。我们如果仅仅读了他们的著作，但是没有进一步地根据他们的理论来研究中国的历史实际和革命实际，没有企图在理论上来思考中国的革命实践，我们就不能妄称为马克思主义的理论家。①

他要求我们要：

> ……从中国的历史实际和革命实际的认真研究中，在各方面作出合乎中国需要的理论性的创造，才叫做理论和实际相联系。②

也正是毛泽东同志自己，他从中国的历史实际和革命实际，作了长期的认真的研究，做到理论和实际相联系，在各方面作出了合乎中国需要的理论性创造，来指导中国的革命和建设，从胜利走向胜利。

学习历史有如此重大的意义。但是，应该指出，我们的国家是一穷二白的国家，不止是在经济上，在文化上也是如此。尽管我们有悠久的丰富的宝贵的历史遗产，可是，我们的广大人民，在过去的漫长的历史时期，没有受教育学文化的权利，绝大多数是文盲，对历史知识是极端贫乏的，要做到批判地继承，是有困难的。

建国十三年来，党和政府对教育工作，作了极大的努力，普通教育和业余教育并举，收到了非常巨大的成绩。文盲被大量扫除了，广大劳动人民不再是睁眼的瞎子了。但是，历史知识还是很贫乏，因为我们历史学界还没有作出应有的努力，把历史知识用通俗的方法普及给人民。

要有效地提高广大人民的文化水平，对现时的政治、经济、文化有深刻的认识，积极地参加祖国的社会主义建设事业，普及历史知识是我们历史学界极端重要的任务。这个道理是十分清楚的。

---

① 《整顿党的作风》，见《毛泽东选集》，814页。

② 同上书，820页。

两年前，中央人民广播电台文教科学部举办了历史故事的节目，通过祖国的历史人物、历史事件，进行历史主义、爱国主义的教育，我十分赞成，并且担任了第一讲的讲员，讲农民起义领袖窦建德的故事。

同时，北京出版社也认为电台虽然广播了，但不可能每人都有时间听到，更不可能每人每次都听到。决定把广播过的讲稿选辑成书，使听过的人可以重温，巩固记忆，没有听过的人可以读到，对普及工作作进一步的贡献。第一批选辑了八本，以后还准备继续出下去，并要我写篇总序。

非常感谢中央人民广播电台和北京出版社的努力，感谢他们对历史知识普及工作的支持，他们的工作是符合广大人民的需要的，对改变我国在文化上一穷二白的面貌，将会作出巨大的贡献。

我欣然接受写这篇总序的任务，因为这个工作同时也是历史学界的集体努力，我要在这里感谢他们。同时，也有义务向读者说几句有关这套书的几句话。

关于为什么要学习历史，学习历史的重要意义，上面已经说过了。这里要说的是以下几个问题：

第一，历史故事的故事，是什么意义？

一般人们所说的故事，是指的民间传说，例如穆桂英大破天门阵之类，人物和故事都是虚构的，但是故事的本身确能激动人心，大家爱听。人们听多了，便认为实有其事，到处都有杨家将的古迹，我们北京西郊有挂甲屯，古北口有杨老令公庙，后殿还有穆桂英的塑像。有些人便根据这些古迹来确证杨家将的一些传说是确有其事，其实在北宋时期，以北京为中心这个地区属辽统治，杨家任何一个人都没有到过这个地方，这是有历史根据可证的。

我们这里所说的历史故事不是民间传说，当然更不是耗子娶亲、猪八戒背媳妇一类的拟人化故事。

那么为什么叫作历史故事呢？应该说清楚：历史是过去时代人们的实践，包括阶级斗争和生产斗争。进行斗争的是人，人在进行斗争中的经历是事，历史是离不开人物和事件的。把斗争中无论是成功或失败的经验、教训，用马克思主义的方法，予以批判的总结，就可以提高成为理论，来指导人们的实践。但是，历史的范围太广大了，时间也长达几千年，要求所有人们通晓过去所有的历史实际，这是不可能的，也是不必要的。为了普及历史知识，把历史实际中某些有现实意义的斗争经过，科学地总结出来，其中有人物的性格、思想、活动，有事件的发生、发展、变化和结束，为了写得生动，对人物和事件加以适当的合于历史实际的描写，当然是容许的，但是决不许可有虚构。这样的写法，会使读者易于接受、了解、记忆，因为他既说人，又说事，有情节，有变化，具有一般故事的职能，而又是科学地根据历史文献写成的，所以叫作历史故事，以和一般的故事相区别，也和历史教科书和历史论文相区别。

第二，历史故事的取材和写法。

历史是人类在不断斗争中的科学记录，离开了阶级斗争和生产斗争，也就没有历史了。为了使我们这一代、下一代有科学的历史知识，就必须经过选择，从丰富多彩的历史实际中，重点突出某些先进人物的斗争事迹，无论他的活动是属于政治、经济或文化范畴的，他的成就或失败都可供我们在工作中的借鉴，而且，也只有通过对历史实际的认真研究，深刻认识当前运动的历史发展过程，才能掌握事物的发展规律，少犯或不犯错误，达到多快好省建设社会主义的目的。

这套书里第一本《从窦建德到邹容》，都是农民起义领袖、民族英雄或革命家的斗争故事；第二本《从北京猿人、安阳殷墟到颐和园》，都是人和自然界的斗争、生产、城市建筑的发生和发展的故事；第三本《从屈原到郑板桥》，则是属于文化范畴的；第四本《从丝绸到滑冰》，则是以事为纲的文化史话；等等。大体上每本都以类相从，按时代先后排列，选题是恰当的、必需的，合于广大人民需要的。

如何写法？第一，头绪要清，一篇只能写一人一事，反之，一篇如写多人多事，不但写不清楚，也会使读者读不下去；第二，历史实际中某些专用名词，尽量不用或少用，必需用的则一定要有明确的解释或小注；第三，文字必须做到通俗、流畅、可读。拿这三个标准来衡量，已出的这几集，大体上是符合要求的，当然，工作做多了一些的时候，还可以不断改进和提高。

第三，这套书的显著特征是口语化。

因为广播的时间是有限制的，历史故事的写作必须精练，最多两千多字要写完，太长了是不行的。从形式的限制，不许可有说空话、发空议论的机会，因之，大体上每篇文章都是比较充实的，言之有物的。同时，写了文章是要在电台对听众讲的，为了要使听众听得明白，就必需锻炼字句，明确文义，尽量口语化，大众化，符合广播的要求。就这两点来说，这几本书显然没有完全做到，但在写作时和播讲时，是作了一番努力的，我们相信，通过不断的长期的努力，不但会使播讲的质量日益提高，同时，也必将对文风的改进作出贡献。

总之，通过故事形式，选取历史实际中某些典型人物和事件，给予科学的总结，生动地用口语表达出来，是这套节目和这套书的特征，是值得提出向读者介绍的。

最后，希望电台和出版社坚持下去，继续广播，继续出书，也要求我们历史学界和其他学科的同志们、朋友们，给这个工作以大力支援，积极写稿，积极讲话，为历史知识普及工作出一份应出的力量。

（原载《文汇报》，1963年3月30日）

《中国历史常识》序言*

列宁在《青年团的任务》一文中说，只有用人类创造的全部知识财富来丰富自己的头脑，才能成为共产主义者。这人类创造的全部知识财富从哪里取得呢？很显然，学习历史，正确地吸收祖国丰富的历史遗产，是一条不可缺少的重要途径。

毛泽东同志在《新民主主义论》中也明确地指出："中国现时的新政治新经济是从古代的旧政治旧经济发展而来的，中国现时的新文化也是从古代的旧文化发展而来，因此，我们必须尊重自己的历史，决不能割断历史。"在《中国共产党在民族战争中的地位》一文中又说："指导一个伟大的革命运动的政党，如果没有革命理论，没有历史知识，没有对于实际运动的深刻的了解，要取得胜利是不可能的。"因此，他郑重地提出："学习我们的历史遗产，用马克思主义的方法给以批判的总结，是我们学习的另一任务。"

要成为共产主义者，要在不断斗争中取得胜利，必须学习历史，必须用马克思主义的方法，批判地学习历史，这是当前和今后我们学习的长远任务。

但是，问题是我国历史时期这么长，历史文献这么多，要人人都学点历史，有点历史常识，真是像前人所说，一部二十四史，从何下手呢？何况历史文献都是在不同历史时期，用当时通行的古文编写的，今天的绝大多数青年，还不能掌握、运用古文，这个关过不了，要学，又何从学起呢？

当然，这些年来，我们也编出了几套篇幅不等的通史，但是，

---

* 《中国历史常识》，吴晗主编，共出版六册，1963年中国青年出版社出版。本文为吴晗为之作的序。——编者注

一般的说，字数都比较多，而且，对象都是在学的各级学校的学生，对城市和农村中具有高小以上文化水平的青年来说，还是不大适合的。

广大的城乡青年，和解放军战士、机关干部，都有强烈的学习历史的要求，但是缺乏可读的书，这个问题必须解决。

我们在各有关方面的支持下，编了这部《中国历史常识》，就是为了适应这个强烈的要求，帮助广大青年学习中国历史知识，并且从中受到爱国主义和历史唯物主义的教育。

在编辑这本书的过程中，我们注意到以下一些特点：

第一是形式活泼。针对着读者对象，为读者设想，这部书不能像历史教科书那样写法，要不，已经有了那么多套教科书了，何必重复？也不能写成历史故事，故事必然会有虚构、夸张成分，而这部书的目的是给读者以必须的历史常识，这个区别是必须弄清楚的，当然，更不能写成历史论文，只有少数人才能读懂。经过研究，采用问答体裁，而且要求简短精练，每个题目一般只有一千多字，具体回答一两个问题。每个题目都有独立性，各个题目之间又有联贯性。读者随便抽出一点时间，就可以阅读一两个题目，获得知识。既可以随时看，也可以随时放下。把读过的东西联贯起来，则又可以比较系统地了解我国历史发展的基本面貌。

第二是取材广泛。由于形式比较活泼，不必拘泥于一定格式，在一般教科书中所不可能接触到的题材，在这部书里就有了用武之地了。除了比较系统地和全面地反映了我国历史发展的概况以外，还着重地写了历史上的阶级斗争和生产斗争；也写了某些重要的文化生活和历史人物；既阐明了历史上的光明面，也叙述了历史上的黑暗面。此外，对于人民中间口头传说的成语，如卧薪尝胆、完璧归赵、负荆请罪、毛遂自荐、班门弄斧、约法三章、破釜沉舟、四面楚歌、扁鹊再世、三顾茅庐、闻鸡起舞、风声鹤唳等等，都通过具体史实，给以详尽的说明，这种叙述比一般辞书要详细一些，丰富一些，也更生动一些，不但使读者便于记忆，也可以从中吸取经验、教训和启发。

第三是文字通俗。为了使认得两三千字的读者都能够读懂这部书，所有作者都在写作中力求通俗，尽量避免用生僻的字和词句，写法也力求流畅，明白易晓。有些专名如人名、地名、官名等，其中有些较生僻的字难于避免的，也用汉语拼音和汉字注音，使读者省去翻查字典的麻烦。为什么除了用汉语拼音以外还要用汉字注音呢？这是因为考虑到许多农村青年现在还没有学过汉语拼音的缘故。在讲述中还穿插了一些有关的故事情节，做到比较生动活泼，容易阅读。

此外，由于内容涉及的方面多，篇幅也不免较多，为了便于读者阅读，采用了分册出版的办法：第一到第五册是古代史部分：其中，第一册是先秦，第二册秦汉到南北朝，第三册隋、唐到宋，第四册是元、明、清；第五册是古代史其他专题知识部分。近代史部分另册出版。

最后，应该特别提出的是，这部书的编写是集体劳动的成果，是历史学界和其他有关方面广泛支持的成果。就单位来说，参加写作的有二十多个，就写作成员来说，一共有八十多人担任分题撰写。从最初商定选题到最后定稿，经过反复修改、审订，都是通过广泛的协作进行的。参加的人有青年人、中年人，也有老一辈的长者，充分体现了青老协作互助的集体主义精神，同时也发挥了学术工作者独立钻研的积极性。其中，参加制订选题计划，讨论编写要求的有（按姓氏笔画为序，下同）：丁名楠、白寿彝、何兹全、郑天挺、胡厚宣、谢承仁、戴逸等同志，其他大多数作者也提供了很多宝贵的意见。参加审改稿件的，第一册有何兹全、胡厚宣同志，第二册有何兹全同志，第三册有邓广铭、汪篯、陈乐素同志；第四册有郑天挺、翁独健同志；第五册有何兹全同志；审阅近代史的是戴逸同志。此外，谢承仁同志担负的劳动最为繁重，他参加了古代史全部书稿的编辑工作，逐篇逐段地协同进行了审阅、修改和统一加工的工作。在此，我们一并向他们表示感谢。

附带声明两点，第一，这部书是通俗读物，为了避免在读者中引起对事物认识的混乱，所论述的只限于学术界已经论定的，有了一致意见的。至于学术界尚在争论，说法不一的问题，则尽量不涉及。有些必须涉及的问题，例如春秋、战国的起讫年代，则把各家说法，同时提出。第二，在编写中，我们主观上的要求是立论正确，要富有教育意义，但是因为时间匆促和水平的限制，在这方面还做得很不够，可能还是会有若干错误的。同样，在文字表达方面，虽然力求通俗，但是也没有完全做到，距离生动活泼、浅显明白的要求，还有一定距离。我们热忱要求读者和各方面专家，随时提出批评，以便在再版时更正，使之不断提高，成为比较可读易读的通俗读物。

吴 晗

1963年4月17日

谈甲午海战

甲午战争是中国近代对外战争史上重要的转折点，这一仗日本打败了清朝，北洋海军全军覆没，清朝政府委曲求和，忍辱割地赔款，订立不平等条约，使已经走向没落的腐朽的清朝统治，推向悬崖的边沿。同时，也因为这一不光彩的败仗，一连串的屈辱，激发了全国各阶层人民的同仇敌忾，看清楚了清朝统治者的真实面貌，知道非用自己的力量来保家卫国不可，非用自己的力量来反抗侵略不可，高举反对帝国主义的大旗，敢于斗争，进一步敢于革命，从而改变了中国历史的面貌。

这一仗是腐朽的垂死的封建主义和新兴的资本主义国家间的战争，清朝政府的失败是必然的。但是，应该着重指出，军事上的失败是次要的，主要的是政治。

首先是清朝政府的失败主义，注定了战争的结局。清军统帅李鸿章从一开头便不敢抗争，不惜牺牲一切来换取和平。当敌人着着备战，引起战火，甚至在击沉清政府的运兵船高升号以后，李鸿章始终采取避战方针，幻想通俄、英、法、美等国的斡旋，出卖中国人民利益，求得暂时的妥协。事实是你愈退让，敌人便愈疯狂，你越不敢打，敌人便越要打，以退让、出卖国家主权来换取屈辱的妥协，结果是导致甲午战争的完全失败。

更有讽刺意义的是海陆军统帅主和，手无寸铁的文人却坚决主战，以翁同龢为首的一批清谈家和傀儡皇帝却极力主战。他们没有实权，不懂军事，却大嚷大叫，制造了强烈的舆论，可是在实际行动上却拿不出一点办法来，更谈不到和人民联结在一起了。这样，统治集团内部就形成两派，翁同龢和皇帝这派主战，李鸿章和西太后这派主和，吵个不休。在两派的混吵中，敌人却全国一致，全力进攻，清朝政府呢？一面向各国哀求斡旋，一面被动挨打，因为正在不惜牺牲一切祈求和平，也就没有认真备战，也正因为没有认真备战，就不能不接连打败仗，这样，连屈辱的妥协也哀求不到了。政治的腐烂，决定了战争是非失败不可的。

以这次著名的海战为例，事实也正是这样。

中日两国海军的实力，李鸿章是清楚知道的，他在光绪二十年（公元1894年）七月二十（阴历）报告清朝政府：

> 查北洋海军可用者只镇远、定远铁甲船二艘，为倭船所不及。然船重行缓。吃水过深，不能入海汊内港。次则济远、经远、来远三船，有水线甲、穹甲而行驶不速。致远、靖远二船，前定造时号称一点钟十八海里，近因行用日久，仅十五六海里。此外各船逾旧逾缓。海上交战，能否趋避，应以船行之速迟为准，速率快者，胜则易于追逐，败亦便于引避。若迟速悬殊，则利钝立判，西洋各大国讲求船政，以铁甲为主，必以极快船只为辅，胥是道也。
>
> 详考各国判行海军册籍，内载日本新旧快船推为可用者共二十一艘，中有九艘自光绪九年后分年购造，最快者每点钟行二十三海里，次亦二十海里上下。我船订购在先，当时西人船机之学尚未精造至此，仅每点钟行十五至十八海里，已为极速，今则二十余海里矣。
>
> 近年部议停购船械，自光绪十四年后，我军未增一船。……倭人心计谲深，乘我力难添购之际，逐年增益。

战舰的吨位和航行速度，决定海军的作战力量。北洋海军只有两条大铁甲舰，却船老行迟，日本呢，主力舰吨位虽小，却船新行速。更重要的是清朝从光绪十四年以后未添一船，日本却从光绪九年以后逐年添造，白白给日本以六年时间，走到前面，这不是单纯的军事问题，而且是政治问题。

其次是速射炮的出现。《晨园漫录》指出：

> 我各军舰之购置，其最新者亦距开战十二三年。其时军舰

> 之牺装大抵专注重舰首之重炮，而于两舷侧之速射炮，则不甚加意。试一检查各舰之炮位表可以知之矣。其后速射炮日益发达，我各舰依然仍旧，未曾加以改造。

李鸿章知道不知道这情况呢？他是知道的，并且专写报告要求添装，但是政府决策是“停购船械”，实现不了。可见这也不是单纯的军事问题，而且是政治问题。

主力舰舰首的重炮比敌人的威力大，在战时是可以发生作用的。但是到临战时重炮的炮弹一共只有三枚，英人泰莱亲身参加了这次海战，他在《甲午中日海战见闻记》中说：

> 在旅顺查看军械清单，得知一可悲之事实，战舰中十吋口径之大弹，只有三枚。其练习用之小弹亦奇绌。惟其他诸舰，弹储尚足。

他立刻向李鸿章提意见，要求补充。结果负责后勤的官员答复，此种炮弹不能制造。这个官员是谁呢？李鸿章的亲戚张士珩，这难道不是政治而是军事问题？泰莱明确地指出：“盖腐败，中饱，及援结私亲诸症，使其手下各组织无复完肤者，其病源皆在鸿章自身，而彼之染此诸症，且视寻常中国官吏为甚。”事后，他总结说：“是故中国舰队，就重炮及铁甲而论，至少与日本相埒，炮术甚精。训练虽稍有遗憾，惟水兵可称善战。极严重之事因厥为子弹之缺乏。此缺乏也，吾人有理由可信其咎非仅在疏忽，而在其工厂总办之通敌卖国。”其实，更确切地说应该是，“其病源皆在清朝政府自身”，李鸿章不过是代表人物之一而已。

海战发生在1894年9月17日。

据泰莱的观察，海军战士的士气很高：“呈欣欣之色者，大率为水手。彼等举动活泼机敏，以种种方式装饰其炮座，若不胜其爱护者，其响望之情盎然可觉。”又说：“惟水兵可称善战。”

提督丁汝昌是陆军出身的，战事由海军总兵刘步蟾指挥。刘步蟾是海军中公认“怯懦已素著”的胆小鬼。

发现日舰后，刘步蟾发出信号，改变丁汝昌和将领们一致决定的分段纵列式，两主力舰居前的战斗序列，改为诸舰相并横列，以主力舰居中的横阵。这样，敌舰炮火就会集中两翼的弱舰，不致集中到刘步蟾指挥的旗舰了。他本人比较安全了，可是北洋海军的命运也就由这一个怕死的指挥官改变阵势而决定了。他是知道这两种不同战斗序列的意义的，为了个人的安全而牺牲全军，这不只是军事上的严重错误，而且是政治上的严重错误。

交战后，北洋舰队凌乱成半月形，仅有的三个重炮弹，有一弹射入日舰松岛之腹内。“北洋士兵均犷厉振奋，毫无恐惧之态。”致远舰经过激战，炮弹打完了，管带邓世昌开足马力去撞日舰吉野，和敌人同归于尽，被日舰鱼雷击中牺牲。超勇等四舰亦被击沉，济远船见致远沉没，管带方伯谦先逃，撞沉另一战舰，剩下的残舰也先后驶出阵地逃避，这场不光彩的海战就此结束了。

电影《甲午风云》中的正面人物是邓世昌和李士茂、王国成，反面人物是方伯谦和李鸿章，都是符合历史实际的。当时虽然有人为方伯谦被军法处死而鸣不平，写了一本《冤海述闻》的书，是不可信的，没有根据的。书中说日海军击沉高升号时，济远发炮打伤日船有功，其实，方伯谦一见日船就害怕，赶忙挂白旗，日舰不理，他又挂日本旗，又不理，就赶忙逃走，只是由于士兵英勇，李士茂、王国成等违令发炮，才能打伤日舰。就方伯谦两次临阵脱逃而论，他的死是千该万该的。

这次海战失败的教训是，第一，和平不可能是祈求得来的，也不可能是从任何国际活动或会议得来的，祈求和妥协只能招致屈辱和失败。第二，侵略战争既然强加于人，那么反侵略战争就是不可避免的。当敌人着着进攻，战争怎么有可能单方面避免呢？相反，只有团结一致，被侵略者奋起抗战，沉重打击侵略者才能保国卫民，取得胜利。第三，战争是政治的继续，也是政治表现的形式，甲午战争的失败，主要不是军事上的，而是政治的腐烂和内部的不团结。第四，只有敢于斗争，敢于革命，敢于胜利的人民，才有可能阻止战争的爆发，也才有可能在战争中取得胜利，保障和平的事业。

最后，还要插一句话，清朝政府从光绪十四年起就决定不再添买军舰和武器了，那么，海军经费用到什么地方去了呢？《晨园漫录》指出了这笔钱的去路："拨其经费，作为建造颐和园之用！"

1963年6月27日

（原载1963年7月19日《北京晚报》）

阶级观点、历史主义及论史结合问题*
——1963 年 7 月 5 日在北京市历史学会座谈会上的发言

古代史学家也有论史结合问题，《明史》中记载，明朝建文帝在南京陷落，宫中火起不知所终。但有些书说他没有死，传说很多。为什么呢？原来明太祖遗训“变紊祖制，以奸臣论”。到了建文帝时经济情况发生变化，原来一套制度不适应了，方孝孺等提出改变制度，明成祖反对，在统治阶级内部的斗争中，建文帝失败了，明成祖以保护祖制的名义取得了胜利。他以后的许多皇帝都“以不变应万变”，把政治搞得一团糟，引起很多人的不满。他们不敢公开反对，便借怀念建文帝来表示抗议。这也是一种论点。阶级斗争不仅是敌对阶级之间的斗争，统治阶级内部也是有斗争的，有时还相当激烈，有些人编历史书，不写“党锢”、“东林党”，以为这只是统治阶级的事，这是错误的偏向。

刘节的文章否认阶级分析，是有历史根源的。梁启超在后期由于害怕革命与斗争，就否认阶级斗争。胡适也一样，他在 1929 年也大叫中国只有大贫小贫，没有阶级之分，他们都反对马列主义的核心——阶级斗争理论。资产阶级史学家否认阶级存在的反动论点，到今天还在对我们中间某些人产生影响。因此，我们今天讨论这个问题就很有意义。

（原载《光明日报》，1963 年 7 月 31 日）

---

* 1963 年 7 月 5 日，北京市历史学会在北京以“阶级观点、历史主义及论史结合问题”为中心议题举办了一次座谈会，在这次座谈会上发言的有翦循正、白寿彝、何兹全、王思治、周一良、吴晗、张芝联、杨钊、李书兰等，这里收录的为吴晗的发言。——编者注

三说道德

——敬答许启贤同志

我在《前线》上发表了《说道德》一文以后，有几个青年同志提出了不同意见，我又写了《再说道德》，补充了一些看法。以后在几个学术讨论会上，谈到这个问题时，也听到不少反对的意见。今天又读到许启贤同志《关于道德的阶级性与继承性的一些问题》，论点明确，我很赞成，并表示感谢。但是，也还有些小意见，可以提出来再深入研究一下。

应该说明的是《说道德》一文写出的情况，也是在一个学术讨论会上，不少同志提出道德的阶级性与继承性问题，关于道德的阶级性，即统治阶级有统治阶级的道德，被统治阶级有被统治阶级的道德，这一点大家的意见是一致的，没有争论。但是，这两种不同阶级的道德的相互关系，也就是有没有互相起作用的问题，大家的意见就不一致了。特别是统治阶级的道德可不可以批判地继承的问题，绝大多数同志认为是决不可以，也不可能。我除了第一点和大家完全一致以外，并就第二第三个问题，发表了一些意见。大家还是不赞成。讨论到最后，得不到结论，大家就要我把这些不被赞同的意见写出来，供进一步讨论之用。我接受了这个任务，把它写出来发表。因为第一点是大家完全一致的，由此派生的问题，被统治阶级的某些道德品质必须批判地继承下来，也是没有疑义的。并且《前线》的篇幅很短，不可能写得很多，以此，就把这一部分的讨论略去了。但是，也恰恰因为这样，就不可避免地会使读者得到这样一个印象，以为我只主张批判地继承过去统治阶级的某些道德品质，而忽视批判地继承过去被统治阶级某些道德品质，把阶级关系混淆了，这确实是一个大问题，在这两篇文章里都没有交代清楚，是应该受到批评的。

其次，在《说道德》一文中，我引了恩格斯《反杜林论》中一段话以后，说“所谓阶级的道德也就是统治阶级的道德”，这句话没有说全，尽管下文在引了马克思、恩格斯《德意志意识形态》一段以后，我说：“这样，统治阶级的道德在一般情况下，也就成为被统治阶级的道德论，巩固统治阶级的统治了。”说是“在一般情况下”，不是一切情况下，比较清楚了。但是和上文一对照，便显得“所谓阶级的道德就是统治阶级的道德”这句话的片面性，许启贤同志的意见很好，这句话的正确说法，应该是“所谓阶级的道德，在一般情况下，也就是统治阶级的道德”。这样说，便不致引起误会，以为在历史上只有统治阶级的道德，被统治阶级的道德并不存在的不符合历史实际的论点了。

这样提法有没有根据呢？有的。加里宁在《论我国人民的道德面貌》一文中说：“自从人类社会划分为阶级以及国家出现以后，道德自然也随之成为阶级的道德，变成统治阶级奴役群众之强有力的工具。”他在引了《反杜林论》那段话以后，又接着说：“每个时代——奴隶时代、封建时代和资本主义时代——的统治阶级，都力图掩饰自己的统治，拿自己狭隘的阶级利益来冒充为全民的利益。他们把自己剥削者的道德冒充为全人类的道德，把自己剥削者的道德崇奉为永恒真理，即建筑在超人类社会的基础之上，也就是建筑在不依人为转移，不依该社会经济结构为转移，而似乎只是出自于上帝的基础之上的永恒真理。”① 这段话说得非常明确，剥削阶级把维护自己阶级利益的道德强加于人，冒充为全人类的道德，万古不变的永恒的道德。在我国历史上，情况也正是如此，统治阶级利用学校教育，圣经贤传，戏剧说唱，小说故事，宗教迷信，宗祠家长，三老里甲，以至法律、法庭、监狱等等，来宣传、推行、保证它们道德论的贯彻，合乎他们的道德论的便是合法的，不合的便是犯法的，特别是在镇压农民起义上，人民胆敢反抗朝廷的便是以下犯上，

---

① 加里宁：《论共产主义教育》，264 页。

是造反，是大逆不道，法律上规定为十恶不赦。这样，统治阶级的忠君敬上的道德和广大人民的反抗压迫奋起斗争的道德，便成了无比鲜明的对立，具有对抗性的道德品质了。

但是，也不可以讳言，统治阶级这许多触须、一条条地宣传、灌输思想的渠道，以至国家机器，没有对被统治阶级起了一定的毒害、欺骗作用。正如马克思、恩格斯在《德意志意识形态》中所说的，支配着物质生产资料的阶级，同时也支配着精神生产的资料，因此，那些没有精神生产资料的人的思想，一般地是受统治阶级支配的。说一般地，当然不是全部地，但是，无论如何是多数，以此，可以这样说，历史上统治阶级的道德论，通过种种渠道，是曾经在广大人民中起了毒害、欺骗作用，使他们长期以来把统治阶级的某些道德论点作为自己的道德来看待，加以维护、执行的。举例说，统治阶级要教人民忠君，便大力提倡孝道，不但出版了《忠传》这样的书，还广泛传播《孝经》，一直搞到二十四孝。并且把孝和忠联系起来，只有孝才能忠，孝子被褒扬，有时还给官做，不孝的叫做忤逆，不但官府要法办，甚至宗祠也有权处理。在四十年前，我还亲眼看到过有个宗祠族长开祠堂门审问忤逆子弟，严刑拷问的事件。举例说，由于私有制的道德被儒家、法家所宣扬，法律所保护，即使在解放以后，在翻天覆地的土地改变运动中，也还有些比较落后的农民，不敢接受分配给他的土地，认为这不是自己祖传的东西，拿别人的东西是不对的等等。由此可见，过去统治阶级的道德论在一般情况下是起了欺骗、毒害人民的作用的。

反过来，被统治阶级的道德是不是也曾对统治阶级的道德起过什么作用呢？我看，也是起过的。饱经压迫、剥削、饥饿、困苦的广大人民尽管从来没有参加管理政治的权利，见了官府，只有挨板子，坐班房的份儿，但是，也正因为如此，他们只好互相团结，一家有事，几家相助；由于剥削的苛重，生产手段、资料的严重缺乏，他们只好披星戴月，辛勤劳动，挣扎活命；由于共同的命运，共同的求取生存的斗争，他们之间不存在尔虞我诈的情况，有什么说什么，具有诚实、朴素、勇敢的美德；特别是当统治阶级的压迫、剥削到了不能忍受的时候，反压迫的英勇斗争便奋然而起；当外族入侵，国家民族到了严重关头的时候，他们是最英勇的反抗侵略的主力；无数的历史事实可以说明，如北宋的方腊起义，明末的李来亨、李定国，清初的江阴拒守、扬州十日，清代中期的白莲教起义以至义和团运动，都是牺牲到最后一人，决不投降、妥协、变节，这种气概正是我们民族的英雄气概。

相对的，历史上的封建统治阶级，作为一个阶级来说，剥削的本性是共同的，根本的。但就阶级内部而论，也还必须进行分析，其中有大、中、小之分，也有右、中、左之分，有在朝的、在野的之分，有被信任与不被信任之分，以此，他们之间是有着不同的地位和思想感情的，大部分人和人民对立，有的和人民有矛盾，也有少数的比较接近、了解、同情人民的。把他们混同一律，一概骂倒是无益的，没有意义的。要是这样做，等于说历史上封建统治阶级中没有一个好人，这是不符合历史实际的。相反，他们之中也还有些好人，其中有些好人还办了一些大大的好事。当然，这些好人是有他们自己的阶级道德的，但是决不可能完全不被广大人民的道德所影响，“在一定情况，一定范围内”，作出符合于人民利益的事情。例如岳飞的抗金，这是应该肯定的。但是，也还必须看到，当时大河南北广大人民的风起云涌的反抗强敌入侵的爱国热潮，没有广大人民的实际斗争，感召、坚定、支持岳飞的抗金努力，岳飞一个人是无能为力的。又如阎应元的抗清，也是江阴人民已经在浴血拒敌的情况之下，才被邀请入城负责领导抵抗的，没有江阴人民的齐心协力、坚强意志，他一个人也是什么事都做不出来的。又如汉朝的苏武、元朝的郝经，都是使臣，出使敌国，都被无理拘囚十几年，生活上受尽折磨；却都坚决不投降，宁死勿屈，这种精神正如毛主席在《中国革命和中国共产党》中所说的：“中华民族不但以刻苦耐劳著称于世，同时又是酷爱自由、富于革命传统的民族。”他们是受了伟大的民族传统的教育，作为有骨气的历史人物而受到同时代以及后人赞扬的。毛主席又说：“在中华民族的几千年的历史中，产生了很多的民族英雄和革命领袖。所以，中华民族又是一个有光荣的革命传统和优秀的历史遗产的民族。”① 可见，我们在历史上，不但有民族英雄和革命领袖，而且还很多。这些民族英雄和革命领袖就历史人物评价的尺度来说，把他们个别地孤立起来，不去分析历史条件，周围情况，民族传统和当时广大人民的愿望、要求等等，就会弄不清这个人物的成长、发展过程，也看不清这个人物的历史作用，甚至会混淆了阶级分野，给以不适当的浮夸的评价。以此，从这方面看来，过去历史时期的被统治阶级的道德确实是对统治阶级的某些人物起了作用的。不说清楚这一方面，全面地把两个阶级的任何时期、任何个人都对立起来，不去探索其中某些相互起作用的关系，也是不好的。

在说清楚了两个不同阶级的道德的对立，和相互关系之后，进一步可以来讨论继承性问题了。

我在两篇文章中说的都是批判的继承，这一点是无须讨论的。

如上所说，对于必须批判地继承过去历史上被统治阶级的某些道德品质，意见是一致的，也是无须多说的。

争论的焦点是在过去统治阶级的某些道德可不可以批判地继承这一问题上。

许多同志认为既然是两个对立的阶级，统治阶级为了维护自己统治的需要所强加于被统治阶级的某些道德，怎么可以继承？尽管是批判，也还是不行。

在我看来，还是可以批判地继承。

这是因为第一，道德不是永恒的，终极的，不变的，万古一致的。而是当时社会经济状况的产物。加里宁说：“在人类社会初期，道德从生活条件中成长起来，在实践上逐渐构成人们行为的准则。”② 社会经济状况改变了，道德的内容也就不能不相应的改变。例如民主、自由这两个概念，在资产阶级兴起初期，对反抗封建制度的束缚来说是具有进步意义的。但随着资产阶级的成长壮大，掌握了政权，民主只是资产阶级的民主，对人民是没有民主的，自由

① 《毛泽东选集》，第2卷，623页。

② 加里宁：《论共产主义教育》，264页。

也是一样。这样，民主和自由也就变了质了。自从有了无产阶级之后，有了马列主义之后，建立了社会主义国家之后，民主和自由这两个概念是不是批判地继承下来呢？我们也讲民主，不过讲的是人民的民主，对反动阶级、反革命是不能讲民主的，而是要专政。自由也是如此，人民享有一切自由，但是反动阶级、反革命却决不许可有乱动乱说的自由。由此看来，民主和自由的内容随着阶级关系的变化而起着本质的变化了。这可不可以叫作批判的继承呢？

假如不算，那么，怎样才算批判的继承呢？

第二，如上所说，历史上某些民族英雄、革命领袖和其他杰出人物不可避免地要受到民族传统的教育，当时广大人民的愿望、要求的影响，其中也还有些人由于比较接近人民，接受了广大人民某些美德的影响，在历史上作出了一些对人民有利的事情，对当时起进步作用的事情。就统治阶级的道德论来说，其中有些人表现为忠，为义，为节，为勇敢，为勤劳，为朴素，等等，尽管他们都是封建统治阶级的一员，有其剥削、压迫人民的一面，但就他们所表现的某一方面的道德面貌来说，看来还是不可以一笔抹煞的，是可以批判地继承的。尽管岳飞、文天祥、史可法之忠有其糟粕一面，而且，即使其精华的一面也不可以和今天的爱国主义相提并论，但是毕竟还可以联系起来，把他们的忠完全等同于今天的爱国主义是错误的，相反，把他们的忠和今天的爱国主义说成是毫无历史继承关系，是两码子事，也不一定是正确的。历史是不可以切断的，学习历史是为了向前看，而不是向后看，为了教育今天的人民，一方面要强调革命传统教育，另一方面，从我们某些伟大的前人某些道德品质中批判地吸收、继承、发展其精华部分，也是必要的。

正如上面说的民主、自由一样，例如忠这概念也起了本质的变化，从阶级关系改变而来的变化，当今天我们说要忠于党的事业，忠于祖国，忠于社会主义建设事业的时候，我想决不会有人会误解这个忠是过去时代的忠，是忠君，是忠于一家一族的。

第三，上面说过，过去历史上被统治阶级的某些美德，是由他们的社会经济状况决定的。这样说也只是一个概括的说法，事实上由于个体生产、分散生产的社会生产状况，无论农民、手工业者都有其自私的一面，保守的一面，只能说绝大部分人具有这些美德，决不可能是全部，很明显，其中有些人是并不具有这些美德的，有极少部分是坏人。反过来也是一样，历史上的统治阶级绝大部分是坏人，不可能具有这些道德，但是，也必须承认，其中有极少部分人是具有这样那样美德的。例如诚实，宋朝的司马光在政治上是保守的，却是一个诚实的人。例如勤劳，历史上有不少著名的政治家是以勤劳著称的。刻苦耐劳、雄心壮志的人更多得很。一句话，这些被统治阶级的某些美德，不但曾经表现在统治阶级某些个别人物的活动中，而且，概括地说，在理论上也迫使统治阶级不能不接受，作为自己阶级的美德，尽管这种接受是别有用意的，他们要祭起这套法宝，来加强加紧奴役广大人民。被迫接受的证据是史书上有很多这样的记载。

最后，许启贤同志的文章末了一段，说我没有考虑到历史上劳动人民的道德和道德遗产的继承问题，这理由我在开头时已经说过了，不再重复。要说的是我这篇文章中只用历史上的被统治阶级和广大人民两个名词，而没有用许启贤同志的劳动人民这一名词，因为在我看来，劳动人民这个名词具有今天的现实内容，把这一今天的名词来泛指过去两千年间的被统治阶级或广大人民，恐怕是不一定合适的。

以上这些意见，也是远非成熟的，写出来的目的是请求教益，作为讨论中的一种看法。不过，假如有人认为我这些不成熟的看法，是拥护封建统治，是美化封建统治阶级，那我也只能说是“非始料所及也”。

(原载《光明日报》，1963年8月19日)

附录：关于道德的阶级性与继承性的一些问题

——与吴晗同志商榷

许启贤

吴晗同志在《前线》1962年第10期和第16期上发表了《说道

德》和《再说道德》两篇短文。① 论述了道德的阶级性与继承性的一些问题。有些观点如道德是发展变化的，而不是永恒不变的，以及要批判地继承剥削阶级的道德等观点，我认为是正确的，我表示同意；但有些观点我认为是错误的，我愿提出来和吴晗同志商榷，并求教于吴晗同志。

一

关于道德的阶级性的问题，看来吴晗同志是不否认的。但是，他在论述时，却又认为"所谓阶级的道德也就是统治阶级的道德"。原因是因为："支配着物质生产资料的阶级，同时也支配着精神生产的资料，因此，那些没有精神生产资料的人的思想，一般地是受统治阶级支配的。"②

在这里，我要向吴晗同志提出一些问题，就是阶级的道德是否等于统治阶级的道德？被统治阶级的道德算不算阶级的道德？被统治阶级有没有自己的道德？

我觉得吴晗同志的看法是不对的。

在阶级社会，人总是属于一定阶级的，不是属于统治阶级，就是属于被统治阶级。在这里，阶级一词，既包括统治阶级，又包括被统治阶级。同样，在作为"阶级的道德"这个一般的概念中，当然，也应该包括统治阶级的道德和被统治阶级的道德。因此，就决不能把被统治阶级的道德从阶级的道德中除去，而仅说"阶级的道德也就是统治阶级的道德"。如是这样，那么被统治阶级的道德算是什么道德？没有被统治阶级的道德的存在，统治阶级的道德难道还能存在吗？在这里，我觉得吴晗同志的观点和对立统一的规律是不相符的，同时把一般和个别混同了起来。

可惜，吴晗同志在作"所谓阶级的道德也就是统治阶级的道德"这个结论时，是在援引了恩格斯在《反杜林论》中关于道德的阶级性一段话后说的。可是，恩格斯的话很明确。他说："所有已往的道

---

① 参见吴晗：《学习集》，37～42页，北京，北京出版社，1963。

② 《德意志意识形态》，见《马克思恩格斯全集》，中文1版，第3卷，52页。

德论，归根到底都是社会当时经济状况的产物。而因为直到现在社会是在阶级对立之中发展，所以道德总是阶级的道德；它或者是为支配阶级的统治和利益辩护，或者是当被压迫阶级足够强大之时，它表现对于这个统治的抗争，而代表被压迫者的将来的利益。”这就是说，阶级的道德，在阶级对立的社会里，不同阶级的道德是为不同阶级的利益服务的；统治阶级的道德为统治阶级的利益服务，而被统治阶级的道德却为被统治阶级的利益服务，成为被统治阶级反抗统治阶级道德的武器。在这里，恩格斯关于不同阶级有不同道德的观点，一点也不含糊。如果和它的上下文联系起来看，更是异常清楚。既然如此，吴晗同志怎能得出“阶级的道德也就是统治阶级的道德”的结论呢？

至于吴晗同志引马克思、恩格斯在《德意志意识形态》中的那段话，同样也不能得出上述那样的结论。在阶级社会里，正如马克思恩格斯所说，统治阶级确实不仅支配着物质生产资料，而且支配着精神生产资料。所以统治阶级的思想，的确是当时社会占统治地位的支配的思想，它受到统治阶级的政权和宣传机器的支持和提倡，而且这种思想也的确对被压迫阶级有着影响。这在历史上和现在都能找到许多具体的事例。但是，马克思和恩格斯并没有因此而得出结论说，当统治阶级的思想占统治地位时，统治阶级的思想和道德就成为被统治阶级的思想和道德。他们只是指出，被统治阶级的思想只是“一般地是受统治阶级支配的”，而并未否认被统治阶级的思想和道德的存在。因而，他们也就没有简单地、笼统地把阶级社会阶级的道德只归结为“就是统治阶级的道德”。

如果我们再从历史来考察，很明显，在阶级对立的社会里，由于敌对阶级的存在，总是有两种对立的道德，有统治阶级的道德，但也有被统治阶级的道德。例如在封建社会，封建地主阶级为了自己的封建统治，提出了他们所谓“正义”的道德规范。但是与此相反，劳动人民则有自己的道德规范。《史记》在描写游侠人民的道德时说：“今游侠其行虽不轨于正义，然其言必信，其行必果，已诺必诚，不爱其躯，赴士之厄困，既已存亡死生矣，而不矜其能，羞伐其德，盖亦有足多者焉。”这就使我们很明确地看到当时游侠人民的道德与封建统治阶级道德的根本对立。在长期封建社会内，劳动人民赞扬这种团结、牺牲、守信的道德精神。同样，在资本主义社会，资产阶级虽然提出了自己一套道德原则与规范，如“自由、平等、博爱”等。但与此相反，无产阶级却有自己一套如集体主义、对敌狠对己和的道德原则和规范。恩格斯曾说：“工人比起资产阶级来，说的是另一种习惯语，有另一套思想和观念，另一套习俗和道德原则，另一种宗教和政治。这是两种完全不同的人，他们彼此是这样地不相同，就好像他们是属于不同的种族一样。”① 至于无产阶级所理解的平等等，它的真实内容，正如恩格斯所说，都归结为**废除阶级**的要求。

由此可见，在阶级社会，统治阶级的思想和道德，尽管占统治地位，但这种情况，却决不能得出“阶级的道德就是统治阶级的道德”的结论。这不仅和经典作家的原意不相符，而且和历史实际不相符。同时，这种结论的危害性会导致否认被统治阶级的道德的存在，否认和抹煞被统治阶级和统治阶级的道德之间的斗争。吴晗同志虽然承认阶级的道德，但实际上只是承认了统治阶级道德的存在，并使统治阶级道德成为全民的、超阶级的东西了。可是全民的、超阶级的道德在阶级社会却是永远也找不到的。

二

吴晗同志在论述了“阶级的道德也就是统治阶级的道德”后，简要地论述了中国封建地主阶级的道德，接着他就提出了要批判地继承封建地主阶级的道德和资产阶级的道德的问题。他认为封建道德的“忠”、“孝”和“诚实、勤劳、勇敢、刻苦耐劳、雄心壮志”等美德以及资产阶级的“精打细算，多方赚钱”等道德都可以继承。封建道德的“忠”、“孝”和资产阶级的“精打细算、多方赚钱”，能否继承，我后面再分析。至于“诚实、勤劳、勇敢”等是否是封建地主阶级的“美德”，在这里我也想和吴晗同志商榷一下。

---

① 《马克思恩格斯全集》，中文1版，第2卷，410页。

我认为封建地主阶级是没有诚实、勤劳、勇敢、刻苦耐劳、雄心壮志等美德的。

人们都知道，封建地主阶级是一个不劳而获的剥削农民剩余劳动的阶级。要不然，人民为什么称他们是剥削阶级。什么是地主呢？毛主席曾说过："占有土地，自己不劳动，或只有附带的劳动，而靠剥削农民为生的，叫做地主。""有些地主虽然已破产了，但破产之后仍不劳动，依靠欺骗、掠夺或亲友接济等方法为生，而其生活状况超过普通中农者，仍然算是地主。"① 刘少奇同志也作过这样的说明。他在《论人的阶级性》中说："农业的自然经济及手工业生产方法，是封建社会的基础。封建主在这种生产中是站在剥削农民剩余劳动的地位，自己不劳动，依靠地租及徭役而生活。如是，他们就要求割据更多的地盘，要求土地永远属于他们所有，要求农民贡献他们以更多的地租和无代价的劳动，并且承认他们站在农民头上剥削农民的合理性。如是，就养成他们的封建割据性、互相兼并性，以及奢惰性、残暴性，社会制度上的等级性等等。这些就是封建阶级的特性。"可见，诚实、勤劳、刻苦耐劳等根本不是封建地主阶级的美德；相反，不劳动、剥削、欺骗、奢惰等倒是封建地主阶级的美德。

封建地主阶级和他们的思想家，从来也是不把诚实、勤劳、刻苦耐劳等作为他们"美德"的，相反，而是把"劳心者治人，劳力者治于人，治于人者食人，治人者食于人"看作是"天下的通义"。当然，封建地主阶级为了欺骗人民，也可能提出一些诚实、勤劳、刻苦耐劳等口号，如什么"男耕务农，女勤纺织"等等。但是，封建统治阶级从来没有真正的认真实行过。它只不过是对劳动人民的一种欺骗。正如刘少奇同志所说："他们尽管满篇满口的仁义道德，然而实际上却是彻头彻尾的男盗女娼。""他们的目的就是要升官发财，用这些'圣贤之道'去压迫被剥削者，用满口仁义道德去欺骗人民。"②

---

① 《毛泽东选集》，第一卷，121页。

② 刘少奇：《论共产党员的修养》。

至于勇敢、雄心壮志，作为不劳而食、残酷掠夺农民财产的封建地主阶级，我认为也是不存在的。如果要有，那就是剥削农民，掠夺农民，镇压农民起义的“勇敢”和“雄心壮志”。当然，封建地主阶级的个别人物，在一定情况下，在一定范围内，如在外族侵入的时候，由于民族的利益，可能表现出一定的勇敢和雄心壮志。但是，这种勇敢和雄心壮志也是有条件的，有局限性的，是和他们统治阶级的利益有联系的。因此，对整个地主阶级来说，也就不能笼统地说他们就有勇敢和雄心壮志等美德。

对于劳动人民来说，由于他们受剥削阶级的压迫和剥削，直接参加生产劳动，社会的一切物质财富都是他们辛勤劳动创造出来的。因此，他们才是真正地具有诚实、勤劳、勇敢、刻苦耐劳等美德的。他们对封建地主阶级的不劳而食、残酷掠夺和剥削是深恶痛绝的。特别是占农民绝大多数的贫雇农，由于终年劳动，受压迫和剥削最深，更具有勤劳、勇敢和刻苦耐劳的革命精神。毛主席曾称赞贫农是“打倒封建势力的先锋”。在革命艰苦的岁月里，贫农最能忍受痛苦，刻苦耐劳。

总之，我觉得吴晗同志认为诚实、勤劳、勇敢、刻苦耐劳、雄心壮志等美德是封建地主阶级的“美德”的说法是不正确的。

三

吴晗同志在提出要批判地继承剥削阶级那些道德时，提出了封建道德的“忠”、“孝”和资产阶级道德的“精打细算、多方赚钱”等规范。认为这些经过批判之后，可以移用于今天。

我认为封建道德的“忠”和“孝”是不能继承的。对于资产阶级道德的“精打细算，多方赚钱”，也不能一般地讲继承。

先从忠来讲，人们都知道，忠于君主，是封建统治阶级所提倡的一个很重要的道德规范。它的主要目的是为维护和巩固封建社会人压迫人、人剥削人的封建秩序而服务的。因此，统治阶级总是要求臣民绝对“忠于君主”。所谓“臣事君以忠”，“君叫臣死，臣不敢不死”。对于这种尽心服务于封建君主的“忠”，难道有什么好的东西无产阶级要批判地继承它？

但是，人民的爱国主义思想和封建的忠君观念却完全不是一回事。因为人民的爱国主义思想，并不是爱某一个王朝，爱某一个君主，而是爱自己的人民、自己的语言文化、自己民族的优秀传统以及自己国内一切可爱的东西。这是因为他们是祖国人口的大多数，是民族的主体，祖国的语言文化及一切财富都是他们辛勤劳动创造出来的。因此，正如列宁所说："爱国主义就是千百年来巩固起来的对自己祖国的一种最深厚的感情。"① 无产阶级批判地继承了历史上人民的这种爱国主义传统，批判地继承了历史上封建统治阶级中的个别民族英雄如岳飞、文天祥、史可法等的爱国主义精神，并清除其他们忠君的封建糟粕，从而发展成为今天社会主义的爱国主义。很明显，这种爱国主义是和封建的忠君思想是不可相提并论的。

其次，再看孝。情况就更为复杂。它实际上是忠君思想在封建家长制家庭成员关系上的一种体现。所以历史上统治阶级总是提倡和宣传"孝道"，用它来统治天下。《孝经》上曾把孝说成是"德之本也"、"教之所由生也"。说成是"天之经也，地之义也，民之行也"。他们甚至把孝推崇到"父叫子死，子不敢不死"的荒唐地步，从而为全国忠于一人的封建阶级的利益而服务。可见，孝是忠的缩影，是封建道德的一个很重要的规范，也是历代统治阶级统治人民的方策。至于历史上劳动人民所说的孝，由于他们和封建统治阶级有着根本的利害冲突和尖锐的阶级斗争，因此，他们孝的内容，并不是对于个人无条件的服役。并不是为了忠君；相反，它是子女奉养父母的一种义务和责任。为了这种义务和责任，劳动人民和封建统治阶级进行了长期的斗争。所以，劳动人民的这种孝和维护封建统治阶级利益的孝，是有显著的阶级差别的。至于到了社会主义社会，我们更是要坚决地反对封建地主阶级的"孝道"。当然，我们并不是不热爱父母、奉养父母的。但我们的这种热爱父母、奉养父母和封建道德的孝却是有着本质的不同。它是为无产阶级利益服务的。

① 《列宁全集》，第28卷，168～169页。

在这个问题上，如果要说有继承的话，那也只是批判地继承和发扬了历史上劳动人民的尊老养老的优良美德，并用社会主义精神把它改造成为我国社会主义家庭里一种很重要的道德规范。

至于资产阶级的“精打细算，多方赚钱”的道德，我认为从道德方面讲，也是不能继承的。这是因为资产阶级道德原则是利己主义。资产阶级为了资本的最高利润，可以不惜采取一切手段，“精打细算”，损人利己。所以“精打细算，多方赚钱”是资产阶级道德原则的一种具体的表现形式。资产阶级愈“精打细算”，工人阶级和劳动人民就愈加受到资本的残酷剥削，愈加赤贫。因此，如果从道德上认为“精打细算，多方赚钱”可以批判地继承，那就等于承认资产阶级利己主义的道德原则也可以批判地继承，也就无疑承认资产阶级剥削和掠夺工人是合乎道德的。当然，“精打细算，多方赚钱”不完全是一个道德问题，它有很多内容是属于经济学范围的。从社会生产力发展来考虑，资产阶级的有些打算，如改进技术，提高劳动生产率等一些措施，无产阶级可以考虑批判地采取。但是，那已是另外一个问题了，并不属于道德的批判与继承的范围。

总之，不管封建道德也好，资产阶级道德也好，当我们谈到批判地继承时，必须首先弄清它的性质，并结合具体情况作出具体分析。我们却决不能一般地、笼统地、抽象地作评论。因为那样会混淆无产阶级道德和剥削阶级的道德界线，甚至会把剥削阶级的道德的反动毒素带给社会主义的人民，而这对我们社会主义革命和社会主义建设却是极有害的。

毛主席在谈到古代文化的批判与继承时曾说：“剔除其封建性的糟粕，吸收其民主性的精华，是发展民族新文化提高民族自信心的必要条件；但是决不能无批判地兼收并蓄。必须将古代封建统治阶级的一切腐朽的东西和古代优秀的人民文化即多少带有民主性和革命性的东西区别开来。”① 这段话，我想对古代道德文化遗产的继承也是完全适用的。

---

① 《毛泽东选集》，第 2 卷，707～708 页。

在谈到道德的阶级性及继承性时，吴晗同志没有考虑到历史上劳动人民的道德和道德遗产，我想这和吴晗同志关于“道德也就是统治阶级的道德”、“问题是在古代，无产阶级并不存在”的思想是有关的！当然近代的无产阶级，古代是不存在的，这是人们的常识。但是，历史上的劳动人民却是存在的。难道由于古代无产阶级并不存在，就只好否认劳动人民的道德去继承剥削阶级的道德吗？这种理由我认为也是不对的。

（原载《光明日报》，1963年8月15日）

关于《海瑞罢官》的自我批评

一、我为什么研究海瑞？

一个多月来，各地报刊发表了许多批评和讨论《海瑞罢官》的文章（我只看到一小部分），对我极有启发，帮助，使我认识了错误，从而在此基础上，重新研究、认识海瑞。也通过这次的批评，讨论，对过去长时期没有解决的若干问题，各方面都各抒己见，展开百家争鸣，分清是非，端正立场，从而导致问题的解决，取得一致意见，提高学术水平，这是一件非常可喜的好事，值得高兴。

我研究海瑞，是 1959 年、1960 年两年中的事。把这些文章写作时间排一个队：

一、《海瑞骂皇帝》，发表于 1959 年 6 月 16 日《人民日报》，后来编入《海瑞的故事》。

二、《论海瑞》，发表于 1959 年 9 月 21 日《人民日报》，收入《灯下集》，146～168 页。

三、《海瑞的故事》，编入《中国历史小丛书》，第一版题记的时间是 1959 年 11 月 14 日。

四、《海瑞》，1960 年《新建设》第十、十一期合刊，收入《春天集》，228～237 页。

五、《海瑞罢官》，北京出版社本的前言写明 1960 年 11 月 13 日七稿，发表于 1961 年初的《北京文艺》，2 月间由北京京剧团演出，8 月间加上一篇序，出单行本。

除了《海瑞罢官》的序文以外，都是 1960 年以前写的。

和写作时间联系起来的问题是为什么要写《论海瑞》，《海瑞罢官》要人们“学习”些什么东西？

1959年8月12日至16日在江西庐山举行了中国共产党第八届中央委员会第八次全体会议，会后发表了公报。公报指出“全会要求各级党委坚决批判和克服某些干部中的这种右倾机会主义的错误思想”。接着8月27日《人民日报》发表了《反右倾，鼓干劲，为在今年完成第二个五年计划的主要指标而斗争》的社论，《红旗》杂志第十七期发表了《伟大的号召》的社论。

我的《论海瑞》是在公报、社论发表后写的，9月17日写成，即在《人民日报》社论发表后的第二十天。文章最后说：“有些人自命海瑞，自封‘反对派’，……广大人民一定要把这种人揪出来，放在光天化日之下，大喝一声，不许假冒！让人民群众看清他们的右倾机会主义的本来面目，根本不是什么海瑞！这样看来，研究海瑞，学习海瑞，反对对于海瑞的歪曲，是有益处的，必要的，有现实意义的。”① 这篇文章在那个时候是反对右倾机会主义的，反对假冒、歪曲海瑞的。

《海瑞罢官》在1959年年底动笔，是在《论海瑞》的基础上写成的。在前言中说：“他又是忠于封建统治阶级的忠臣，他的一切政治作为都是为了巩固封建统治阶级的长远利益出发的。……（剧本）正面主角是海瑞。对立面是退休宰相徐阶和他所代表的官僚地主集团。这个集团明朝称为乡官。……（剧本）描写封建时代政治的黑暗腐败，乡官的豪横，人民被压迫奴役的惨状。……这个戏着重写海瑞的刚直不阿，不为强暴所屈，不为失败所吓倒，失败了再干的坚强意志。表现的是封建统治阶级的内部斗争，左派海瑞和以徐阶为首的右派——官僚地主集团的斗争。海瑞是封建统治阶级的忠臣，但是他比较有远见，比较接近人民，他为了本阶级的长远利益，主张办一些对当时人民有利的好事，限制乡官的非法剥削，触犯了本阶级右派的利益，展开了激烈的斗争。在这场斗争中，海瑞丢了官，但他并不屈服，不丧气。”②

---

① 《灯下集》（第二版，以下同此），167页。

② 《灯下集》，165页。

现在检查起来，《论海瑞》这篇文章，在论点上，在评价上，缺点、错误是很多的。特别是缺乏阶级分析。在思想认识上，主观地要突出海瑞好的一面，越写越片面，把海瑞的历史地位评价过高了；只讲优点，少讲或不讲缺点，把海瑞写成一个封建时代非常高大、完整无缺的政治家，说他“为了巩固封建统治阶级的长远利益，减轻农民和市民的负担，向贪婪腐朽的封建官僚大地主斗争了一生”。说他“对农民和地主打官司的案件，他是站在农民一边的。海知县、海都堂是当时被压迫、被欺侮、被冤屈人们的救星”。“我们肯定歌颂他一生处处事事为百姓设想，为民谋利。”在《海瑞的故事》中，说他“像海瑞这样爱护人民，一切为老百姓着想”；等等。都是浮夸的，自相矛盾的，不符合历史实际的。文章的开头说他“为了巩固封建统治阶级的长远统治”。中间说他“在主观上和客观上都还是忠君爱国的”。“他受了严格的封建教育，遵守封建礼法，在政治上也必然道往古，称先王，维护封建统治阶级的利益。”既然肯定了他是站在封建统治阶级立场上的，怎么又有可能同时站在农民一边呢？一个人同时可以站在对立着斗争着的两个敌对阶级的立场上吗？由此看来，历史上海瑞的立场并没有错，是我的立场错了。这是严重的根本性质的错误。

至于《海瑞罢官》问题就更严重了。写这个剧本的目的性是什么，在当时是不清楚的，糊涂的，虽然自以为写的是当时封建统治阶级的内部斗争，历史研究、历史剧要为当前的政治服务，这个剧本和 1959 年、1960 年的现实生活又有什么关系呢？而且，在海瑞做应天巡抚的九个月中（我在论文和剧本中都错写成七个月）不是没有阶级斗争，相反，农民反对地主阶级的斗争还很激烈，为什么不写两个对立阶级的斗争，而写统治阶级的内部斗争呢？回忆起来，那时候想的只是要写一个在封建时代有正义感有斗争性的人物，因为他一生做官的四个时期，任淳安知县时期已经有旧戏《五彩舆》、《大红袍》这类戏了。在北京做京官时期，已经有新戏《海瑞上疏》了，最后在南京做官时期，时间虽然有两三年，却没有做出什么可以描写的大事。只有任应天巡抚时期，过去还没有人写过戏，可以写。在这个时期，他主要做了清丈、推行一条鞭法、修吴淞江、除霸、退田五件事，前三件事不好写，就选择了除霸和退田两件事作为主题，前四稿是以退田为主题的，经过讨论，认为退田是改良主义的措施，没有意义，第五稿以后才改为以除霸为主题，退田退居陪衬地位，九场戏中有六场是写除霸的，却没有想到在当时海瑞即使除了个把恶霸，根本不会触动整个封建统治阶级的什么利益，性质会有什么改变，又有什么意义呢？“古为今用”、“厚今薄古”的原则在当时一点也没有想起过，完全是为古而古，为写戏而写戏，脱离了政治，脱离了现实。是资产阶级思想在指导着，而不是无产阶级思想在指导着。无产阶级的文学、艺术都必须为当前政治服务的不可动摇的原则，完全忘记了。

从《论海瑞》到《海瑞罢官》定稿，中间隔了一年多时间。这一年多时间，全国人民在前进，而我却停留在原地，没有迈开一步。而且《论海瑞》假如有一点点现实政治意义的话，《海瑞罢官》却一点时代的气息也闻不到了，我不但落伍，并且是后退了。

一句话，我忘记了阶级斗争！

二、苏松地区的阶级斗争和退田

《海瑞罢官》是以除霸为主题的，但是许多批评的文章却把笔锋指向退田这件我认为是陪衬的事上，这是有道理的。因为从海瑞强迫乡官退田说是改良主义的措施，《论海瑞》中说过：“不改变生产关系，简单地要求大地主退还侵占农民的部分田地，少剥削些，农民的苦楚减轻一些，无论事实上做不到，即使做到了，也还是封建的剥削的社会，地主剥削农民的关系依然不变，问题还是没有解决，也是不可能解决的。在当时情况下，这是不可能解决的社会矛盾。……海瑞没有也不可能从本质上认识和解决这个矛盾。”这是一方面。另一方面，当地农民、特别是松江的农民，乡官们骂他们是“刁诈之徒”，是“刁民”，多年来一直在告乡官夺产的状，海瑞到松江，“告乡官夺产者几万人”，告状的时间如此之长，告状的人如此之多，这不是阶级斗争的一种低级形式，又是什么呢？

为什么有这么多人告乡官夺产的状呢？这要从苏松地区的农村经济情况来分析，从阶级斗争的角度来分析。

从明朝一个朝代的情况来说，和其他封建王朝一样，存在着两个对立的阶级、被统治阶级和封建统治阶级、农民和地主、被剥削者和剥削者的斗争。从时间前后来说，明朝初期由于经过长期战争，数量很大的地主分子由于武装反抗农民起义军的进攻，大量地被消灭了；元朝官僚、宫廷所拥有的大量土地也因政权的被推翻而变成官田；由于长期战争所带来的人口剧减，特别是长江以北地区，地旷人稀，土地高度集中的现象发生了变化，明朝政府把无主的、抛荒的土地分配给无地的农民，就这样，在明初几十年中，土地的一部分是由个体农民分散经营着的，阶级矛盾有了一定程度的缓和。但从地区来说，长江以南的东南地区旧地主阶级不像北方那样，大量地被战争所消灭，相反，他们中间的一部分参加了明王朝政权，不止保存了原来拥有的土地，还有所增加，有所发展；还由于明初建都南京，成群新贵族、公侯将帅都成为新兴的大地主了，东南地区的土地集中现象逐步增加了，和北方的情况有所不同。这就是明初几十年中，南方各地不断发生农民起义，而北方地区却比较安定的经济原因。

随着时间的不断推移，东南地区土地集中的情况也不断跟着发展，阶级矛盾也就随之日益尖锐化了。

但是，这只是一般的基本的情况。就苏松地区而说，还有其特殊的和其他地区不同的情况。

第一，苏松地区的田赋特别重，明代全国实物税收约三千万石左右，苏州一府七县占二百八十一万石，松江一府三县占一百二十一万石。苏州垦田数只有九万六千五百零六顷，占全国垦田总数百分之一点一，交纳税粮呢，却占全国税收百分之九点五。① 松江垦田数只有四万七千一百五十六顷，比苏州少一半。② 苏州一府比浙江

① 《春天集》，206～207页。

② 《松江府志》卷二十。

一省的负担还重，松江三个县的负担等于浙江一省的百分之四十弱。第二，是这两府的官田特别多，明朝全国官田数为全国垦田数七分之一。① 苏州垦田总数内官田为六万五千零三顷，民田为三万四千六百九十七顷。② 大致官田占三分之二弱，民田占三分之一强。松江府垦田数内官田为三万九千八百五十六顷三十三亩，民田却只有七千三百顷二十三亩。③ 官田的比例就更大了，官田占总数七分之六弱，民田只占七分之一多一点。官田和民田是怎样形成的呢？“这是因为以南宋以来，由于这一带土地肥沃，经济发展，贵族、官僚用种种方法兼并土地，（从贾似道搞公田起）到了政治局面发生变化，旧的贵族、官僚被推翻了，他们所占有的土地就被没收为官田，经过多次变化，官田就越来越多，民田就越来越少了。到明太祖（朱元璋）取得这带地方以后，又把原来（东吴张士诚）的豪族地主田地没收为官田，并且按私租收税，这样，这带地方的官田租税就特别重了。”④ 官田只是个名目，并不是由官府直接经营的田地。官田比民田赋税重多少呢？“今天下财赋多出吴中，吴中税法未有如今日之弊者也。……吴中有官田，有民田，官田之税，一亩有五斗六斗至七斗者，其外又有加耗，主者不免多取，盖几于一石矣。民田五升以上，似不为重，而加耗愈多，又有多收之弊也。田之肥瘠，不甚相远，而一丘之内，只尺之间，或为官，或为民，轻重悬绝，细民转卖，官田价轻，民田价重，贫者利价之重，伪以官为民，富者利粮之轻，甘受其伪而不疑，久之民田多归于豪右，官田多留于贫穷，贫者不能供，则散之四方以逃其税，税无所出则摊之里甲，里甲坐困，去住相牵，同入于困。……田之税既重，又加以重役，今之所谓均徭者，大率以田为定，田多为上户，上户则重，田少则轻，无田又轻，亦不计其力之如何也。故民惟务逐末而不务力田，避重役也。……所谓重役者大约有三，曰解户，……曰斗库，……

① 《明史》卷七十七，《食货志》。

② 顾炎武：《天下郡国利病书》卷二十。

③ 《松江府志》卷二十。

④ 《春天集》，207页。

曰粮长，……三役之重，皆起于田，一家当之则一家破，百家当之则百家破，故贫者皆弃其田以转徙，而富者尽卖其田以避其役，吴下田贱而无所售，荒而无人耕绩，此之故也。”① 说这话的人是明武宗时退休宰相王鏊，比海瑞早几十年，他说的苏松地区经济情况是和海瑞任应天巡抚时期没有很大差别的。官田田赋比民田要重十倍，而且民田多归于豪右，官田多留于贫穷。这样，把重赋都转嫁到自耕农身上，自耕农的日子便越发不好过了。第三，由于以上原因，苏松地区人口就日益减少，据《明史·地理志》：

苏州府	洪武二十六年	户四十九万一千五十四
	(公元 1393)	口二百三十五万五千零三十
	弘治四年	户五十三万五千四百零九
	(公元 1491)	口二百零四万八千九十七
	万历元年	户六十万七百五十
	(公元 1573)	口二百零一万一千九百八十五
松江府	洪武二十六年	户二十四万九千九百五十
		口一百二十一万九千九百三十
	弘治四年	户二十万五百二十
		口六十二万七千三百十三
	万历元年	户二十一万八千三百五十九
		口四十八万四千四百十四

很清楚可以看出从公元 1393 年到 1573 年，一百八十年中，苏州府的户增加了，是分家的多了，口却减少三十四万三千人左右。松江府户也少了，口则剧减到七十三万五千多人，减去一大半。这是什么缘故呢？显然是松江府官田占垦田总数七分之六弱，农民负担不起，大量逃亡的缘故。这两个府的人口大量减少，并不是真的人口少了，而是转变为非农业人口了。据当时人记载，有的人成为大官僚地主家里的仆役，有的成为官府的吏胥，有的搞一条船做买卖，当然也有的跑到城市出卖劳动力，有的跑外乡外地去谋生，流浪。这种情况也就是王鏊的所谓逐末。

① 《明经世文编》卷一二〇；王鏊：《王文恪公集·吴中赋税书与巡抚李司空》。

农民大量逃亡，不再留在原来的土地上，负担租税和徭役，在那时候，这也是反抗封建地主阶级统治的一种阶级斗争形式。

一面是农业人口的大量逃亡，像松江府这样，经过一百八十年，从一百二十多万的人口，减少到只剩四十八万四千多人，全国是找不到第二个的。另一面呢，明朝政府为了保护官僚地主的利益，还规定了一套特别优待的方法。办法规定京官一品可以免粮三十石，免役丁三十丁，二品免粮二十四石，免役丁二十四丁，以下递减，一直到从九品还可以免粮六石，免役丁六丁。外官免半。致仕官亦即乡官依照品级免粮、丁十分之七。教官、监生、举人、生员各免粮二石，役丁二丁。生员已造名在黄册者免人田七丁，新进生员不造名在黄册者免人田五丁。计算方法是“田十亩准一丁，田二十五亩准粮一石以算”①。这样，越是官做得大，越是拥有土地多，免的粮、役便越多，中小地主和富农既非官僚，又非生员的，一遇重役，便非破产不可。明末温宝忠说过：明朝里役负担是很重的，要是有二十亩田地的农民，假如家里不出一个秀才，一轮到里役，便得破家荡产。② 顾炎武也说：“一得为此（生员），则免于编氓之役，不受侵于里胥。”又沉痛地说：“天下之病民者有三，曰乡宦，曰生员，曰吏胥，是三者法皆得以复其户，而无杂泛之差，于是杂泛之差乃尽归于小民。今之大县至有生员千人以上者比比也，且如一县土地有十万之顷，而生员土地五万，则民以五万而当十万之差矣，一县土地有十万顷而生员土地九万，则民以一万而当十万之差矣。民地愈少则诡寄愈多，诡寄愈多则民地愈少，而生员愈重，富者行关节以求为生员，而贫者相率而逃且死，故生员于其邑人无秋毫之益而有丘山之累。”由此可见，封建王朝对乡官直到生员的优免，优免的部分在封建王朝并无所失，而是分摊到里甲去的，分摊到农民身上去的，粮、差的优免部分“尽归于小民”，以此，一个地区的乡官、生员愈多，小民的负担也就愈重，阶级矛盾、阶级斗争也就日益尖锐。海瑞在给谭次川侍郎信上说：“江南粮差之重，天下无有，古今

① 《海瑞文集》，141～142页。

② 《温宝忠遗稿》卷五，《士民说》。

无有。生至地方，始知富饶全是虚名，而苦楚特甚。其间可为百姓痛哭，可为百姓长太息者，难以一言尽也。”便说明了这种特殊情况。接着说：“国计不可缺矣。分外使用及吏胥诸人之弊，若公少加意焉。宽一分江南人亦受一分之赐矣。”田赋定额是不能少交的，但是正赋以外的额外需索，则希望能够少要一点，宽一分也好一分。其次，没有功名，也弄不到监生、生员的中小地主、富农，为了逃避重赋、重役，保全家业，自动把土地投靠到大官僚地主门下的也就日益众多，叫作投献，就这样，就更进一步促进了土地的高度集中，农民也就日益贫困，走投无路了。

投献也要加以分析，一种是自动投献的，一种是狗腿子强迫投献的，这两种都不经过买卖手续，是无代价的。还有第三种，那就是大官僚地主看中了哪一家中小地主、富农的土地，用高压手段以低价勒买的，也叫作投献。

投献是违反封建王朝法律的，因为损害了封建王朝的根本利益，《明律》规定：“若将互争及他人田产妄作己业，朦胧投献官豪势要之人，与者受者，各杖一百，徒三年。”又规定：“军民人等将竞争不明并卖过及民间起科……朦胧投献……内外官豪势要之家，私换文契典卖者，投献之人，问发边卫永远充军，田地给还应得之人……其受投献家长并管庄人参究治罪。”[1] 这里指的都是无代价的投献。只有第三种以低价勒买的，才能“或许之赎”，前两种是说不到赎的。

明代的皇庄，公元1516年以前已有三百八十余处，共计九万余顷，后来增加到二十九万九百十九顷，不过都集中在以北京为中心的畿内地区，没有一个皇庄是在苏松地区的。[2] 同时，明代各朝所封亲王也没有一个是封在苏松地区的。[3] 这个地区根本没有皇庄。这个地区唯一的土地掠夺者是官僚大地主集团，也就是在朝的苏松

① 《明律》五，《户律》二，《田宅》。

② 《明史》卷七十七，《食货志》；《明经世文编》八十七《林俊查处皇庄田土疏》，八十八《传奉敕谕查勘畿内田地疏》；夏言：《夏文愍公集》卷一，《勘报皇庄疏》。

③ 《明史·诸王传》。

籍的京官和退休回乡的官员——乡官。这个地区的阶级矛盾是农民对乡官的矛盾，不是一般的农民对地主的矛盾；这个地区的阶级斗争是农民对乡官的阶级斗争。

在海瑞任应天巡抚以前，阶级斗争已经展开了，农民除了大量逃亡以外，逃亡不了的便采取告状，告乡官夺产，大量的人告状，经常告状，告状也是阶级斗争的一种低级形式。应该明确指出，农民到官府告状是不容易的，他们没有文化，告状的状纸要花钱请人写；到府、县城告状要耗费时间，耽误劳动生产，不到不得已，忍受不了的时候，农民是不会轻易告状的。

这种告乡官夺产的农民，封建地主阶级叫作刁民，刁诈之徒，打官司告状叫刁讼，刁风。

海瑞在1569年任应天巡抚时，便面对着这种紧张的阶级斗争形势。他在督抚条约上说："本院到处即放告。江南刁风盛行，非系民间疾苦，官吏贪毒，实有冤抑而官司分理不当者，不准。""江南刁风日盛。""江南民风刁伪。"① 他也打老百姓的板子，关老百姓在监牢，也把他所认为刁民者枷号在衙门门口。在这一点上，他是和乡官一鼻孔出气的，立场是明确的。但在另一方面，他对判案却有自己的标准，在任淳安知县时，颁布的判断疑狱办法："窃谓凡讼之可疑者，与其屈兄，宁屈其弟；与其屈叔伯，宁屈其侄；与其屈贫民，宁屈富民；与其屈愚直，宁屈刁顽。事在争产业，与其屈小民，宁屈乡宦，以救弊也。（乡宦计夺小民田产债轴，假契侵产威逼，无所不为。为富不仁，比比有之。故曰救弊。）事在争言貌，与其屈乡宦，宁屈小民，以存体也。（乡宦小民有贵贱之别，故曰存体。若乡宦擅作威福，打缚小民，又不可以存体论）。"② 应该而且必须对这段公开的文告进行具体分析，在判断疑狱上，与其屈兄，宁屈其弟，与其屈叔伯，宁屈其侄。在判断争言貌上，与其屈乡宦，宁屈小民，这是从反动的封建礼法，封建等级制度出发的，是他的封建统治阶级立场所决定的。但是，也还有另一方面，判断疑狱，与其屈贫民，

① 《海瑞文集》，244、251、256页。

② 《海瑞文集》，117。

宁屈富民；与其屈愚直，宁屈刁顽。特别是事在争产业，与其屈小民，宁屈乡宦。在他看来，在疑狱和争产业问题上，屈了贫民，可能引起不安、骚动，对王朝统治不利，屈了富民，屈了乡宦，他们经得起屈，屈一点也不要紧，这个屈也还是为王朝的长治久安出发的。

他面对着苏松地区，特别是松江“告乡官夺产者几万人”的斗争形势，是按着与其屈小民，宁屈乡宦的原则处理的。

松江的情况，他说：“华亭乡官田宅之多，奴仆之众，小民詈怨而恨，两京十二省无有也。”他向府县官、诸生员、乡官之贤者问故，原因是：“二十年以来府县官偏听乡官举监嘱事，民产渐消，乡官渐富。”“乡官二十余年为虎，小民二十余年为肉。”① 这里所说的二十余年，背景是什么呢？徐阶是华亭人，他是嘉靖三十一年（公元1552）入阁的，四十一年当首相，隆庆二年（公元1568）致仕，当了十七年宰相。② 从公元1552年到1569年，恰好十八年，这个二十年正好是徐阶当权的时代。

海瑞企图缓和这个激烈的阶级矛盾、阶级斗争，采取的是改良主义的强迫乡官退还非法侵占农民田地的办法，根据明王朝的法律：“盗卖田宅：凡盗卖换易及冒认，若虚钱实契，典卖及侵占他人田宅者，田一亩、屋一间以下，笞五十，每田五亩，屋三间，加一等，罪止杖八十，徒二年。系官者各加二等。”③ 他要退的是什么田呢？他说：“五年田土，祖宗之制，谓实有断卖文契也。苏松四府乡官，贤者固多其人，厉民致富者诚不为少。为富不仁，为仁不富，自然之理也。果有实卖文契耶！臣于他府县告系白夺之状，间行一二，惟华亭县告乡官状，所准颇多。”④ 由此可见，他下令强迫乡官退的田是白夺的田，也就是不付分文代价，用强占手段白白夺来的田，是没有实卖文契的田，这样做是符合封建统治阶级的法律，是为了维护封建统治阶级当前和长远利益

---

① 《海瑞文集》，238页。

② 《明史》卷一百十，《宰辅年表》。

③ 《明律》五，《户律》二，《田宅》。

④ 《海瑞文集》，237页。

的措施，同时，对于被白夺去田地的农民来说，也是有好处的。

退了多少？海瑞自己说：“况先夺其十百，今偿其一，所偿无几。”可见退得是不多的。退了没有？海瑞自己说：“乡官自行清退田宅，松江府申报数册到臣见在。天理人心，不容泯灭。”① 他在给徐阶的信中也说：“近阅退田册，益知盛德出人意表。但所退数不多，再加清理行之可也。”② 再拿海瑞的对头，轰走海瑞的徐阶的话来印证：“自隆庆庚辛（四年、五年，公元1570、1571年）间，吏兹土者，不思以端己裕民为政，而专导之以嚣讼，教之以争夺，民靡焉断丧其廉耻之心，毁弃其忠厚之俗，攫攘微利，骨肉为仇，故家旧族，所在破败。彼其意以为富者之财，散入于贫，则贫者当富矣，而岂知人情得财既易，用财遂轻，加以奸恶之徒，竞相诱引，淫奢饮博，视如泥沙，讼墨未干，空空如故，而富者之衰落则不可复振，盖里巷之间无富民者数年矣。”③ 隆庆四年三月以前吏兹土者就是海瑞，这封信是写给当朝首相张居正，是骂海瑞的。由于他的大官僚地主的立场，当然有歪曲，但也说出一件事实，那就是海瑞强迫乡官退还非法侵夺、白夺的、没有实卖文契的田，是“富者之财，散入于贫”。富者是乡官，贫者是农民。以此，《明史·海瑞传》也说：“素疾大户兼并，力摧豪强，抚穷弱。贫民田入于富室者，率夺还之。”也说他做得过火了一些：“奸民多乘机告讦故家大姓，时有被诬负屈者。”这个屈也就是海瑞所主张的，事在争产业，与其屈小民，宁屈乡宦的屈。

海瑞退田的效果如何？海瑞自己说：“臣任九个月矣。……谓扶弱被侵夺，而贫者自贫；谓抑强肆侵夺，而富者自富。”④ 贫者自贫，富者自富，是他自己的总结，说明是没有效果的。而且，正因为他依据王朝法律强迫乡官退田，他是被苏松乡官在朝的代言人给事中戴凤翔弹劾下台的，他一离任，新任巡抚当然一反他的所为，

① 《海瑞文集》，238页。

② 《海瑞文集》，432页。

③ 徐阶：《徐文贞公集》二，《上太岳少师乞救荒》。

④ 《海瑞文集》，240页。

所退的什百之一的田，不言而喻，又退还到乡官的手里去了。剧本《反攻》一场，徐阶说："换了新官，还不又是我们的天下。"是指出这一点的。这里也顺便说一下，在《海瑞罢官》前四稿以退田为主题的末场，众乡官在迎接新任巡抚戴凤翔时说："戴都老爷今日上任，他上本参倒海瑞，是我等重生父母，再世爹娘。如今又来巡抚东南，这一来呵，三吴又是我们的天下了！刁顽愚民从此再也不敢为非作歹了。良田好地又要物归原主了！感恩戴德，我等在此迎候。"（根据1960年5月写的第三稿油印本）这一段是和《反攻》一场徐阶的话相呼应的，点明了海瑞罢官后所退的田又退还到乡官手上去了。五稿以后改以除霸为主题，末场大大改写，把这一段话删去了，退田又退回到乡官手上去的事实便不那样醒目明确了。

当然，退田中有一部分是退给投献户的，但不完全是。至少有一部分是退给白夺的没有实卖文契的农民。海瑞到松江，告乡官夺产的有几万人，一人代表一户，松江府在1573年的人口数，才四十八万多一点，按1578年的全国人口和户数的平均数计算，每户为五点七人，这样松江才有八万四千多户，在八万多户中，告乡官夺产的就有几万户，假如全是投献户，是中小地主和富农，这个比例看来是太大了些。

姚文元同志批评说："要徐阶'退田'，是有过这件事的，但徐阶究竟退了没有，退了多少，是真退还是假退，都找不到可靠的材料。"徐阶确是退了一部分田的，这在上文已经说过了。退给谁呢？姚文元同志说："根据谈迁《国榷》隆庆五年七月记载，徐阶曾退出四万亩田，但那十分明确是退给官府，'入四万亩于官'，根本不是退给农民。"查《国榷》的原文是这样的：

> 隆庆五年七月庚午，蔡国熙为按察副使，整饬苏松兵备。……至是高拱擢之以迹阶，松人群起讼之，阶三子皆就系，拟以城旦，革其荫叙。入田四万亩于官。

入田四万亩于官是确有其事的，但是海瑞是隆庆四年三月以后离开应天巡抚任的。这件事发生于海瑞离任以后一年四个月，是蔡国熙办的，和海瑞一点也不相干，和海瑞的退田是两码子事。

正因为海瑞站在封建统治阶级立场，为了制止农民逃亡，赋税减少，和徭役征发，他采取了改良主义的执行封建法律的退田办法，并且还执行了与其屈小民宁屈乡宦的方针，他就遭受到大官僚地主集团的攻击，以致罢官。毛主席说："地主政权，是一切权力的基干。""宗法封建性的土豪劣绅，不法地主阶级，是几千年专制政治的基础。"① 海瑞撞在地主政权、专制政治基础上了，他就不能不以失败而告终。他的改良主义的措施，不但解决不了问题，也行不通，办不了。他是改良主义的失败者。

海瑞走了，农民是不是就不告状了呢？上面《国榷》说"松人群起讼之"。和海瑞同时的华亭乡官何良俊骂他："刁诈之徒，禁之犹恐不缉，况导之使然耶？今刁诈得志，人皆效尤。至于亡弃家业，空里巷而出，数百为群，闯门要索，要索不遂，肆行劫夺。吾恐一二年不止，东南事必有不可言者。幸而海公改任，此风稍息。然人心动摇，迄今未定也。"又说："海刚峰爱民，只是养得刁恶之人。若善良百姓，虽使之诈人尚然不肯，况肯乘风生事乎！然此风一起，士夫之家，不肯买田，不肯放债，善良百姓，坐而待毙，则是爱之实陷之死也，其得谓之善政哉！"② 稍后的浙江嘉兴人沈德符也说："海忠介所颁条约云：'但知国法，不知有阁老尚书。'于是刁民风起，江南鼎沸，延及吾浙，不问年月久近，服属尊卑，以贱凌良，以奴告主，弟侄据兄叔之业，祖遗蒙占夺之名。自庚午（公元1570年）至今将四十年，少者壮，壮者老，习为故常，专此诬讦。缙绅之贤者，反谨避以博忠厚之名。尝闻吴中杨震崖（成）太宰云，近日地方使君逞风力者，动云不畏强御。然则强御乃我辈也。不亦哀哉！"③ 沈德符的话也有过分的地方，上面已经说过，在海瑞任应天巡抚以前，已经有大量的人告状了，沈德符却把这件事全算在海瑞身上，这是不符合实际情况的。不过由此看来，第一，海瑞退田在当时是有影响的，官僚地主阶级是发生了震动的；第二，地主阶级

① 《毛泽东选集》，31、15页。

② 何良俊：《四友斋丛说》卷十三。

③ 《万历野获编》卷二十二。

所指的刁民、刁诈之徒、刁恶之人，不大可能指的是中小地主；第三，1570年以后，过了四十年，浙西一带的农民还在告地主的状，“以贱凌良，以奴告主”。阶级斗争并没有熄灭，封建地主阶级极为痛恨。

根据以上的分析，在1560、1570年，苏松地区是存在着阶级矛盾、阶级斗争的，农民是和官僚地主阶级对立的，农民告乡官夺产是阶级斗争的一种低级形式。

根据以上分析，海瑞所采取的执行封建法律的改良主义的退田措施，是完完全全站在封建统治阶级立场上的，目的是在缓和阶级矛盾，目的是在使农民不逃，田地不荒，便于徭役征发，当然，这样做，对得了退田的部分农民是有好处的，但是，决不能说成海瑞是站在农民立场上。

根据以上分析，在海瑞以前，海瑞任应天巡抚时期，在海瑞离任以后的四十年中，封建统治阶级所指的刁民、刁诈之徒、刁恶之人，亦即被他们白夺土地的农民，是在始终斗争着的，并没有屈服。

由此，可以得出结论，《海瑞罢官》这个剧本，主题应该是农民对大地主官僚集团的阶级斗争，而不是封建统治阶级的内部斗争。农民应该是正面人物，英勇顽强，斗志昂扬，但是剧本写农民苍白无力，只会唉声叹气，只会喊“王法何在，天理何在?”赵玉山被当堂打死，不吭一声。“我等都是徐家佃户，哪里敢多说一句。”海瑞下令退田后，众乡民说：“江南贫民今后有好日子过了。”“有土地何愁衣饭，好光景就在眼前。”最后幕后合唱“海父南归留不住，万家生佛把香烧”。使读者、观众感觉到不是由于农民自己的斗争，而是由于一个清官解决了当时的阶级矛盾，混淆了、抹煞了阶级斗争的本质，这是极端错误的，是立场性质的错误。

由此，可以得出结论，海瑞是完完全全站在封建统治阶级立场上的官僚，剧本尽管也强调了这一方面，“江南地鱼米乡多交粮饷……恶乡官贪残吏摧残乡党，害得那苦百姓逃亡他乡，民已穷财已尽国脉琢丧，我海瑞报圣上要作主张”；“要申三尺皇家法”；“江南困苦凄凉相，不退占田不久长；”；“谈孔孟说诗书取法先王，……

学乡愿讲圆融愧对吾皇”；“多为百万生民办一点好事，也就为皇上减少一分隐忧。”但是，把他突出的过分了，形象过于高大了，无论除霸也罢，退田也罢，都会使读者、观众理解为他是为人民的，从而混淆了阶级本质，阶级立场。立场既然错了，歌颂的又是封建官僚的刚直不阿，那么，这个剧本是为谁服务呢？显然，不可能是为无产阶级服务，而是为封建地主阶级、资产阶级服务。

由此，可以得出结论，松江地区的乡官渐富、民产渐消的情况，在他向皇帝的报告中说，府县官、生员，甚至乡官的贤者都对他说了的，海瑞在官僚中、甚至部分乡官中，是有他的社会基础的，他并不孤立。但是剧本却不提这些，只写他一个人单干，在家庭中只得到他母亲一个人的支持，这不但不符合当时历史实际，而且还宣扬了个人英雄主义，对读者、观众起了有害的作用。

总之，没有用阶级分析的方法，没有用一分为二的科学方法，没有用历史唯物主义来正确地评价人物和事件，而用的是形式主义的方法，片面地、绝对地、主观地来描述海瑞和农民群众，这是思想问题，也是阶级立场问题，错误是严重的。

三、修吴淞江、除霸和清官问题

吴淞江是修成了的，这在不少讨论文章中已经谈到了。白茆河虽也修了，但没有修成。

为了便于讨论，有必要把修吴淞江的经过说明一下。

海瑞在开吴淞江疏中说明，他于隆庆三年十二月巡历上海县，亲自相视，量得淤塞当浚地长该一万四千三百三十七丈三尺，原江面阔三十丈，今议开十五丈，计该用工银七万六千一百二两二钱九分。因为饥民动以千百，告求赈济。他就结合修河和救饥，“吴淞借饥民之力而故道可通，民借银米之需而荒歉有济”。经费来源是他自己筹措一部分，乡官史际捐出赈济谷二万石，并要求量留苏松常三府漕粮二十万石。[①] 以后他又报告："各县民告饥甚急，臣思昔人兴工救荒，旋于今正月初三日破土起工，实自初八日以后，人工方集。二月二十后渐收工，二十九日告成。……止用过银六万八千三百九十七两。"[②] 他在给人的信上也说："百凡区画，止幸吴淞江成功之速而成耳。余垂成中止，奈之何?"[③] 此外，《明史·河渠志》和《嘉定县志》都有修成的记载。连骂他的何良俊也说："前年海刚峰来巡抚，遂一力开吴淞江。隆庆四年、五年皆有大水，不至病农，即开吴淞江之力也。非海公肯担当，安能了此一大事哉!"[④] 可见这工程不但在不到两个月的时间修成（我在文章和剧本中说成不到一个月，是错的），还是当年就见效的。

于此，提出的问题是修水利是不是好事，为了什么目的。

历史上封建王朝较为稳定的时代，是比较注意修水利的，因为水利不修，常闹水灾，就会影响王朝的田赋收入。海瑞修吴淞江应该说是好事，决定是他作出的，经费是他筹集的，人力是他组织的。但是，还有其主要目的，那就是借兴工来救灾，灾民没有饭吃，闹起事来，可不得了。以工代赈，一举两得，这便是他的目的。当然，修水利参加劳动的是遭了灾的劳动人民，功劳主要是劳动人民的，但海瑞也应该算上一份。

关于除霸，内容是虚构的，想当然的。根据有没有呢，也有也没有，说没有是说洪阿兰一家三代被害的故事是虚构的。说有是根据《明史·徐阶传》："同列高拱令御史齐康劾阶，言其二子多干请，及家人横里中状。"[⑤]《高拱传》："阶子弟颇横行乡里。"[⑥]李贽《海瑞传》："是时吴中贵人无逾华亭相（徐阶），按问其家无少贷。而（徐阶）弟侍郎陟武断残民，辄逮治如律。尽夺还其侵田。"[⑦] 谈迁《枣林杂俎》："华亭徐文贞阶家居，子仆积横，讼牒山积。"是根据这些

① 《海瑞文集》，231～232页。

② 同上书，234页。

③ 同上书，441页。

④ 《四友斋丛说》卷十四。

⑤⑥ 《明史》卷二百十三。

⑦ 《续藏书》卷二十三。

资料虚构出来的。

惩处贪官污吏的情况也是这样。梁云龙说："赃者则望风解印绶去。"[①] 黄秉石说："贪墨吏望风解印绶去。"[②] 谈迁说："瑞一意拊单赤，抑贵势，墨吏望风解印绶去。"[③]《明史·海瑞传》也说："属吏惮其威，墨者自免去。"这些记载是一致的。剧本中判处王明友、李平度、萧岩的死刑和革职，也都是虚构的。

关于对清官的看法，我过去认为："由于封建统治阶级的统治基础是建立在对广大农民的剥削、掠夺上面的，封建官僚是为了地主阶级利益服务的；一切政治设施的最后目的，都是为了巩固和加强封建统治。这样，也就不难理解在封建官僚的压迫、奴役下，广大人民对于比较清明、宽大、廉洁政治的向往，对于能够采取一些措施，减轻人民负担，伸雪人民冤枉的好官的拥护了。对于这样的好官，人民作了鉴定，叫作'青天'。也正由于封建时代的'青天'极少，所以历史上屈指可数的几个'青天'，也就成为箭垛式的人物，许多人民理想中的好事都被堆砌到他们身上了。像宋朝的包拯，明朝的况钟和海瑞，都是著名的例子。也还必须指出，尽管历史上出现了几个'青天'，是当时人民给的称号。但是，也决不可以由此得出结论，以为'青天'就是站在人民立场的政治家。不是的，恰恰相反，他们都是为封建统治阶级利益服务的官僚，在这一点上，也和当时其他封建官僚一样，是和人民对立的。不过，由于他们的出身和其他关系，比较接近人民，了解人民的痛苦，比较正直，有远见，为了维持封建统治阶级的长远利益，缓和阶级矛盾，在不损害封建统治阶级的根本利益前提下，有意识地办了一些好事。这些好事是和封建统治阶级的长远利益一致的，也是和被压迫被剥削的广大人民当前利益一致的，对当时的生产发展，对历史的进展有好处的。因此，他们在当时被人民叫作青天，在历史上也就应该是被肯

---

① 《海瑞文集》，540页。

② 同上书，563页。

③ 《国榷》卷六十六。

定的，值得纪念的，在某些方面，还是值得今天学习的人物。”① 今天检查起来，这个看法我基本上还没有什么改变。问题是最后一句话，既然封建时代的清官是为他的本阶级——封建统治阶级的利益服务的，那么，无产阶级能够向他们学习什么呢？就以《海瑞罢官》为例，我说“着重写海瑞的刚直不阿”。这个封建官僚的刚直不阿，和无产阶级的刚直不阿，有没有社会内容、本质上的区别呢？不讲区别，不讲本质不同，是不是要无产阶级去学习封建官僚的刚直不阿呢？这样一检查，用阶级分析的方法来检查，问题就多了，我过去几年，写了很多历史人物，大部分文章的结尾都说这人的某些品德值得今天学习，没有区别，没有分析，都是错误的。

由此就联系到道德的批判继承问题。

在这个问题上，我有时候是清醒的，例如我曾说过：“时代不同，社会性质不同，道德标准也就不同。……总之，社会性质变了，道德标准也必然随着改变，这是个历史的发展观点。”② 在谈骨气时也说过：“社会不同，骨气的含义也是不同的，有着阶级本质的区别。”“当然，无产阶级有它自己的英雄气概，有它自己的骨气。”③ 在《论民族英雄》一文中，更具体指出古代的民族英雄和今天的无产阶级革命英雄主义有着阶级本质的差别；有着立场、思想的根本差别；有着最终的目的和任务的根本差别。④ 这都是正确的。但有时候又糊涂了，在讨论道德的批判继承问题时，三篇文章却强调封建道德也可以批判地继承，犯了绝大的错误。

通过批评和讨论，特别是最近向阳生同志和许启贤同志的批评，使我认识了错误，改正了自己的观点：第一，道德是阶级的道德，不同阶级有不同的道德，被统治阶级的道德和统治阶级的道德是对立的，无产阶级对封建道德、资产阶级的道德只能批判，不能继承；第二，道德是上层建筑，是从不同社会、不同经济基础上产生、发展

① 《春天集》，203～204 页。

② 《灯下集》，198 页。

③ 《春天集》，12、14 页。

④ 同上书，114 页。

的，它反过来又为下层基础服务，保卫本阶级的利益；第三，无产阶级道德的经济基础是全民所有制，它通过三大革命——阶级斗争、生产斗争、科学实验而成长、壮大、提高、发展，一句话，是通过阶级斗争、实践而形成的。和封建、资产阶级的道德绝无共通之处。

由此，也牵涉到历史人物评价问题，我曾经强调“评价历史人物要从生产斗争和阶级斗争出发，归结为阶级的活动。”这是正确的。但又说：“评价历史人物是依据今时今地的标准呢？还是依据当时当地的标准？”这就有问题了，把历史人物放在他自己的历史时期，和同时代人相比是一回事，用今天的历史唯物主义的观点来评价历史人物又是一回事，而且是必须这样做的。其次，当时当地的标准是什么标准呢？是封建官僚的标准，还是人民大众的标准？这里就有一个阶级分析的根本问题。

由此看来，我的思想深处，同时有正确的东西，也有错误的东西，有一点点马列主义、毛泽东思想，又有大量的封建主义的、资产阶级的、形式主义的思想。以此，有时候写对了，更多时候写错了。两种对立的东西经常在头脑中作斗争，根本原因是政治没有挂帅，正确的思想没有在头脑中确立统治的地位，所以犯错误也就是不可避免的了。

为什么会犯这样的错误呢？我现在认识到，一方面，二十多年来一直在党的教育、培养、关怀下，政治上的阶级立场是站稳了的。但在另一方面，学术思想上的阶级立场，却还基本上是旧的、老的、资产阶级的，以至还有封建的东西，没有注意，没有警惕，反而自以为没有什么问题了，放松了自我改造，问题就出在这里！毛病也就出在这里！

我也曾说过：“有人批评是好事，不是坏事。”① 我在1958年以前，没有写文章。没有写，不等于在思想上就没有错误的东西，不过没有暴露出来罢了。1958年以后，我也跃进了，不但写，而且大写特写，越写越多，暴露出来的错误也就越多。经过批评，认识错误，改正错误，转变立场，这样，至少，犯过的错误，经过批评以

---

① 《灯下集》，3页。

后不会重犯了。要是不写，不暴露，这些错误的东西会在思想中发霉，会使你中毒，最后到了不可救药的地步。道德的批判继承和《海瑞罢官》一系列文章的被批评，对我说来，确是好事，这使我重新认识自己，清理自己的思想，改变世界观、立场、观点；促使我重新学习，改造自己，好处是说不完的。

四、效果和立场

读了姚文元同志和各方面许多同志的批评文章以后，才初步认识到《海瑞罢官》发表和演出后的恶劣作用。再去重读毛主席《在延安文艺座谈会上的讲话》，毛主席指教我们："文艺批评有两个标准，一个是政治标准，一个是艺术标准……检验一个作家的主观愿望即其动机是否正确，是否善良，不是看他的宣言，而是看他的行为（主要是作品）在社会大众中产生的效果。社会实践及其效果是检验主观愿望或动机的标准。"拿这个标准，即在社会大众中产生的效果来检验《海瑞罢官》，性质是十分严重的，效果是十分恶劣的。尽管在上面已经说过这个剧本是在 1959 年底到 1960 年 11 月写成的，但是《北京文艺》的发表，北京京剧团的演出，却是 1961 年年初的事，出单行本是在这一年的 8 月。这一年，正如姚文元同志所指出，社会上刮过一阵"单干风"、"翻案风"，大肆叫嚣什么"平冤狱"，要求"退田"等等，阶级斗争是客观存在，在这样情况下，《海瑞罢官》的发表、演出、出版，在社会实践中，会给读者和观众什么效果呢？读者和观众并不会去追究这个剧本是什么时候、年月写的，他们是在 1961 年读到、看到的，这是一个铁生生的事实。他们读了看了以后，自然而然会把剧本和这种风、那种风联系起来，江西上饶县中学朱彦同学已经指出，在 1962 年，有个坏分子就把这个剧本和要求单干退田联系起来了。① 这是多么严重的恶劣的效果！

① 《文汇报》，1956-12-17。

还有，这个剧本“反映”什么呢？向海瑞“学习”些什么呢？不言而喻，这种“反映”、“学习”给党和国家、人民的社会主义事业会带来多大的损失！这个剧本在社会实践、在社会大众中的效果是可想而知的。而我作为一个国家干部，却写出这样的剧本！而且，经过五年的长时期，对这样具有严重性质的问题，却麻木不仁，无动于衷。甚至在北京京剧团演出几场以后，就停演了，为什么？没去想。甚至在两年以前，有位同志向我指出这个问题，还是不肯动脑子，引起反省，只推说是1960年写的，便自以为了事了。现在检查起来，这种态度是对当前政治的严重不负责任，是对党、人民事业的严重不负责任，决不能也不可以用任何理由来推卸这个责任，这个错误。

由此再进一步认真严肃地进行检查，“效果问题是不是立场问题？”毛主席说：“一个人做事只凭动机，不问效果，等于一个医生只顾开药方，病人吃死了多少他是不管的。又如一个党，只顾发宣言，实行不实行是不管的。试问这种立场也是正确的吗？这样的心，也是好的吗？事前顾及事后的效果，当然可能发生错误，但是已经有了事实证明效果坏，还是照老样子做，这样的心也是好的吗？我们判断一个党、一个医生，要看实践，要看效果；判断一个作家，也是这样。”① 我写了《海瑞罢官》以后，虽然没有照老样子做，但是在有位同志提出了问题以后，还不知道承认错误，改正错误，这不是立场问题又是什么呢！其次，我在《海瑞罢官》的前言中，指出他是忠于封建统治阶级的忠臣，他的一切政治作为都是为了巩固封建统治阶级的长远利益出发的，这是正确的。但是为了突出海瑞这个人物，把当时封建统治阶级的历史家一切歌颂他的话，不加具体分析，都在我的一些关于海瑞的文章和剧本里原封不动地表达出来了。这些历史家是一些什么人呢？都是官僚地主阶级。当时农民是没有文化的，当然没有农民的著作流传下来。即使有个把民间艺人创作的关于歌颂海瑞的作品，那也还不是受了封建历史家的影响。

---

① 《毛泽东选集》，第3卷，873～874页。

就这样，我的关于海瑞的若干叙述、描写、刻划，关于其他历史人物的叙述、描写、刻划，就自然而然地和古代的封建历史家坐在一条板凳上了。和封建历史家坐在一条板凳上，这不是立场问题又是什么？

既然错了，那也不要紧，改了就是了。但我没有改，在1960年写完以后，又在1961年8月加序出单行本，这就是错上加错了，性质也就更加严重了。

为什么会犯这样严重性质的错误呢？毛主席在评价五四运动时说："但五四运动本身也是有缺点的。那时的许多领导人物，还没有马克思主义的批判精神，他们使用的方法，一般地还是资产阶级的方法，即形式主义的方法。他们反对旧八股、旧教条，主张科学和民主，是很对的。但是他们对于现状，对于历史，对于外国事物，没有历史唯物主义的批判精神，所谓坏就是绝对的坏，一切皆坏；所谓好就是绝对的好，一切皆好。这种形式主义地看问题的方法，就影响了后来这个运动的发展。"① 重读这一段，好像就是针对我的批评。不是吗？我就是形式主义地看历史问题，好的就是绝对的好吗？一切皆好吗？我就是没有马克思主义的批判精神，没有历史唯物主义的批判精神，没有一分为二的科学分析方法。尽管在十多年以前就自以为已经在政治上摆脱超阶级观点了，但是在思想上，在对待历史人物问题上，却还是资产阶级的方法，形式主义地看问题，不但没有摆脱资产阶级观点，甚至还被封建地主阶级的观点所俘虏。

这个严重性质错误的揭发，对我是一个极为有益的教训。

我对于这个错误，"必须对于自己工作的缺点错误有完全诚意的自我批评，决心改正这些缺点错误。……同时也只有在这种严肃的负责的实践过程中，才能一步一步地懂得正确的立场是什么东西，才能一步一步地掌握正确的立场"②。我遵照毛主席的指示，诚心诚意地写了这篇自我批评。

---

① 《毛泽东选集》，第3卷，831～832页。

② 同上书，874页。

在检查过程中，逐步认识到问题的本质，认识到这不止是一个学术性问题，而是一个政治性问题；不止是一个历史人物评价问题，而是一个阶级立场问题；不止是一个个别历史事实问题，而是用什么思想指导，用资产阶级的形式主义，主观性、片面性、表面性去分析历史人物、历史事件，还是用马克思主义、毛泽东思想、历史唯物主义、一分为二的科学分析方法去分析历史人物、历史事件的问题；是两种世界观、两种立场，两种思想方法、两种观点、两条道路的何去何从的根本问题；也就是思想、学术战线上的两条道路问题。

认识了，不等于问题就此解决了，还要通过实践，通过斗争，才能改造思想，转变立场，才能掌握正确的立场。我就以这篇自我批评为起点，追随各方面同志之后，参加这个“兴无灭资”的斗争，思想战线上的阶级斗争。

最后，我这个自我批评还只是初步的，不深入的，以后还要继续检查，以便更好地提高自己的思想觉悟水平，更好地改正错误，转变立场。感谢并期待着同志们的批评。

12月24日

（原载《北京日报》，1965年12月27日）

是革命，还是继承？
——关于道德讨论的自我批评

过去这几年，学术界掀起了一场关于道德问题的讨论，中心论点是封建的、资产阶级的道德可不可以批判地继承的问题。这场讨论是由我的几篇文章引起的。在讨论中有不少同志发表了正确的有说服力的文章，澄清了批判了我的许多错误的认识，对我的教育作用很大。最近又读了向阳生和许启贤等同志批评我过去关于道德的批判继承的观点在本质上是属于资本主义和封建主义的范畴，思想方法是唯心主义和形而上学的，在这个问题上，立场是非无产阶级的。又指出我的错误是由于抛弃了无产阶级的革命观点，抹煞道德的阶级性，实际上陷入了封建士大夫的所谓"天不变道亦不变"和资产阶级的所谓"永恒的道德"等唯心主义和形而上学的反动道德观的泥沼中去了。对这个科学的批评，我诚恳地接受，并且表示深切的感谢。

确确实实，对待封建阶级和资产阶级的道德，存在着两条路线的问题，是革命，还是继承？这是个站不站在无产阶级立场的问题，性质是严重的。而我恰好在过去几年来，在这个问题上犯了极其严重的错误，这是不能原谅的，我承认错误，并且保证在今后改正错误。

从 1962 年上半年到 1963 年 4 月，这一年多间，我写的关于道德问题的文章一共有四篇，讲话三次，顺序如下：一、《说道德》，二、《再说道德》（发表在《前线》），三、《学习历史知识的几个问题》（末一段也谈到道德，发表在《新闻业务》），四、《三说道德》（发表在《光明日报》），五、在北京大学历史系研究生报告会上的讲话（一部分谈到道德，没有讲稿），六、《论民族英雄》（发表在《解放军报》)，七、《谈封建道德问题》(文化部1963年戏曲编剧讲习会上的报告，有记录稿，未发表。)

在这些文章和讲话中，我对阶级道德的看法是混乱的，认识不清的，错误的。有的地方说对了，有的地方又错误了，有的开头讲对了，末后却又错误了。但是，不管怎样，贯串在一起的，不管哪一篇文章或讲话的中心论点，归根到底只是一个，即认为封建的资产阶级的阶级道德是可以经过批判，吸收其中一部分有益的东西，成为无产阶级的道德的。这是一种极其错误的论点，不但不符合阶级社会的历史发展实际情况，而且也根本违反了阶级斗争的学说，是非马列主义的，反科学的。从这个错误论点发展下去，势必会堕入阶级调和论的泥坑，势必走到美化封建阶级、资产阶级历史人物的非历史主义陷阱，是极其危险的。有的同志批评我这种论点有点像抽象继承论，我虽然到今天止还不懂得抽象继承论是什么东西，但是，从字面看，从我写的文章和讲话中所列举的认为可以批判地继承的例子看，也确乎有些类似，这个批评是有道理的，应该接受的。

我对道德继承的错误论点，主要有以下一些东西：

在《说道德》一文中，我提出了封建社会道德论的某些部分，如忠、孝、诚实、勤劳、勇敢、刻苦耐劳、雄心壮志，以至资产阶级的道德，如精打细算、多方赚钱，都可以批判地继承。①

在《再说道德》一文中，我举了孟子所说的大丈夫和文天祥的《正气歌》两个例子，强调封建地主阶级的道德也有可以值得批判地继承的东西。②

在《三说道德》一文中，我检讨了“忽视批判地继承过去被统治阶级某些道德品质，把阶级关系混淆了。……是应该受到批评的。”但接着又举出一、民主自由概念的批判继承，二、忠的概念的本质变化，三、被统治阶级的道德对统治阶级所起的作用，三个错误的论点。

---

① 《学习集》，39页。

② 同上书，41页。

与此同时，我在新闻工作者协会上的讲话，又谈到道德品质教育问题，我说："例如忠孝节义，礼义廉耻，这些观念是为过去的统治阶级服务的，但也可以把它改造，使之为社会主义服务。"以下并就具体的道德观念作了说明，例如忠君是过去的道德观念，除了个别的遗老以外，今天没有人讲忠君了。是不是连带这个"忠"字也应该否定呢？我看不应该。难道不应该忠于祖国，忠于党，忠于社会主义事业等等。①

以后又接着在北京大学历史系讲了一次，会后反映，谈历史剧的部分很多人赞成，谈道德的部分很多人反对。

在《论民族英雄》一文中，结论列举了无产阶级的道德和古代民族英雄的道德有着阶级本质的差别，有着立场、思想的根本差别，有着最终目的和任务的根本差别，总而言之，是阶级本质的差别。②这些论点看来似乎没有什么错误，但是成问题的是文章的最后又说了这样一句话"批判地继承他们某些优良品质"。还是批判地继承，并没有从根本上解决思想问题，到底批判些什么呢？继承些什么呢？要不要革命呢？

最后，在《谈封建道德问题》讲话的末了一部分，又谈了继承问题，如孝，一面说不应该提倡二十四孝那样的孝，另一面却又说对于失去劳动能力的年老父母，应该教育青年尊敬他们，抚养他们。对于节，认为不应理解为妇女守节的节。应该理解为孟子所说的"富贵不能淫，贫贱不能移，威武不能屈"的节。我们祖先是有骨气的，我们这一代人更要有骨气，绝不拿原则做交易，要分清是非，坚持原则，绝不妥协，只有这样才像个中国人。讲义，可以理解为同志式的关怀，互相帮助，共同进步。当然，那种江湖义气是不应该再提倡的了。今天讲义，不是以个人利益得失为标准，而是以绝大多数人民利益为标准，从六亿五千万人民的利益出发，才是最大的义。如此等等。

尽管也曾多次地谈到对这些东西，要批判地继承，但是在实质

---

① 《学习集》，263 页。

② 同上书，114 页。

上却没有批判，而只谈继承，成为单纯的旧道德继承论者了。

这一系列错误的论点的出发点，归根结底是个立场问题，立场站错了，站在非无产阶级的立场上，也就是站在封建阶级、资产阶级的立场上，才会犯这样严重的错误。

根本的问题是对被推翻了的统治阶级的道德，采取的是革命还是继承的问题。

问题摆得十分明白，既然阶级是对立的，阶级的道德是对立的，被统治阶级推翻旧的统治阶级，对于过去压迫、剥削、欺骗、控制人民的旧道德，只能是革命，坚决地彻底地揭露其虚伪的丑恶的本质，粉碎它、消灭它，而决不可能是什么继承！

问题摆得十分明白，既然被统治阶级有自己的阶级道德，并且这种道德是和统治阶级的道德对立的，那么，在推翻了旧统治阶级以后，必须批判地继承的只能是被统治阶级的阶级道德。

问题也摆得十分明白，即使是统治阶级的道德，就说忠、孝、节、义、礼、廉、耻罢，都具有鲜明的阶级性，是统治阶级奴役、剥削、控制广大人民的工具。统治阶级极力宣扬这些品德，表彰某些人物，其目的只是欺骗被统治的人民，叫人们照着做，为他们的阶级利益服务，巩固他们的统治。相反，这一套东西对他们自己来说，却是不受约束的，是一块混淆阶级立场的遮羞布。不忠、不孝、不节、不义、无礼、寡廉、鲜耻的事迹，在几千年的封建统治阶级的历史中，是数不胜数的。民主和自由也是如此，在资产阶级以统治者地位走上历史舞台以后，对于被统治阶级来说，又哪里有什么民主，有什么自由？这一套东西本身就是虚伪的，是对付劳动人民的枷锁，根本不许可继承，是革命的对象，而决不是继承的对象。

问题既然如此明白，那么，我为什么会犯这样大的错误？

根本问题是对马列主义、毛泽东思想，特别是关于阶级斗争的学说没有认真地学，没有学好。尽管在现实政治生活中，我还能够分清敌我，辨别是非，无条件地服从党的领导。对过去的反动统治阶级和当前的五类分子，怀有强烈的憎恨，能够划清界线。但是，在另一方面，在意识形态方面，特别是涉及历史上某些应该肯定的历史人物的道德品质方面，由于在思想深处还蕴藏着不少的封建的、资产阶级的东西，结果，阶级界线便模糊了，混淆了，不是在一些方面美化了古人，美化了封建统治者，便会在另一方面，过多地肯定这些人物在当时的所谓“美德”，忘记了他的阶级本质，认为可以学习，可以批判地继承了。而且，所谓批判地继承，又是只有继承而无批判，继承是真的，批判是假的。从这一点来说，不是我在说明历史，而是我被历史上的封建人物所俘虏了，从而丧失了自己的立场。

从以上所列举的错误例子来分析，也说明了这样一个问题。我说忠，是忠于人民，忠于党，忠于社会主义事业。我说节，是有骨气，坚持原则，绝不妥协。我说义，是六亿五千万人民的根本利益，如此等等，这些话都没有错。错误之处也正在于缺乏阶级分析。我国劳动人民有着几千年阶级斗争的英勇传统，特别是近百多年来，封建统治阶级和帝国主义压迫愈厉害，反抗的规模也就越大，上面所说的忠、节、义所包含的内容正是长期以来被统治阶级，特别是工人阶级在火热斗争中所锻炼出来的高贵品质，今天由我们这一代加以继承和发扬光大，无产阶级的道德是在阶级斗争、生产斗争、科学实验三大革命中锻炼形成的，是在取得了政权以后，在全民所有制、集体所有制的经济基础上成长、壮大、发展、提高的。这和封建阶级、资产阶级的道德有什么相干？完完全全是风马牛不相及的事。但是我的思想深处，却无论如何不肯对忠、孝、节、义这些封建道德名词割爱，硬把社会主义时代的道德品质，塞进封建时代的道德名词里去，不只是名实不符而已，严重性在于把革命和继承混淆了，把应该打倒的东西，用继承的手法使它复活，混淆了阶级界线，混淆了是非概念，后果是十分有害的。

犯了错误，怎么样，我自己下的结论，第一是接受批评，认识了错误，第二下定决心，坚决改正错误，第三今后决心认真学习理论，改造思想，学习马列主义，毛泽东思想，带着问题学，边学边改，力求在今后不止在政治上站稳阶级立场，同时也在学术思想战线上站稳阶级立场。

（原载《北京日报》，1966年1月12日）

附录：从《海瑞罢官》谈到“道德继承论”*
——与吴晗同志商榷

邓　拓

最近许多报纸正在开展关于新编历史剧《海瑞罢官》问题的讨论，这引起了学术界的普遍重视。我看过姚文元同志的文章之后，重新翻阅了北京出版社出版的吴晗同志1960年11月13日七稿、1961年8月8日改定的剧本，同时参看了从1959年到1962年这个期间的《人民日报》、《北京日报》和《晚报》、《解放日报》、《文汇报》等所刊登的有关海瑞的其他文章和几种剧本，加以比较，反复探索吴晗同志研究海瑞和创作《海瑞罢官》这个剧本的指导思想究竟是什么？

在《海瑞罢官》这个剧本的前言中，作者已经基本上把他的指导思想作了概括的说明。他说：“海瑞的地位在历史上是应该肯定的，他的一些好的品德，也是值得我们今天学习的。”同样，在1959年发表的《海瑞骂皇帝》和《论海瑞》的文章中，吴晗同志都曾极力歌颂和肯定海瑞一生的事迹，盛赞海瑞的道德品质。他认为，“这些品质，都是我们今天所需要学习和提倡的，而且只有社会主义时代，这些品质才能得到充分的发扬，虽然我们今天需要的海瑞和封建时代的海瑞在社会内容上有原则的不同。”

我对于吴晗同志的全部作品还来不及进行更多的研究，但是，

---

* 吴晗在《是革命，还是继承？》一文中谈了他对道德继承问题的看法。当时邓拓亦写文章谈了自己对此问题的认识，为更好地方便读者研究和参考，特将邓拓的文章附录于此，原文发表时署名向阳生。——编者注

吴晗同志要求我们今天生活在伟大的中国共产党领导下的社会主义时代的人们，去学习、提倡和充分发扬距今四百年前的明朝封建统治阶级的所谓“清官”海瑞的道德品质，这却使我感到十分难以理解。现在我想提出几个问题，与吴晗同志商榷。

（一）什么是《海瑞罢官》一剧的思想基础？

打开这个剧本，人们不难发现，吴晗同志企图通过他所加工塑造的舞台上的历史人物和故事情节，尽力宣扬忠孝节义、礼义廉耻等一整套封建的道德，要今天的人们去学习，去提倡，并且加以充分发扬。《海瑞罢官》一剧描写了海瑞如何“除霸”、“退田”、“平冤狱”等等情节，这些不但涉及了许多史实的考证问题，而且有一个同现实的关系，即如何古为今用的问题。吴晗同志在剧本的序言中还说，他“在动笔之前，决定了两条基本原则：第一，不写海瑞的一生，只写海瑞斗争生活中的一段，……第二，已往有过的剧本不再重写”。那么，吴晗同志的《海瑞罢官》与其以往的同类剧本，如《海瑞上疏》、《海瑞背纤》等究竟有什么不同？其他有关的各家评论中所涉及的问题又如何解决？这些在我这里不可能一一加以讨论。现在首先要讨论的是吴晗同志的《海瑞罢官》一剧的思想基础到底是什么？

我一直没有看过这出戏，我以为吴晗同志亲自动手，编写一部新的历史剧，总会有新思想、新内容吧。可是，现在看了剧本，的确感到失望。原来吴晗同志对于他所描写的历史人物——海瑞，不是采取批判的态度，而是通过剧中人物向广大的观众和读者极力宣扬吴晗同志自己所提倡的一整套封建道德观念。

你看，当着海瑞的夫人劝他要谨慎“三思”的时候，海瑞的回答是：“夫人，你说到哪里去了？那徐阶纵子行凶，我海瑞如顾私恩而忘国法，何以对慈母，对皇上，对百姓！”在这里，显然“对慈母”就是说的“孝”，“对皇上”就是说的“忠”，“对百姓”就是说的“义”和“仁”；这里，仅仅他要求夫人守“节”这一条没有机会提到罢了。海瑞在另一个地方还说：“大丈夫顶天立地，岂可怕杀身之祸，便徇情枉法，做个没廉鲜耻之人!”这里又强调了封建统治阶级道德中的所谓“廉”、“耻”的观念。至于海瑞的母亲及其他正面的人物说什么“读圣贤书，行圣贤事”、“希圣希贵”等等词句还多得很。特别值得提出的是当着徐阶向海瑞说情的时候，海瑞唱道：“海瑞忠君姓名香，徐瑛强暴犯王章。”“太师不必多言讲，海瑞精忠对圣皇。”你看他口口声声总离不开“忠君”的思想，即便当他打算为“百姓”做点“好事”的时候，他心里想到的还是为了“忠君”，为了巩固明朝的封建统治。所以剧中的海瑞在道白中说：“江南庶政，除霸、清丈、条鞭、治水、退田五件大事，必须早日办好，多为百万生民办一点好事，也就为皇上减少一分隐忧。”由此不难看出，海瑞是明朝封建皇室的“忠臣”，他为“百万生民办点好事”的目的，就在于“为皇上减少一分隐忧”。这就表明，吴晗同志通过剧中主人翁海瑞所宣扬的中心思想，实际上就是封建统治阶级的忠、孝、节、义等一整套道德观念。吴晗同志把海瑞这个封建皇家的“忠臣”，加上了“人民救星”的称号，硬要人们相信封建统治阶级的道德是和人民利益一致的，是可以继承的。

从这一方面来说，吴晗同志的《海瑞罢官》与过去许多关于海瑞的旧剧、唱本简直没有多大的差别。

旧戏《大红袍》中的海瑞，岂不是也在大唱什么“为官忠良”、“报答皇朝”吗？1959年后新编上演的《海瑞上疏》、《海瑞背纤》等剧本，同样离不开“君臣、父子、礼仪”和“忠孝”、“纲常”等封建道德观念；离不开“食王爵禄，当报王恩”这一类唱词。我不了解，为什么吴晗同志新编的历史剧也摆脱不了旧戏的这一套陈词滥调？

吴晗同志历来主张研究历史要古为今用，写剧本更是为了教育今人的。他在《论海瑞》中说：“这样的历史人物，从今天来说，建设社会主义的新时代，该不该肯定，该不该赞颂？答案是应该肯定，应该歌颂。”在剧本的“序”里，吴晗同志叙述他自己一再重写这个剧本的经过，说在一年间改写了七次，每重写一次都要用两三天的工夫，表示“实在吃力”。他并且说：“敢想，敢说，敢做，是‘大跃进’以来的新风格。我写剧本，看来也属于敢的一流。……古人有抛砖引玉的成语，那就让这个本子当做一块砖，引起历史学界朋友们的兴趣，大家来写点新历史剧吧！”显然，吴晗同志自己的确认为他写的是“新历史剧”，是给历史学界的朋友们做出了一个榜样，希望有更多的史学家照着他的样子去做。

我认为吴晗同志这样热心地编写“新历史剧”来宣扬封建统治阶级的道德，并不是偶然的。这是因为他有一个理论，即“道德继承论”。这个理论曾经是他所作的许多文章的中心思想，当然也是他创作《海瑞罢官》一剧的思想基础。

吴晗同志的“道德继承论”的观点，主要发表在《说道德》、《再说道德》和《三说道德》的文章中。前两篇文章发表于 1962 年《前线》第十期和第十六期的“三家村札记”栏内，后来收进他的《学习集》中。《三说道德》发表于 1963 年 8 月 19 日的《光明日报》。此外，他在 1962 年第七期《新闻业务》上发表了《学习历史知识的几个问题》，在 1963 年第三期《教学与研究》上发表了《关于研究历史的几个问题》，也都讲到了他的“道德继承论”的观点。

究竟“道德继承论”的主要观点是什么呢？吴晗同志在上述几篇文章中一再表明：“争论的焦点是在过去统治阶级的某些道德可不可以批判地继承这一问题上。”他自己肯定地回答说：“就统治阶级的道德论来说，其中有些人表现为忠，为义，为节，为勇敢，为勤劳，为朴素等等，尽管他们都是封建统治阶级的一员，有其剥削、压迫人民的一面，但就他们所表现的某一方面的道德面貌来说，看来还是不可以一笔抹杀的，是可以批判地继承的。”因此，他认为：“忠孝节义，礼义廉耻，这些道德观念是为过去的统治阶级服务的，但也可以把它改造，使它为社会主义服务。”他并且说：“不止是封建道德，就是资产阶级的道德，精打细算，多方赚钱，难道不应该成为社会主义经营管理企业的一条重要原则？”同时，他还认为：“民主、自由这两个概念，在资产阶级兴起初期，对反抗封建制度的束缚来说是具有进步意义的。”而“自从有了无产阶级之后，有了马列主义之后，建立了社会主义国家之后，民主和自由这两个概念是不是批判地继承下来呢?”他的答案是：可以叫做批判地继承下来了。我不了解，吴晗同志竟然把资产阶级虚伪的民主自由和无产阶级领导下的人民民主的本质区别也都加以抹杀，这到底是为什么呢?

现在看来，吴晗同志的“道德继承论”的观点，是经过了长期酝酿和思索，早已形成了的。当他1959年发表《海瑞骂皇帝》和《论海瑞》的文章、1960年及1961年修改与出版《海瑞罢官》的剧本以后，经过了1962年和1963年几篇《说道德》文章的发表以及由此而引起的若干争论，吴晗同志的观点不但没有根本的改变，反而更加固定，更加坚持了。

鉴于这个具体情况，我想在讨论吴晗同志的《海瑞罢官》问题的同时，似乎有必要就“道德继承论”的问题进一步加以讨论，以便于真正实事求是地从思想上彻底弄清是非，辨明吴晗同志思想的实质，提高整个思想界的水平。

(二)“道德继承论”是根本错误的

也许吴晗同志要否认，说他没有主张“道德继承论”，他在文章中讲到这个问题的时候，虽然不是每一次，但是经常都加了一个限制词，用了“批判地继承”的字眼。

我看了吴晗同志的许多文章，应该承认，吴晗同志确实在不少地方采用了“批判地继承”这个术语。可是，即便是在这些地方，他实际上也没有做多少批判，而是着重讲了继承。事实上，吴晗同志对于像海瑞这样的统治阶级人物的所谓“优良品德”，根本没有进行什么批判。他只是一股劲地加以宣扬，要求今天的人们去学习。如果把《海瑞罢官》的剧本和吴晗同志《说道德》等文章加以对照，不难看出，作者的意思是要把“忠孝节义，礼义廉耻”等等封建道德一古脑儿都继承下来。这难道不是把过去统治阶级的道德做了正面的肯定吗?又有什么批判之可言呢?由此可见，在吴晗同志的笔下，“批判”二字，只不过是一种点缀，并不存在什么实际的意义。

吴晗同志提到，“我们今天需要的海瑞和封建时代的海瑞在社会内容上有原则的不同”。但是，我从吴晗同志所写的文章和剧本中，根本看不出他如何阐述和证明这个不同点。

请问吴晗同志，你一方面提倡人们要学习海瑞的道德品质，一方面空泛地指出要区别不同的社会内容，那么，这究竟是要人们学习什么和怎样学习呢？任何一个时代的道德观念，任何一个人的道德品质，都有一定的社会内容。在阶级社会中，这主要的就是它的阶级性。今天我们所需要的道德品质，与海瑞的道德品质对比起来，从阶级内容来说，是根本不同的。这是因为，今天我们进行了翻天覆地的社会主义革命，社会经济基础变了，从而决定了社会的上层建筑，包括意识形态之一的道德在内，也不能不随之而变革。但是，吴晗同志对于今天革命的新道德的社会内容似乎视而不见，因此，他对于新旧道德不同的社会阶级内容，实际上并不加以区别，而是一再地赞颂封建统治阶级的道德，以致对于海瑞这个人物的道德品质，更加推崇备至，要求今天的人们去“学习”和“提倡”，“使之得到充分的发扬”。照这样去学习，结果不外两种：一是拜倒在四百年前的古人海瑞像前，学习他的一言一行，作为今人的楷模，一是抽去海瑞所代表的封建统治者道德的阶级内容，剩下一些抽象的所谓道德概念，实际上是没有东西可以继承。这显然不是吴晗同志的本意，他的真实意图还是要有所继承的。因为照他的说法，如果不继承过去统治阶级的道德，就不可能产生我们今天的道德。

这是完全违反历史唯物主义的论断。道德，作为社会上层建筑的意识形态的一部分，虽然有它的某种相对独立性，但是归根到底，它是依存于一定的社会生产关系；而在每一个阶级社会中，都存在两个主要的互相对立的阶级。一方面是占有了大量生产资料的居于统治地位的剥削阶级；另一方面是完全丧失了或者只有很少生产资料的居于被统治地位的被剥削阶级。这两个对立的阶级有根本不同的道德观念，它们是阶级斗争在人们意识形态中的一种反映，并且在阶级斗争中形成和发展。这就是说，阶级社会的道德，除了统治阶级的道德以外，还有被统治阶级的道德。无论在奴隶社会、封建社会和资本主义社会，统治阶级的道德总是居于支配地位的；被统治阶级，一般地说，往往会受到统治阶级道德观念的影响，甚至受它的支配。但是，无论如何，统治阶级的道德和被统治阶级的道德在本质上是不同的。

列宁在《青年团的任务》中说："我们摈弃从超人类和超阶级的概念中引来的这一切道德。我们说这是欺骗，这是为了地主和资本家的利益来愚弄工农，禁锢工农的头脑。"事实完全证明，历来的统治阶级总是把他们的道德观念，说成是不分阶级的一切人们都应该遵守的至高无上的永恒不变的道德标准，以便巩固他们的剥削统治，镇压被统治阶级的反抗和革命。然而，人类历史发展的必然结果，终于出现了革命的无产阶级。按照列宁的原则，无产阶级对于过去统治阶级的道德，非加以摒弃不可。

吴晗同志的观点与此相反，他曾经非常肯定地说："无产阶级若不善于吸取过去统治阶级某些优良的东西，甚至完全摒弃，那么，看来只有向古代的无产阶级继承，或者自己来凭空创造了。问题是在古代，无产阶级并不存在；自己凭空创造呢，也不大可能。"你看他的这一段话多么武断！事实何尝是这样的呢！

历史表明，无产阶级在旧社会里，作为资产阶级的对立物，与资产阶级一同产生，无产阶级的革命思想和道德观念，也是在资本主义社会里，作为资产阶级剥削思想和道德观念的对立物而产生的。在相当长的时期，无产阶级还不可能完全摆脱剥削阶级道德观念的影响。但是，当无产阶级取得了政权后，随着社会主义革命的深入发展，无产阶级就完全有可能而且必须用彻底革命的观点，严肃地对待和清理过去历史文化遗产和被压迫群众革命斗争的经验教训。对于其中正面的好的经验，当然应该加以批判地吸取，使它们成为革命的财富，对于反面的错误的东西，也应该用某种方法加以适当的利用，当成反面的教材。但是，我们无论如何不能像吴晗同志那样，不要求革命的无产阶级揭穿剥削阶级道德的腐朽性、欺骗性，反而要求他们继承过去剥削阶级的道德。吴晗同志的这种论点，显然是与马克思列宁主义的历史唯物主义的论点，根本没有共同之处，因而他的立场也发生了问题。

马克思主义的历史唯物主义教导我们，道德是与社会经济基础相适应的上层建筑的一种特殊的意识形态。在原始社会以后，出现了阶级社会，也就出现了剥削阶级的道德。这正如恩格斯在《家庭、私有制和国家的起源》中所说的，“在我们看来简直是一种堕落，一种离开古代氏族社会的纯朴道德高峰的堕落的势力所打破的。最卑下的利益——庸俗的贪欲、粗暴的情欲、卑下的物欲、对公共财产的自私自利的掠夺——揭开了新的、文明的阶级社会；最卑鄙的手段——偷窃、暴力、欺诈、背信——毁坏了古老的没有阶级的氏族制度，把它引向崩溃。”从这以后，在漫长的阶级社会的各个时期，道德就成为阶级的道德，有多少阶级就有多少阶级的道德。而剥削阶级的道德一直占据统治的地位，被剥削阶级的革命觉醒过程，也就是同剥削阶级的道德观念决裂的过程。无产阶级是历史上一切被剥削阶级所不能比拟的革命最彻底的阶级。马克思、恩格斯说：“共产主义革命就是要最坚决地打破过去传下来的所有制关系；所以，毫不奇怪，它在自己的发展过程中要最坚决地打破过去传下来的各种观念。”无产阶级无论在取得政权以前，或是在取得政权以后，如果对于一切剥削阶级的道德思想不进行革命的批判和斗争，就不可能完全摆脱资本主义以及封建主义道德观念的影响。因此，无产阶级在取得政权以后，不但要在经济战线上，而且要在政治战线和思想战线上坚决把社会主义的革命进行到底。这就是说，不但要解决社会经济基础的问题，而且要解决上层建筑特别是意识形态的问题。

由于意识形态问题比其他问题更为复杂，要解决这些问题就特别需要经过长期艰苦的思想斗争。毛泽东同志在《实践论》中说：“在阶级社会中，每一个人都在一定的阶级地位中生活，各种思想无不打上阶级的烙印。”《在延安文艺座谈会上的讲话》中，毛泽东同志又指出：“马克思主义的一个基本观点，就是存在决定意识，就是阶级斗争和民族斗争的客观现实决定我们的思想感情。但是我们有些同志却把这个问题弄颠倒了，说什么一切应该从‘爱’出发。就说爱吧，在阶级社会里，也只有阶级的爱，但是这些同志却要追求什么超阶级的爱，抽象的爱，以及抽象的自由、抽象的真理、抽象的人性等等。这是表明这些同志是受了资产阶级的很深的影响。”刘少奇同志在《人的阶级性》一文中同样明确地指出："在阶级社会中，人们的善恶观念就各有不同：剥削者认为善的，被剥削者认为恶，被剥削者认为恶的，剥削者认为善，离开阶级关系而来讨论人们的性善或性恶，自然闹不清楚。"在这一点上，吴晗同志和其他歌颂海瑞的同志也决不可能例外。当吴晗同志用心描写海瑞的形象，号召人们学习他的道德品质的时候，当他大讲"忠孝节义，礼义廉耻"等道德问题的时候，他的思想无疑地是带着一定阶级的烙印的，他把道德问题的许多观点都弄得颠颠倒倒闹不清楚了。

《礼记》上明明写着："道德仁义，非礼不成，教训正俗，非礼不备；分争辨讼，非礼不决；君臣、上下、父子、兄弟，非礼不定；……人有礼则安，无礼则危。"这就证明封建统治阶级是把"礼"当做他们维护剥削制度和社会秩序的重要工具。过去封建统治阶级的每一个道德概念，都具有它特定的社会内容，都是为了维护其剥削统治而制定的。

我不想引证许多古书，浪费笔墨纸张，但是，必须指出，吴晗同志认为过去统治阶级有一些值得我们今天加以"批判地继承"的道德范畴，如"忠孝节义、礼义廉耻"等，追根究底，无一不是封建地主阶级的道德观念，它们产生的客观物质基础是封建制的私有经济。客观的历史表明，在封建社会中，存在着以家族为生产单位的宗法制，存在着严格的等级制，存在着男性占支配地位的父权制，存在着嫡长子继承的世袭制。正如马克思在《哲学的贫困》中所说的："人们按照自己的物质生产的发展建立相应的社会关系，正是这些人又按照自己的社会关系创造了相应的原理、观念和范畴。"于是，忠孝节义、礼义廉耻等道德观念产生了，并且反转来为巩固封建地主阶级的统治服务。

从实质上说，封建地主阶级的一切道德都是残酷剥削农民的道德。封建统治者所提倡的"礼"，其目的正如前面引述《礼记》上的文字所表明的，主要是为了稳定整个封建社会的秩序；他们提倡"义"，就是为了使一切"臣仆"感恩图报，替他们去拼命，去牺牲；他们提倡"廉"，是要求"臣民"们勒紧裤腰带去喂饱地主老财和王侯贵族，至于所谓“廉洁奉公”的“清官”，他们的作用不外是维护和巩固剥削制度，不使过分的剥削和压迫招致群众的反抗，以便于欺骗群众（关于清官和赃官的问题，在这里不拟加以论述）。同样的道理，封建统治者要人们知“耻”，其目的无非是要老百姓饿死也不去夺取地主的粮食财物；他们提倡“忠”，则是为了维护腐败黑暗的君主制度，要求一切臣子死心塌地，俯首帖耳，甘当封建帝王的牛马奴隶；他们提倡“孝”，是要通过宗法家族的血缘关系来加强封建压迫，维护封建家族和皇室的统治；提倡“节”，不但是为了维护蹂躏女性的夫权的需要，而且也是为了使封建主的一切臣子和奴仆永远不背叛他们的主人。《论语·学而》中有一句话，赤裸裸地道出了统治阶级道德的作用和目的。孔子的门徒有子说：“其为人也孝悌，而好犯上者，鲜矣；不好犯上，而好作乱者，未之有也。”你看，这不是说得再清楚没有了吗？可见封建统治阶级的道德观念有它明确的特定的阶级内容，都是为维护奴隶主和封建贵族的利益、残酷地奴役被压迫人民的一种思想武器。这些道德观念显然是反动的，应该坚决加以彻底的批判和肃清。对于其他一切反动思想，也必须加以彻底的批判，而决不能加以继承。

还有，吴晗同志认为：资产阶级的“精打细算”、“多方赚钱”，无产阶级也可以“批判”地加以继承。这个说法也是完全错误的。资产阶级的精打细算、多方赚钱，难道还不是为了无限制地压榨工人阶级的剩余劳动吗？资产阶级的本性是唯利是图，残酷剥削劳动人民。他们越是精打细算，就越能多方赚钱，就越能够无限制地榨取劳动人民的血汗，这是剥削者的原则和概念，同无产阶级的勤俭建国和社会主义共产主义的道德原则又有什么相干，怎么可以混淆这两者的原则界限呢？

更可怪的是，吴晗同志竟然把资产阶级的民主和自由也列为无产阶级可以继承的东西。我们知道，民主和自由，不仅仅是道德的范畴，更重要的它是政治的范畴，资产阶级的民主和自由仅仅是在资产阶级的青年时代和壮年时代，当他们向封建制度斗争的时候，发生过积极的进步的作用。但是，即便是在那个时候，资产阶级对待无产阶级也没有给以平等的地位，没有实行真正的民主自由，后来资产阶级取得和巩固了统治地位以后，这些所谓民主自由与平等的口号，很快就失去了进步作用，而变成了资产阶级无限制地剥削工人阶级和其他劳动人民的护身符了。资产阶级的所谓民主和自由，决不是像吴晗同志所说的那样美妙。恰恰相反，资产阶级的所谓民主的实质，就是资产阶级对无产阶级和其他劳动人民实行专政；资产阶级的所谓自由，只是允许资本家可以自由放肆地任意榨取劳动者的剩余劳动，资本家可以自由地大鱼吃小鱼，吞并和掠夺社会财富。时至今日，事实更加证明，一个是资产阶级专政，一个是无产阶级专政，要不你推翻我，要不我打倒你，这是你死我活的谁战胜谁的斗争，怎么能够丢掉它们的阶级实质而抽象地谈论继承性呢？吴晗同志难道还想继承资产阶级的民主自由吗？

当然，统治阶级的道德作为统治阶级对被统治阶级进行统治的思想工具的同时，它又起着协调本阶级内部矛盾的作用。在他们内部，从封建的土地兼并到现代的资本垄断，互相倾轧，甚至互相残杀，愈演愈剧，史不绝书。这些都使他们不能不用虚伪的道德作为遮羞布。剥削者口头上讲的是一套，而做的又是另外一套。俗话说："满嘴里仁义道德，一肚子男盗女娼"，这就是对于剥削阶级最生动的写照。如果无视历史的实际，不认识剥削阶级道德的欺骗性和虚伪性，而侈谈剥削阶级的所谓"美德"，那就必然会导致极端错误的结论。

至于吴晗同志讲的勤劳、朴素等等，我认为，这也要进行阶级分析。历来的剥削阶级都要求被剥削者勤劳、朴素，多生产财富，供给他们挥霍浪费。所谓"朱门酒肉臭"，是建立在"路有冻死骨"的基础上的。这同无产阶级为了全体劳动人民的利益而提倡艰苦朴素、勤俭办一切事业，根本不能相提并论。

吴晗同志虽然一再说明，无产阶级所要继承的只是过去统治阶级道德的某些部分。但是，他所宣扬的这一部分恰恰是剥削阶级道德的主要内容。如礼义廉耻、忠孝节义、多方赚钱、民主自由等这些基本范畴，以及某些历史人物身上的所谓"美德"等等，这一切对于无产阶级说来，不但决不能加以继承，而且必须采取革命的态度，彻底加以清除。

（三）我们需要的是共产主义的新道德

今天，我国人民在伟大、光荣、正确的中国共产党的领导下，在毛泽东思想红旗的指引下，正在进行着史无前例的社会主义革命和社会主义建设事业。社会主义是共产主义的初级阶段，我们的理想是在将来实现共产主义，完成无产阶级所必须担负的最崇高最艰巨的历史任务。

对于无产阶级来说，在改造客观世界的过程中，我们还必须同时改造自己的主观世界，不断学习马克思列宁主义，学习毛泽东同志的著作，并且不断地在革命斗争和建设的实践中，提高政治觉悟，培养共产主义的道德品质。可以断定，无产阶级的共产主义道德只能在革命斗争和集体劳动中形成和发展起来。无产阶级不可能继承剥削阶级的道德，而是必须彻底批判它们，并且用共产主义的新思想、新道德教育年青的一代，培养无产阶级革命的接班人。

目前在我国，社会主义教育运动正在普遍开展，这对于加强广大干部和群众的政治思想和道德品质的教育，具有重大的意义。应该看到，我国人民的道德思想已经开始以历史上空前未有的新风貌出现于世界。事实已经推翻了吴晗同志所说的无产阶级不继承过去统治阶级的道德就不能产生自己的新道德的错误论断。

请看我们无数革命的先辈、革命的英雄和先烈，以及在全国各个战线上的其他许多先进生产者和模范人物，老老少少，男男女女，他们或者在革命的风暴中百炼成钢，或者在集体的队伍中长大成人，他们都经过了许多艰苦的自我教育，克服了旧道德的影响，形成了伟大的革命精神和道德品质。事实证明，新道德观念完全是在革命斗争的实践中形成的。在今天来说，我们有了马克思列宁主义、毛泽东思想为指导，建立了社会主义的经济基础，与此相适应，作为我们社会的上层建筑的意识形态部分，包括道德在内，必然也要发生巨大的革命，破旧立新，这是符合历史发展规律和广大群众需要的。现在全国各个战线上广大的革命干部和群众都在努力学习毛泽东同志的著作，加强共产主义道德品质的修养。事实证明，毛泽东同志的“全心全意为人民服务”和“毫不利己，专门利人”的思想，已经从根本上奠定了共产主义的道德原则。毛泽东同志提出的无产阶级革命接班人的五条标准以及其他原则性的规定，同样应该看做是共产主义道德的一些基本规范。

按照毛泽东同志的指示，无产阶级的道德品质，首先应该表现在坚持无产阶级革命的立场上，用马克思列宁主义的理论武装自己，真正成为一个彻底的共产主义者。在这个基础上，然后才有可能做到全心全意为全中国和全世界人民服务；团结最大多数，包括与自己意见相反的人；坚持民主集中制，遇事同群众商量；谦虚谨慎，戒骄戒躁，勇于进行自我批评。

刘少奇同志在《论共产党员的修养》中说：“我们的道德之所以伟大，正因为它是无产阶级的共产主义的道德。这种道德，不是建筑在保护个人和少数剥削者的利益的基础上，而是建筑在无产阶级和广大劳动人民的利益的基础上，建筑在最后解放全人类、拯救世界脱离资本主义灾难、建设幸福美丽的共产主义世界的利益的基础上，建筑在马克思列宁主义的科学共产主义的理论基础上。”这就说明了无产阶级的共产主义道德是人类有史以来最崇高、最伟大的道德。

我们今天所处的时代，是天翻地覆的大革命的时代。这个大革命要把过去历史上一切人压迫人、人剥削人的社会制度的经济基础和意识形态，分别采取各种有效的步骤，进行彻底的革命。当然，这是极为艰巨的长期斗争的过程。我们不能割断历史，我们必须正确地看待历史人物，正确地对待和清理古代优秀的人民文化遗产。毛泽东同志在《新民主主义论》中早已指出：“必须将古代封建统治阶级的一切腐朽的东西和古代优秀的人民文化即多少带有民主性和革命性的东西区别开来。”在区别的方法上，毛泽东同志还提出了“取其精华，去其糟粕”的原则。

如何取精华而去糟粕，这是非常艰巨的工作，必须站稳无产阶级的立场，按照辩证唯物主义的原则，一分为二，进行彻底的革命的批评。不经过彻底的革命的批判，就不能区分什么是精华，什么是糟粕，就无从决定取舍。目前的情况是，有一部分人思想上有片面性，有时采取过火的态度否定一切，或者反过来以接受遗产为借口，实际上连糟粕也被当做了精华。前者固然是我们应该加以纠正的，后者更应该加以反对。

为什么会出现这种情况呢？这不能不追溯到过去长期剥削制度的历史所造成的特殊条件。

一般地说，在阶级社会中，一个剥削阶级推翻了另一个剥削阶级而取得了统治地位，当时的社会生产关系会有一个新的变化，社会生产力也会有新的发展。但是，由于这种变化毕竟只是新的剥削制度代替了旧的剥削制度，因而在社会生产资料私有制根本不变的基础上，社会的上层建筑有许多往往会原封不动地被保留下来，作为上层建筑的意识形态之一的道德观念尤其容易被保留下来，并且有所发展。

奴隶主阶级的道德论，不管他们是属于贵族派或者平民派，他们主张对奴隶的残酷剥削是一致的。到了封建领主或者地主阶级取得政权之后，他们对于农奴和手工业生产者的剥削方法，虽然比起奴隶主剥削奴隶的办法巧妙得多，他们仍旧把剥削制度当做永恒不变的。在西欧，亚里斯多德的《伦理学》从奴隶制时期一直到中世纪封建制时期，始终被奉为经典，这决不是偶然的。同样，中国古代儒家所谓“劳心者治人，劳人者治于人”的理论，岂不也是奴隶主和封建主所一致推崇的吗？

只有后来资产阶级登上了历史舞台，情形稍稍有点不同。在西欧，当时以法国大革命为代表，新兴的资产阶级对于中世纪的封建制度所加于人们的各种束缚，极力予以摧毁，在道德思想领域中曾经出现过“个性解放”的巨大浪潮。但是，由于资产阶级采取的是资本主义剥削制度，所以等到资产阶级政权稳定之后，随着资本主义剥削的加强和自由贸易的发展，他们便逐渐放弃了他们在革命时期的许多革命主张，并向新兴的无产阶级社会主义思潮展开猛烈的进攻，以维护资本主义的剥削制度。

至于在中国，由于长期封建制度的束缚，资产阶级还没有形成为新兴的社会势力，外国资本主义已经用大炮打开了中国“闭关自守”的局面，使中国沦为半殖民地半封建的社会。这就使得中国过去各个历史时期的统治阶级加于人民群众身上的一切枷锁，很久没有被打碎。毛泽东同志在《湖南农民运动考察报告》中说：“政权、族权、神权、夫权，代表了全部封建宗法的思想和制度，是束缚中国人民特别是农民的四条极大的绳索。”现在的情况当然已经有了根本的变化，但是，事实充分说明，在我国，由于历史发展的特殊条件，今天我们虽然已经实行了社会主义革命，实现了无产阶级专政，建立了社会主义的经济基础，进行着社会主义建设，但是，要想在上层建筑的各个方面，特别是在意识形态领域中，更具体地说，在道德观念上，进行一个彻底的革命，对过去各个历史时期的剥削阶级的道德思想进行一次总清算，还必须经过一个长期的相当复杂和艰苦的努力。

有一点可以肯定，被打倒的剥削阶级决不会甘心退出历史舞台，一定会千方百计，特别是从思想上继续向我们夺取阵地，争夺青年一代，企图复辟。在这种情况下，如果以为无产阶级的道德会自发地产生，自动地与社会主义的经济基础相适应，并为社会主义的经济基础服务，那就未免太天真了。无产阶级要树立社会主义和共产主义的道德，就非得向资产阶级和历史上其他一切剥削阶级的道德，进行一场你死我活的激烈斗争不可。当着我们已经建立了社会主义的经济基础，有了与不断发展的社会生产力相适应的社会主义生产关系，我们就完全有条件也必须大破过去一切剥削阶级的道德，大立无产阶级的共产主义道德，不破不立，敢破敢立，这是要有很大勇气的。无产阶级的共产主义道德必须在大破大立的激烈斗争中才能发展，才能彻底清除一切剥削阶级的道德观念在人们思想中的影响。这正如马克思、恩格斯在《德意志意识形态》一书中所指出的：“在资产阶级和无产阶级之间的对立产生了共产主义观点和社会主义观点的时候，……就对任何一种道德，无论是禁欲主义道德或者享乐道德，宣判死刑。”

这就是说：第一，社会主义、共产主义的道德观点，和其他革命观点一样，是在资产阶级和无产阶级之间的对立斗争中产生的；第二，无产阶级的新道德观点和其他革命观点产生之后，就必然要对过去时代的封建主义和资本主义的任何一种旧道德宣判死刑。

吴晗同志大概是不愿意对旧道德宣判死刑的。所以他在《海瑞罢官》的剧本中，在几篇《说道德》的文章中，在若干次学术讲演中，一而再、再而三地向人们宣传过去封建统治阶级的“忠孝节义，礼义廉耻”等道德观念，宣传资产阶级的“精打细算”，“多方赚钱”和“民主”、“自由”等政治、经济和道德的观念，并且要把这些作为“社会主义共产主义道德的组成部分”。这些不是非常可笑的吗？

很明显，吴晗同志的道德观点在本质上是属于资本主义甚至于是封建主义的范畴；他的历史观与马克思列宁主义的历史唯物主义相距甚远，只能说是历史唯心主义的；他的思想方法是形而上学的。这就使他在政治思想和理论观点上发生了根本性的原则错误。而且吴晗同志大量宣传他的道德观点的文章，都是在1962年到1963年这个期间发表的。当时正是我国遭受连续三年自然灾害而遇到暂时困难的时候。在帝国主义、各国反动派和现代修正主义发动反华高潮的情况下，“牛鬼蛇神”受到鼓舞，纷纷出笼，刮了一阵妖风。经济战线上出现过“单干风”，政治战线上出现过“翻案风”，相应地在思想文化战线上也出现了反社会主义、反马克思主义的逆流。当时无产阶级同资产阶级的阶级斗争是异常尖锐的。我不了解，为什么吴晗同志偏偏在这个时候一再宣传“道德继承论”，宣扬历史唯心主义，抹煞无产阶级专政同封建地主资产阶级专政的原则区别。如果按照吴晗同志的说法去做，让我们的革命人民都拜倒在封建地主阶级和资产阶级的脚下，以他们为师，把忠孝节义、礼义廉耻、多方赚钱等等都学到手，那将会搞成什么样子呢？会不会从思想上瓦解革命人民，解除他们的思想武装呢？从这一方面来说，我认为大家应该看到宣扬“道德继承论”这一错误的严重性，认真展开讨论，肃清它所造成的不良影响。我希望通过讨论，彻底批判一切剥削阶级的道德观，使无产阶级的道德观获得进一步的发展，把政治思想战线上的社会主义革命推向前进。

当然，我们也应该看到，道德问题是十分复杂的问题，应该允许各种不同的意见充分发表出来。我们生活在伟大的毛泽东时代，人人都要服从真理，在真理面前人人平等。我相信，只有认真展开讨论，才能使真理愈辩而愈明。正如毛泽东同志《在中国共产党全国宣传工作会议上的讲话》中所说的："如果你写得对，就不用怕什么批评，就可以通过辩论，进一步阐明自己正确的意见。如果你写错了，那末，有批评就可以帮助你改正，这并没有什么不好。在我们的社会里，革命的战斗的批评和反批评，是揭露矛盾，解决矛盾，发展科学、艺术，做好各项工作的好方法。"

我在这篇文章中所提出的意见，只是关于吴晗同志的《海瑞罢官》和他的"道德继承论"的一部分而且是初步的看法，有不妥的地方，请大家提出批评。吴晗同志有什么意见，我也希望他继续写出文章，把自己的思想真正同大家见面，按照辩证唯物主义和历史唯物主义的理论原则，按照中共中央和毛泽东同志提出的"百花齐放、百家争鸣"的方针，实事求是地进行分析研究。如果这样做了，那么，我相信不管多么复杂的问题都是可以弄清楚的。

（原载《北京日报》，1965年12月12日）

"死得漂亮，活得光辉"
——看《离离草》的演出

虽然喜欢读剧本，可是，对于话剧的欣赏能力，却落伍之至。二十年来只参观过三个话剧的演出，第一个是北平小剧院的《软体动物》，第二个是六年前凤子主演的《原野》，最近的一个便是《离离草》。

《软体动物》不大记得了，似乎是一个社会讽刺剧，一个上流社会时髦妇女的生活细描。《原野》是一个农村的故事，爱和恨的纠纷。《离离草》则是现实的题材，关外人民的英勇的为自由为解放而斗争的历史。

就我个人所领略的三个话剧来说，当然不免武断，粗疏，正代表着三个不同的时代，也是我们所共同经历过的三个不同时代。第一个话剧的趣味集中在上流仕女无害的讽刺，一般小市民大学生以及名流学者，茶余饭后，要求一点无伤大雅的、自我的小刺激，轻松一下生活上过于舒适的情绪。第二个话剧的演出，时间已经是战争后的第三年了，作剧者和观众的生活都受够了战争的洗礼，流离颠沛的经验，锻炼成爱和恨的结晶，舞台也从都市移到农村了。《离离草》更前进了一步，说明了关外同胞的呼声，也说明了是民族求自由解放的呼声，水深火热的现实的痛苦，使读者和观众都和剧中人共鸣，不但争取了同感之泪，也争取了同感的灵魂。

和过去相反，这次，我先读舞台上的故事，再读剧作者的原著。

导演的手法是完全成功的，个人的看法，似乎演出的故事比原著更紧凑，更有力量，最值得称道的是第三幕的结尾，崔大吉被拖出去枪决时的哀号，幕后的悲啼和幕中人的情景，结构成凄绝人寰一幅图画。音乐的配奏，也增加了这壮烈的史诗的诗意。

演员对每个人物的演出，都能卖大劲，刻画入微，马副官是最费力的一个，也是最成功的一个，黑田、老崔、小崔、小偷都对得住剧中的人物，苏嘉演得好，似乎还不够好。“我”就剧本就舞台的演出说，都是多余的，太神秘了而又不起作用，假如删去这个人物，也许更能增加结构的完整。

在最紧张的几个场合，同坐的人眼眶中都汪着一泡热泪。

生活是更困苦了，而且，为今天所不能想象的困苦还在前面。然而，时代也进步了，从舒服到过得去，而无法活下去，跟着更坚强的更前进的意识也被锻炼被压挤出来了，而且，有大家所憧憬的明天。

死得漂亮，活得光辉！

梧轩

（原载《民主周刊》第一卷第十五期）

自觉地、顽强地坚持广播函授学习

北京广播函授学校已经正式开学了，我们大家都很愉快地祝贺这个新的学校的诞生。

解放以来，人民政府在发展教育事业上作了巨大的努力，取得了很大成绩。就以北京市来说：1949 年刚解放的时候，只有四万多中学生，现在已将近十二万人了，六年来增加了将近两倍。学校数目的增加同样是很迅速的，1955 年就新建了十二所中学，扩建的中学就更多了。从本市教育经费的开支来看，1954 年比 1949 年增加了约十倍，而今年的教育经费又比去年有所增加。这些情况，说明我们新中国教育事业的发展速度是任何一个资本主义国家所根本想不到也办不到的；说明中国共产党和人民政府对祖国青年一代的教育是如何的关怀；说明培养建设人材在我们整个革命事业上有着多么重大的意义。

可能有些人要说了，目前还有一些青年不能升学，是不是可以再多办些学校，多收些学生？我们认为这种想法是不现实的，也是不正确的。大家都很清楚，我们的国家正处在向社会主义社会过渡的时期，由于我们的工农业生产还很不发达，经济状况还很落后，现在百废俱兴，需要做的事情很多。国家必须首先集中主要力量来发展重工业，从而实现社会主义工业化和社会主义改造的伟大事业。只有这样，国民经济才能逐步增长，也才能有力量来做更多的事情，这是我们国家今天的根本方针，任何一件工作、任何一项事业，都必须在这个方针的指导下进行。教育事业也必须在生产发展的基础上进行按计划有比例的发展。

那么，不能升学的学生怎么办呢？政府的政策是：“在目前以及今后相当长的时期内，国家对初中和高小毕业生的基本政策是，除招收少部分人升学外，主要是号召、组织一部分人去从事工业生产，大部分人去从事农业生产，参加互助合作运动。”今年，本市初三毕业生中有很多人从事了劳动生产：有的同学到了西北地区参加建设工作，有些同学参加了工厂工作，有些同学回乡从事农业生产。他们做对了，他们这样做是符合国家建设事业的需要的。

但是，本市未能升学的一部分初中毕业生中，有的人家住在城市里，年龄也比较小，参加生产有困难；有的人年龄虽然比较大，但一时也还没能找到从事劳动生产的机会。对于这一部分既没有能够升学，又暂时还不能就业的同学，政府同样的十分关怀他们。上一学年，北京市教育局和青年团北京市委员会等有关部门为了帮助这些同学比较有计划地自学，曾经组织了三十五个自学小组，收到了很好的效果。在这个基础上，北京市教育局、青年团北京市委员会、北京人民广播电台等部门又积极创办了我们这个新的学校——北京广播函授学校。

这所学校创办的目的，是为了辅导同学们更好地进行自学。在学校中配备了优良教师担任广播讲课，在各区还配备了专职和兼职的辅导员，负责组织和辅导学习工作。通过教学和其他各种活动，来提高同学们的社会主义觉悟和文化科学知识水平，为今后更好地参加劳动生产或升学做好准备。所以这是一所新型的学校，是为同学们积极准备就业和升学条件的学校。

同学们，北京广播函授学校已经开学了，大家应该利用现有的学习条件，满怀信心地克服一切困难，自觉地顽强地坚持自学。过去自学小组的经验证明，只要自己肯努力，坚持不懈，自学是能够有所成就的。任何悲观失望的情绪，都是不好的，也是错误的。而且，大家也都知道，在我们的革命队伍中有许多同志，过去没有受过学校教育，或者只是上过小学和初中，但在党的培养下，他们在革命斗争的艰苦岁月中长期努力坚持了学习，不断提高了自己的知识和能力，为国家做了很多工作，得到人民的尊重。也有很多英雄、模范人物，由于他们一面自觉地进行劳动、战斗，一面刻苦地学习，同样给国家作出了重要的贡献。这些都是值得我们很好学习的。大家也知道文艺战士高玉宝，他只上过几天小学，但是他写出了我们大家都爱读的书。大家更熟悉高尔基，他没有上过中学，也没有上过大学，但是，他能够向书本学习，向社会学习，终于成为世界上伟大的文学家。

还应指出，在苏联，有许多专家都是从各种函授学校、补习学校培养出来的；就在我们北京，目前也有十二万多的机关干部和职工在各级业余学校学习，他们几年来在文化、政治和技术各方面，都有很大的提高。今后国家的建设人材除了从正规的学校来培养外，还有很大一部分将从业余学校和函授学校来培养，两种办法都具有同等重大的作用。

上面这些情况，指出了参加广播函授学校学习的青年的前途，无限宽广的前途！

当然，办好这样一所过去从来没有过的学校，不是没有困难的。因为这是一项新的事业，我们还缺乏经验，在教学工作、辅导工作上，在同学们的听讲、自学、组织活动上，都还存在许多问题。同学们在目前的学习实践中，还会产生更多的问题，这就需要全体教师、同学和家长大家共同来努力；需要各有关方面的积极支持和关怀。我们都知道越是新的工作，困难就越多，但是我们一定可以克服困难，取得胜利；克服了困难，就是前进了一步。

北京广播函授学校的行政领导干部和教师们要明确认识自己所担负的光荣任务和职责，在工作上发挥创造性和积极性，不断地总结经验，提高工作效率和教学效果。

辅导员们，要加强和同学的联系，和他们打成一片，在思想上和学习上给予亲切关怀，帮助他们克服困难，提高学习质量。

同学的家长们，你们是十分关心自己子女的成长的，这就需要帮助孩子们端正学习态度，鼓励和督促他们，为他们安排有利的学习条件，帮助他们建立学习纪律，和学校取得密切联系，共同完成教育青年一代的事业。

市教育局要继续加强对这个学校的领导，使教学工作有计划地进行，逐步提高教学效果；青年团北京市委员会的各级组织和市民主青年联合会要关心和帮助这个学校的辅导工作、组织工作和思想教育工作，根据青年们的特点组织学生开展多种多样的、有教育意义的活动。市文化局所属各区文化馆主动地供给同学们学习地点。北京市图书馆还准备增添新的书刊，供给同学们阅读。市科学技术普及协会也准备有计划地给同学们作科学报告，帮助同学们组织科学研究小组。这些工作都是很好的，很必要的，市工会联合会所属各区工会、市妇联和不少中学都曾经给广播函授学校和同学们以很大的支持，我们相信，今后这些部门会给我们学校以更大更多的帮助和支持。

最后，我希望全体同学都能够很好地尊重教师和家长的教导，遵守学习纪律，和在中学时一样地生活得很有规律。大家都一定会自觉地、积极地、顽强地学习，一个个成为毛主席所指示的“身体好、学习好、工作好”的青年，为准备参加我们祖国伟大的社会主义建设事业而努力奋斗！

（原载《广播爱好者》，1955（5））